临汾市统计局 | 编
Compiled By Linfen Municicipal Bureou Of Statistics

临汾 2012 统计年鉴

LIN FEN STATISTICAL YEARBOOK

中国统计出版社
China Statistics Press

（京）新登字 041 号

图书在版编目（CIP）数据

临汾统计年鉴. 2012 / 临汾市统计局编.
-- 北京：中国统计出版社，2012.8
ISBN 978-7-5037-6601-5/C.2679
Ⅰ. ①临…
Ⅱ. ①临…
Ⅲ. ①统计资料 - 临汾市 -2012- 年鉴
Ⅳ. ①C832.253-54
中国版本图书馆 CIP 数据核字（2012）第 167126 号

临汾统计年鉴 -2012

作　　者 / 临汾市统计局
责任编辑 / 陈越月
责任校对 / 张增福
封面设计 / 李　柏
出版发行 / 中国统计出版社
通信地址 / 北京市西城区月坛南街 57 号
邮　　编 / 100826
办公地址 / 北京市丰台区西三环南路甲 6 号
电　　话 / (010)63376907
网　　址 / http://csp.stats.gov.cn
印　　刷 / 山西力新印刷科技开发有限公司
经　　销 / 新华书店
开　　本 / 890 × 1240 毫米　1/16
字　　数 / 1280 千字
印　　张 / 31.25
印　　数 / 1 - 400 册
版　　别 / 2012 年 8 月第 1 版
版　　次 / 2012 年 8 月第 1 次印刷
书　　号 / ISBN 978-7-5037-6601-5/C.2679
定　　价 / 328.00 元

临汾统计年鉴——2012

编者说明

一、《临汾统计年鉴—2012》收录了全市和各县市区、各部门建国以来主要年份及2011年经济、社会、科技等方面的统计数据，是一部全面反映临汾市国民经济和社会发展情况的资料性年刊。

二、全书内容共分18个篇章。即：1.综合；2.人口、从业人员和劳动报酬；3.固定资产投资；4.对外经济贸易；5.能源消费与库存；6.物价；7.人民生活；8.农村经济；9.工业；10.建筑业；11.交通运输、邮电通讯业；12.批发和零售业；13.住宿、餐饮和旅游；14.财政、金融和保险；15.教育、科技；16.文化、体育、卫生、民政和环保；17.县市篇；18.企业篇。为了方便读者使用，各篇末附有《主要统计指标解释》，对主要统计指标的涵义、统计范围和统计方法以及历史沿革予以简要说明。

三、本年鉴的指标口径范围，以国家现行的统计报表制度为准。资料来源于统计年报；部分资料来自于抽样调查和有关部门。

四、为了方便读者使用，对有变动的指标在表下做了简要诠释。凡以前发表过的统计数字与本年鉴不一致的，请以本年鉴为准。

五、本年鉴所使用的度量衡单位，均采用国际统一标准计量单位。

六、本年鉴中部分数据合计数或相对数由于小数位取舍不同而产生的计算误差，均未做机械调整。

七、年鉴中符号使用说明：

“…”表示数据不足本指标最小单位；空格表示该项统计指标数据不详或无该项指标数据；“#”表示其中项；“*”表示本表下有注解。

目　录

特　载 …… 3

一、综　合

统计图 …… 27
1-1　行政区划(2011 年) …… 28
1-2　人口和自然资源(2011 年) …… 29
1-3　历届市人民代表大会代表人数 …… 29
1-4　历届市政治协商会议委员人数 …… 29
1-5　建国以来国民经济主要指标 …… 30
1-6　国民经济和社会发展总量与速度指标 …… 40
1-7　水资源总量(2011) …… 46
1-8　实际用水量(2011) …… 46
1-9　平均每天主要社会经济活动 …… 47
1-10　社会经济主要指标人均水平 …… 48
1-11　国民经济主要比例关系 …… 49
1-12　人民物质文化生活提高情况 …… 50
1-13　主要年份总产出 …… 51
1-14　主要年份总产出构成 …… 52
1-15　主要年份总产出指数(1949 年 =100) …… 53
1-16　主要年份总产出指数(上年 =100) …… 54
1-17　主要年份地区生产总值 …… 55
1-18　主要年份地区生产总值构成 …… 56
1-19　主要年份地区生产总值指数(1949 年 =100) …… 57
1-20　主要年份地区生产总值指数(上年 =100) …… 58
1-21　支出法地区生产总值 …… 59
1-22　支出法地区生产总值构成 …… 59
1-23　主要年份最终消费与资本形成总额 …… 60
1-24　主要年份最终消费与资本形成总额构成 …… 61
1-25　主要年份最终消费与资本形成总额指数 …… 62
1-26　主要年份最终消费总额及构成 …… 63
1-27　主要年份居民人均消费水平及指数 …… 64

1–28 地区生产总值构成项目(2011 年) …… 65
1–29 按行业划分的法人单位及产业活动单位数(2011 年) …… 66
1–30 按登记注册类型划分的法人单位及产业活动单位数(2011 年) …… 67
主要统计指标解释 …… 68

二、人口、从业人员和劳动报酬

统计图 …… 73
2–1 主要年份总户数、总人口 …… 75
2–2 主要年份人口自然变动 …… 75
2–3 城乡劳动力资源配置情况 …… 76
2–4 主要年份从业人员年末人数 …… 77
2–5 主要年份工农业劳动者人数 …… 77
2–6 城镇非私营单位从业人员(2011 年) …… 78
2–7 城镇非私营单位从业人员劳动报酬(2011 年) …… 79
2–8 国有单位从业人员(2011 年) …… 80
2–9 国有单位从业人员劳动报酬(2011 年) …… 81
2–10 城镇集体单位从业人员(2011 年) …… 82
2–11 集体单位从业人员劳动报酬(2011 年) …… 83
2–12 其他非私营单位从业人员(2011 年) …… 84
2–13 其他非私营单位从业人员劳动报酬(2011 年) …… 85
2–14 主要年份职工平均工资及指数 …… 86
2–15 私营单位从业人员和劳动报酬(2011 年) …… 87
主要统计指标解释 …… 88

三、固定资产投资

统计图 …… 93
3–1 全社会固定资产投资 …… 94
3–2 主要年份全社会固定资产投资 …… 95
3–3 固定资产投资建设规模和新增生产能力(2011 年) …… 97
3–4 分经济类型、分行业全社会固定资产投资 …… 98
3–5 全社会固定资产投资(2011 年) …… 102
3–6 分行业固定资产投资(2011 年) …… 106
3–7 按控股情况分行业固定资产投资(2011 年) …… 108
3–8 按隶属关系分行业固定资产投资(2011 年) …… 110
3–9 按登记注册类型分行业固定资产投资(2011 年) …… 112
3–10 按构成分行业固定资产投资(2011 年) …… 116
3–11 按建设性质分行业固定资产投资(2011 年) …… 118
3–12 按行业分固定资产投资项目及资金来源(2011 年) …… 120
3–13 按行业分固定资产投资房屋面积和价值(2011 年) …… 122

3–14 近年来非国有控股投资分行业固定资产投资 …… 124
3–15 房地产开发完成情况 …… 128
3–16 房地产开发投资(2011 年) …… 130
3–17 房地产开发施工、销售和待售情况(2011 年) …… 132
3–18 房地产开发资金来源情况(2011 年) …… 133
3–19 房地产开发企业财务状况(2011 年) …… 134
3–20 房地产开发企业土地购置、开发和待售情况(2011 年) …… 136
主要统计指标解释 …… 137

四、对外经济贸易

统计图 …… 143
4–1 主要年份海关进出口贸易总额 …… 144
4–2 海关进出口贸易总额(2011 年) …… 144
4–3 海关进出口商品分类总额(2011 年) …… 145
4–4 海关分国别(地区)进出口贸易总额(2011 年) …… 146
4–5 主要年份实际利用外资额 …… 147
4–6 按国别(地区)分利用外商直接投资额(2011 年) …… 147
主要统计指标解释 …… 148

五、能源消费与库存

统计图 …… 151
5–1 主要年份煤炭产品产、销、存 …… 152
5–2 主要年份焦炭产品产、销、存 …… 153
5–3 主要年份煤炭消费量 …… 154
5–4 主要年份用电量及分类 …… 155
5–5 主要年份工业行业用电量 …… 156
5–6 主要年份能源工业固定资产投资及构成 …… 157
5–7 主要年份能源产品产量 …… 158
5–8 综合能源消费量 …… 159
主要统计指标解释 …… 160

六、物价

统计图 …… 163
6–1 主要年份物价总指数 …… 164
6–2 居民消费价格分类指数(2011 年) …… 165
6–3 工业生产者购进价格指数 …… 167
6–4 工业生产者出厂价格指数 …… 168
6–5 工业生产者分行业出厂价格指数 …… 169
主要统计指标解释 …… 170

七、人民生活

统计图 …… 173
7-1 城镇居民家庭生活基本情况 …… 174
7-2 城镇居民家庭人均全部收入及构成 …… 177
7-3 城镇居民家庭平均每人全年消费性支出及构成 …… 178
7-4 主要年份城镇居民人均可支配收入增长情况 …… 179
7-5 主要年份城镇居民人均消费性支出增长情况 …… 179
7-6 城镇居民家庭平均每人全年购买的主要商品数量 …… 180
7-7 城镇居民家庭平均每百户年末耐用消费品拥有量 …… 180
7-8 城镇居民家庭年末居住情况 …… 181
7-9 城镇居民家庭平均每人全年消费性支出(2011 年) …… 182
7-10 主要年份农民家庭基本情况 …… 189
7-11 农民家庭人口状况(2011 年) …… 189
7-12 农民家庭劳动力状况(2011 年) …… 190
7-13 农民家庭平均每户房屋情况 …… 191
7-14 农民家庭土地经营情况(2011 年) …… 191
7-15 农民家庭收支情况(2011 年) …… 192
7-16 农民家庭平均每百户拥有主要生产性固定资产数量 …… 193
7-17 农民家庭平均每人家庭经营纯收入 …… 193
7-18 主要年份农村住户每人平均纯收入 …… 194
7-19 主要年份农村住户每人平均生活消费支出 …… 194
7-20 农民家庭平均每人现金收入 …… 195
7-21 农民家庭平均每人现金支出 …… 195
7-22 农村住户调查按平均每人纯收入分组基本情况(2011 年) …… 196
7-23 农村住户调查按平均每人纯收入分组收支情况(2011 年) …… 200
7-24 农民家庭平均每人主要消费品消费量 …… 204
7-25 农民家庭平均每百户耐用消费品拥有量 …… 204
主要统计指标解释 …… 205

八、农村经济

统计图 …… 209
8-1 农村基层组织情况 …… 210
8-2 主要年份农林牧渔业总产值 …… 211
8-3 农林牧渔业总产值、中间消耗、增加值 …… 211
8-4 主要年份农作物播种面积 …… 212
8-5 分品种农作物播种面积 …… 212
8-6 主要年份主要农作物产量 …… 213
8-7 主要年份主要农作物单位面积产量 …… 214
8-8 畜牧业生产情况 …… 215
8-9 造林和果桑园面积 …… 216

8–10 主要林产品产量 …… 216
8–11 农业机械拥有量 …… 217
8–12 化肥施用量和农村用电量 …… 217
8–13 主要年份乡镇企业基本情况 …… 218
主要统计指标解释 …… 219

九、工业

统计图 …… 223
9–1 规模以上工业主要经济指标(2011 年) …… 224
9–2 规模以上国有控股工业主要经济指标(2011 年) …… 232
9–3 规模以上外商投资及港澳台投资工业主要经济指标(2011 年) …… 236
9–4 大中型工业主要经济指标(2011年) …… 240
9–5 规模以上工业主要经济效益指标(2011 年) …… 252
9–6 规模以上国有控股工业主要经济效益指标(2011 年) …… 255
9–7 规模以上外商投资及港澳台投资工业主要经济效益指标(2011 年) …… 257
9–8 大中型工业主要经济效益指标(2011 年) …… 258
9–9 主要年份工业企业单位数 …… 260
9–10 主要年份主要工业产品产量 …… 261
9–11 规模以上工业增加值(2011 年) …… 264
主要统计指标解释 …… 265

十、建筑业

统计图 …… 271
10–1 建筑施工企业主要经济指标 …… 272
10–2 建筑业企业总产值和竣工产值(2011 年) …… 273
10–3 按主要用途分房屋建筑竣工面积(2011 年) …… 274
10–4 按主要用途分房屋建筑竣工价值(2011 年) …… 276
10–5 建筑业企业房屋建筑面积(2011 年) …… 278
10–6 建筑业企业机械设备情况(2011 年) …… 279
10–7 建筑业总、专包企业劳动生产率(2011 年) …… 280
10–8 建筑业企业资本金及资产(2011 年) …… 281
10–9 建筑业企业负债及所有者权益(2011 年) …… 282
10–10 建筑业企业工程结算收入(2011 年) …… 283
10–11 建筑业企业费用情况(2011 年) …… 284
10–12 建筑业企业利润及税金情况(2011 年) …… 286
主要统计指标解释 …… 287

十一、交通运输、邮电通讯业

统计图 …… 291

11-1 主要年份公路通车里程 …… 292
11-2 主要年份公路客运量及客运周转量 …… 293
11-3 主要年份公路货运量及货物周转量 …… 294
11-4 主要年份民用汽车拥有量 …… 295
11-5 民用车辆拥有量(2011 年) …… 296
11-6 主要年份邮政主要指标 …… 297
11-7 主要年份邮电业务量及电话数量 …… 300
主要统计指标解释 …… 301

十二、批发和零售业

统计图 …… 305
12-1 主要年份社会消费品零售总额 …… 306
12-2 社会消费品零售总额 …… 306
12-3 限额以上批发和零售法人企业基本情况(2011 年) …… 307
12-4 限额以上连锁零售业经营情况(2011 年) …… 309
12-5 限额以上批发和零售业法人企业商品购进、销售、库存表(2011 年) …… 310
12-6 限额以上批发和零售业法人单位主要财务状况(2011 年) …… 312
12-7 亿元交易市场经营情况(2011 年) …… 320
主要统计指标解释 …… 321

十三、住宿、餐饮和旅游

统计图 …… 325
13-1 限额以上住宿和餐饮业企业财务状况(2011 年) …… 326
13-2 限额以上住宿和餐饮业经营情况(2011 年) …… 330
13-3 主要年份旅游接待人数 …… 331
13-4 主要年份旅游收入 …… 332
主要统计指标解释 …… 333

十四、财政、金融和保险

统计图 …… 337
14-1 主要年份地方财政收支总额 …… 338
14-2 预算外财政专户资金收支额(2011 年) …… 339
14-3 主要年份地方财政收支分项目数 …… 339
14-4 财政一般预算收入(2011 年) …… 340
14-5 财政一般预算支出(2011 年) …… 341
14-6 金融机构人民币信贷收支(2011 年) …… 342
14-7 主要年份国家金融机构人民币各项存贷款余额 …… 343
14-8 保险业务基本情况(2011 年) …… 344

主要统计指标解释 …… 345

十五、教育、科技

统计图 …… 349
15-1 主要年份高等学校基本情况 …… 350
15-2 主要年份中等专业学校基本情况 …… 350
15-3 主要年份普通中学基本情况 …… 351
15-4 普通中学分班别、分城乡学生数(2011 年) …… 351
15-5 普通中学学校数、班数(2011 年) …… 352
15-6 普通中学分课程专任教师数(2011 年) …… 352
15-7 主要年份职业中学基本情况 …… 353
15-8 主要年份小学基本情况 …… 353
15-9 幼儿园基本情况(2011 年) …… 354
15-10 获市级科技进步奖情况(2011 年) …… 354
15-11 县级以上自然科学研究与技术开发机构人员数(2011 年) …… 354
15-12 规模以上工业企业 R&D 人员、机构及项目情况(2011 年) …… 355
15-13 规模以上工业企业技术开发经费情况(2011 年) …… 356
15-14 规模以上工业企业新产品开发及专利申请情况(2011 年) …… 357
主要统计指标解释 …… 358

十六、文化、体育、卫生、民政和环保

统计图 …… 361
16-1 主要年份文化、广播事业发展情况 …… 362
16-2 主要年份电视台、差转台基本情况 …… 362
16-3 文化艺术机构和人员数(2011 年) …… 363
16-4 群众艺术馆、文化馆业务活动及经费(2011 年) …… 363
16-5 公共图书馆业务活动及经费(2011 年) …… 364
16-6 出版发行、图书馆、群众文化事业机构和人员数(2011 年) …… 364
16-7 体育系统从业人员数(2011 年) …… 365
16-8 主要年份体育场发展情况 …… 365
16-9 主要年份体育事业发展情况 …… 366
16-10 主要年份体育场地数 …… 367
16-11 主要年份卫生机构数 …… 367
16-12 主要年份卫生机构床位数 …… 368
16-13 卫生机构人员分类 …… 368
16-14 主要年份卫生技术人员数 …… 369
16-15 卫生机构、床位、人员数(2011 年) …… 370
16-16 主要年份民政主要指标 …… 370
16-17 工业企业“三废”排放与治理情况 …… 371
16-18 主要年份“三废”治理情况 …… 372

主要统计指标解释 …… 373

十七、县市篇

17-1 国民经济核算主要指标(2011 年) …… 377
17-2 国民经济核算主要指标发展速度(2011 年) …… 378
17-3 主要年份地区生产总值 …… 380
17-4 主要年份第一产业增加值 …… 382
17-5 主要年份第二产业增加值 …… 384
17-6 主要年份第三产业增加值 …… 386
17-7 主要年份第一产业增加值占地区生产总值比重 …… 388
17-8 主要年份第二产业增加值占地区生产总值比重 …… 390
17-9 主要年份第三产业增加值占地区生产总值比重 …… 392
17-10 主要年份地区生产总值指数 …… 394
17-11 主要年份第一产业增加值指数 …… 396
17-12 主要年份第二产业增加值指数 …… 398
17-13 主要年份第三产业增加值指数 …… 400
17-14 主要年份人均地区生产总值指数 …… 402
17-15 主要年份人均地区生产总值 …… 404
17-16 国民经济核算主要指标构成(2011 年) …… 406
17-17 按行业划分的法人单位及产业活动单位数(2011 年) …… 407
17-18 总人口(2011 年) …… 407
17-19 人口自然变动(2011 年) …… 408
17-20 城镇非私营单位从业人员(2011 年) …… 408
17-21 城镇非私营单位从业人员劳动报酬(2011 年) …… 409
17-22 国有单位从业人员(2011 年) …… 409
17-23 国有单位从业人员劳动报酬(2011 年) …… 410
17-24 城镇集体单位从业人员(2011 年) …… 410
17-25 城镇集体单位从业人员劳动报酬(2011 年) …… 411
17-26 其他单位从业人员(2011 年) …… 411
17-27 其他单位从业人员劳动报酬(2011 年) …… 412
17-28 城镇非私营企业从业人员与劳动报酬(2011 年) …… 412
17-29 事业单位从业人员与劳动报酬(2011 年) …… 413
17-30 机关单位从业人员与劳动报酬(2011 年) …… 413
17-31 城镇非私营单位农林牧渔业从业人员与劳动报酬(2011 年) …… 414
17-32 城镇非私营单位采矿业从业人员与劳动报酬(2011 年) …… 414
17-33 城镇非私营单位制造业从业人员与劳动报酬(2011 年) …… 415
17-34 城镇非私营单位电力、燃气及水的生产和供应业从业人员与劳动报酬(2011 年) …… 415
17-35 城镇非私营单位建筑业从业人员与劳动报酬(2011 年) …… 416
17-36 城镇非私营单位交通运输、仓储和邮政业从业人员与劳动报酬 (2011 年) …… 416
17-37 城镇非私营单位信息传输、计算机服务和软件业从业人员与劳动报酬(2011 年) …… 417
17-38 城镇非私营单位批发和零售贸易业从业人员与劳动报酬(2011 年) …… 417

17-39 城镇非私营单位住宿和餐饮业从业人员与劳动报酬(2011 年) …… 418
17-40 城镇非私营单位金融业从业人员与劳动报酬(2011 年) …… 418
17-41 城镇非私营单位房地产业从业人员与劳动报酬(2011 年) …… 419
17-42 城镇非私营单位租赁和商务服务业从业人员与劳动报酬(2011 年) …… 419
17-43 城镇非私营单位科学研究、技术服务和地质勘探业从业人员与劳动报酬(2011 年) …… 420
17-44 城镇非私营单位水利、环境和公共设施管理业从业人员与劳动报酬 (2011 年) …… 420
17-45 城镇非私营单位居民服务和其他服务业从业人员与劳动报酬(2011 年) …… 421
17-46 城镇非私营单位教育业从业人员与劳动报酬(2011 年) …… 421
17-47 城镇非私营单位卫生、社会保障和社会福利业从业人员与劳动报酬 (2011 年) …… 422
17-48 城镇非私营单位文化、体育和娱乐业从业人员与劳动报酬(2011 年) …… 422
17-49 城镇非私营单位公共管理和社会组织从业人员与劳动报酬(2011 年) …… 423
17-50 固定资产投资主要指标(2011 年) …… 423
17-51 城镇固定资产投资(2011 年) …… 424
17-52 农村非农户固定资产投资(2011 年) …… 424
17-53 第三产业固定资产投资(2011 年) …… 425
17-54 城镇第三产业固定资产投资(2011 年) …… 425
17-55 农村非农户第三产业固定资产投资(2011 年) …… 426
17-56 工业固定资产投资(2011 年) …… 426
17-57 城镇工业固定资产投资(2011 年) …… 427
17-58 房地产开发投资按构成分(2011 年) …… 427
17-59 房地产开发施工、竣工面积及价值(2011 年) …… 428
17-60 房地产开发房屋销售额(2011 年) …… 428
17-61 房地产开发房屋销售面积(2011 年) …… 429
17-62 原煤产品产销存(2011 年) …… 429
17-63 焦炭产品产销存(2011 年) …… 430
17-64 城镇居民家庭生活基本情况(2011 年) …… 430
17-65 调查县市居民消费价格指数(2011 年) …… 431
17-66 乡村基本情况(2011 年) …… 431
17-67 农业机械拥有量(2011 年) …… 432
17-68 农业现代化情况(2011 年) …… 432
17-69 农村居民人均纯收入 …… 433
17-70 农林牧渔业总产值(2011 年) …… 433
17-71 农林牧渔业中间消耗(2011 年) …… 434
17-72 牲畜存栏情况(2011 年) …… 434
17-73 畜禽产品产量(2011 年) …… 435
17-74 主要农作物播种面积(2011 年) …… 435
17-75 主要农作物产量(2011 年) …… 436
17-76 主要农作物单位面积产量(2011 年) …… 436
17-77 果园面积(2011 年) …… 437
17-78 水果产量(2011 年) …… 437
17-79 建筑业企业总产值和竣工产值(2011 年) …… 438
17-80 建筑业企业房屋建筑面积(2011 年) …… 438

17-81 按用途分房屋建筑竣工面积(2011 年) …… 439
17-82 按用途分房屋建筑竣工价值(2011 年) …… 439
17-83 建筑业企业机械设备情况(2011 年) …… 440
17-84 建筑业企业劳动生产率(2011 年) …… 440
17-85 建筑业企业资本金及资产(2011 年) …… 441
17-86 建筑业企业工程结算收入(2011 年) …… 441
17-87 建筑业企业费用情况(2011 年) …… 442
17-88 建筑业企业利润及税金情况(2011 年) …… 442
17-89 土地和固定资产支出 …… 443
17-90 邮电情况(2011 年) …… 443
17-91 公路通车里程(2011 年) …… 444
17-92 社会消费品零售总额(2011 年) …… 444
17-93 财政收支总额(2011 年) …… 445
17-94 海关进出口情况 …… 445
17-95 利用外商直接投资额 …… 446
17-96 普通中小学基本情况(2011 年) …… 446
17-97 医院及床位数 …… 447
17-98 规模以上工业主要经济效益指标(2011 年) …… 448

十八、企业篇

18-1 企业家信心指数(2011 年) …… 453
18-2 企业景气指数(2011 年) …… 454
18-3 计划总投资 5000 万元以上项目投资一览表(2011 年) …… 455
18-4 具有资质等级的房地产开发企业一览表 …… 466
18-5 规模以上工业企业主要经济指标(2011 年) …… 468
18-6 具有资质等级的建筑业企业一览表(2011 年) …… 488

特载

政府工作报告

——2012年3月27日在临汾市第三届人民代表大会第二次会议上

代市长　岳普煜

各位代表：

现在，我代表市人民政府，向大会作工作报告，请予审议，并请各位政协委员和其他列席人员提出意见。

一、2011年工作回顾

2011年，是“十二五”开局之年，也是我市经济社会发展取得重要成果的一年。一年来，在省委、省政府和市委的正确领导下，在市人大、市政协的监督支持下，市政府团结带领全市人民，开拓进取，奋力拼搏，圆满完成了各项预期目标。全年地区生产总值突破千亿大关，达到1135.1亿元，增长15.3%；规模以上工业增加值完成688.4亿元，增长23.%；财政总收入完成188.4亿元，增长17.5%；全社会固定资产投资完成645亿元，增长35.1%；市区城镇居民人均可支配收入达到18924元，增长17.2%；农民人均纯收入达到6084元，增长15.1%，主要经济指标均比上年有较大幅度增长，实现了“十二五”良好开局。

——转型发展步伐加快。一年来，我们以“转型”为中心，在区域布局上突出“百公里汾河生态城镇经济走廊”和山西国际陆港园区两大重点，大力扶持板块经济。“百公里汾河生态城镇经济走廊”建设迈出重大步伐。成立了管理机构，编制完成了规划方案。汾河城区段生态修复一期工程圆满完成。洪洞赵城煤化工园区、洪洞甘亭工业园区、曲沃优特钢循环工业园区和侯马高新技术电子工业园区建设稳步推进。山西国际陆港园区全面铺开10平方公里的起步区建设，落户企业达28家，成为我市开放型经济发展新亮点。在结构调整上，突出抓循环、抓高端、抓延伸，三次产业结构加速优化。现代高效农业快速发展。粮食总产达21.46亿公斤。建设省级“一村一品”专业村200个，新增设施蔬菜5万亩、水果13.1万亩、中药材3万亩，肉蛋产量分别增长11.4%和6.6%。吉县苹果、永和红枣、隰县金梨、古县核桃、浮山贡米等品牌效应不断放大；汾西、大宁特色养殖凸显新亮点。尧都尧王台、曲沃磨盘岭、襄汾丁村白莲、洪洞历山、蒲县薛关等现代农业示范园区科技含量、发展规模不断提高。乡宁戎子酒庄、浮山玉杰食用菌等产业化龙头企业不断壮大，实现销售收入达38.2亿元，增长9.1%。传统产业改造和新型产业发展取得重大进展。煤矿企业兼并重组基本完成；尧都、古县、安泽等焦化整合顺利推进；翼城舜达新型锻造基地建设初具规模；山焦60万吨烯烃项目开工建设；山西华翔年产35万吨精密铸件项目竣工投产；飞虹微纳米一期顺利完工。20个市级工业园区实现销售收入880亿元，占全市工业总产值的48%。以旅游为重点的现代服务业健康发展。重点实施了大槐树二期、丁村文化开发等20余项重点旅游景区开发；成功举办了洪洞大槐树祭祖节、安泽荀子文化节等节庆活动，全年旅游综合收入达121.4亿元，增长25%。

——城乡面貌明显改观。坚持城乡一体，统筹发展。市区旧城改造和新城建设步伐加快。五一路立交桥主体完工；五一路道路改造、西关桥西延道路一期竣工通车；汾河公园全面建成并向市民开放；公厕建设荣获“中国人居环境范例奖”，在世界厕所峰会上获国际设计大奖；市区框架进一步拉大，功能更趋完善，城镇绿化覆盖率、生活垃圾无害化处理率、集中供热普及率、燃气使用普及率大幅提升。各县(市、区)也不断加大城市基础设施建设力度，乡宁、蒲县、古县、安泽、翼城、洪洞城镇化建设走在了全市的前列。综合交通运输体系建设成效显著。祁临高速临汾北环段、京昆与青兰高速临汾联络线、临吉高速等基本完成，临汾民航机场、大西、中南、张台铁路进展顺利，霍永高速快速推进，新改建县乡公路1018公里。农村新的“五个全覆盖”超额完成年度任务，改造硬化农村街巷13216公里；新建农村便民连锁商店796个；完成农村文化活动室2968个，农家书屋955个，农民休闲健身场所963个；中等职业教育免学费实现全覆盖；新增新型农村社会养老保险试点县7个，总数达到12个。240个新农村建设重点推进村“四化”、“六个一”工程和20个精品示范连片区建设任务全面完成。整村推进87个，移民搬迁5200人。

——**改革开放深入推进**。《资源型经济转型综合配套改革试点行动方案》编制完成，“一市一县”“一市两园”“一县一企”试点工作扎实推进，霍州成功获批国家资源型城市转型试点市，每年可获得国家专项资金支持；乡镇机构改革、医疗卫生体制改革、文化体制改革顺利实施，侯马城乡一体化综合配套改革、安泽新农村建设综合改革取得重大进展；集体林权制度改革，完成勘界确权1048万亩，明晰产权率98.7%；国企改革取得新进展，顺利完成了临纺等五户企业政策性破产。

对外开放水平不断提高，参加了“中央企业合作发展恳谈会”、“江浙沪”推介会、第六届中博会等大型招商引资活动，全市共组织广州招商引资推介会等招商活动19次，引进到位外来资金248亿元，签约资金2851亿元，开放型经济迈出新的步伐。

——**环境保护成效显著**。始终把改善环境质量放在政府工作的重要位置，深入开展工业污染治理、城市环境综合整治、农村生态环境保护、水环境治理和蓝天碧水扩容提质五大行动，成功创建省级环保模范城市。新建垃圾处理场10个，建成并投入运营污水处理厂19座。三大水系生态治理取得明显成果。新完成营造林70万亩。节能减排任务全面完成。全市城区空气质量全部达到国家二级标准，市区达到339天。地表水环境质量持续改善，汾河临汾段主要污染物出境浓度持续下降，市区饮用水质达标率保持100%。洪洞县被评为全国首批资源集约节约模范县。

——**社会管理全面加强**。大力推进平安和谐临汾建设。信访工作全面加强，社会矛盾有效化解，治安状况进一步好转，信访案件上访率和社会治安事件发生率明显下降，全市公众安全感和满意度达到90%以上。不断健全完善突发事件应急处置救援机制，突发事件应急处置水平进一步提高。安全生产“两个主体”责任有效落实，全市安全事故起数和死亡人数分别下降2.8%和8.1%，煤炭百万吨死亡率下降到0.27，安全生产形势持续好转。加强人口和计划生育工作，人口自然增长率控制在4.72‰。全市食品药品、质量监督、科技文化、广播电视、国防人防、民族宗教、外事侨务、地方志、统计、档案、气象、地震、残联、老龄、妇女、儿童、红十字、慈善等各项工作都取得新的进展，为推动临汾经济发展与社会进步作出了积极贡献。

——**民生状况持续改善**。临汾一中高中部投入使用，农村义务教育经费保障机制全面落实，300所标准化学校建设、27所公办幼儿园和5所特教学校新建和改扩建全面完成；高考二本B类以上人数首次突破万人大关，总达线率29.8%。临汾新医院主体完工，市人民医院重新跨入“三甲”行列，28个卫生国债项目顺利推进，基本药物制度全面实行，全市新农合参合率达到97.9%。五大社会保障体系进一步完善，新增城镇就业4.6万人，下岗失业人员再就业1.06万人，转移农村劳动力4.8万人；开工建设保障性住房4540套，完成农村危房改造5700户，落实廉租房租赁补贴562户，

907户中低收入家庭喜迁新居。建立物价上涨与社会救助和最低生活保障联动机制，为困难群众发放临时价格补贴5206万元。年初市政府向人民群众承诺的十件实事顺利完成。

在加快经济社会发展的同时，市政府坚持把民主法治和自身建设作为做好各项工作的重要保障，自觉接受市人大及其常委会的法律监督和市政协的民主监督，积极支持各民主党派、工商联、无党派人士参政议政。办理人大代表意见建议224件，政协委员提案276件，办结率100%。扎实推进“法治临汾”建设，“六五”普法全面启动。不断完善基层民主制度，第九届村民委员会换届选举工作圆满完成。全面落实党风廉政建设责任制，深入开展机关纪律作风整顿，积极推进政务公开，加强重点行业和领域专项监察和审计监督，政务环境进一步优化，政府的公信力、执行力大幅提升。

各位代表，过去的一年，我市继续保持了经济社会平稳较快发展态势，取得了较好成绩。先后荣获“全国文化体制改革工作先进地区”和“五个全覆盖先进市”等表彰113项。这些成绩的取得，是省委、省政府和市委正确领导的结果，是市人大、市政协有效监督和大力支持的结果，更是432万临汾人民团结奋斗、锐意进取的结果。在此，我代表市政府，向全市各条战线的工人、农民、知识分子和广大建设者，向人大代表、政协委员，向各民主党派、工商联、无党派人士和人民团体，向驻临部队、武警官兵、公安政法干警和驻临单位，向所有关心支持临汾发展的社会各界朋友，致以崇高的敬意和衷心的感谢！

在充分肯定成绩的同时，我们也清醒地认识到，我市经济社会发展仍然面临不少困难和问题，主要是:产业结构不尽合理，传统产业升级改造步伐还不够快，新兴产业规模还不够大；基础设施、城镇化发展、对外开放和社会管理水平有待进一步提升；安全生产基础仍不牢固，环境保护工作需进一步加强；城乡、区域发展不平衡的矛盾比较突出；保障和改善民生工作与群众的期望还有不少差距；少数部门还存在作风拖拉、办事不力、效能不高等现象。对此，我们将在今后的工作中采取有效措施，认真加以解决。

二、2012年工作任务和重点

2012年是实施“十二五”规划、加快转型跨越发展的关键之年。当前，面临的外部经济形势依然严峻复杂，国际市场需求萎缩，国内经济增速趋缓，对能源原材料的需求减少，由于我市经济结构的特点，经济增长的压力进一步加大。但总体上看，我市仍然处于加快发展的重大机遇期。国家继续实施中部崛起战略，我省转型综改试验区建设全面推进，为我们提供了良好的发展条件。我们一定要抢抓机遇，乘势而上，坚定信心，扎实工作，团结带领全市人民努力把今年的工作做得更好。

今年政府工作的总体思路是：**全面贯彻落实党的十七届三中、四中、五中、六中全会、十一届全国人大五次会议、省委十届二次全会暨全省经济工作会议和省十一届人大六次会议精神，以邓小平理论和“三个代表”重要思想为指导，深入贯彻落实科学发展观，按照市委三届二次全会确定的“产业转型、环境提升、城乡统筹、民生改善”的总体要求，以科学发展为主题，以加快转变发展方式为主线，充分运用转型综改试验各项有利政策，牢牢把握“稳中求进、好中求快”的工作基调，突出“主攻项目，加快转型，打造特色，改善民生，推进跨越”的工作重点，进一步优化区域布局、调整经济结构、加强“三农”工作、加快城镇化进程、建设文化强市、保护生态环境、推进改革开放、强化社会管理，不断开创我市经济社会发展新局面，以优异成绩迎接党的十八大胜利召开。**

“主攻项目，加快转型，打造特色，改善民生，推进跨越”是立足我市市情，全面分析把握当前形势确定的全年工作重点，是今年政府工作的核心。

“主攻项目”就是要始终坚持把项目建设作为转型跨越的主要载体和引擎，扎实开展“项目落地年”活动，全面加大项目的投资、协调、服务力度，强力推动项目工作，进一步增强全市经济的发展活力、发展动力和发展后劲。今年重点实施349项重点项目，力争全年完成投资突破1000亿元；项目落地资金达到1500亿元；项目签约达到2000亿元；项目储备保持在12000亿元以上。

“加快转型”就是要在发展布局上，以板块经济和园区经济为支撑；在发展路径上，以循环化、高端化、链条化为方向；在增长方式上，更加重视高新技术、高端产品的应用与生产，加快推进传统产业循环化、优势产业规模化、支柱产业多元化、新型产业高端化步伐，努力实现产业结构由煤焦铁等传统产业一枝独大向新型工业、高效农业、现代服务业三次产业协调发展转变，发展模式由粗放、高耗、低效、单一线性发展向集约、低碳、高效、多元循环发展转变，实现绿色发展、清洁发展、安全发展。

“打造特色”就是要突出“百公里汾河生态城镇经济走廊”和侯马国际陆港园区两大龙头，打造集新型工业、高效农业、现代城镇、文化旅游、生态文明于一体的经济社会发展引领区和现代物流高地，构建全新的经济形态和社会形态，彰显临汾经济社会发展特色。

“改善民生”就是要始终坚持“发展为了人民，发展依靠人民，发展成果由人民共享”的执政理念，把改善民生作为政府工作的出发点和落脚点，紧紧抓住群众关心的、涉及群众切身利益的教育、卫生、社会保障、“三农”工作等热点、难点，实实在在为人民解难题、办好事。

“推进跨越”就是要牢牢把握“稳中求进、好中求快”的工作基调，摒弃四平八稳的思维方式，勇于争先，以人一我百、人十我千的精神，坚决超额完成全年各项任务，力争我市经济总量、增长速度、社会管理水平跨入全省先进行列，为圆满实现我市“十二五”翻番目标奠定坚实基础。

今年，我市经济社会发展的指导性指标是：地区生产总值增长13%；规模以上工业增加值增长20%；全社会固定资产投资增长25%；社会消费品零售总额增长17%；财政总收入和一般预算收入增长16%；进出口总额增长12%；城镇居民人均可支配收入增长13%；农民人均纯收入增长15%；人口自然增长率控制在6.5‰以内；城镇登记失业率控制在4.2%以内；居民消费价格总水平涨幅控制在4%左右。

约束性指标是：万元GDP综合能耗下降3.5%；万元生产总值二氧化碳排放量下降3.7%；二氧化硫、化学需氧量排放量分别下降2%和1.3%；氨氮排放量下降1%；工业烟尘、粉尘排放量下降3%；万元工业增加值用水量下降3%。

实现上述目标，我们重点要做好以下十个方面的工作：

（一）继续大力推进“百公里汾河生态城镇经济走廊”建设。

努力打造经济发展的优势板块“百公里汾河生态城镇经济走廊”是市委站在历史的高度，从时代发展的要求出发，做出的具有全局性、战略性、引领性的重大决策，符合主体功能区和梯度发展的要求。总体构想是发挥沿汾区域人口集中、区位独特、资源赋存丰富、产业基础较好的优势，在北起霍州，南至侯马，南北长106公里，以汾河为中轴，东西宽约22公里，总面积约2200平方公里的区域内，打造集新型工业、高效农业、现代城镇、文化旅游、生态文明于一体的高度发达的示范区和引领区，带动东西两山全面振兴，形成“沿汾崛起、两翼齐飞”的新格局，成为中西部地区有影响的生态带、产业带、旅游带、城镇带。

今年重点完成四项工作：完善规划体系。坚持“统一规划，科学布局，合理分工，统筹推进”的原则，高标准编制完成走廊总体规划以及河道治理、道路建设、城镇建设、新农村建设、生态环保、文化旅游和园区建设等各类专项规划。同时，积极争取国家相关部委及省委、省政府支持，力争把“百公里汾河生态城镇经济走廊”纳入全省先行先试综改试验区规划，上升为全省乃至国家战略。

创新体制机制。建立“走廊”内资源统一调配新机制，实现土地、资金、项目、人才等资源的有效利用。建立统一的融资平台，捆绑包装建设项目，加大融资力度，为“走廊”建设提供资金保障。学习借鉴山东、江苏等地在新农村建设、产业园区建设和城镇化等方面的先进经验，加大统筹城乡、统筹区域发展工作力度。创新农村土地流转制度，加快农村土地规模化经营。制定出台新农村改造实施办法，加快农村城市化、城乡一体化步伐。

加快基础设施建设。一是全面启动河道水利工程。汛期前完成洪洞至襄汾段河道治理。二是全面启动汾河生态深度治理。完成市区汾河生态治理二期和洪洞城区段滨河生态景观建设。三是建设滨河东路贯通工程。四是启动滨河东路与市级主干道路、各主要产业园区、小城镇连接路及电网配套建设等工程。

强化园区支撑。园区经济是现代经济的鲜明特征，也是“走廊”建设的产业支撑和重要内容。按照“主业突出、链条循环、功能完备”的总体要求，全面加快“走廊”内园区建设，突出抓好洪洞赵城煤化工园、洪洞甘亭工业园、尧都河西煤化工园、襄汾绿色铸造科技园、曲沃千万吨级优特钢循环工业园、侯马电子工业园等工业园区，尧都尧王台、洪洞历山、襄汾丁村白莲等现代农业园区，奥特莱斯芭蕾雨、临汾空港等现代物流园区，洪洞广胜寺、霍州七里峪、侯马晋博园等文化旅游景区，把资金、土地等生产要素向园区倾斜和集中，健全服务保障体系，完善园区功能，不断提升园区的项目承载能力、就业吸纳能力和人口容纳能力。

各位代表，建设“百公里汾河生态城镇经济走廊”，是我市“十二五”时期的一项重大战略，也是我市转型跨越发展的强大引擎。只要我们全力以赴、坚定不移地下大力气加快推进，就一定能够将“走廊”建设成为山西乃至中西部地区最具竞争力、最有活力的示范区、引领区。

（二）进一步加快传统产业新型化和新兴产业规模化步伐，努力打造特色明显的新型工业大市。

按照以煤为基、以煤兴产、以煤兴业、多元发展的思路，加快推进工业经济结构调整，努力在新型工业化道路上实现新突破。

加快煤矿建设步伐。充分发挥煤炭的基础性作用，全力加快煤矿标准化建设。重点针对制约煤矿建设的突出问题，一矿一策，逐矿解决。加强与大企业、大集团的沟通协调，督促帮助其尽快完成建设任务。今年矿井改造完成80%，并建成国家级质量标准化矿井4座，其余生产矿井全部达到省级安全质量标准。同时，在保证安全的前提下，加快煤炭生产，原煤产量达到5300万吨以上。

改造升级传统产业。按照“集群化、循环化”的要求，以延长产业链为方向，以循环经济为模式，大力推进传统产业升级改造。焦化行业，抓住整合重组、技术改造和延伸产业链三个环节，积极推进襄汾、洪洞两个焦化生产基地和尧都、古县、安泽、乡宁四个焦化生产集中区建设，大力发展煤制天然气、煤制甲醇、甲醇制烯烃等多联产煤化工。重点抓好山焦60万吨烯烃、山西立恒145万吨焦化、安泽永鑫12万吨甲醇、古县利达20万吨甲醇以及中煤、华电等项目。冶金行业，加快推进“环塔儿山、二峰山”钢铁集群建设，重点抓好中宇钢铁全面复产、翼钢500万吨优特钢项目建设以及襄汾、尧都钢铁产业整合。电力行业，突出发展绿色煤电，促进霍州国电2×60万千瓦发电项目早日投产。同时，抓好安泽冀氏4×60万千瓦、翼城4×60万千瓦坑口发电及古县鑫秀4×60万千瓦煤矸石发电等项目前期工作。

培育壮大新兴产业。坚持“规模化、高端化”的原则，把非煤、非资源型产业作为结构调整的战略重点。采用新技术和新工艺，努力在新装备、新能源、新材料、新医药等领域寻求突破。加快发展装备制造业，重点抓好山西华翔精密铸造、平阳重工高端制造、蒲县赢晟园特种铸造、翼城舜达超大型国际一流锻造等项目。大力发展新材料、新技术、新能源，重点抓好尧都光宇电源，洪洞飞虹微纳米LED外延片、芯片及薄膜太阳能电池项目，洪洞恒富美尔美太阳能陶瓷板及外墙保温装饰陶瓷板生产线，吉县、大宁、永和煤层气钻探压缩液化等项目。大力发展生物制药，重点抓好旺龙药业医药产业园等项目。加快科研开发基础建设，在年销售5000万元以上的企业建立研发机构，增强企业科技创新能力；继续资助专利技术申请和项目推广应用，扶持各类科研开发机构加快发展。

（三）扎实做好“三农”工作，努力打造现代化新型农村。

始终把“三农”工作作为重中之重，以农民增收为核心，以“一村一品”“一县一业”为重点，以农业科技创新为支撑，加快农业现代化发展步伐。

改善农业生产条件。加强农田水利建设，实施西山沿黄提水灌溉、中线引黄灌溉、禹门口东扩骨干配套、农村饮水安全、病险水库除险加固和中小河流治理等水利工程，全年争取完成投资10亿元以上，完成水土流失初步治理40万亩，实灌面积192万亩。加大农业综合开发力度，力争土地治理总面积达12万亩以上。大力推广机械化保护性耕作、土地深松以及农作物秸秆还田与综合利用，不断提高农业机械化水平。

推进农业科技创新。围绕全国“农业科技促进年”活动，进一步完善农业科技服务平台，深入开展农业新技术培训和推广，启动“一乡一站、一村一点”全覆盖工程，大力推广农业科技10大实用技术，培育有文化、懂技术、会经营、善管理的新型农民。组织实施“全民科学素质行动计划纲要”和“百万农民素质提升工程”，完成农民新技术培训100万人次。扎实开展粮食高产创建活动，确保粮食安全。

发展现代特色农业。按照“产业特色化、基地规模化、生产标准化、产品品牌化”的要求，发挥优势，突出特色，打造亮点，新增200个省级“一村一品”专业村，进一步做强做大“一县一业”基地县。以建设西山百万亩优质水果基地为重点，促进水果、蔬菜、干果和中药材“四个百万亩”基地规模扩张，全年新增水果10万亩、设施蔬菜3万亩、中药材3万亩、干果9.8万亩。大力发展特色养殖，肉蛋奶产量达到37.5万吨。积极稳妥推进规模经营，大力发展设施农业，建设一批高效农业示范区。今年，每个县市区至少新建一个千亩以上规模较大、标准较高、功能较完善的现代农业园区，带动特色农业、设施农业和精品农业的大发展。

培育农业产业化龙头企业。按照“基地化生产、公司化组织、市场化运作、品牌化营销”的思路，重点实施“393”龙头企业培育工程。一方面，加大政策扶持力度，对农业产业化龙头企业在资金、技术、市场等方面给予重点倾斜，今年市政府将拿出专项资金，对重点龙头企业实行贷款贴息支持，引导更多的企业家领办、兼办农产品加工企业。另一方面，整合我市优势农产品资源，加大名优农产品的包装推介和营销力度，扩大品牌知名度和影响力，不断提高农产品加工转化率和市场占有率。同时，大力发展农民专业合作社，培育农村经纪人，提高农民的组织化程度，加快农业产业化进程。

加快改善农村面貌。以“四化”和“六个一”工程为重点，大力实施“335”新农村建设推进工程。全面抓好新确定的326个重点村“四化”基础设施建设；高标准建设30个新农村示范连片区和158个农村环境连片整治示范村建设；全面完成4405公里农村街巷硬化，532个农村便民连锁店，690个农家书屋，551个健身场地建设等农村新的“五个全覆盖”任务。

扎实推进扶贫开发。以人均收入2300元以下58.6万贫困人口的收入翻番为重点，扎实推进片区开发、移民搬迁、整村推进、产业扶贫、教育扶贫、外资扶贫等项目建设。重点实施大宁——永和特困板块项目，着力打造全省扶贫开发优质果蔬产业示范板块，积极争取将安泽县列为片区开发省级项目县。完成6000人的移民搬迁任务，解决5万人脱贫。

各位代表，“三农”工作事关农民切身利益，关乎社会大局稳定。我们要带着对农民兄弟的深厚感情，给农业更强的支持，给农村更大的倾斜，给农民更多的实惠！

（四）积极培育物流和旅游两大龙头，努力打造中西部现代服务业大市。

加快发展以“山西国际陆港园区”为核心的现代物流业。山西国际陆港综合保税园区是发挥方略保税中心物流优势，大力发展外向型经济的前沿区域，也是我市建设中西部物流大市的重要依托。规划面积55平方公里，包括对外贸易集散中心、新兴加工制造业中心、现代物流配送中心，建设陆港物流、工业集群、配套服务三个功能组团，打造成辐射300公里的国际物流陆港、出口加工区和服务业新城，构建晋陕豫黄河金三角商贸物流中心。今年重点推进10平方公里起步区，完成方略卡口、配送中心、交易市场和联检大楼建设，带动我市现代物流业繁荣发展。

发展壮大旅游业。按照“一带五区一线十点”的旅游产业发展规划，进一步加快大槐树文化旅游区、尧文化旅游区、中镇霍山旅游区、丁村民俗文化旅游区、晋文化旅游区建设。大力推进洪洞大槐树、吉县壶口瀑布等国家5A级景区创建和洪洞大明风情园、广胜寺整体开发二期、尧陵二期、七里峪景区及克难坡、人祖山等旅游开发项目建设。加大旅游宣传促销力度。举办好大槐树文化节、黄河壶口旅游文化节等旅游节庆活动。积极对接京津客源市场，拓展长三角、珠三角、港澳台客源市场，力争全年旅游总收入达到145亿元，增长20%。

做精其他服务业。坚持“大商贸、大市场、大流通”发展战略，扶持发展连锁经营、电子商务，支持优势商贸流通企业做强做大，形成以大型购物中心为骨干，各类超市、专卖店、便利店为支撑，多元化、多层次的城乡商业流通网络。加快发展金融、保险、中介、担保、信息、酒店餐饮等产业，推动各类服务业健康发展。

（五）加快推进市域城镇化进程，努力打造百万人口区域性中心城市。

坚持统筹规划、合理布局、完善功能、以大带小的原则，统筹工业化、城镇化协调共进，加快市域城镇化进程。

编制完善城镇发展规划。按照“一带两圈多点”的城镇发展格局，完成涝洰河生态治理、河西新城建设等六个专项规划。加大对各县市区各类专项规划、近期建设规划、控制性详细规划、重要地块修建性详细规划的技术审查力度，发挥好规划引领作用，强化规划的科学性和严肃性。

推进“一城三区”同城化发展。按照“唐尧文明圣地、新兴工业之都、和谐宜居新城”的城市定位，大力推进“一城三区”同城化发展。市区按照“建设新城、疏解老城”的方针，加快旧城区道路拓宽改造，启动实施北城壕西段防汛排水及道路建设、古城公园二期、市第一污水处理厂改扩建等工程；完成西赵路西段、中大街北延及北城污水处理厂等工程。新城区着眼完善交通网络，搭建现代化新城框架，启动实施新高中南路、漪汾花园南路、规划十二路、大西客运车站站前广场等工程，完成临汾民航机场、霍侯路改造、桃临线一期、土门高速连接线等交通基础设施建设，加快环保监测大楼、临汾一级客运东站、高铁车站等公共服务设施建设。实施西关村、解放路平阳社区、汾河办盘龙社区等21个城中村、城郊村改造。同步推进洪洞、襄汾同城化建设。

不断提升特色大县城和小城镇建设水平。立足县城特色定位，搞好县城规划建设。发挥侯马交通枢纽的区位优势，依托国际物流陆港园区，加快侯马、侯马开发区和曲沃同城化进程。以工矿型、轻工业型和旅游型为主导，推进12个大县城建设、53个重点中心集镇和特色小城镇建设。全市城镇化率提高2个百分点。

着力提升城市管理水平。坚持“建管并重”原则，按照“管理内容具体化、管理指标明确化、管理责任区域化”的要求，进一步明确市、区、街道、社区及职能部门职责，有效整合城市管理资源，大力推进城市精细化、标准化管理。以开展

"环境建设年"活动为契机，重点开展城市交通秩序、市场经营秩序、建筑和路面污染、广告牌匾规范、环境卫生清理大整治，实现城市规模与管理层次同步提高，城市品位与市民素质同步提升。

（六）坚持节能、环保、生态三措并举，努力打造"两型社会"。

建设资源节约型和环境友好型社会，是经济社会可持续发展的必然要求，也是关系人民群众生活质量和健康安全的重要保障。国家出台环境空气质量监测新标准，对环境保护提出了更高的要求，我们要积极应对，采取更加有力的措施，务求取得更大成效。

持续推进节能降耗。全面推进工业、交通、建筑和公共机构节能。坚持能耗强度控制，完善预警调控机制。加强对新建、扩建、改建等固定资产投资项目的能评审查，有效控制能源消费增量。强化技术节能，全面启动"十城万盏"半导体照明应用示范工程。扩大利用风能、太阳能、沼气等可再生能源。

切实加强环境保护。巩固省级环保模范城市创建成果，启动"国家级环保模范城市"创建工作。按照新的环境质量监测标准，制定环境保护控制性规划，出台年度行动计划，全力实施建设百公里汾河环保标杆示范区、工业污染治理提效提质、城市环境提质扩容、农村环境连片整治、水环境治理稳中求优五大工程。加快市区及周边工业企业搬迁，治理二次扬尘污染，加强机动车尾气污染防治，优先发展低碳公共交通，加快城中村、城郊村集中供热、供气改造步伐，大力推进天然气、煤层气、焦炉煤气、氢气"四气合一"，建设"气化临汾"，市区大气综合污染指数控制在1.8以下，市区饮用水达标率稳定在100%。

全面加快生态建设。深入开展创建"省级园林城市"活动，修编完善《临汾市城市绿地系统规划》，加快中心城区绿化，力争全年城市绿化覆盖率增长1个百分点；大力实施天然林保护、退耕还林、三北防护林、太行山绿化、通道绿化等造林绿化工程，全年完成营造林51.5万亩；继续抓好水土保持、坝滩联治、淤地坝、坡改梯等水保生态工程；重点推进涝洰河生态环境综合治理，努力打造环境优美的生态临汾。

各位代表，建设"两型社会"，改善生态环境，既是我们面临的长期任务，也是我们义不容辞的责任。我们要毫不松懈地把这项工作抓实抓好，抓出成效，使我们的天更蓝、地更绿、水更清、空气更清新！

（七）推动文化繁荣发展，努力打造三晋文化强市。

文化是城市的灵魂，是城市综合竞争力的重要体现。我们必须深入贯彻党的十七届六中全会精神，充分发挥我市文化资源优势，坚持"文化强市"之路，推动我市文化大发展大繁荣。

努力建设文明临汾。深入开展创建"文明临汾"主题活动，大力弘扬爱国主义、集体主义、社会主义思想和"敢为人先、坚韧不拔、开放包容、勤劳智慧"的临汾精神。加强社会公德、职业道德、家庭美德、个人品德教育，拓展精神文明创建活动，积极推进政务诚信、商务诚信、社会诚信和司法公信，提高全社会文明水平。

健全公共文化服务体系。坚持政府主导、社会参与和群众共建共享的原则，加快构建布局合理、功能完善、覆盖城乡的公共文化服务体系。开工建设市广电大楼、图书馆、博物馆、奥体中心等文化重点工程。全面启动县级图书馆、文化馆、体育馆和多功能厅数字影院"三馆一院"建设。继续实施文化惠民工程，实现"农家书屋"、农民体育健身设施、村级文化活动场所"全覆盖"。加快现代传播体系建设，支持网络多媒体、移动多媒体等新兴传播载体快速发展。加强非物质文化遗产保护和传承。广泛开展文化下乡和群众性文体活动，努力满足广大群众的精神文化需求。

加快发展文化产业。进一步完善文化产业振兴规划，积极推动文化产业结构调整和转型升级，推进文化与文物、旅游、科技、教育、体育等互动融合。实施文化基础设施提升、文艺精品生产等10大文化产业工程，加快推进侯马晋国古都文化园等15个文化产业园区发展，壮大襄汾锣鼓、邓庄文化用品、翼城花灯、古县“十字绣”等文化产业基地，提升移民文化、丁村文化、帝尧文化、晋国文化、民俗文化、红色文化六大特色文化产业品牌。设立市级文化产业发展专项扶持资金，扶持文化生产经营龙头企业升级改造、做大做强，推动文化产业尽快成为我市新的支柱产业。

深化文化体制改革。继续深化公益性文化事业单位内部人事、收入分配、社会保障制度改革，巩固拓展国有文艺演出院团、电影公司、影剧院改革成果。加快经营性文化单位转企改制步伐，鼓励文化企业兼并重组，培植大型演艺、报刊、传媒、网络集团，提高我市文化软实力。

（八）深化改革开放，努力打造充满活力的开放临汾。

全面推进转型综改试验。充分利用好转型综改试验区这个大平台、大载体，在产业转型、生态修复、城乡统筹和民生改善方面先行先试。认真实施《转型综改试验行动方案》，抓好侯马、洪洞、尧都“一市两县”试点工作。推进洪洞赵城煤化工园区、山西国际陆港园区“一市两园”试点建设。加快20个省级试点企业和70个市级标杆项目试点工作，积极探索产业转型升级和促进项目落地建设新途径。同步推进侯马城乡发展一体化综改试点和安泽新农村建设综改试点，带动全市统筹城乡改革扎实推进。

进一步深化重点领域改革。理顺国有资产监管体制，解决好临纺等5户政策性破产企业遗留问题，继续稳步推进其他国有企业改革工作。加快行政管理体制和政府机构改革，稳步推进事业单位人事管理制度改革。深化财政管理体制改革，优化支出结构，建设公共财政。全面启动公益林补偿、林权转让和资源评估抵押等林权制度配套改革，基本建立现代林业产权制度。巩固基层医疗卫生体制综合改革成果，启动全市公立医院改革工作。支持银行业改革，推进农村信用社改制为农村商业银行工作，积极引进股份制银行在我市设立分支机构。

努力破解发展难题。按照全市“项目落地年”活动的要求，积极推进体制机制创新，力争在项目审批、用地保障、资金筹措等方面取得新突破。加大项目包装和申报力度，争取更多的项目纳入国家和省级投资计划；健全完善领导包项目、部门联项目工作机制，层层落实项目包联责任，建立项目对口推进工作机制，加快项目落地建设。

创新土地管理机制，积极争取上级用地指标，加快推进土地开发整理复垦，用足用活城乡建设用地增减挂钩和矿业用地整合政策，力争全年完成造地5.5万亩，力保重点项目和民生工程及时落地。建立多元化融资体系，加强市投资集团、县市区融资平台和信用担保体系建设，整合盘活优质资源，增强融资能力；制定优惠政策，鼓励我市民间资本在本地投资兴业；加快资本市场建设，积极推进企业上市；加强银企合作，采取多种形式，解决发展资金不足的问题。

全方位扩大对外开放。以招商引资和招才引智为重点，努力在更宽领域、更高层次参与市场竞争与合作。坚持以资源换资本、换项目、换技术，突出园区招商、产业招商、以商招商，广泛开展各类招商引资活动，努力争取世界500强和国内500强等大型企业来我市投资兴业。积极发展对外贸易，不断提高对外开放水平。研究制定出台引进高端人才、领军人才的优惠政策，继续加大企业、学校、医院等领域高新技术人才的培育和引进力度，为人才扎根临汾创造良好环境。

大力发展民营经济。认真落实促进民营经济发展的各项政策，加大对中小企业的扶持力度。鼓励和引导民营企业与大企业、大集团联合，引进项目、技术和资金，转变发展方式，调整产业结构，壮大企业规模。建立健全创业辅导、人才培训、技术支持等中小企业服务平台，切实解决好中小企业贷款担保、人才、技术等发展难题。加快实施企业家素质提升工程，造就一批具有战略眼光、勇于开拓进取的领军人才。大力支持全民创业，激发县域经济发展活力。

全年新培育小企业1000户，新增创业基地19个，民营经济总产值、营业收入等主要经济指标增速达到16%以上。

（九）以安全生产为重点不断加强和创新社会管理，努力打造“和谐平安临汾”。

持之以恒抓好安全生产。始终把安全生产作为政府工作的重中之重，牢固树立“抓安全就是抓发展”的理念，进一步强化“两个主体”责任落实，做到职责分工明确、监管不留死角。深入开展安全生产专项整治和打非活动，切实加强煤矿、非煤矿山、尾矿库、危险化学品、道路交通、人员密集场所、消防、特种设备、民爆物品、建筑施工、森林防火、学校、食品药品、校车等各行业、各领域安全生产隐患排查治理。加强安全工作考核，严格实行安全生产“一票否决制”。切实抓好基层基础工作，全面加强安全质量标准化建设，强化安全培训，加强劳动用工管理，突出抓好现场管理，不断创新安全生产监管方式和手段，努力从根本上提高安全生产保障水平。

全面加强和创新社会管理。严格落实信访工作责任制，增强责任观念，强化疏堵结合，畅通群众诉求渠道，做好矛盾纠纷排查化解，切实解决好事关人民群众切身利益的突出问题。积极总结推广安泽县“三网合一、三级联动”的做法，夯实社会管理的基层基础。深化平安临汾创建活动，加强社会治安综合治理，完善社会治安防控体系，深入开展打击“两抢一盗”专项行动，严厉打击各类违法犯罪，提高人民群众安全感。

进一步加强特殊人员管理，全面推进社区矫正和安置帮扶工作。加强舆情监测，完善互联网舆情应对处置工作机制。健全突发事件应急体系，有效预防和妥善处置各类突发事件。认真落实民族宗教政策，依法管理宗教事务。做好人口与计划生育工作，稳定低生育水平，提高人口素质。广泛开展全民健身活动，提高竞技体育水平。建立健全食盐储备制度，大力推进以绿色低钠盐为主导的食盐健康升级换代工程。加强国防动员和民兵预备役建设，搞好“观摩”活动，推进新形势下的双拥工作。大力发展社会养老服务，完成怡乎贝尔草原山西老年疗养基地怡心家园项目建设。继续做好外事侨务、档案、统计、地方志、妇女儿童、红十字、残疾人、人防、地震、气象等各项工作。

（十）更加重视和保障民生，努力打造人民幸福家园优先发展教育事业。

加大教育投入，确保财政教育支出占一般预算支出的比例不低于16.96%。继续实施中等职业教育免费全覆盖工程，今年秋季将免费范围扩大到普通中专和技工学校。完成5个县市区薄弱学校改造工程和156所义务教育标准化学校创建任务。继续开展争创“三名”工程活动，确保高考、中考成绩有新的提升。积极发展学前教育，扩大中等职业教育规模。启动山西师大新校区建设、临汾学院整体迁建工程，完成临汾一中高中部二期、初中部教学楼、市第一小学教学楼等工程。

大力发展卫生事业。建好临汾新医院、市第九人民医院，开工建设市中医院和市公共卫生应急中心，实施县级卫生监督所建设项目。全面启动市区医疗资源整合工作，进一步优化市区医疗机构布局。强化公共卫生体系和卫生执法体系建设，加强疾病预防控制、社区卫生服务和妇幼保健工作。全面规范医疗机构管理，切实加强医德医风建设。继续做好新农合工作，确保参合率稳定在95%以上。

积极实施创业就业。高度关注重点群体、困难群众就业问题，实施更加积极的就业政策，多渠道开发就业岗位。实施好“三支一扶”、就业见习等扶持项目，努力拓展高校毕业生就业渠道。坚持以创业带动就业，深入开展创业培训和职业技能培训，搭建多种形式就业服务平台，促进各类人员就业再就业。

全面加强社会保障。进一步扩大社会保险覆盖面，加强社保基金征缴和监管。加快推进城镇居民社会养老保险和新农保工作，确保实现城乡养老保险制度全覆盖。实行新型农村社会养老保险、城镇居民社会养老保险、城镇企业职工养老保险互通互连，实现社会保障“一卡通”。加快经济适用房、廉租房、棚户区改造等保障性住房建设步伐，完善保障性住房分配、运营、退出等管理机制，确保分配公正、管理科学、退出有序。切实加强价格调控和监管，建立健全社会救助和保障标准与物价上涨挂钩的联动机制，切实保障困难群体的基本生活。

各位代表，市政府今年将为民办好十件实事：

1.完成临汾民航机场建设工程。

2.建成临汾新医院并投入使用。

3.新增城市公交车60辆，新开辟市区公交线路5条。

4.新建中大街北延等7条城市道路工程。

5.新建市图书馆和博物馆。

6.新建市奥林匹克中心。

7.改善和提高18万农村人口安全饮水标准。

8.解决困难家庭就业人员3800人，新增城镇就业47000人。

9.全市新建和改扩建公办幼儿园27所。

10.新建保障性安居住房15982套。

各位代表，民生连着民心，民心凝聚民力。我们一定要不遗余力地把实事办好、好事办实，让人民群众的生活更加幸福美满！

三、加强政府自身建设

建设美好临汾的新任务，给我们提出了新的更高的要求，我们将紧紧围绕市委三届二次全会暨全市经济工作会议提出的扎实开展“思想解放年、项目落地年、环境建设年、作风转变年”活动的总体要求，牢固树立“以人为本、执政为民”理念，转变政府职能，加强自身建设，提高行政效率，忠实履行服务发展、造福人民的神圣职责。

解放思想，建设创新型政府。坚持把解放思想贯穿于经济社会发展的全过程，引导干部群众用世界眼光和战略思维看待事物，推动工作。特别是要紧紧抓住我省“转型综改试验区”有利时机，勇于突破传统思维定式，善于借鉴发达地区成功经验，努力在推动经济发展、加快项目落地、扩大招商引资、加强社会管理、保障改善民生等方面，大胆创新，先行先试，在实践中增强破解发展难题的能力。

依法行政，建设法治型政府。自觉接受人大法律监督、工作监督和政协民主监督，认真听取民主党派、工商联、无党派人士和人民团体的意见和建议。健全政府议事规则，坚持依法决策、科学决策、民主决策。严格依照法定权限和程序行使权力、履行职责。加强执法队伍建设，规范行政执法行为。支持人民法院、检察院依法履行职责。

全面落实“六五”普法规划，加快法治临汾建设进程。

锤炼作风，建设务实型政府。大兴调查研究之风，经常深入基层，深入一线，掌握实际情况，解决实际问题。坚持“干”字当头，“实”字当先，执行力要强、工作节奏要快、方式方法要活、工作效率要高、落实效果要好。对确定的目标不动摇，定下的工作不松手，一项一项地推进，形成加快发展谋大事、心无旁骛干实事、务实扎实干成事的氛围。

创优环境，建设高效型政府。牢固树立“政府创优环境、企业创造财富”理念，继续深化行政审批制度改革。清理审批项目，减少审批程序，缩短审批时限，优化审批流程，努力形成零障碍、低成本、高效率的投资环境。对基层、企业、群众反映的问题，要立即办、主动办、认真办、跟踪办。严格落实首问负责制、限时办结制、服务承诺制、责任追究制。加强电子政务建设，大力推行网上审批，为企业、基层、群众提供更加便利、更加高效的服务。

勤政廉政，建设廉洁型政府。深入开展保持党的纯洁性学习教育活动，全面贯彻落实党风廉政建设责任制，扎实推进惩治和预防腐败体系建设，着力解决群众反映强烈的突出问题。更加注重勤俭节约，严格控制“三公”经费，加强公务用车管理，进一步降低行政成本。加强对财政资金、重大工程、民生项目的行政监察和责任审计，强化对重点行业、重点领域和重要环节的监督管理。坚决查处各类违法违纪案件，严厉惩治各种腐败行为，努力建设一支清正廉洁的干部队伍。

各位代表！时代赋予我们重任，奋斗铸就临汾辉煌。让我们在省委、省政府和市委的坚强领导下，在市人大、市政协的监督支持下，凝心聚力，勇于担当，锐意进取，扎实工作，率先转型，全力跨越，为建设文明开放、富裕和谐新临汾，做出新的更大的贡献，以更加优异的成绩迎接党的十八大胜利召开！

临汾市2011年国民经济和社会发展统计公报

临汾市统计局

2012年3月6日

2011年，在市委、市政府的正确领导下，全市上下认真贯彻落实中央、省、市各项决策部署和工作要求，围绕科学发展观主题和加快转变经济发展方式主线，全力实施“十二五”规划，着力推动转型跨越发展，全市经济和社会发展取得新的成绩，实现“十二五”良好开局。

一、综　合

初步核算，全年全市生产总值1135.1亿元，比上年增长15.3%。其中，第一产业增加值73.9亿元，增长4.1%，占生产总值的比重为6.5%；第二产业增加值716.1亿元，增长19.5%，占生产总值的比重为63.1%；第三产业增加值345.1亿元，增长10.7%，占生产总值的比重为30.4%。第三产业中，交通运输、仓储和邮政业增加值83.3亿元，增长10.8%；批发和零售业增加值64.4亿元，增长13.8%。

人均地区生产总值26199元，按2011年平均汇率计算为4056美元。

图1　2007–2011年全市地区生产总值及其速度

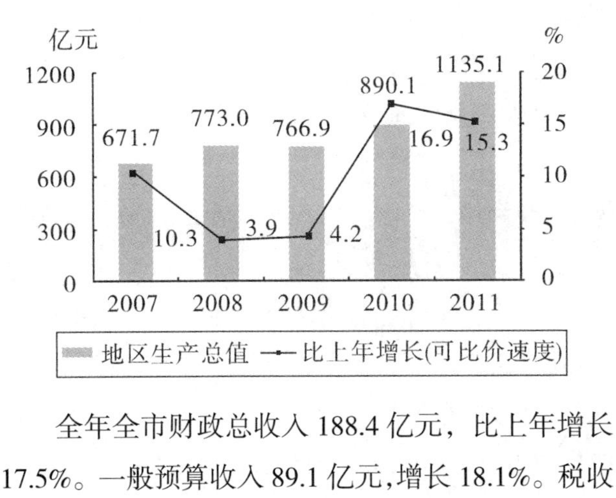

全年全市财政总收入188.4亿元，比上年增长17.5%。一般预算收入89.1亿元，增长18.1%。税收收入50亿元，增长19.7%，其中国内增值税、营业税、企业所得税、个人所得税、资源税和城建税共计完成税收42.4亿元，增长21%。一般预算支出187.1亿元，比上年增长17.1%。其中农林水事务支出增长41.8%，教育支出增长18.3%，社会保障和就业支出增长22.1%，医疗卫生支出增长50.6%，节能环保支出增长1.17%，文化体育与传媒支出增长57.4%，公共安全支出增长18.1%。

图2　2007–2011年全市财政总收入及其增速

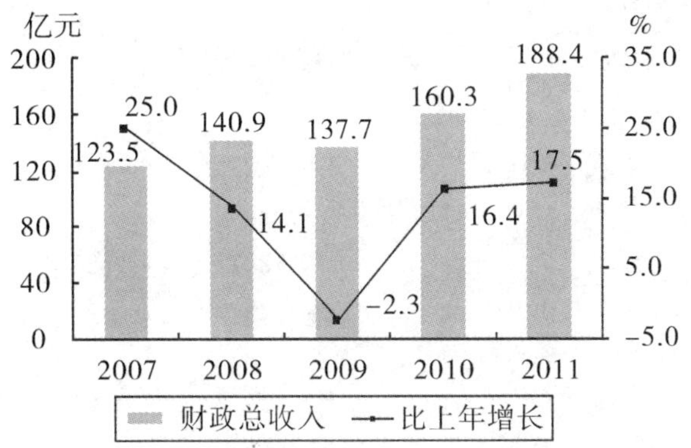

居民消费价格比上年上涨4.6%，其中食品价格上涨9.2%。工业生产者出厂价格上涨6.22%，其中生产资料价格上涨6.27%，生活资料价格上涨3.44%。工业生产者购进价格上涨7.16%。

表1　2011年居民消费价格比上年涨幅

单位：%

指　标	涨幅
居民消费价格	4.6
食品	9.2
烟酒及用品	1.0
衣着	1.7
家庭设备用品及维修服务	3.7
医疗保健和个人用品	4.4
交通和通信	0.9
娱乐教育文化用品及服务	2.3
居住	4.9

2011年末，全市城镇就业人员达50.3万人，城镇新增就业人员4.3万人。年末城镇登记失业率2.8%，控制在4.2%的目标范围之内。

二、农 业

全年全市农作物种植面积562973.3公顷，比上年增加2774.8公顷，增长0.5%。其中，粮食种植面积511525.5公顷，增加2631.9公顷；油料种植面积12782.2公顷，减少1384公顷；棉花种植面积3842.8公顷，减少208公顷。在粮食种植面积中，玉米种植面积207344.5公顷，增加7854.5公顷；小麦种植面积242379.4公顷，减少4470.9公顷。

全年粮食产量214.6万吨，比上年增加21.5万吨，增产11.2%。其中，夏粮91.2万吨，增产5.1%；秋粮123.4万吨，增产16%。

表2 2011年主要农产品产量及其增长速度

单位：吨、%

产品名称	产 量	比上年增 长
粮食	2146040	11.2
其中：夏粮	911982	5.1
秋粮	1234058	16.0
油料	18872	-12.1
其中：花生	2493	-14.0
油菜籽	353	-27.8
棉花	4395	-3.9
烤烟	2140	-3.5
蔬菜	972176	13.8
园林水果	434725	14.5

全年木材产量6466立方米，比上年增长49.4%。全年完成造林42533公顷。退耕还林工程完成配套荒山荒地造林面积4800公顷。全年完成天然林资源保护工程造林面积5600公顷。

全年全市猪牛羊肉总产量100538吨，比上年减少0.1%。其中，猪肉产量88256吨，减少0.3%；牛肉产量5296吨，减少3.4%；羊肉产量6986吨，增长4.8%。牛奶产量27703吨，减少5.8%。禽蛋产量84145吨，增长6.6%。水产品产量5009吨，增长10.1%。

年末全市农业机械总动力423.1万千瓦，比上年增长4.4%。机械耕地面积394367公顷，机械播种面积373812公顷，机械收获面积263078公顷，分别比上年增长9.5%、5.4%和12.1%。全市农机化经营总收入达到11.8亿元，同比增长8.8%。

三、工业和建筑业

年末全市规模以上工业企业380家。全年规模以上工业增加值增长23.6%。

图3 2007–2011年规模以上工业增加值增长速度

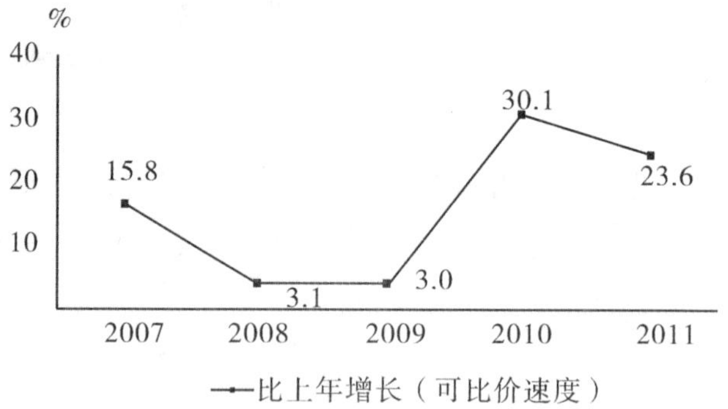

表3 2011年规模以上工业增加值增长速度

单位：%

指 标	比上年增 长
规模以上工业	23.6
其中：轻工业	11.3
重工业	23.8
其中：国有及国有控股企业	15.5
其中：集体企业	14.6
股份制企业	24.6
外商及港澳台投资企业	6.8

全社会原煤产量4813.08万吨，比上年增长28.7%。规模以上工业企业焦炭产量1920.07万吨，增长7.2%；钢材产量943万吨，增长31.01%；发电量149.29亿千瓦时，增长43.14%。（见表4）

规模以上工业实现主营业务收入1878.14亿元，比上年增长35.8%；其中煤炭、炼焦、黑色金属冶炼及压延加工、有色金属冶炼及压延加工、化学制品制造五大行业分别实现主营业务收入561.76亿元、388.21亿元、605.77亿元、48.91亿元和85.28亿元，分别增长39.9%、24.2%、33.0%、21.6%和117.0%。装备制造业和食品工业分别实现主营业务收入65.80亿元和10.69亿元，分别增长31.9%和75.6%。

规模以上工业实现利税185.61亿元，增长

32.9%;实现利润 88.58 亿元,增长 39.5%。

表 4　2011 年规模以上工业主要工业产品产量及其增长速度

产品名称	单 位	产 量	比上年增长%
原煤(全社会)	万吨	4813.1	28.7
洗精煤	万吨	3194.5	28.0
饮料酒	千升	139.8	-75.0
纱	吨	4590.0	-17.8
布	万米	988.2	63.3
软饮料	吨	3830.0	-12.1
铁矿石原矿量	万吨	406.9	38.6
焦炭(机焦)	万吨	1920.1	7.2
焦油	万吨	51.4	15.7
1-4 丁二醇	万吨	8.1	15.2
硫酸(折 100%)	万吨	15.4	24.6
化肥(折纯)	万吨	19.9	23.5
粗苯	万吨	18.3	15.1
塑料制品	吨	390.0	30.9
水泥	万吨	434.3	33.4
生铁	万吨	1053.7	18.5
粗钢	万吨	864.4	12.2
钢材	万吨	943.0	31.0
精练铜	万吨	5.6	27.7
发电量	亿千瓦小时	149.3	43.1

表 5　2011 年规模以上工业企业利润总额及其增长速度

单位:亿元、%

指 标	利润总额	比上年增 长
规模以上工业	88.58	39.5
其中:国有及国有控股企业	29.92	0.8
其中:集体企业	0.94	33.6
股份制企业	79.76	71.8
外商及港澳台投资企业	-3.66	---

全年全市建筑业实现增加值 54.8 亿元，增长 14%。具有建筑业资质等级的总承包和专业承包建筑业企业实现利润 1.9 亿元，下降 31.9%；上缴税金 4.8 亿元，下降 4.7%。

四、固定资产投资

全年全社会固定资产投资 645 亿元，同口径相比，增长 35.1%。其中，国有及国有控股投资 385.7 亿元，增长 30.5%。

图 4　2007-2011 年全社会固定资产投资及其增长速度

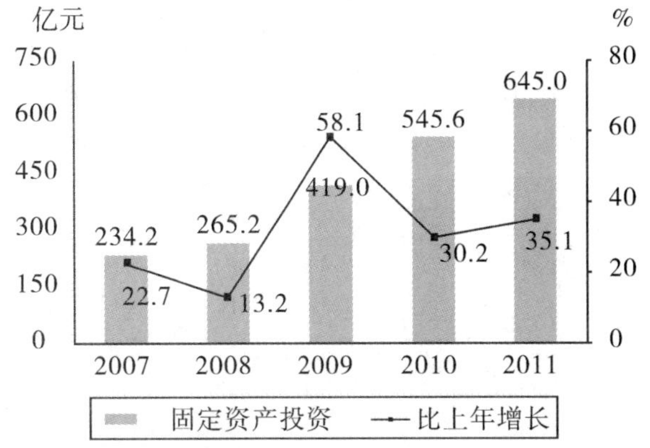

图 5　2007-2011 年全社会固定资产投资比重

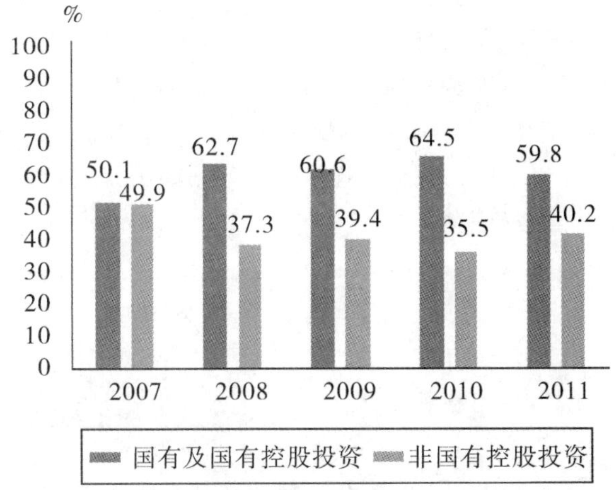

分产业看，第一产业投资 21 亿元，增长 10.7%；第二产业投资 301.54 亿元，增长 22.3%；第三产业投资 322.4 亿元，增长 52.1%。在第二产业中，工业投资 301.49 亿元，增长 22.3%。其中，煤炭工业投资 121 亿元，增长 47.5%。传统产业（煤炭、焦炭、冶金、电力）投资合计 194.9 亿元，增长 19%，新兴产业（食品、装备制造等）投资合计 89.2 亿元，增长 42%。（见表 6）

全年全市在建固定资产投资项目 1047 个,投产项目 744 个。项目建成投产率为 71.1%;新增固定资产 384.9 亿元,固定资产交付使用率为 59.7%。

全年房地产开发投资 37.4 亿元，增长 19.2%。其中，住宅投资完成 30.2 亿元，增长 18.1%；办公楼投资 1.0 亿元，增长 341.2%；商业营业用房投资 4.9 亿元，增长 41.6%。

表6　2011年分行业固定资产投资及其增长速度

单位：万元、%

行　业	投资额	比上年增　长
总 计	6449577	35.1
农、林、牧、渔业	210154	10.7
采矿业	1363231	29.0
制造业	1242954	89.6
电力、燃气及水的生产和供应业	408699	-45.7
建筑业	570	—
交通运输、仓储和邮政业	1392315	152.6
信息传输、计算机服务和软件业	53762	-24.8
批发和零售业	220713	130.9
住宿和餐饮业	10854	-71.7
金融业	3886	373.3
房地产业	724387	43.7
租赁和商务服务业	2603	209.1
科学研究、技术服务和地质勘查业	35000	653.8
水利、环境和公共设施管理业	542921	2.3
居民服务和其他服务业	3683	31.1
教育	120104	-44.4
卫生、社会保障和社会福利业	67210	10.2
文化、体育和娱乐业	33461	3.0
公共管理和社会组织	13070	36.9

表7　2011年全市房地产开发和销售主要指标完成情况

指　标	单 位	绝对数	比上年增长%
投资完成额	亿元	37.4	19.2
其中:住宅	亿元	30.2	18.1
房屋施工面积	万平方米	565.1	-2.7
其中:住宅	万平方米	453.7	-6.4
房屋新开工面积	万平方米	144.3	-14.9
其中:住宅	万平方米	108.9	-16.6
房屋竣工面积	万平方米	109.8	-16.4
其中:住宅	万平方米	91.5	-21.3
商品房销售面积	万平方米	110.8	64.1
其中:住宅	万平方米	100.7	67.5

全年全市市级重点建设工程257项，计划总投资2462亿元，其中当年计划投资436.1亿元，全年完成投资464.1亿元，项目开工率87.5%，当年投资计划完成率106.4%。

五、能　源

全年全市一次能源生产折标准煤3437.98万吨，增长28.67%；二次能源生产折标准煤5804.54万吨，增长20.18%。

全年全市向省外运输煤炭847.69万吨，增长0.07%。其中：向省外运输原煤134.01万吨，下降22.25%；洗精煤591.8万吨，增长8.13%；其他洗煤121.88万吨，下降4.33%。向省外运输焦炭1226.21万吨，增长14.48%。

全市能源工业投资完成185.37亿元，增长16.55%。其中，煤炭工业投资120.99亿元，增长47.5%；电力工业投资34.31亿元，下降46.6%；焦化工业投资20.72亿元，增长307.9%。

全年全市全社会用电总量156.9亿千瓦小时。其中，第一产业用电4.2亿千瓦小时，占全部用电量的2.7%；第二产业用电127.2亿千瓦小时，占全部用电量的81.1%，在第二产业中工业用电123.2亿千瓦小时；第三产业用电11.2亿千瓦小时，占全部用电量的7.1%；城乡居民生活用电14.3亿千瓦小时，占全部用电量的9.1%。

六、国内贸易

全年全市社会消费品零售总额360.7亿元，增长17.7%。其中城镇消费品零售额301.3亿元，增长18.4%；乡村消费品零售额59.4亿元，增长14.0%。

表8　2011年社会消费品零售总额及其增长速度

单位：万元、%

指　标	绝对数	比上年增　长
社会消费品零售总额	3606900	17.7
分地域:城镇	3013221	18.4
其中:城区	1720459	17.9
乡村	593679	14.0
分行业:批发业	327586	20.4
零售业	2953337	17.7
住宿业	46172	6.6
餐饮业	279805	16.1

表 9　2011 年限额以上批发零售业零售额及其增长速度

单位：万元、%

指　标	绝对数	比上年增　长
汽车类	310051	17.9
石油及制品类	435406	34.9
家用电器和音像器材类	44493	20.7
书报杂志类	20166	7.9
家具类	25129	51.5
化妆品类	3875	18.0
粮油、食品、饮料、烟酒类	84938	23.5
服装、鞋帽、针纺织品类	70951	8.7
建筑及装潢材料类	44039	62.9
金银珠宝类	9939	30.0

七、对外经济

全年全市海关进出口总额 79596 万美元，增长 22.4%。其中，进口额 58593 万美元，增长 16%；出口额 21003 万美元，增长 44.3%。

表 10　2011 年海关进出口总额及其增长速度

单位：万美元、%

指　标	绝对数	比上年增　长
进出口总额	79596	22.4
出口额	21003	44.3
其中：一般贸易	19804	42.7
加工贸易	885	50.0
其中：机电产品	10314	43.2
高新技术产品	383	122.8
其中：国有企业	8646	53.5
外商投资企业	1715	-48.9
进口额	58593	16.0
其中：一般贸易	29728	-29.0
加工贸易	378	137.8
其中：机电产品	1668	26.7
高新技术产品	1186	2445.3
其中：国有企业	605	99.2
外商投资企业	73	-92.2

图 6　2007-2011 年全市海关进出口总额及其增长速度

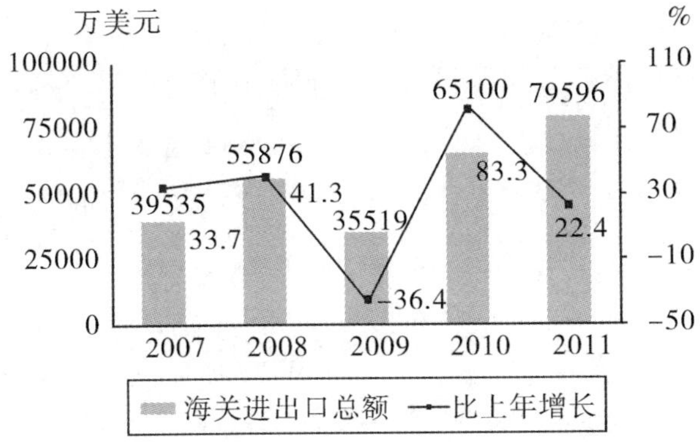

全年出口焦炭 11.38 万吨，增长 54.5%，出口金额 5438 万美元，增长 83.8%；出口钢材 1353 万美元，增长 44.0%；出口机电产品 10314 万美元，增长 43.2%；出口高新技术产品 383 万美元，增长 122.8%。

全年进口铁矿砂及其精矿 365 万吨，下降 3.9%，进口金额 52790 万美元，增长 11.5%；进口机电产品 1668 万美元，增长 26.7%。

表 11　2011 年末与临汾有贸易往来的主要国家和地区进出口情况

单位：万美元、%

国家和地区	出口额	比上年增　长	进口额	比上年增　长
中国香港	229	126.9	—	—
中国台湾	412	105.2	488	176.7
印　度	926	596.0	858	-78.5
日　本	3624	21.1	1083	364.1
韩　国	3266	164.3	485	70629.4
印度尼西亚	48	-7.2	1832	355.0
德　国	1607	56.0	156	-67.9
巴　西	1481	655.0	10891	3.4
美　国	3269	72.4	771	1083.6
澳大利亚	65	-37.1	28646	24.4

全年全市新设立外商直接投资企业 3 家；按全口径统计实际使用外商直接投资金额 9033 万美元，增长 16.46%。

全年全市外来投资实际到位 248.63 亿元人民币，同比增长 44.15%，其中省外投资到位金额 242.49 亿元人民币，同比增长 45.0%。

八、交通、邮电和旅游

年末全市公路线路里程 17390 公里，其中高速公路 342 公里，比上年末增加 134 公里。

年末全市民用汽车保有量 31 万辆（包括三轮汽车和低速货车等 2.6 万辆），比上年末增长 16.0%，其中私人汽车 25.7 万辆，增长 18.8%。本年新注册汽车 5.1 万辆，增长 16.5%。年末轿车保有量 15.4 万辆，比上年末增长 12.9%，其中私人轿车 13.7 万辆，增长 12.7%。

表12　2011年客货运输量及其增长速度

指 标	单 位	绝对数	比上年增长%
旅客运输量	万人	4480	4.7
旅客运输周转量	亿人公里	26.67	7.5
货物运输量	万吨	10442	7.7
货物运输周转量	亿吨公里	162.07	16.8

全年全市完成邮电业务总量32.3亿元，增长28.3%。其中，邮政业务总量2.2亿元，增长3.4%；电信业务总量30.1亿元，增长30.5%。

年末全市固定电话66.5万部，减少4.1万部，下降5.8%；移动电话338.7万部，本年新增48.6万部，增长16.7%；已通电话的行政村达到2866个，占全市行政村的96.6%；全市固定电话和移动电话普及率每百人分别达到15.35部和78.17部。全市宽带接入用户达到43.55万户，增长16.0%。

图7　2007-2011年全市固定、移动电话

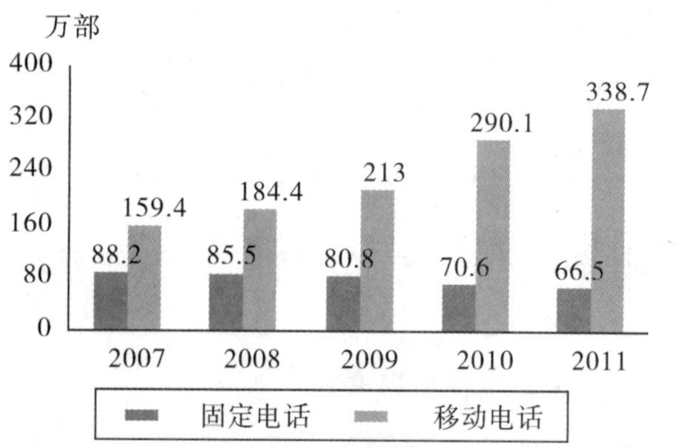

全年全市接待海外旅游者12万人次，接待国内旅游者1365.3万人次，分别增长19.23%和16.47%；旅游外汇收入2526.9万美元，国内旅游收入119.8亿元，旅游总收入121.4亿元，分别增长21.65%、24.8%和25.0%。

九、金 融

年末全市金融机构本外币各项存款余额1459亿元，比年初增加133.2亿元，增长10.05%。各项贷款余额658.58亿元，增加108.65亿元，增长19.76%。

表13　2011年年末金融机构本外币存贷款及其增长速度

单位:亿元、%

指 标	年末数	比年初增 长
各项存款余额	1459.02	10.1
其中:企事业单位存款	472.42	11.0
城乡居民储蓄存款	943.74	9.9
其中:人民币	941.73	9.8
各项贷款余额	658.58	19.8
其中:短期贷款	297.28	3.2
中长期贷款	274.68	53.65
其中:个人消费性贷款(人民币)	20.86	61.0

年末全市农村金融合作机构(农村信用社、农村商业银行)人民币存款余额563.05亿元,比年初增加62.77亿元,增长12.55%。人民币贷款余额376.45亿元,比年初增加39.58亿元,增长11.75%。

图8　2007-2011全市城乡居民储蓄余额及其增长速度

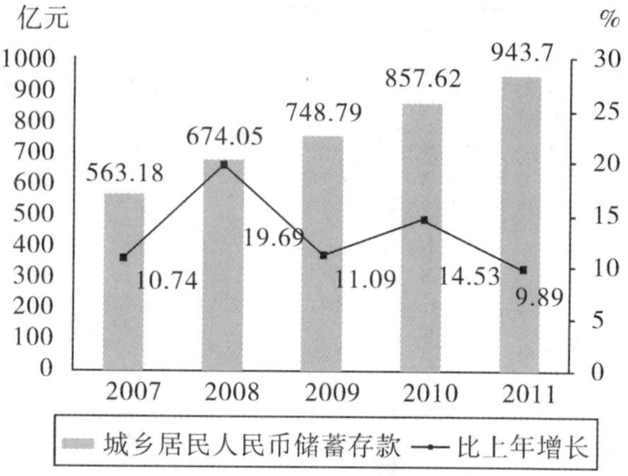

全年全市辖区证券市场各类证券成交额521.21亿元，下降31.09%。年末股票市场累计开户数8.52万户，比上年末增长9.17%。

全年全市保费收入34.68亿元，增长2.87%。其中，寿险业务保费收入24.87亿元，减少3.43%；财产险业务保费收入9.81亿元，增长23.28%。支付各类赔款及给付5.32亿元，增长30.57%。其中，寿险业务给付0.73亿元，增长19.49%；财产险业务赔款4.58亿元，增长32.54%。

十、教育和科学技术

年末全市普通高等学校4所，高中阶段毛入学

率88.49%。学前三年毛入园率80.86%。校舍安全工程进展顺利,安全工程规划改造面积122.47万平方米,改造项目学校562所,总投入资金13.62亿元。

表14 2011年各类教育发展情况

单位:人

指 标	招 生	在校生	毕业生
研究生	800	2281	428
普通高等教育	11467	39579	12016
中等职业教育	10838	34579	14725
普通高中	31006	93845	28528
初中	59517	191298	63590
小学	53172	322695	64993
特殊教育	68	593	33
学前教育	36334	77822	17039

全年全市受理专利申请635件,增长28.3%。全市累计认定高新技术企业达到18家,民营科技企业总数达到88家。培育认定8家科技创新型试点企业,总数达到38家。全市已建立国家级研发中心1家,省级研发中心13家,市级研发中心16家。

年末全市共有市、县产品质量监督检验所17个,市授权行业建立的检定机构5个,监督抽查了163家企业11类产品和商品。全市共有法定计量技术机构17个,全年完成强制检定计量器具70757台件。

全市有气象台(站)17个,开展121电话天气自动答询台(站)17个。全市气象系统开展人工影响天气业务的单位17个,防雹、增雨受益覆盖面积1.5万平方公里。全市有天气预报服务Intel网站17个,卫星云图接收站1个。

全市有专业综合地震台站17个,市级测震台网中心1个,数字测震台网1个,数字测震子台7个。

十一、文化、卫生和体育

年末全市共有群众艺术馆1个,文化馆16个,博物馆14个,文化系统共有艺术表演团体18个。广播电视台17座。年末有线电视用户83.7万户,广播人口覆盖率96.13%,电视人口覆盖率98.09%。全市共有公共图书馆17个,档案馆24个。目前共有5个县级图书馆和8个文化馆达到国家三级标准以上。

全年全市创作编排了现代戏《酸枣岭》、大型古装戏《屠夫状元》等优秀剧目，再夺全国“小梅花”奖称号，全市大小“梅花”奖总数达到51个，居全国地级市之首。在国家、省非物质文化遗产评选中，全市有10个项目入选国家级名录，43个项目入选省级名录，位居全省前列，霍州威风锣鼓和翼城花鼓获文化部“中国民间文化艺术”称号。

年末全市共有卫生机构(含诊所)1167个，其中妇幼保健院（所、站）18个。全市卫生机构(含诊所)共有床位1.65万张。卫生机构共有卫生技术人员2万人。其中执业医师和执业助理医师9326人。新型农村合作医疗制度全面推开，参合率稳步上升，受益面不断扩大，参合农民298万人，参合率达到97.88%，提高4.41个百分点。

在山西省第十四届运动会上，全市体育代表团共获得金牌30枚、银牌26枚、铜牌28枚、总分1067.5的好成绩。全年全市销售中国体育彩票9442.5万元。

十二、人口、人民生活和社会保障

据2011年人口抽样调查，年末全市常住人口为4344986人，比上年末增加24333人。全年全市出生人口46081人，人口出生率为10.64‰；死亡人口23630人，死亡率为5.45‰；自然增长率为5.19‰。出生人口性别比为104.28。

表15 2011年人口数及其构成

单位:人、%

指 标	年末数	比重
全市常住人口	4344986	100
其中:城镇	1841843	42.39
乡村	2503143	57.61
其中:男性	2218016	51.05
女性	2126970	48.95

全年城镇居民人均可支配收入15949.5元,增长15.3%;城镇居民人均消费性支出11025.15元,增长16.5%。全年农村居民人均纯收入6084.05元,增

长 15.07%；农村居民人均生活消费支出 4229.88 元，增长 25.12%。城镇居民家庭恩格尔系数（即居民家庭食品消费支出占家庭消费支出的比重）28.5%，农村居民家庭恩格尔系数 37.9%。

图 9　2007-2011 年城镇居民人均可支配收入及其增长速度

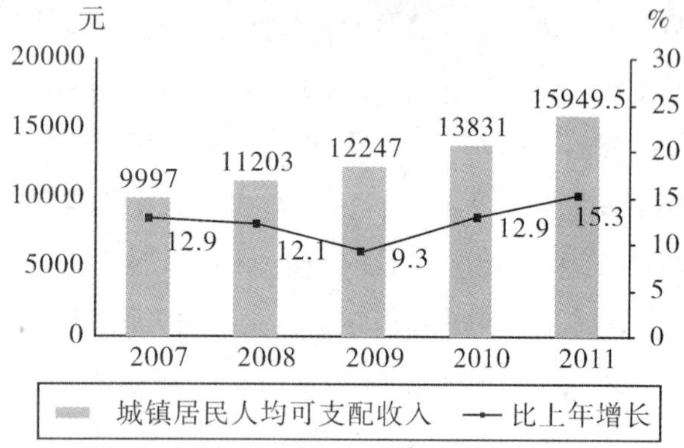

图 10　2007-2011 年农村居民人均纯收入及其增长速度

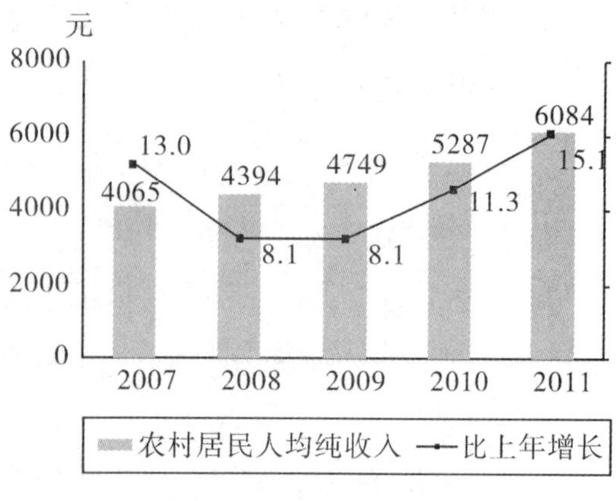

年末参加城镇基本养老保险 37.6 万人；参加农村社会养老保险 159.34 万人；参加城镇医疗保险 95.56 万人；参加失业保险 26.01 万人；参加工伤保险 30.99 万人，其中农民工 15.55 万人；参加生育保险 19.68 万人。

全年全市纳入城市最低生活保障的居民 8.3 万人，发放城市低保资金 26860.7 万元，比上年增加 7298.5 万元；纳入农村最低生活保障的居民 13 万人，比上年增加 0.1 万人，发放农村低保资金 21056.2 万元，比上年增加 6337 万元。

年末全市各类福利院床位数 3065 张，收养 2195 人。城镇建立各种社区服务设施 122 个，其中综合性社区服务中心 34 个。全年销售社会福利彩票 2.55 亿元。

全年全市共创建了 1 个国家级生态乡镇、2 个国家级生态村、8 个省级生态乡镇、52 个省级生态村，市区建成区新增绿化面积 98.5 万平方米，绿化覆盖率达到 39.99%。全市建成区新增绿化面积 313.06 万平方米，绿化覆盖率达到 34.79%，人均道路面积达到 10.6 平方米。

农村新“五个全覆盖”工程顺利推进。农村街巷硬化全覆盖工程开工建设 2092 个行政村，占年计划的 133.9%；完工 1868 个行政村，占年度任务的 119.6%；完成投资 19.34 亿元，总体覆盖率达到 62.9%；农村便民连锁商店已建成 756 个，完成年度任务的 100.8%，全市累计已覆盖 2385 个行政村；新型农村养老保险全覆盖工程，全市试点县累计已达到 12 个，覆盖率达到 81.9%；农民体育健身设施全覆盖工程累计完成 828 个，占年任务的 100%，村级文化活动场所全覆盖工程共完成 500 个，完成了年度任务；全市职业高中和职业中专共计招收学生 20591 人，全部实现免费教育。

十三、资源、环境和安全生产

全年全市实际建设占用耕地 566.54 公顷。土地整理、复垦、开发补充耕地 573.08 公顷。当年净增加耕地 6.54 公顷。年末耕地保有量 741.66 万亩。

年末全市 7 座中型水库蓄水总量 8382 万立方米。

全市森林面积 58.5 万公顷，森林覆盖率 28.9%。全市自然保护区总数 3 个，自然保护区面积 40953 公顷。占全市国土面积的 2%。

全年市区空气质量好于二级以上天数 339 天，比上年增加 1 天，其中一级天数达到 108 天，比上年增加 9 天。全市 17 个县(市、区)均达到空气质量二级标准。

汾河临汾段出境新绛站里断面比入境灵石南关断面 COD 下降 22%、NH4-N 下降 52%。全市集中式生活饮用水源地水质达标率为100%。

年末全市城市污水处理率80.7%，提高4.09个百分点；全市生活垃圾无害化处理率达到37%，市区生活垃圾无害化处理率达到100%；全市集中供热普及率达到53.82%，提高3.67个百分点。

全年森林火灾受害率控制在0.5‰以内，达到了国家要求标准。全市林业有害生物成灾率仅0.2‰，严格控制在国家要求的5‰以内。

全年共发生各类安全生产事故1009起，同比下降2.8%；安全生产事故死亡306人，比上年减少27人，比上年下降8.1%，比省下达年度控制指标（331人）少25人，低7.5%。全年亿元GDP生产安全事故死亡率0.27人，比省下达的控制指标（0.458）少0.188人。煤炭百万吨死亡率0.1454人，比省年度控制指标（0.2197人）少0.0743人。

公报注释：

1. 本公报部分数据为初步统计数据。

2. 地区生产总值、各产业增加值绝对数按现价计算，增长速度按不变价格计算。

3. 所有增长或下降速度均为同上年相比较。

4. 部分数据因四舍五入的原因，存在与分项合计不等的情况。

5. 2011年起，规模以上工业企业统计标准由过去的年主营业务收入500万元提高到2000万元；固定资产投资统计起点由项目计划总投资50万元提高到500万元；限额以上批发零售企业是指年销售额2000万元及以上的批发企业和年销售额500万元及以上的零售企业。

6. 2011年起，邮电业务总量（包括邮政业务总量和电信业务总量）由之前的以2000年不变价计算调整为以2010年不变价计算，为便于比较，同期数据进行了相应的调整。

7. 2011年起，保险公司保费收入按行业新确认口径统计。

8. 根据国家统计局规定，节能降耗指标单独发布。

01 综 合

资料整理人员

张增福　苏彩凤　尉文明

何晓华　韩　梅　刘　燕

综　合

土地面积	20275	平方公里
煤炭探明保有资源储量	360	亿吨
铁矿石保有资源储量	1.7	亿吨
石膏保有资源储量	41697	万吨
人口密度	214	人/平方公里

土地面积构成(%)

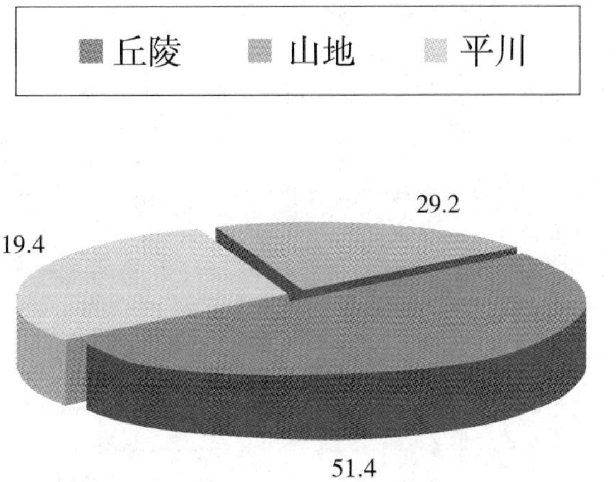

地区生产总值(亿元)

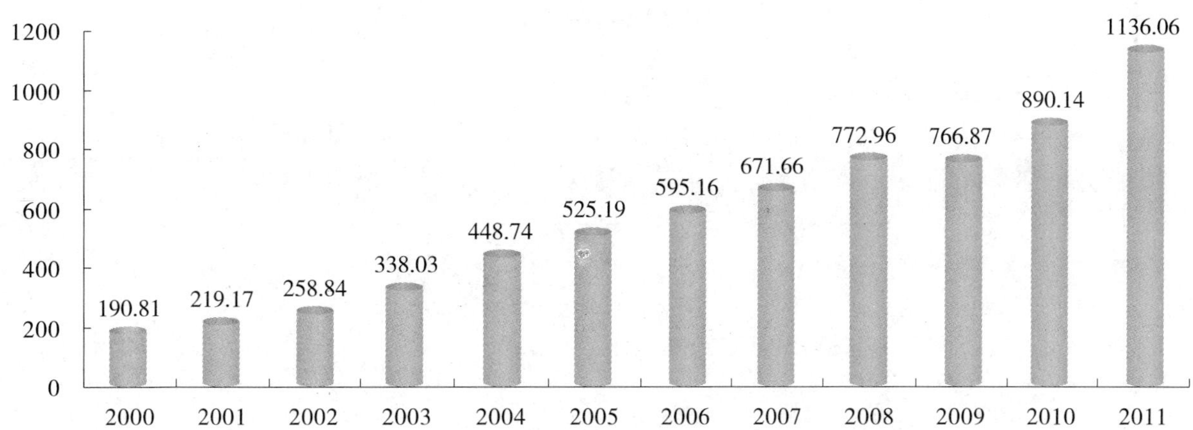

1-1 行政区划(2011年)

县市名称	市辖区	县	县级市	街道办事处	镇	乡	社区居民委员会	村民委员会	自然村
	1	14	2	20	75	76	156	2960	9875
尧都区	解放路街道办事处 鼓楼西街街道办事处 水塔街街道办事处 南街街道办事处 乡贤街街道办事处 辛寺街街道办事处 铁路东街街道办事处 车站街街道办事处 汾河街道办事处 滨河办事处 屯里镇 乔李镇 大阳镇 县底镇 刘村镇 金殿镇 吴村镇 土门镇 魏村镇 尧庙镇 段店乡 贺家庄乡 贾得乡 一平垣乡 枕头乡 河底乡								
曲沃县	乐昌镇 史村镇 曲村镇 高显镇 里村镇 北董乡 杨谈乡								
翼城县	唐兴镇 南梁镇 里砦镇 隆化镇 桥上镇 西闫镇 中卫乡 南唐乡 王庄乡 浇底乡								
襄汾县	新城镇 赵康镇 汾城镇 南贾镇 古城镇 襄陵镇 邓庄镇 陶寺乡 永固乡 景毛乡 西贾乡 南辛店乡 大邓乡								
洪洞县	大槐树镇 甘亭镇 曲亭镇 苏堡镇 广胜寺镇 明姜镇 赵城镇 万安镇 刘家垣镇 淹底乡 兴唐寺乡 堤村乡 辛村乡 龙马乡 山头乡 左木乡								
古　县	岳阳镇 北平镇 古阳镇 旧县镇 石壁乡 永乐乡 南垣乡								
安泽县	府城镇 和川镇 唐城镇 冀氏镇 马必乡 杜村乡 良马乡								
浮山县	天坛镇 响水河镇 张庄乡 东张乡 槐埝乡 北王乡 北韩乡 米家垣乡 寨圪塔乡								
吉　县	吉昌镇 屯里镇 壶口镇 车城乡 文城乡 东城乡 柏山寺乡 中垛乡								
乡宁县	昌宁镇 光华镇 台头镇 管头镇 西坡镇 双鹤乡 关王庙乡 尉庄乡 西交口乡 枣岭乡								
宁县	昕水镇 曲峨镇 三多乡 太德乡 徐家垛乡 太古乡								
隰　县	龙泉镇 午城镇 黄土镇 阳头升乡 寨子乡 陡坡乡 下李乡 城南乡								
永和县	芝河镇 桑壁镇 阁底乡 南庄乡 打石腰乡 坡头乡 交口乡								
蒲　县	蒲城镇 薛关镇 黑龙关镇 克城镇 山中乡 古县乡 红道乡 乔家湾乡 太林乡								
汾西县	永安镇 对竹镇 勍香镇 和平镇 僧念镇 佃坪乡 团柏乡 邢家要乡								
侯马市	路东街道办事处 路西街道办事处 浍滨街道办事处 上马街道办事处 张村街道办事处 新田乡 高村乡 凤城乡								
霍州市	鼓楼街道办事处 北环路街道办事处 南环路街道办事处 开元街道办事处 退沙街道办事处 白龙镇 辛置镇 大张镇 李曹镇 陶唐峪乡 三教乡 师庄乡								

1-2 人口和自然资源(2011年)

单位:万元

项　　目	2011	项　　目	2011
全市总人口(万人)	434.5	土地面积(平方公里)	20275
城镇人口(万人)	184.2	水资源总量(2010年)(亿立方米)	7.73
乡村人口(万人)	250.3	地表水资源量(亿立方米)	5.82
人口密度(人/平方公里)	214	煤炭探明保有资源储量(亿吨)	360
社会从业人员(万人)	206.7	铁矿石保有资源储量(亿吨)	1.7
#工业劳动者(万人)	46.8	石膏保有储量(万吨)	41697
农业劳动者(万人)	87.7	水泥灰岩保有储量(万吨)	10247

1-3 历届市人民代表大会代表人数

项　　目	第一届 (2001)	第二届 (2006)	第三届 (2011)
代表总数(人)	393	403	396
#女代表	91	106	107
占代表总数(%)	23	26	27

1-4 历届市政治协商会议委员人数

项　　目	第一届 (2001)	第二届 (2006)	第三届 (2011)
委员总数(人)	328	329	355
#中国共产党委员	120	128	142
占委员总数(%)	37	39	40

1-5 建国以来国民经济主要指标

年　份	总人口(人)	人口自然增长率(‰)	社　会从业人员(万人)	#职工人数	全　市生产总值(万元)	第一产业	第二产业	第三产业
1949	1386715	11.33	56	1	9917	7427	348	2142
1952	1493178	14.84	63	2	15450	11503	852	3095
1957	1706885	17.06	73	5	22108	13288	3059	5761
1960	1852745	14.19	73	13	31246	9969	12896	8381
1962	1989326	25.97	76	8	22473	10579	5150	6744
1965	2151789	21.39	83	9	32376	15695	7907	8774
1970	2458590	22.39	94	14	41843	16947	15820	9076
1975	2771561	14.55	107	20	63083	25285	26393	11405
1978	2894823	10.72	111	24	83730	22621	42446	18663
1980	2975484	9.54	113	26	105445	29867	54039	21539
1985	3155759	7.71	134	31	201541	69597	88090	43854
1986	3195425	8.37	137	33	198246	58141	83112	56993
1987	3243898	8.38	142	34	216039	52760	95111	68168
1988	3310413	9.03	146	36	272106	71387	115899	84820
1989	3363220	10.07	149	39	318952	86664	140454	91834
1990	3466449	14.24	158	40	380878	115573	157550	107755
1991	3520212	11.09	161	41	388299	98959	160299	129041
1992	3582323	9.32	167	41	473468	128690	196126	148652
1993	3641242	10.31	168	41	635954	150540	297186	188228
1994	3684774	8.85	172	42	821400	205695	384459	231246
1995	3729449	8.44	178	42	993034	267503	429292	296239
1996	3789875	8.73	181	43	1249187	312662	555223	381302
1997	3842121	8.21	182	42	1479277	285626	699022	494629
1998	3872458	8.50	177	36	1679828	295612	817804	566412
1999	3936216	9.45	177	35	1739639	249424	857198	633017
2000	3955730	8.23	177	35	1908074	227546	952852	727676
2001	4001348	7.71	178	35	2191699	238334	1126392	826973
2002	4031537	7.30	179	32	2588376	257674	1391483	939219
2003	4061684	7.45	181	32	3380330	287118	1986372	1106840
2004	4091975	7.43	184	33	4487398	339461	2798794	1349143
2005	4120505	6.93	186	33	5251933	304605	3373365	1573963
2006	4147043	6.42	186	33	5951633	339655	3778170	1833808
2007	4172164	6.03	191	33	6716579	386005	4255573	2075001
2008	4198017	6.18	191	35	7729621	555442	4904000	2440001
2009	4221719	5.63	195	35	7668659	385620	4400173	2713044
2010	4320653	5.54	202	35	8901440	665758	5192778	3042904
2011	4344986	5.19	207	35	11360573	748323	7161423	3450827

1-5 续表1

年 份	人均地区生产总值(元)	耕地面积(千公顷)	#水田水浇地	农林牧渔业总产值(万元)	粮食产量(吨)	#小麦	棉花产量(吨)	油料产量(吨)
1949	72	485	22	9801	348450	168610	8770	5829
1952	104	513	27	15178	400555	164195	21980	4714
1957	131	508	36	21076	410795	193015	29400	2429
1960	171	458	63	13997	410385	186920	13285	1308
1962	110	469	64	14482	513090	198495	10520	1338
1965	152	465	74	21028	655120	328325	25605	2686
1970	172	450	86	23278	501095	177405	20475	1710
1975	230	441	130	34648	874965	400940	16495	2387
1978	291	436	126	32439	861260	244560	14368	1627
1980	357	433	129	48987	839600	273725	18125	9380
1985	643	422	128	101287	1316487	768746	16746	41881
1986	624	421	127	87964	1125325	708310	13644	28422
1987	671	420	133	82005	936010	521359	13684	17917
1988	830	415	134	108466	1111569	485662	13543	26532
1989	956	414	137	131990	1401219	786216	19132	25018
1990	1115	413	138	170174	1502065	862708	21128	28396
1991	1112	412	140	158316	1199482	763104	20935	16255
1992	1333	411	141	195474	1378453	710594	21076	18621
1993	1761	409	140	224095	1565192	777719	14446	23798
1994	2242	407	141	307522	1442589	824775	17224	28766
1995	2679	406	143	401480	1524000	733502	16279	36747
1996	3323	406	142	466666	1711561	903427	12634	45096
1997	3877	524	123	431391	1518227	953987	5192	28866
1998	4355	521	125	454609	1714908	826007	6198	46037
1999	4456	521	128	396361	1530932	777536	3824	38470
2000	4835	520	128	378062	1208506	511027	2557	47693
2001	5509	512	128	391115	1216150	656739	6932	30215
2002	6444	478	127	427505	1373435	755124	5151	38151
2003	8353	463	127	480596	1501890	811859	7316	44635
2004	11007	459	128	567116	1725164	875524	9263	44352
2005	12790	458	127	543248	1356452	585301	5990	33413
2006	14398			571939	1667271	793936	7514	30557
2007	16147			669243	1720396	705117	7855	30870
2008	18469			953916	1706979	945496	6563	23937
2009	18215			1021958	1667399	810394	6435	22625
2010	20841			1238033	2073868	867362	4576	21476
2011	26220			1385663	2146040	911982	4395	18872

1-5 续表2

年 份	水果产量(吨)	蔬菜产量(吨)	猪牛羊肉总产量(吨)	大牲畜年末数(头)	猪年末数(头)	羊年末数(只)	乡镇企业总产值(万元)
1949	5267	44847		184425	40902	230806	
1952	6853	46575		239595	59995	348923	
1957	10090	77762		271600	222515	762630	
1960	9321	144230		254461	208167	1091000	
1962	6854	90148		240245	239621	1137850	
1965	6393	74538		268198	436272	1168698	
1970	5947	101435		294009	388879	1471643	
1975	14275	139830		281550	584737	1477975	
1978	27897	188259	14929	275081	658457	1370590	17509
1980	25370	172445	18937	283809	665798	1468380	23925
1985	43540	331097	25353	378509	495921	507981	63898
1986	42491	327043	22242	396652	475297	525760	74988
1987	42026	362871	22564	398713	360810	599715	95258
1988	59117	424184	22835	409422	372628	776159	120944
1989	46719	374580	26523	423647	446830	950729	142721
1990	52121	384086	33800	433660	445248	929154	176437
1991	53654	343169	36166	442774	447840	913833	243358
1992	79585	447205	38599	458697	494615	968220	398400
1993	90168	462841	43385	489638	555450	1063358	92343
1994	101712	445232	53680	525090	645263	1217423	1656700
1995	136973	565233	68082	593569	790769	1425817	1993355
1996	152460	595394	83360	660816	854130	1627723	2218703
1997	179578	696826	60090	531612	594705	1391244	1325097
1998	204553	788937	64613	550104	645812	1440918	1439434
1999	202312	767076	67163	542136	668107	1428291	1909726
2000	196479	847640	70502	528048	704392	1360402	2380006
2001	188781	877458	72727	514897	709815	1322110	3100230
2002	196438	920591	76692	492012	764872	1333190	4085230
2003	213985	989920	82240	503609	832487	1395659	5709381
2004	239520	860065	91106	521290	940653	1440623	7904033
2005	220896	824812	99852	507662	1049647	1488794	10553346
2006	225946	827206	66533	168278	519373	623118	13296328
2007	244361	927869	70960	156827	581157	633692	9983910
2008	259606	784370	78571	164074	835326	772399	11012943
2009	294222	796934	87083	168124	978873	775182	8099465
2010	379563	854062	113852	167275	1045577	838143	10221360
2011	434725	972176	112061	165205	1115671	885398	14358429

1-5　续表3

年　份	规模以上工业增加值(万元)	轻工业	重工业	主要工业产品产量 原煤(万吨)	焦炭(万吨)	生铁(万吨)	洗精煤(万吨)
1949				23	1		
1952				30	2		
1957				85	7		
1960				199	22	8	11
1962				162	4	…	8
1965				246	5		6
1970				335	11	5	9
1975				391	45	11	29
1978				553	67	17	28
1980				695	84	18	27
1985				1328	119	26	71
1986				1342	177	39	82
1987				1316	226	60	146
1988				1445	283	65	212
1989				1715	311	71	285
1990				1699	349	81	395
1991				1590	302	91	412
1992				1962	411	117	448
1993				2352	809	232	785
1994				2719	1355	340	968
1995	225925	25304	200621	3279	1674	363	1188
1996	285647	31707	253940	3110	1566	391	1348
1997	331927	36512	295415	2940	1678	437	1346
1998	333696	36706	296990	3222	1796	470	1329
1999	345844	36695	309149	2405	1382	474	1339
2000	378124	40120	338004	2540	1406	577	1381
2001	480598	38816	441782	2623	1477	749	1531
2002	654224	44813	609411	3394	1464	897	1663
2003	1161014	42941	1118249	3727	1705	924	1751
2004	1869960	44666	1825294	3884	1909	830	2092
2005	2424092	40804	2383288	5245	2174	1127	2432
2006	2784056	48433	2735624	5593	2432	1326	2884
2007	3297285	53943	3243342	4766	2312	1173	3039
2008	4429717	58540	4371177	4117	1865	767	2796
2009	3726171	51487	3674684	2635	1707	917	2772
2010	4651468	61245	4590223	3741	1814	890	2512
2011	6884379	68256	6816123	4831	1920	1054	3195

1-5 续表4

年 份	主要工业产品产量							
	发电量(万千瓦时)	钢(万吨)	化肥(吨)	水泥(万吨)	染料(吨)	纱(吨)	布(万米)	机制纸及纸板(吨)
1949	42						14	
1952	72						34	
1957	269						59	
1960	4183						54	712
1962	3293						58	553
1965	6124			0.1			148	556
1970	31100		2012	0.4		2448	1470	2734
1975	161913	0.3	10484	6.4		11635	4576	9282
1978	227165	0.5	20001	10.9		14661	7056	17650
1980	284927	0.2	18054	11.3		16747	8332	21287
1985	358714	0.2	28734	20.8	3551	14261	7586	30395
1986	354182	0.4	33359	24.8	5549	17712	8574	33520
1987	351431	0.9	97728	29.4	2794	19743	9407	47586
1988	347970	3.1	69066	31.7	3806	20398	9823	58036
1989	377884	8.3	63342	33.8	2857	15540	7631	73685
1990	368800	10.6	69531	35.7	3152	12271	6646	78788
1991	359846	15.1	68672	38.7	3125	12948	7234	72454
1992	334815	20.2	71663	53.9	3360	13494	1846	97227
1993	340603	22.8	70375	83.8	4675	10469	7074	75859
1994	352119	27.1	70076	85.0	4265	11210	6592	75456
1995	358007	33.0	73245	106.5	4113	11245	6962	93176
1996	367992	40.1	97552	110.2	5200	9408	6255	106624
1997	376903	43.4	108825	116.8	8172	11107	6391	88674
1998	337515	48.1	128069	106.7	11695	8162	4754	96670
1999	342070	56.5	140001	128.0	20716	9597	5297	80871
2000	364037	74.1	146083	146.9	20933	14200	7413	72600
2001	394372	103.9	139847	138.3	24404	14810	7159	78300
2002	430764	124.0	187984	188.5	29966	16661	7180	89300
2003	506024	247.9	175908	215.0	32234	10600	5788	76800
2004	570326	357.9	168600	205.5	27943	10800	5464	122500
2005	723200	436.9	169900	215.1	31149	14000	5303	105972
2006	1043700	488.2	181200	250.7	28765	15000	4735	87964
2007	1061700	526.2	176300	243.8	28592	11000	1843	57079
2008	685425	457.2	142379	214.5	23240	6936	334	31820
2009	640646	605.8	109116	273.5	28450	7628	332	*9305
2010	1055920	770.1	167206	371.3	30648	6834	414	*7871
2011	1500543	864.4	199394	488.7		5120	1234	3506

注:带“*”为规模以上口径。

1-5 续表5

年 份	规模以上工业企业主要指标(万元)				公路通车里程(公里)	公路客运量(万人)	公路货运量(万吨)
	固定资产原价	固定资产净值	资产总计	利税总额			
1949					307	3	
1952					418	11	2
1957					825	34	8
1960					2706	104	308
1962					1911	95	37
1965					2918	117	168
1970					3524	180	137
1975					3671	263	279
1978	98037	78407		7376	3840	343	965
1980	101734	76231		8945	3281	436	1141
1985	202813	150796		16819	3345	1010	1855
1986	222374	163105		20409	3398	1417	1917
1987	244956	177818		21152	3429	1661	2851
1988	274564	198901		34095	3489	1729	2892
1989	325137	238044		40905	3521	1899	2915
1990	374292	273945		37319	3620	1607	3275
1991	419523	303068		30331	3635	1745	1795
1992	473071	304387		46551	3713	1858	2059
1993	549100	373700	906200	83500	3768	1919	2224
1994	651685	440099	1023977	69409	3832	2130	2614
1995	822172	525269	1245672	63622	3921	2337	3111
1996	940398	616800	1396230	90455	3960	3099	3943
1997	1061189	704258	1577159	103981	6690	3405	4628
1998	1168423	723392	1692703	99592	7734	4077	5357
1999	1268132	852472	1880183	84920	8355	4535	5555
2000	1442222	962069	2205262	103673	8714	4171	5773
2001	1747390	1144421	2476520	140869	8761	4683	6475
2002	2071850	1423831	2858387	211248	8872	5715	6904
2003	2572988	1839352	3958135	429311	8975	5679	7768
2004	2963928	2098645	5095250	938277	9013	5355	7978
2005	3821232	2722181	6343088	1061730	9556	5257	7968
2006	4506671	3202791	7378556	1166957	12884	5467	8100
2007	5190418	3707749	9060896	1433036	14379	5545	8310
2008	6064201	4182192	11271441	1561842	16082	4099	9651
2009	6683656	4778813	12307145	725569	16596	4118	8418
2010	8430337	5593526	14711472	1549764	17105	4280	9698
2011	9236311	5616932	17173745	1932475	17390	4480	10442

1-5 续表6

年 份	公路客运周转量(万人公里)	公路货物周转量(万吨公里)	邮电业务总 量(万元)	固定电话(部)	全社会固定资产投资(万元)	国有经济	集体经济
1949	124	4	1		15	10	
1952	491	103	23	205	127	60	25
1957	1792	462	94	1400	1420	932	189
1960	5025	4777	312	8305	15917	12361	2600
1962	4616	1593	267	7797	2190	1490	357
1965	6085	3105	281	9695	4660	3989	301
1970	7864	3606	230	7239	14490	12668	820
1975	11621	6228	299	12241	11471	9440	814
1978	16957	11249	364	14494	22900	18117	993
1980	21742	25621	561	14180	19584	13724	1430
1985	44443	60273	729	16213	38554	24441	6645
1986	52758	62693	729	16257	47225	32336	5489
1987	59428	74568	785	18018	49850	35178	5765
1988	70947	87784	844	19037	55486	37377	7941
1989	81723	100913	1004	20090	47766	31082	5877
1990	68629	125139	2167	22394	63280	39861	6661
1991	87250	77240	2625	25355	80401	55234	9964
1992	94986	88809	3263	29865	90791	64768	8530
1993	96825	98664	4217	34449	137988	94781	15773
1994	108031	105471	7215	45340	165419	110534	12694
1995	115687	127585	12239	63965	154184	110447	9718
1996	140300	150073	19473	94850	225521	158909	14528
1997	145971	182952	25369	125175	243038	169525	16957
1998	166505	218162	36295	167633	346200	253075	26168
1999	167120	225389	50229	224577	421326	291699	14787
2000	175303	231581	71009	297958	451096	240824	21220
2001	200195	299960	78600	414936	518832	203534	23405
2002	231646	356123	107844	500226	655846	218258	29286
2003	219397	382320	160859	681143	1084871	212594	28539
2004	236474	427010	270333	824696	1261423	314533	36565
2005	255277	420697	319095	915215	1530558	595760	38563
2006	227807	430488	407201	917263	1909646	708692	70164
2007	233402	438045	522600	882230	2342429	972530	34640
2008	218929	1266316	603336	855499	2652993	1218777	9230
2009	233734	1295284	566902	808436	4189568	2050736	41822
2010	247831	1387063	655124	705973	5455783	2879399	52428
2011	266639	1620705	323004	665008	6449577	3143269	90977

1-5　续表7

年　份	固定资产投资新增固定资产(万元)	财政总收入(万元)	#一般预算收入	一般预算支出(万元)	社会消费品零售总额(万元)	居民消费价格指数(%)	工业生产者出厂价格指数(%)
1949	12				3724		
1952	122	1679	1679	499	5359		
1957	1370	2488	2488	1673	9369		
1960	12501	6095	6095	8800	15913		
1962	1485	3084	3084	2758	13119		
1965	4913	4660	4660	3205	13950		
1970	10648	4172	4172	6827	19143		
1975	5582	7048	7048	9237	27532		
1978	14406	9411	9411	14188	33151		
1980	22459	9251	9251	12823	44334		
1985	26443	14943	14943	23048	79585		
1986	32786	16996	16996	28168	91262		
1987	41453	19792	19792	29159	102419		
1988	60291	23021	23021	34596	141046		
1989	39236	28380	28380	40303	135274		
1990	53878	30860	30860	43197	134538	101.1	
1991	71199	30513	30513	46479	148080	104.9	
1992	106272	33025	33025	51030	172337	105.8	
1993	87588	49123	26564	64443	199593	111.9	
1994	129003	59990	32466	79246	257282	120.7	
1995	123343	80578	44224	91729	356084	115.0	
1996	137665	100114	56977	110082	438957	106.4	
1997	206658	113220	62782	118638	516102	102.1	
1998	207789	126187	74533	135388	561188	97.9	
1999	386605	133988	81135	149994	618228	97.4	
2000	413990	149265	88205	171626	666388	99.6	
2001	452570	187777	105802	227036	725267	100.1	
2002	576363	260168	103145	269096	814082	99.2	107.5
2003	827185	372191	135985	319894	945521	102.6	135.4
2004	937497	588628	197009	439168	1153257	105.4	126.2
2005	1383049	830466	292650	574467	1320377	102.6	101.7
2006	1368171	1021975	399313	739646	1540191	102.1	97.3
2007	1728902	1234815	471259	904763	1856354	104.5	109.5
2008	1506487	1409072	542211	1094878	2240580	105.0	126.1
2009	3408546	1376666	629205	1320408	2582988	100.7	83.0
2010	4113508	1602989	754388	1597644	3064945	102.4	110.2
2011	3964703	1884053	891045	1871259	3606900	104.6	106.2

1-5 续表8

年 份	职工工资总 额(万元)	#国有单位	职工平均货币工资(元)	农民人均纯收入(元)	农民人均生活消费支出(元)	城镇居民人均可支配收入(元)	城镇居民人均消费性支出(元)
1949	328	328	281			121	90
1952	788	754	348			146	110
1957	2586	2240	465			220	180
1960	5920	5459	485	45		231	194
1962	4523	3995	510	43			
1965	5144	4390	574	56		226	199
1970	7068	6201	576	43		206	181
1975	10997	9381	579	56		237	209
1978	13976	12302	585	57		260	236
1980	17519	15479	697	63		377	350
1985	29633	25272	983	335		636	598
1986	35567	30527	1114	283	256	745	692
1987	40164	34560	1212	313	271	787	732
1988	49023	42812	1417	384	330	836	786
1989	56850	49906	1614	440	354	932	780
1990	73201	64965	1898	501	390	1020	795
1991	80419	71093	2045	507	403	1208	946
1992	91439	81563	2291	573	403	1364	975
1993	108554	97551	2706	689	511	1610	1147
1994	142922	129843	3507	809	561	2153	1492
1995	174560	159645	4225	1130	613	2780	1940
1996	192699	175562	4652	1528	972	3178	2344
1997	201723	180820	4953	1872	990	3277	2527
1998	200281	176295	4969	2038	904	3405	2504
1999	214313	191424	6045	2012	964	3769	2679
2000	239060	214638	6790	2195	1048	4158	3073
2001	281080	237308	8082	2320	1115	4697	3330
2002	284493	221024	8823	2465	1199	5160	4064
2003	322870	241467	10079	2666	1332	5820	4329
2004	397948	281877	12347	2976	1657	6857	4924
2005	459941	325352	13962	3326	1846	7852	5481
2006	540126	368623	16506	3598	2089	8853	6181
2007	617522	416411	18729	4065	2528	9997	6982
2008	733331	511022	22307	4394	2864	11203	7944
2009	787288	544720	24217	4749	3083	12247	8436
2010	871524	599909	26601	5287	3381	13831	9466
2011	1000578	684251	30244	6084	3956	15950	11025

注：农民人均纯收入1982年以前不包括家庭经营收入；1995年以后使用抽样调查数据。

1-5　续表9

年　份	在校学生数(万人)		专任教师数(人)		毕业生数(万人)		医院床位数(张)	卫生技术人员数(人)
	小学	普通中学	小学	普通中学	小学	普通中学		
1949	12.3	0.1	4000	199	1.1	0.1	31	325
1952	18.2	0.6	5252	369	1.9	0.1	162	642
1957	22.4	1.6	7128	866	3.4	0.3	527	1375
1960	29.6	3.3	9406	1858	4.2	0.8	1006	2378
1962	29.8	2.5	9921	1411	4.2	1.1	1364	2995
1965	34.9	2.6	11130	1648	4.4	0.7	2022	4109
1970	40.7	9.3	14045	5407	6.2	3.0	2774	5845
1975	47.2	16.1	16328	8947	8.3	6.1	5020	7671
1978	45.9	21.0	17733	12774	7.3	9.1	6010	8384
1980	47.0	21.1	19971	11704	7.1	2.6	7033	9785
1985	42.8	16.9	21153	10368	7.1	3.9	8872	12248
1986	40.8	16.6	21985	10614	7.3	4.1	9385	13260
1987	35.1	16.7	22475	11045	6.9	4.9	10104	13782
1988	39.2	16.6	22576	11819	6.8	4.7	10519	14146
1989	38.8	15.9	22760	11981	6.8	5.1	10539	14325
1990	38.6	16.1	22392	12245	6.8	4.9	10659	14645
1991	38.8	16.7	22026	12423	6.8	4.9	10814	15112
1992	39.7	17.2	22269	12589	6.8	4.9	10869	15388
1993	39.9	17.1	22487	12644	6.8	5.2	10716	15411
1994	40.4	18.0	22274	12914	7.2	5.1	10570	15138
1995	40.9	19.3	22287	12735	7.1	5.3	10767	14915
1996	42.1	20.9	21790	13272	7.4	5.8	7327	14595
1997	43.3	22.2	21620	13687	7.6	6.3	7458	14798
1998	43.9	23.7	21955	14041	7.8	6.6	7401	14957
1999	43.4	25.1	22410	14669	8.4	7.2	7594	15622
2000	43.0	26.6	22418	14955	8.4	7.6	7591	15360
2001	42.4	28.6	24174	16126	8.8	8.1	7473	15444
2002	44.7	30.4	22949	17254	9.0	8.7	7165	14994
2003	46.4	33.2	22994	18411	8.3	9.1	7886	14809
2004	44.8	33.3	23424	19578	8.3	10.3	8331	14625
2005	43.0	33.7	23775	20630	8.0	10.4	7982	14119
2006	40.9	34.2	23787	21445	8.2	10.7	8556	14639
2007	40.6	33.1	23454	21644	7.1	10.8	9131	16656
2008	39.7	31.1	23420	21548	6.5	11.2	10235	18066
2009	37.2	30.0	23426	21692	7.2	11.0	10852	19266
2010	35.4	29.6	23110	21640	6.9	9.9	11181	19760
2011	32.3	29.6	23046	21657	6.5	9.2	11112	19500

1-6 国民经济和社会

	总量指标						
	1980	1990	1995	2000	2005	2010	2011
一、年末总人口(万人)	**297.55**	**346.64**	**372.94**	**395.57**	**412.05**	**432.10**	**434.50**
二、全社会从业人员(万人)	**113.29**	**158.00**	**178.36**	**176.68**	**185.63**	**202.22**	**206.72**
#职工人数	26.07	40.00	42.22	35.27	33.08	35.04	35.15
三、地区生产总值(亿元)	**10.54**	**38.09**	**99.30**	**190.81**	**525.19**	**890.14**	**1136.06**
第一产业	2.99	11.56	26.75	22.75	30.46	66.57	74.83
第二产业	5.40	15.76	42.93	95.29	337.34	519.28	716.14
第三产业	2.15	10.78	29.62	72.77	157.39	304.29	345.08
四、农业生产							
主要农产品产量							
粮　食(万吨)	83.96	150.21	152.40	120.85	135.65	207.39	214.60
棉　花(万吨)	1.81	2.11	1.63	0.26	0.60	0.46	0.44
油　料(万吨)	0.94	2.84	3.67	4.77	3.34	2.15	1.89
肉类总产量(万吨)	1.91	3.83	7.50	7.74	10.99	11.39	11.21
大牲畜年末数(万头)	28.38	43.37	59.36	52.80	50.77	16.73	16.52
猪年末数(万头)	66.58	44.52	79.08	70.44	104.96	104.56	111.57
羊年末数(万只)	146.84	92.92	142.58	136.04	148.88	83.81	88.54
农业机械总动力(万千瓦特)	62.00	125.40	184.48	226.66	318.41	405.08	423.10
化肥施用量(折纯)(万吨)	3.46	8.84	11.81	13.20	14.19	15.75	16.70
五、工业生产							
规模以上工业增加值(亿元)			22.59	37.81	242.41	465.15	688.44
轻工业(亿元)			2.53	4.01	4.08	6.12	6.83
重工业(亿元)			20.06	33.80	238.33	459.02	681.61
主要工业产品产量							
原　煤(万吨)	695.1	1699.0	3278.8	2539.7	5244.7	3740.5	4831.0
洗精煤(万吨)	26.50	394.90	1187.70	1381.20	2431.90	2511.7	3194.5
焦　炭(万吨)	83.80	348.70	1674.10	1406.10	2173.50	1813.5	1920.1
发电量(亿千瓦时)	28.49	36.88	35.80	36.40	72.32	105.59	150.05
铁矿石原矿(万吨)	33.80	103.20	433.70	*161.20	*231.60	*222.3	*406.9
生　铁(万吨)	18.20	80.60	363.00	576.70	1127.30	890.47	1053.70
钢(万吨)	0.20	10.60	33.00	74.10	436.90	770.15	864.40
钢　材(万吨)	3.2	6.2	1.6	13.8	205.3	719.8	943.0
布(万米)	8332	6646	6962	7413	5303	414	1234

注：带“*”为规模以上口径。

发展总量与速度指标

速　度　指　标											
指数（2011为以下各年%）						年平均增长速度 (%)					
1980	1990	1995	2000	2005	2010	"八五"	"九五"	"十五"	"十一五"	2001-2011	2006-2011
146.03	**125.35**	**116.51**	**109.84**	**105.45**	**100.56**	**1.5**	**1.2**	**0.8**	**1.0**	**0.9**	**0.9**
182.47	**130.84**	**115.90**	**117.00**	**111.36**	**102.23**	**2.5**	**-0.2**	**1.0**	**1.7**	**1.4**	**1.8**
134.83	87.88	83.25	99.66	106.26	100.31	1.1	-3.5	-1.3	1.2	0.0	1.0
2297.28	**1140.93**	**638.40**	**379.16**	**186.93**	**115.30**	**12.3**	**11.0**	**15.2**	**10.2**	**12.9**	**11.0**
448.42	233.62	184.43	170.71	136.53	102.80	4.8	1.6	4.6	5.8	5.0	5.3
2938.44	1757.33	781.16	440.55	190.08	119.50	17.6	12.1	18.3	9.7	14.4	11.3
3447.40	1200.17	688.07	365.88	193.02	110.70	11.8	13.5	13.6	11.8	12.5	11.6
255.60	142.87	140.81	177.58	158.20	103.48	0.3	-4.5	2.3	8.9	5.4	7.9
24.31	20.85	26.99	169.23	73.33	95.65	-5.0	-30.7	18.2	-5.2	4.9	-5.0
201.06	66.55	51.50	39.62	56.59	87.91	5.3	5.4	-6.9	-8.4	-8.1	-9.1
586.91	292.69	149.47	144.83	102.00	98.42	14.4	0.6	7.3	0.7	3.4	0.3
58.21	38.09	27.83	31.29	32.54	98.74	6.5	-2.3	-0.8	-19.9	-10.0	-17.1
167.57	250.61	141.08	158.39	106.30	106.70	12.2	-2.3	8.3	-0.1	4.3	1.0
60.30	95.29	62.10	65.08	59.47	105.64	8.9	-0.9	1.8	-10.9	-3.8	-8.3
682.42	337.40	229.35	186.67	132.88	104.45	8.0	4.2	7.0	4.9	5.8	4.9
482.66	188.91	141.41	126.52	117.69	106.03	6.0	2.3	1.5	2.1	2.2	2.8
					123.60			24.9	13.9	19.7	15.5
					111.32			4.6	-3.6	1.4	-1.3
					123.79			26.7	14.3	20.7	15.8
695.01	284.34	147.34	190.22	92.11	129.15	14.1	-5.0	15.6	-6.5	6.0	-1.4
12054.72	808.94	268.97	231.28	131.36	127.19	24.6	3.1	12.0	0.6	7.9	4.7
2291.29	550.65	114.69	136.56	88.34	105.88	36.9	-3.4	9.1	-3.6	2.9	-2.0
526.68	406.86	419.13	412.23	207.48	142.11	-0.6	0.3	14.7	7.9	13.7	12.9
1203.85	394.28	93.82	252.42	175.69	183.04	33.3	-18.0	7.5	-0.8	8.8	9.8
5789.56	1307.32	290.28	182.71	93.47	118.33	35.1	9.7	14.3	-4.6	5.6	-1.1
432200.00	8154.72	2619.39	1166.53	197.85	112.24	25.5	17.6	42.6	12.0	25.0	12.0
29561.13	15185.19	60838.71	6838.29	459.24	131.01	-24.2	54.8	71.6	28.5	46.8	28.9
14.81	18.57	17.72	16.65	23.27	298.07	0.9	1.3	-6.5	-40.0	-15.0	-21.6

1-6 续

	总量指标						
	1980	1990	1995	2000	2005	2010	2011
机制纸及纸板(万吨)	2.13	7.88	9.32	7.26	10.60	*0.79	0.35
塑料制品(吨)	881	3614	7988	*7411	*10150	*10155	*390
水　泥(万吨)	11.3	35.7	106.5	146.9	215.1	371.3	488.7
六、公路运输邮电							
公路通车里程(公里)	3281	3620	3921	8714	9556	17105	17390
公路货运量(万吨)	1141	3275	3111	5773	7968	9698	10442
公路货物周转量(亿吨公里)	2.56	12.51	12.76	23.16	42.07	138.71	162.07
公路客运量(万人)	436	1607	2337	4171	5257	4280	4480
公路客运周转量(百万人公里)	217.4	686.3	1156.9	1753.0	2552.8	2478.3	2666.4
邮电业务总量(万元)	561	2167	12239	71009	319095	655124	323004
函　件(万件)	935.8	1143.6	2219.0	1741.1	1487.2	680.0	582.0
固定电话(部)	14180	22394	63965	297958	915215	705973	665008
移动电话(部)			3678	160100	1099684	2901234	3386902
七、固定资产投资							
全社会固定资产投资(亿元)	1.96	6.33	15.42	45.11	153.06	545.58	644.96
国　有	1.37	3.99	11.04	24.08	59.58	287.94	314.33
集　体	0.14	0.67	0.97	2.12	3.86	5.24	9.10
其　他	0.45	1.67	3.41	18.91	89.62	252.40	321.53
第一产业	0.06	0.08	0.05	1.73	2.52	22.71	21.02
第二产业	0.83	5.04	10.76	26.10	105.75	263.99	301.55
第三产业	1.07	1.21	4.61	17.28	44.79	258.87	322.40
新增固定资产	2.24	5.39	12.33	41.40	138.30	411.35	396.47
八、能源生产与消费							
原煤生产总量(万吨)	695	1699	3279	2540	5245	3741	4831
煤炭消费总量(万吨)	432	1098	2947	3045	6868	7626	9083
九、国内贸易							
社会消费品零售总额(亿元)	4.4	13.5	35.6	66.6	132.0	306.5	360.7
十、对外贸易							
海关进出口总额(万美元)			2206	4753	26547	65100	79596
出口额			2206	1019	17081	14550	21003
进口额				3734	9466	50550	58593
十一、财　政							
财政总收入(亿元)	0.93	3.09	8.06	14.93	83.05	160.30	188.41
一般预算收入(亿元)	0.93	3.09	4.42	8.82	29.27	75.44	89.11
一般预算支出(亿元)	1.28	4.32	9.17	17.16	57.45	159.76	187.13

注：带“*”为规模以上口径。

表1

速　度　指　标											
指数（2011为以下各年%）						年平均增长速度 (%)					
1980	1990	1995	2000	2005	2010	“八五”	“九五”	“十五”	“十一五”	2001–2011	2006–2011
16.4	4.4	3.8	4.8	3.3	44.3	3.4	–4.9	7.9	–40.5	–24.1	–43.4
44.3	10.8	4.9	5.3	3.8	3.8	17.2	–1.5	6.5	0.0	–23.5	–41.9
4324.8	1368.9	458.9	332.7	227.2	131.6	24.4	6.6	7.9	11.5	11.5	14.7
530.0	480.4	443.5	199.6	182.0	101.7	1.6	17.3	1.9	12.3	6.5	10.5
915.2	318.8	335.6	180.9	131.0	107.7	–1.0	13.2	6.7	4.0	5.5	4.6
6330.9	1295.5	1270.1	699.8	385.2	116.8	0.4	12.7	12.7	26.9	19.3	25.2
1027.5	278.8	191.7	107.4	85.2	104.7	7.8	12.3	4.7	–4.0	0.7	–2.6
1226.4	388.5	230.5	152.1	104.5	107.6	11.0	8.7	7.8	–0.6	3.9	0.7
57576.5	14906.3	2639.1	454.9	101.2	49.3	41.4	42.1	35.1	15.5		
62.2	50.9	26.2	33.4	39.1	85.6	14.2	–4.7	–3.1	–14.5	–9.5	–14.5
4689.8	2969.6	1039.6	223.2	72.7	94.2	23.4	36.0	25.2	–5.1	7.6	–5.2
		92085.4	2115.5	308.0	116.7		112.7	47.0	21.4	32.0	20.6
32906.1	10188.9	4182.6	1429.7	421.4	118.2	19.5	23.9	27.7	28.9	27.4	27.1
22943.8	7877.9	2847.2	1305.4	527.6	109.2	22.6	16.9	19.9	37.0	26.3	31.9
6500.0	1358.2	938.1	429.2	236.0	173.6	7.7	16.9	12.7	6.3	14.2	15.4
71451.1	19253.3	9429.0	1700.3	358.8	127.4	15.3	40.9	36.5	23.0	29.4	23.7
35033.3	26275.0	42040.0	1215.0	834.1	92.6	–9.0	103.1	7.8	55.2	25.5	42.4
36331.3	5983.1	2802.5	1155.4	285.2	114.2	16.4	19.4	32.3	20.1	24.9	19.1
30130.8	26644.6	6993.5	1865.7	719.8	124.5	30.7	30.2	21.0	42.0	30.5	39.0
17699.6	7355.7	3215.5	957.7	286.7	96.4	18.0	27.4	27.3	24.4	22.8	19.2
695.0	284.3	147.3	190.2	92.1	129.1	14.1	–5.0	15.6	–6.5	6.0	–1.4
2105.0	827.5	308.2	298.3	132.2	119.1	21.8	0.7	17.7	2.1	10.4	4.8
8142.2	2681.8	1012.9	541.3	273.2	117.7	21.5	13.4	14.7	19.6	17.2	19.3
		3608.2	1674.6	299.8	122.3		16.6	41.1	19.7	29.2	20.1
		952.1	2061.1	123.0	144.4		–14.3	75.7	–3.2	31.7	3.5
			1569.2	619.0	115.9			20.4	39.8	28.4	35.5
20259.1	6097.4	2337.6	1262.0	226.9	117.5	21.1	13.1	40.9	14.1	25.9	14.6
9580.6	2883.5	2015.8	1010.2	304.4	118.1	7.4	14.8	27.1	20.8	23.4	20.4
14619.5	4331.7	2040.7	1090.5	325.7	117.1	16.2	13.4	27.3	22.7	24.3	21.8

1-6 续

	总量指标						
	1980	1990	1995	2000	2005	2010	2011
十二、物价指数(以上年为100)							
工业品出厂价格总指数					101.7	110.2	106.2
居民消费价格总指数		101.1	115.0	99.6	102.6	102.4	104.6
十三、工　资							
在岗职工工资总额(亿元)	1.8	7.3	17.5	23.9	46.0	87.2	100.1
在岗职工平均工资(元)	697	1898	4225	6790	13962	26601	30244
国有单位职工工资总额(亿元)	1.6	6.5	16.0	21.5	32.5	60.0	68.4
国有单位职工平均工资(元)	714	2030	4482	7175	13851	26705	30150
十四、人民生活							
城镇居民人均可支配收入(元)	377	1020	2780	4158	7852	13831	15950
城镇居民人均消费性支出(元)	350	795	1940	3073	5481	9466	11025
农民家庭人均纯收入(元)	63	501	1130	2195	3326	5287	6084
农民家庭人均生活费支出(元)		390	613	1048	1846	3381	3956
城乡居民储蓄存款年末余额(亿元)	0.7	21.1	73.6	155.3	430.2	857.6	941.7
十五、教育、文化							
高等学校数(所)	3	3	2	1	3	4	4
高等学校在校学生数(万人)	0.3	0.5	0.6	0.9	2.6	3.8	4.2
中等专业学校数(所)	6	9	9	10	4	6	7
中等专业学校在校学生数(万人)	0.3	0.6	0.6	1.5	1.2	1.4	1.3
普通中学学校数(所)	1003	414	386	393	403	324	301
普通中学在校学生数(万人)	21.1	16.1	19.3	26.6	33.7	29.6	29.6
职业中学学校数(所)	17	33	41	46	37	40	38
职业中学在校学生数(人)	758	5580	11054	13211	1193	29704	34579
小学学校数(所)	6346	6503	6130	4350	3225	1580	1367
小学在校学生数(万人)	46.96	38.56	40.86	42.98	42.97	35.39	32.27
群众艺术馆、文化馆(个)	17	18	18	18	18	18	18
公共图书馆(个)	14	17	17	17	17	17	17
十六、卫　生							
卫生机构数(个)	618	705	666	418	389	824	1166
卫生机构床位数(张)	7593	11097	11129	11622	11301	17051	16546
卫生技术人员(人)	9785	14645	14915	15360	14119	19760	20023

注：1995年以后“卫生机构”中不包括“门诊所”；“医院”中不包括“卫生院”；2005年卫生部门数据缺部分单位。

表2

速度指标											
指数（2011为以下各年%）						年平均增长速度（%）					
1980	1990	1995	2000	2005	2010	"八五"	"九五"	"十五"	"十一五"	2001-2011	2006-2011
				104.5	96.4				4.2		4.5
				101.9	102.1	10.8	0.7	1.9	2.9	2.6	3.2
5717.7	1366.9	573.1	418.5	217.6	114.8	19.0	6.5	14.0	13.6	13.9	13.8
4339.2	1593.5	715.8	445.4	216.6	113.7	17.4	10.0	15.5	13.8	14.5	13.7
4414.8	1052.8	428.8	318.9	210.3	114.1	19.7	6.1	8.7	13.0	11.1	13.2
4222.7	1485.2	672.7	420.2	217.7	112.9	17.2	9.9	14.1	14.0	13.9	13.8
4230.8	1564.2	573.8	383.6	203.1	115.3	22.2	8.4	13.6	12.0	13.0	12.5
3150.0	1386.1	568.3	358.7	201.2	116.5	19.5	9.6	12.3	11.5	12.3	12.4
9657.1	1214.4	538.4	277.2	182.9	115.1	17.7	14.2	8.7	9.7	9.7	10.6
	1013.2	644.9	377.4	214.3	117.0	9.5	11.3	12.0	12.9	12.8	13.5
						28.4	16.1	22.6	14.8	17.8	13.9
133.3	133.3	200.0	400.0	133.3	100.0	-7.8	-12.9	24.6	5.9	13.4	4.9
1400.0	823.5	677.4	446.8	164.1	110.5	4.0	8.7	22.2	8.2	14.6	8.6
116.7	77.8	77.8	70.0	175.0	116.7		2.1	-16.7	8.4	-3.2	9.8
382.4	228.1	203.1	88.4	109.2	92.9	2.3	18.1	-4.1	3.3	-1.1	1.5
30.0	72.7	78.0	76.6	74.7	92.9	-1.4	0.4	0.5	-4.3	-2.4	-4.7
140.5	183.7	153.1	111.2	87.8	100.0	3.7	6.6	4.8	-2.6	1.0	-2.1
223.5	115.2	92.7	82.6	102.7	95.0	4.4	2.3	-4.3	1.6	-1.7	0.4
4561.9	619.7	312.8	261.7	2898.5	116.4	14.7	3.6	-38.2	90.2	9.1	75.3
21.5	21.0	22.3	31.4	42.4	86.5	-1.2	-6.6	-5.8	-13.3	-10.0	-13.3
68.7	83.7	79.0	75.1	75.1	91.2	1.2	1.0	…	-3.8	-2.6	-4.7
105.9	100.0	100.0	100.0	100.0	100.0						
121.4	100.0	100.0	100.0	100.0	100.0						
188.7	165.4	175.1	278.9	299.7	141.5	-1.1	-8.9	-1.4	16.2	9.8	20.1
217.9	149.1	148.7	142.4	146.4	97.0	0.1	0.9	-0.6	8.6	3.3	6.6
204.6	136.7	134.2	130.4	141.8	101.3	0.4	0.6	-1.7	7.0	2.4	6.0

1-7 水资源总量(2010年)

单位：万立方米

	水资源总 量	地表水资源量	地下水资源量	重复计算 量	年降水量(亿立方米)
全 市	**77337**	**51017**	**72585**	**46265**	**93.65**
尧都区	11632	10895	11382	10645	6.28
曲沃县	1870	332	1858	320	1.75
翼城县	5266	2236	5258	2228	5.85
襄汾县	5691	504	5688	501	4.58
洪洞县	11097	9938	12459	11300	7.09
古 县	5774	2440	3618	284	5.73
安泽县	5798	5700	4369	4271	9.13
浮山县	1830	1558	1566	1294	4.29
吉 县	2065	1996	1542	1473	7.76
乡宁县	13385	1640	12351	605	10.83
大宁县	1124	1104	824	804	4.04
隰 县	1728	1560	1334	1166	5.93
永和县	1455	1407	1325	1277	4.66
蒲 县	1794	1510	1503	1219	7.03
汾 西	1038	461	995	418	4.09
侯马市	995	97	924	27	0.95
霍州市	4796	7639	5587	8430	3.66

1-8 实际用水量(2011年)

单位：万立方米

	总 计	农田灌溉	工 业	城镇生活	农村生活	林牧渔业	生态用水
全 市	77666	49483	11236	6057	3232	3585	4073
尧都区	17135	11922	1128	2169	550	515	851
曲沃县	5238	3675	674	235	219	386	50
翼城县	4518	2707	928	304	267	279	34
襄汾县	20996	13095	4014	475	357	1103	1951
洪洞县	16585	12534	1014	1065	558	490	923
古 县	1079	356	517	88	72	27	20
安泽县	485	190	162	52	61	17	3
浮山县	730	193	91	99	129	173	45
吉 县	362	100	32	81	89	61	
乡宁县	1091	214	347	153	206	140	32
大宁县	250	152	7	47	29	10	5
隰 县	506	246	4	89	69	90	7
永和县	308	184	2	46	45	30	1
蒲 县	500	205	112	62	66	39	16
汾 西	351	52	42	112	100	44	2
侯马市	3331	1930	506	578	150	131	35
霍州市	4199	1729	1656	402	263	51	98

1-9 平均每天主要社会经济活动

指　　标	单　位	1980	1990	1995	2000	2005	2010	2011
一、全市每天创造财富								
地区生产总值	万元	288.9	1043.5	2720.6	5277.6	14388.9	24387.5	31124.9
农林牧渔业总产值	万元	134.2	466.2	1099.9	1035.8	1488.4	3391.9	3796.3
全部工业增加值	万元	126.2	389.2	1081.4	2344.6	8757.6	13003.6	18120.2
原　煤	吨	19044	46548	89831	69581	143690	102481	132355
焦　炭	吨	2296	9553	45865		59548	49686	52605
生　铁	吨	499	2208	9945	15800	30885	24397	28867
洗精煤	吨	726	10819	32540	37841	66627	68813	87522
发电量	万千瓦时	780.6	1010.4	980.8	997.4	1981.4	2892.9	4111.1
水　泥	吨	310	978	2918	4024	5893	10172	13390
纱	吨	46	34	31	39	38	19	14
布	万米	22.8	18.2	19.1	20.3	14.5	1.1	3.4
机制纸及纸板	吨	58	216	255	199	290	22	10
二、其他经济活动								
全社会固定资产投资	万元	63	173	422	1236	4193	14947	17670
施工房屋面积	平方米	3972	4858	5183	8337	8618	27588	14513
竣工房屋面积	平方米	3459	3730	3431	5231	4855	10525	7758
全市用电量	万千瓦时	183.5	443.4	687.7	986.0	2643.5	3664.0	4298.6
# 人民生活用电	万千瓦时	9.2	38.0	83.9	84.0	162.4	352.6	412.4
煤炭消费量	吨	11822	30071	80732	83414	188170	208947	248852
财政总收入	万元	25.4	84.6	220.8	409.0	2275.3	4391.8	5161.8
社会消费品零售总额	万元	121.5	368.6	975.6	1825.7	3617.5	8397.1	9881.9
邮电业务量	万元	1.5	5.9	33.5	194.6	874.2	1794.9	884.9
公路客运量	人	11945	44000	64027	114272	144027	117260	122740
公路货运量	吨	31260	89726	85233	158164	218301	265699	286082
三、人口变动								
出生人口	人	124	182	131	244	147	127	126
死亡人口	人	47	49	46	77	68	62	65

1-10 社会经济主要指标人均水平

指　　标	单　位	1980	1990	1995	2000	2005	2010	2011
一、地区生产总值	**元**	**357**	**1115**	**2679**	**4835**	**12790**	**20841**	**26220**
二、农林牧渔业总产值	**元**	**165**	**491**	**1077**	**942**	**1318**	**2899**	**3198**
三、主要产品产量								
原　煤	千克	2355	4975	8845	6448	12773	8758	11150
焦　炭	千克	284	1021	4516	3570	5293	4246	4431
生　铁	千克	62	236	979	1464	2745	2085	2432
洗精煤	千克	90	1156	3204	3506	5922	5881	7373
发电量	千瓦时	965	1080	966	924	1761	2472	3463
水　泥	千克	38	105	287	373	524	869	1128
纱	千克	6.0	4.0	3.0	4.0	3.0	2	1
布	米	28	19	19	19	13	1	3
机制纸及纸板	千克	7	23	25	18	26	2	1
粮　食	千克	284	440	411	307	329	486	495
棉　花	千克	6	6	4	1	1	1	1
油　料	千克	3	8	10	11	8	5	4
水　果	千克	9	15	37	49	54	89	100
肉类总产量	千克	6	11	20	19	27	27	26
四、财政总收入	**元**	**31**	**90**	**217**	**379**	**2022**	**3753**	**4348**
五、社会消费品零售总额	**元**	**150**	**394**	**961**	**1692**	**3216**	**7176**	**8325**
六、邮电业务量	**元**	**2**	**6**	**33**	**180**	**777**	**1534**	**745**
固定电话	部/百人	…	1	2	8	22	16	15
移动电话	部/百人			…	4	27	67	78
七、人民生活								
职工平均货币工资	元	697	1898	4225	6790	13962	26601	30244
#国有单位	元	714	2030	4482	7175	13851	26705	30150
农民人均纯收入	元	63	501	1130	2195	3326	5287	6084
农民家庭生活消费支出	元		390	613	1048	1846	3381	3956
城镇居民人均可支配收入	元	377	1020	2780	4158	7852	13831	15950
城镇居民消费性支出	元	350	795	1940	3074	5481	9466	11025

1-11 国民经济主要比例关系

单位：%

指　标	1990	1995	2000	2005	2010	2011
一、地区生产总值中三次产业比例	**100**	**100**	**100**	**100**	**100**	**100**
第一产业	30.34	26.94	11.92	5.80	7.48	6.59
第二产业	41.37	43.23	49.94	64.23	58.34	63.04
第三产业	28.29	29.83	38.14	29.97	34.18	30.37
二、工业总产值中轻重工业比例	**100**	**100**	**100**	**100**	**100**	100
轻工业	23.30	16.71	9.91	1.71	1.64	1.36
重工业	76.70	83.29	90.09	98.29	98.36	98.64
三、农林牧渔业总产值内部比例	**100**	**100**	**100**	**100**	**100**	**100**
农　业	79.27	73.61	71.93	66.63	65.20	67.25
林　业	4.23	4.23	5.23	2.87	6.19	6.05
牧　业	16.16	21.82	22.22	27.48	26.54	24.30
渔　业	0,34	0.34	0.62	0.60	0.70	0.70
农林牧渔服务业				2.42	1.36	1.70
四、固定资产投资中三次产业比重	**100**	**100**	**100**	**100**	**100**	**100**
第一产业	1.29	0.30	3.83	1.64	4.16	3.26
第二产业	79.59	69.76	57.86	69.08	48.39	46.74
采矿业			4.83	17.09	22.26	21.13
制造业			36.14	35.52	12.11	19.27
电力燃气及水的生产和供应业			16.89	16.47	14.02	6.34
第三产业	19.12	29.94	38.31	29.28	47.45	50.00
五、能源使用比例	**100**	**100**	**100**	**100**	**100**	**100**
第一产业				0.99	1.06	1.12
第二产业				90.82	85.01	83.74
第三产业				3.60	6.62	7.93
人民生活				4.59	7.31	7.21

1-12 人民物质文化生活提高情况

指　标	单　位	1990	1995	2000	2005	2010	2011
一、城乡居民收入							
农民人均纯收入	元	501	1130	2195	3326	5287	6084
城镇居民人均可支配收入	元	1020	2780	4158	7852	13831	15950
在岗职工平均货币工资	元	1898	4225	6790	13962	26601	30244
二、平均每人住房面积(抽样)							
农民家庭	平方米	15.4	19.2	21.9	27.9	30.4	32
城镇居民	平方米	12.0	13.0	14.8	29.8	31.6	35
三、交通、文化、教育、卫生							
每百户拥有(抽样)							
自行车							
农　民	辆	102	125	118	105	106	
城镇居民	辆	217	219	172	132		
摩托车							
农　民	辆	1	6	24	72	84	81
城镇居民	辆	3	19	45	68	63	54
洗衣机							
农　民	台	9	19	50	82	94	93
城镇居民	台	79	90	93	96	99	100
电冰箱							
农　民	台	1	2	8	22	32	48
城镇居民	台	15	32	60	71	92	97
彩色电视机							
农　民	台	4	18	56	96	109	109
城镇居民	台	56	84	102	103	109	106
移动电话							
农　民	部			0.2	44.5	106.8	178
城镇居民	部			7.1	121.2	175.0	212
电视人口覆盖率	%	85.9	86.0	92.9	97.6	97.9	99
每千人拥有医院床位数	张	3.2	3.0	2.9	2.7	2.6	2.6
每千人拥有卫生技术人员	人	4.3	4.0	3.9	3.4	4.6	4.6
四、储　蓄							
城乡居民储蓄存款余额	亿元	21.08	73.57	155.34	430.18	857.62	941.73
人均储蓄存款	元	617	1984	3944	10476	19849	21735

1-13 主要年份总产出

按当年价格计算　　　　单位：万元

年 份	总产出	第一产业	第二产业	#工 业	第三产业	#交通运输、仓储邮政业	#批零住宿餐 饮 业
1949	14369	9801	912	897	3656	749	1231
1952	21921	15178	2167	2040	4576	616	1814
1957	37596	21076	6835	5415	9685	570	3417
1962	39741	14482	13555	11365	11704	1950	4019
1965	58450	21028	20567	16330	16855	2246	5821
1970	83402	23278	42077	27587	18047	1870	6762
1975	125859	34648	70956	59485	20255	2458	7167
1978	173389	32439	108240	87050	32710	5349	10352
1980	204134	48987	117877	98882	37270	7621	10306
1985	424962	101287	220181	181215	103494	25156	25556
1990	870161	170174	480947	422013	219040	48288	63009
1995	2898318	404849	1877853	1739738	615616	157161	191994
2000	5109965	385730	3166572	2821733	1557663	428694	499531
2001	6071721	399008	3875569	3512373	1797144	538143	567627
2002	7207294	435616	4723441	4289604	2048237	638647	634402
2003	9470064	480596	6671723	6104008	2317745	685577	722340
2004	11316607	567116	8062711	7424880	2686780	721163	963710
2005	13659465	546248	9976793	9277411	3136424	846709	1043598
2006	15886532	597848	11596787	10714731	3691897	967822	1238343
2007	18322677	689314	13448286	12370770	4185077	983051	1423182
2008	20635591	717341	14901574	13629431	5016676	1131872	1719402
2009	20245927	1021959	13736674	12330040	5487294	1197527	1931593
2010	23071874	1238033	15521239	13804062	6312602	1366280	2292373
2011	30430456	1385663	21398942	19237300	7645851	1818185	2687160

1-14 主要年份总产出构成

单位：%

年 份	总产出	第一产业	第二产业	#工 业	第三产业	#交通运输、仓储邮政业	#批零住宿餐 饮 业
1949	100.00	68.21	6.35	6.24	25.44	5.21	8.57
1952	100.00	69.24	9.89	9.31	20.87	2.81	8.28
1957	100.00	56.06	18.18	14.40	25.76	1.52	9.09
1962	100.00	36.44	34.11	28.60	29.45	4.91	10.11
1965	100.00	35.97	35.19	27.94	28.84	3.84	9.96
1970	100.00	27.91	50.45	33.08	21.64	2.24	8.11
1975	100.00	27.53	56.38	47.26	16.09	1.95	5.69
1978	100.00	18.71	62.42	50.21	18.87	3.08	5.97
1980	100.00	24.00	57.74	48.44	18.26	3.73	5.05
1985	100.00	23.84	51.81	42.64	24.35	5.92	6.01
1990	100.00	19.56	55.27	48.50	25.17	5.55	7.24
1995	100.00	13.97	64.79	60.03	21.24	5.42	6.62
2000	100.00	7.55	61.97	55.22	30.48	8.39	9.78
2001	100.00	6.57	63.83	57.85	29.60	8.86	9.35
2002	100.00	6.04	65.54	59.52	28.42	8.86	8.80
2003	100.00	5.08	70.45	64.46	24.47	7.24	7.63
2004	100.00	5.01	71.25	65.61	23.74	6.37	8.52
2005	100.00	4.00	73.04	67.92	22.96	6.20	7.64
2006	100.00	3.76	73.00	67.45	23.24	6.09	7.79
2007	100.00	3.76	73.40	67.52	22.84	5.37	7.77
2008	100.00	3.48	72.21	66.05	24.31	5.49	8.33
2009	100.00	5.05	67.85	60.90	27.10	5.91	9.54
2010	100.00	5.37	67.27	59.83	27.36	5.92	9.94
2011	100.00	4.55	70.32	63.22	25.13	5.97	8.83

1-15 主要年份总产出指数

1949年=100 单位：%

年 份	总产出	第一产业	第二产业	#工 业	第三产业	#交通运输、仓储邮政业	#批零住宿餐饮业
1949	100.0	100.0	100.0	100.0	100.0	100.0	100.0
1952	145.0	142.4	237.7	227.1	132.0	82.2	147.4
1957	211.0	164.1	716.4	593.0	256.2	98.7	288.7
1962	176.9	108.8	1071.8	963.9	225.7	343.7	292.4
1965	250.4	147.2	1594.4	1409.4	315.7	391.7	471.0
1970	293.9	137.0	2958.8	2020.4	255.9	318.8	526.0
1975	438.8	207.3	4918.8	4321.5	271.1	418.5	505.6
1978	579.3	191.3	7496.2	6427.5	383.2	909.8	682.2
1980	588.5	207.0	7316.3	6440.5	413.0	1296.9	533.0
1985	977.4	366.1	11507.4	10417.0	745.3	4280.1	933.9
1990	1396.8	374.6	18033.5	17428.2	1129.1	4566.7	915.4
1995	3123.4	481.5	49967.2	50101.2	1782.4	7956.3	1516.6
2000	5179.8	493.9	85252.5	82630.3	3352.0	16345.1	3123.5
2001	5967.1	505.8	101535.7	100395.8	3677.2	18911.3	3414.0
2002	6939.8	560.9	120827.5	118768.2	4074.3	21521.0	3700.7
2003	8168.1	605.8	145113.8	140977.9	4652.8	23393.4	4229.9
2004	9662.9	654.9	174281.7	171993.0	5406.6	29662.8	4703.7
2005	11266.9	644.4	208615.2	207939.5	6179.7	42388.1	5084.7
2006	12911.9	702.4	238864.4	236635.2	7143.8	47601.8	5949.1
2007	14758.3	743.1	273977.4	270000.7	8172.5	50124.7	6823.6
2008	15629.0	772.9	280552.9	273240.7	9578.1	56590.8	8010.9
2009	16332.3	809.2	288969.5	275153.4	10382.7	59363.8	8723.9
2010	19108.8	902.2	343006.8	327707.7	11763.6	66665.5	10224.4
2011	22242.7	923.9	409893.1	393577.0	13128.2	74665.4	11574.0

1-16 主要年份总产出指数

上年=100　　　　单位：%

年份	总产出	第一产业	第二产业	#工业	第三产业	#交通运输、仓储邮政业	#批零住宿餐饮业
1952	116.0	113.4	136.4	138.0	123.2	141.1	120.5
1957	98.7	91.9	105.8	105.5	111.2	105.4	106.2
1962	77.1	108.5	67.9	76.8	62.2	52.1	77.3
1965	119.4	114.4	114.8	129.3	132.1	107.0	152.6
1970	129.2	87.5	205.9	159.2	117.2	100.1	153.9
1975	110.0	112.4	110.2	117.8	105.4	107.0	96.3
1978	115.7	102.7	123.7	123.7	108.2	115.3	111.3
1980	93.8	94.1	94.3	94.8	91.9	118.6	77.2
1985	110.6	89.7	121.3	112.3	115.3	147.7	128.9
1990	107.3	109.3	108.9	109.1	105.3	91.2	94.4
1995	112.7	112.6	114.3	114.5	111.9	117.6	106.5
2000	110.5	96.9	111.9	113.2	110.8	115.7	110.1
2001	115.2	102.4	119.1	121.5	109.7	115.7	109.3
2002	116.3	110.9	119.0	118.3	110.8	113.8	108.4
2003	117.7	108.0	120.1	118.7	114.2	108.7	114.3
2004	118.3	108.1	120.1	122.0	116.2	126.8	111.2
2005	116.6	98.4	119.7	120.9	114.3	142.9	108.1
2006	114.6	109.0	114.5	113.8	115.6	112.3	117.0
2007	114.3	105.8	114.7	114.1	114.4	105.3	114.7
2008	105.9	104.0	102.4	101.2	117.2	112.9	117.4
2009	104.5	104.7	103.0	100.7	108.4	104.9	108.9
2010	117.0	111.5	118.7	119.1	113.3	112.3	117.2
2011	116.4	102.4	119.5	120.1	111.6	112.0	113.2

1-17 主要年份地区生产总值

按当年价格计算

年 份	地区生产总值(万元)	第一产业	第二产业	#工 业	第三产业	#交通运输、仓储邮政业	#批零住宿餐 饮 业	人均地区生产总值(元)
1949	9917	7427	348	327	2142	188	1091	72
1952	15450	11503	852	815	3095	281	1571	104
1957	22108	13288	3059	2492	5761	298	2764	131
1962	22473	10579	5150	4370	6744	927	2279	110
1965	32376	15695	7907	6425	8774	1094	3715	152
1970	41843	16947	15820	10829	9076	957	3801	172
1975	63083	25285	26393	22393	11405	1203	4030	230
1978	83730	22621	42446	35120	18663	2649	6052	291
1980	105445	29867	54039	46074	21539	3904	5176	357
1985	201541	69597	88090	73573	43854	12264	9300	643
1990	380878	115573	157550	142053	107755	25108	22668	1115
1995	993034	267503	429292	394724	296239	68030	72958	2679
2000	1908074	227546	952852	855775	727676	187213	182700	4835
2001	2191699	238334	1126392	1021394	826973	221758	206703	5509
2002	2588376	257674	1391483	1278685	939219	263394	229764	6444
2003	3380330	287118	1986372	1838766	1106840	301599	269641	8353
2004	4487398	339461	2798794	2636720	1349143	388016	312091	11007
2005	5251933	304605	3373365	3196525	1573963	464640	330979	12790
2006	5951633	339655	3778170	3556651	1833808	527766	386119	14398
2007	6716579	386005	4255573	3986194	2075001	555061	450674	16147
2008	7729621	385620	4904000	4612000	2440001	635000	530000	18469
2009	7668659	555442	4400173	4026171	2713044	662007	616030	18215
2010	8901440	665758	5192778	4746312	3042904	743051	716714	20841
2011	11360573	748323	7161423	6613879	3450827	832847	837638	26220

1-18 主要年份地区生产总值构成

单位：%

年 份	地区生产总　值	第一产业	第二产业	#工 业	第三产业	#交通运输、仓储邮政业	#批零住宿餐 饮 业
1949	100.0	74.9	3.5	3.3	21.6	1.9	11.0
1952	100.0	74.5	5.5	5.3	20.0	1.8	10.2
1957	100.0	60.1	13.8	11.3	26.1	1.3	12.5
1962	100.0	47.1	22.9	19.4	30.0	4.1	10.1
1965	100.0	48.5	24.4	19.8	27.1	3.4	11.5
1970	100.0	40.5	37.8	25.9	21.7	2.3	9.1
1975	100.0	40.1	41.8	35.5	18.1	1.9	6.4
1978	100.0	27.0	50.7	41.9	22.3	3.2	7.2
1980	100.0	28.3	51.3	43.7	20.4	3.7	4.9
1985	100.0	34.5	43.7	36.5	21.8	6.1	4.6
1990	100.0	30.3	41.4	37.3	28.3	6.6	6.0
1995	100.0	27.0	43.2	39.7	29.8	6.9	7.3
2000	100.0	11.9	49.9	44.9	38.2	9.8	9.6
2001	100.0	10.9	51.4	46.6	37.7	10.1	9.4
2002	100.0	10.0	53.7	49.4	36.3	10.2	8.9
2003	100.0	8.5	58.8	54.4	32.7	8.9	8.0
2004	100.0	7.6	62.3	58.8	30.1	8.6	7.0
2005	100.0	5.8	64.2	60.9	30.0	8.8	6.3
2006	100.0	5.7	63.5	59.8	30.8	8.9	6.5
2007	100.0	5.7	63.4	59.3	30.9	8.3	6.7
2008	100.0	5.0	63.4	59.7	31.6	8.2	6.9
2009	100.0	7.2	57.4	52.5	35.4	8.6	8.0
2010	100.0	7.5	58.3	53.3	34.2	8.3	8.1
2011	100.0	6.6	63.0	58.2	30.4	7.3	7.4

1-19 主要年份地区生产总值指数

1949年=100 单位：%

年 份	地区生产总值	第一产业	第二产业	#工业	第三产业	#交通运输、仓储邮政业	#批零住宿餐饮业	人均地区生产总值
1949	100.0	100.0	100.0	100.0	100.0	100.0	100.0	100.0
1952	145.3	142.2	241.8	243.7	145.6	147.5	141.8	135.9
1957	185.6	143.3	845.4	736.2	264.4	114.1	240.8	152.8
1962	170.0	105.7	1173.4	1000.7	240.2	285.6	167.8	121.9
1965	241.4	147.4	1835.9	1437.5	296.5	310.1	216.4	157.4
1970	282.3	133.8	3172.6	2232.4	291.1	264.4	198.8	161.2
1975	403.3	203.8	4790.6	4591.0	324.0	242.5	167.4	204.3
1978	466.8	184.6	7378.5	7239.7	456.0	508.9	194.4	225.9
1980	528.9	190.1	8913.0	9012.5	521.1	709.7	143.0	249.3
1985	860.3	333.9	12475.9	12855.4	938.5	1768.0	211.2	381.7
1990	1065.0	364.9	14903.5	17831.0	1496.8	1975.4	190.6	434.3
1995	1903.3	462.2	33527.4	42481.9	2610.7	3129.8	385.5	716.0
2000	3204.6	499.3	59449.1	72608.3	4909.7	6428.2	808.0	1132.5
2001	3632.5	523.3	69117.6	85172.3	5509.5	7576.4	895.5	1273.2
2002	4178.8	567.2	81532.9	101403.4	6226.4	8566.3	1021.6	1450.8
2003	4847.9	615.5	97380.4	120499.5	7052.4	9436.1	1162.7	1670.6
2004	5647.2	663.5	115102.5	143770.4	8199.5	11901.8	1312.4	1931.6
2005	6499.9	624.3	137784.2	173530.9	9306.4	13818.0	1389.8	2206.7
2006	7435.9	680.6	157467.2	197455.7	10767.6	15434.7	1730.3	2508.1
2007	8231.6	717.4	175761.0	219487.6	11812.0	15959.5	1898.1	2758.7
2008	8651.4	722.0	177403.3	220011.5	13560.2	17842.7	2184.8	2881.0
2009	9014.7	754.5	181128.8	220671.6	14672.1	18699.2	2372.6	2984.8
2010	10538.2	829.2	219165.9	268998.7	16227.4	20849.6	2749.9	3441.5
2011	12150.6	852.4	261903.2	322798.4	17963.7	23101.3	3096.4	3909.5

1-20 主要年份地区生产总值指数

上年=100　　　　单位：%

年 份	地区生产总 值	第一产业	第二产业	#工 业	第三产业	#交通运输、仓储邮政业	#批零住宿餐 饮 业	人均地区生产总值
1952	115.3	113.4	144.7	144.9	119.0	117.1	118.5	112.4
1957	86.3	77.3	99.9	100.5	108.0	106.1	100.1	84.3
1962	95.6	112.7	78.3	86.5	73.5	48.2	68.3	92.5
1965	113.5	114.5	113.0	124.2	112.3	106.1	123.2	111.0
1970	115.2	85.9	185.5	153.9	112.7	103.1	148.8	111.2
1975	107.3	112.5	103.8	119.9	101.8	103.5	98.1	105.2
1978	109.1	108.2	127.8	133.6	107.0	116.1	110.8	107.7
1980	101.9	95.5	105.5	106.4	103.5	117.2	73.5	100.5
1985	105.8	89.6	117.4	109.4	114.1	139.2	108.5	104.4
1990	107.1	115.2	105.8	110.1	101.7	102.1	93.2	104.7
1995	110.2	112.5	109.0	109.0	110.7	111.8	112.7	108.9
2000	109.3	96.8	110.9	112.8	111.7	114.2	112.0	108.2
2001	113.4	104.8	116.3	117.3	112.2	117.9	110.8	112.4
2002	115.0	108.4	118.0	119.1	113.0	113.1	114.1	114.0
2003	116.0	108.5	119.4	118.8	113.3	110.2	113.8	115.1
2004	116.5	107.8	118.2	119.3	116.3	126.1	112.9	115.6
2005	115.1	94.1	119.7	120.7	113.5	116.1	105.9	114.2
2006	114.4	109.0	114.3	113.8	115.7	111.7	124.5	113.7
2007	110.7	105.4	111.6	111.2	109.7	103.4	109.7	110.0
2008	105.1	100.6	100.9	100.2	114.8	111.8	115.1	104.4
2009	104.2	104.5	102.1	100.3	108.2	104.8	108.6	103.6
2010	116.9	109.9	121.0	121.9	110.6	111.5	115.9	115.3
2011	115.3	102.8	119.5	120.0	110.7	110.8	112.6	113.6

1-21 支出法地区生产总值

按当年价格计算　　单位：万元

指　标	2011	2010	2011年为2010年%
总　计	**11360573**	**8901440**	**115.3**
一、最终消费	4971891	3970164	114.9
居民消费	3499315	2717675	119.0
农村居民	1264577	972436	120.9
城镇居民	2234738	1745239	117.9
政府消费	1472576	1252489	106.1
二、资本形成总额	6511576	4945476	117.5
固定资本形成总额	5837672	4406277	118.3
存货增加	673904	539199	110.6
三、货物和服务净流出	-122894	-14200	

1-22 支出法地区生产总值构成

按当年价格计算　　单位：%

指　标	2011	2010
总　计	**100.0**	**100.0**
一、最终消费	43.8	44.6
居民消费	30.8	30.5
农村居民	11.1	10.9
城镇居民	19.7	19.6
政府消费	13.0	14.1
二、资本形成总额	57.3	55.6
固定资本形成总额	51.4	49.5
存货增加	5.9	6.1
三、货物和服务净流出	-1.1	-0.2

13068022265

1-23 主要年份最终消费与资本形成总额

按当年价格计算　　　　单位：万元

年 份	最终消费	居民消费	政府消费	资本形成总额	固定资本形成	存货增加
1949	9320	8603	717	471	432	39
1952	13916	12518	1398	1454	1280	174
1957	18336	16014	2322	3410	2794	616
1962	20221	17528	2693	2523	3056	-533
1965	26315	23297	3018	5519	4543	976
1970	25658	21432	4226	16850	14284	2566
1975	39943	31378	8565	23293	17779	5514
1978	45999	32752	13247	38053	29462	8591
1980	61616	44839	16777	44230	36121	8109
1985	134601	104778	29823	70241	54103	16138
1990	232864	176850	56014	153359	80610	72749
1995	576178	441885	134293	437401	316725	120676
2000	1065224	735128	330096	863034	667286	195748
2001	1195800	810011	385789	1018525	791934	226591
2002	1369941	915573	454368	1232858	986963	245895
2003	1714677	1106162	608515	1678978	1342159	336819
2004	2137877	1326551	811326	2340079	1837276	502803
2005	2341116	1479527	861589	2900250	2235813	664437
2006	2657842	1679939	977903	3303709	2610989	692720
2007	3026856	1956011	1070845	3697387	3139870	557517
2008	3417098	2240098	1177000	4314435	3664370	650065
2009	3587524	2388872	1198652	4108961	3619760	489201
2010	3970164	2717675	1252489	4945476	4406277	539199
2011	4971891	3499315	1472576	6511576	5837672	673904

1-24 主要年份最终消费与资本形成总额构成

单位：%

年份	最终消费	居民消费	政府消费	资本形成总额	固定资本形成	存货增加
1949	95.39	88.05	7.34	4.82	4.42	0.40
1952	90.81	81.69	9.12	9.49	8.35	1.14
1957	84.49	73.79	10.70	15.71	12.87	2.84
1962	89.11	77.24	11.87	11.12	13.47	-2.35
1965	82.89	73.38	9.51	17.38	14.31	3.07
1970	60.55	50.58	9.97	39.77	33.71	6.06
1975	63.29	49.72	13.57	36.91	28.17	8.74
1978	54.89	39.08	15.81	45.41	35.16	10.25
1980	58.39	42.49	15.90	41.92	34.23	7.69
1985	66.62	51.86	14.76	34.77	26.78	7.99
1990	61.07	46.38	14.69	40.22	21.14	19.08
1995	58.02	44.50	13.52	44.05	31.90	12.15
2000	55.83	38.53	17.30	45.23	34.97	10.26
2001	54.56	36.96	17.60	46.47	36.13	10.34
2002	52.93	35.37	17.56	47.63	38.13	9.50
2003	50.73	32.73	18.00	49.67	39.71	9.96
2004	47.64	29.56	18.08	52.15	40.94	11.21
2005	44.58	28.17	16.41	55.23	42.58	12.65
2006	44.66	28.23	16.43	55.51	43.87	11.64
2007	45.10	29.14	15.96	55.08	46.78	8.30
2008	44.27	29.02	15.25	55.90	47.48	8.42
2009	46.73	31.12	15.61	53.53	47.16	6.37
2010	44.60	30.53	14.07	55.56	49.50	6.06
2011	43.76	30.80	12.96	57.32	51.39	5.93

1-25 主要年份最终消费与资本形成总额指数

上年=100　　　　单位：%

年 份	最终消费	居民消费	政府消费	资本形成总额	固定资本形成	存货增加
1949	100.0	100.0	100.0	100.0	100.0	100.0
1952	113.6	113.4	118.6	193.5	191.3	203.1
1957	100.8	101.2	96.9	97.7	86.5	265.8
1962	93.8	98.6	70.7	28.9	59.1	-10.7
1965	117.1	118.2	106.3	106.8	81.1	118.6
1970	95.2	92.7	116.1	196.6	392.1	68.2
1975	107.6	104.6	114.3	104.8	101.4	166.8
1978	102.5	103.0	99.9	116.2	115.3	117.9
1980	100.8	100.7	101.0	87.2	94.5	65.5
1985	102.7	102.6	102.9	108.0	109.9	105.7
1990	101.5	101.6	101.1	103.6	99.1	109.0
1995	107.2	108.6	104.0	111.2	108.8	118.2
2000	111.9	112.1	111.5	108.0	110.0	101.5
2001	111.3	109.6	115.1	117.2	117.9	115.0
2002	110.5	108.1	115.5	119.8	123.3	107.3
2003	112.0	108.9	117.9	119.0	119.4	117.2
2004	113.0	110.6	117.4	118.2	118.8	115.8
2005	108.6	110.5	105.7	121.6	119.3	130.8
2006	111.3	111.2	111.5	116.5	116.2	117.4
2007	114.8	117.9	109.4	107.9	120.0	67.9
2008	104.4	105.1	103.0	105.9	105.2	109.7
2009	104.5	106.1	101.5	104.0	107.5	84.0
2010	110.3	113.4	104.3	122.1	123.7	110.4
2011	114.9	119.0	106.1	117.5	118.3	110.6

1-26 主要年份最终消费总额及构成

按当年价格计算　　　　单位：万元、%

年 份	最终消费	居民消费			政府消费	构 成			
						以最终消费为100		以居民消费为100	
		合计	农村居民	城镇居民		居民消费	政府消费	农村居民	城镇居民
1949	9320	8603	7679	924	717	92.31	7.69	89.26	10.74
1952	13916	12518	10828	1690	1398	89.95	10.05	86.50	13.50
1957	18336	16014	12966	3048	2322	87.34	12.66	80.97	19.03
1962	20221	17528	13122	4406	2693	86.68	13.32	74.86	25.14
1965	26315	23297	18523	4774	3018	88.53	11.47	79.51	20.49
1970	25658	21432	15349	6083	4226	83.53	16.47	71.62	28.38
1975	39943	31378	21188	10190	8565	78.56	21.44	67.53	32.47
1978	45999	32752	21895	10857	13247	71.20	28.80	66.85	33.15
1980	61616	44839	31721	13118	16777	72.77	27.23	70.74	29.26
1985	134601	104778	74015	30763	29823	77.84	22.16	70.64	29.36
1990	232864	176850	119885	56965	56014	75.95	24.05	67.79	32.21
1995	576178	441885	285198	156687	134293	76.69	23.31	64.54	35.46
2000	1065224	735128	431665	303463	330096	69.01	30.99	58.72	41.28
2001	1195800	810011	450085	359926	385789	67.74	32.26	55.57	44.43
2002	1369941	915573	499048	416525	454368	66.83	33.17	54.51	45.49
2003	1714677	1106162	545769	560393	608515	64.51	35.49	49.34	50.66
2004	2137877	1326551	578988	747563	811326	62.05	37.95	43.65	56.35
2005	2341116	1479527	622580	856947	861589	63.20	36.80	42.08	57.92
2006	2657842	1679939	682425	997514	977903	63.21	36.79	40.62	59.38
2007	3026856	1956011	793733	1162278	1070845	64.62	35.38	40.58	59.42
2008	3417098	2240098	861613	1378485	1177000	65.56	34.44	38.46	61.54
2009	3587524	2388872	894423	1494449	1198652	66.59	33.41	37.44	62.56
2010	3970164	2717675	972436	1745239	1252489	68.45	31.55	35.78	64.22
2011	4971891	3499315	1264577	2234738	1472576	70.38	29.62	36.14	63.86

1-27 主要年份居民人均消费水平及指数

按当年价格计算　　　　单位：万元、%

年份	居民总消费	农村居民	城镇居民	以上年为100 居民总消费	以上年为100 农村居民	以上年为100 城镇居民	以1949年为100 居民总消费	以1949年为100 农村居民	以1949年为100 城镇居民
1949	63	59	129				100.0	100.0	100.0
1952	85	78	189	112.9	115.5	101.6	140.0	143.6	123.6
1957	95	84	202	99.2	96.5	111.1	165.2	185.5	170.0
1962	90	73	278	98.6	94.9	111.3	95.9	94.4	141.2
1965	110	95	262	107.0	118.6	97.7	142.4	171.9	167.4
1970	88	70	270	98.3	81.2	130.8	141.3	131.6	200.1
1975	114	86	340	103.5	104.7	99.1	158.6	152.0	221.1
1978	114	86	325	101.6	101.1	99.3	171.9	155.4	230.8
1980	152	123	352	99.4	103.2	88.3	170.3	163.6	188.3
1985	334	277	663	101.1	101.9	96.9	190.5	175.3	206.8
1990	503	411	968	99.2	100.0	97.2	211.6	197.4	212.7
1995	1192	942	2310	107.3	106.3	107.9	343.7	291.3	333.5
2000	1863	1439	3205	110.9	107.0	109.3	510.1	410.4	472.8
2001	2036	1545	3376	108.7	105.9	106.4	554.4	434.7	503.0
2002	2280	1740	3627	107.1	105.3	105.7	593.7	457.9	531.6
2003	2734	1949	4495	108.1	105.5	106.8	641.7	482.9	568.0
2004	3254	2078	5793	109.7	106.6	111.4	704.2	514.6	632.8
2005	3603	2277	6249	109.7	109.1	106.4	772.5	561.5	673.3
2006	4064	2548	6853	110.5	109.6	107.4	853.6	615.4	723.1
2007	4702	2984	7749	110.6	109.2	109.8	943.7	671.8	794.2
2008	5353	3276	8865	104.5	103.2	103.4	986.0	693.1	821.3
2009	5674	3418	9381	105.4	104.1	105.1	1039.3	721.5	863.2
2010	6363	3765	10337	111.7	109.6	110.0	1160.9	790.8	949.6
2011	8076	4997	12402	117.3	123.3	110.5	1361.7	975.1	1049.3

1-28 地区生产总值构成项目(2011年)

单位：万元

指 标	总 计	劳动者报 酬	生产税净 额	固定资产折 旧	营业盈余
地区生产总值	**11360573**	**4335438**	**1943853**	**1591367**	**3489915**
第一产业	**748323**	**592386**	**-12070**	**17280**	**150727**
农、林、牧、渔、农林牧渔服务业	748323	592386	-12070	17280	150727
第二产业	**7161423**	**2368001**	**1633617**	**989445**	**2170360**
工 业	6613879	2074627	1542779	920619	2075854
建筑业	547544	293374	90838	68826	94506
第三产业	**3450827**	**1375051**	**322306**	**584642**	**1168828**
交通运输、仓储和邮政业	832847	221456	53013	128319	430059
信息传输、计算机服务和软件业	162823	34193	9769	63501	55360
批发和零售业	644435	141131	177220	76688	249396
住宿和餐饮业	193203	55915	17030	15272	104986
金融保险业	306292	116384	37687	15710	136511
房地产业	231695	19774	12679	187216	12026
租赁和商务服务业	30897	10157	2677	6793	11270
科学研究、技术服务和地质勘查业	19122	12471	992	2043	3616
水利、环境和公共设施管理业	18940	13399	528	4090	923
居民服务和其他服务业	173129	52204	5420	6098	109407
教 育	314089	267654	1523	29297	15615
卫生、社会保障和社会福利业	146559	100811	1224	12133	32391
文化、体育和娱乐业	28301	15642	1473	3918	7268
公共管理和社会组织	348495	313860	1071	33564	

1-29 按行业划分的法人单位及产业活动单位数(2011年)

单位：个

指标	法人单位				产业活动单位	
	单位数	单产业法人	多产业法人	规模、资质或限额以上单位	单位数	#多产业法人所属的产业活动单位
总计	**24612**	**20933**	**3679**	**966**	**35986**	**15053**
农、林、牧、渔业	3737	3723	14		4073	350
采矿业	1264	1253	11	188	1290	37
制造业	2429	2384	45	186	2553	169
电力、燃气及水的生产和供应业	113	107	6	6	161	54
建筑业	519	486	33	144	814	328
交通运输、仓储和邮政业	579	553	26		910	357
信息传输、计算机服务和软件业	225	218	7		763	545
批发和零售业	4372	4112	260	208	6114	2002
住宿和餐饮业	328	319	9	85	373	54
金融业	123	87	36		877	790
房地产业	477	462	15	149	542	80
租赁和商务服务业	1156	1126	30		1355	229
科学研究、技术服务和地质勘查业	425	407	18		605	198
水利、环境和公共设施管理业	239	230	9		368	138
居民服务和其他服务业	442	437	5		480	43
教育	1264	1152	112		2863	1711
卫生、社会保障和社会福利业	661	647	14		3563	2916
文化、体育和娱乐业	275	265	10		369	104
公共管理和社会组织	5984	2965	3019		7913	4948

1-30 按登记注册类型划分的法人单位及产业活动单位数(2011年)

单位：个

指　　标	法人单位数	单产业法人	多产业法人	产业活动单位数
总　　计	**24612**	**20933**	**3679**	**35986**
内资	**24580**	**20902**	**3678**	**35829**
国有	4950	4084	866	9974
集体	681	572	109	2919
股份合作	71	62	9	143
联营	24	24		69
国有联营	6	6		39
集体联营	7	7		15
国有与集体联营	3	3		6
其他联营	8	8		9
有限责任公司	2185	2106	79	2845
国有独资公司	29	23	6	45
其他有限责任公司	2156	2083	73	2800
股份有限公司	218	187	31	822
私营	9057	8858	199	9846
私营独资	3472	3427	45	3919
私营合伙	328	328		343
私营有限责任公司	5041	4890	151	5349
私营股份有限公司	216	213	3	235
其他内资	7394	5009	2385	9211
港澳台商投资	**19**	**19**		**22**
与港澳台商合资经营	16	16		18
与港澳台商合作经营	2	2		2
港澳台商独资	1	1		1
港澳台商投资股份有限公司				1
外商投资	**13**	**12**	**1**	**135**
中外合资经营	8	8		10
中外合作经营	2	2		2
外资企业				12
外商投资股份有限公司	3	2	1	111

主要统计指标解释

国内（地区）生产总值 指按市场价格计算的一个国家（或地区）所有常住单位在一定时期内生产活动的最终成果。国内生产总值有三种表现形态，即价值形态、收入形态和产品形态。从价值形态看，它是所有常住单位在一定时期内生产的全部货物和服务的价值超过同期投入的全部非固定资产货物和服务价值的差额；从收入形态看，它是所有常住单位在一定时期内创造并分配给常住单位和非常住单位的初次分配收入之和；从产品形态看，它等于最终使用的货物和服务减去进口的货物和服务。在核算中，国内生产总值的三种表现形态表现为三种计算方法，即生产法、收入法和支出法。三种方法从不同的方面反映国内生产总值及其构成。

三次产业 三次产业的划分是世界上较为通用的产业结构分类，但各国的划分不尽一致。我国的三次产业划分是：

第一产业：农业(包括种植业、林业、牧业、渔业和农林牧渔服务业)。

第二产业：工业(包括采掘业、制造业、电力、煤气及水的生产和供应业)和建筑业。

第三产业：除第一、二产业以外的其他各业。

总产出 指常住单位在核算期内生产的货物和服务的价值总和。总产出中既包括核算期内新增加的价值，也包括中间投入的转移价值，它反映了国民经济各个部门生产活动的总规模。

中间投入 指常住单位在生产货物和提供服务的过程中，消耗和使用的所有非固定资产货物和服务的价值。中间投入也称为中间消耗，一般按购买者价格计算。

增加值 指常住单位在生产过程中创造的新增价值和固定资产的转移价值。增加值可以按照生产法计算也可以按照收入法计算。按生产法计算，等于总产出价值扣除中间投入价值后的余额；按收入法计算，等于劳动者报酬、生产税净额、固定资产折旧和营业盈余之和。增加值反映生产单位或部门在一定时期内生产经营活动的最终成果，也是本单位或部门对国内(地区)生产总值的贡献。

支出法地区生产总值 指一个地区所有常住单位在一定时期内用于最终消费、资本形成总额及货物和服务净出口的总额，它反映本期生产的地区生产总值的使用情况。

最终消费 指常住单位在核算期内对于货物和服务的全部最终消费支出，也就是常住单位为满足物质、文化与精神生活的需要，从本国(地区)经济领土和国(地区)外购买的货物和服务的支出，不包括非常住单位在本国(地区)的消费支出。最终消费包括居民消费和政府消费。

居民消费 指常住住户在核算期内对于货物和服务的全部最终消费。居民消费除了居民直接以货币形式购买的货物和服务的消费以外，还包括以其他方式获得的货物和服务的消费，即政府或单位以实物报酬及实物转移的形式提供给劳动者的货物和服务；住户生产并由住户自己消费的货物和服务，其中的服务仅指住户的自有住房服务和保姆提供的有酬服务；金融机构提供的金融媒介服务；保险公司提供的保险服务。

政府消费 指政府部门为全社会提供公共服务的消费支出和免费或以较低的价格向居民住户提供的货物和服务的净支出。前者等于政府服务的产出价值减去政府单位所获得的经营收入后的价值，政府服务的产出价值等于它的经常性业务支出加上虚拟固定资产折旧；后者等于政府部门免费或以较低价格向居民住户提供的货物和服务的市场价值减去向居民住户收取的费用。

资本形成总额 指常住单位在核算期内获得的减处置的固定资产与存货的净变动的合计，包括固定资本形成总额和存货增加。

固定资本形成总额 指常住单位在一定时期内购置、转入和建造的固定资产，扣除旧固定资产的销售和转让后的价值。固定资产是通过生产活动生产出来的、使用期限在一年以上、单位价值在固定标准以上的资产，不包括自然资产。固定资本形成总额可分为有形固定资本形成总额和无形固定资本形成总额。

存货增加 指常住单位存货实物量变动的市场价值，等于存货的期末价值减期初价值，再扣除由于当期价格变动而产生的持有收益。存货包括生产单位从其他单位购买的原材料、燃料和储备物资以及生产单位生产的产成品、半成品和在制品等。

劳动者报酬 指劳动者因从事生产活动所获得的全部报酬。包括劳动者获得的各种形式的工资、奖金和津贴，既有货币形式的，也有实物形式的，还包括劳动所享受的公费医疗和医药卫生费、上下班交通补贴、单位支付的社会保险费、住房公积金等。对于个体经济来说，其所有获得的劳动报酬和经营利润不易区分，这两部分统一作为劳动者报酬处理。

生产税净额 指生产税减生产补贴后的差额。生产税指政府对生产单位从事生产、销售和经营活动以及因从事生产活动使用某些生产要素（如固定资产、土地、劳动力）所征收的各种税、附加费和规费。生产补贴与生产税相反，指政府对生产单位的单方面转移支付，因此视为负生产税，包括政策性亏损补贴、价格补贴等。

固定资产折旧 指一定时期内为弥补固定资产损耗按照规定的固定资产折旧率提取的固定资产折旧，或按国民经济核算统一规定的折旧率虚拟计算的固定资产折旧。它反映了固定资产在当期生产中的转移价值。各类企业和企业化管理的事业单位的固定资产折旧是指实际计提的折旧费；不计提折旧的政府机关、非企业化管理的事业单位和居民住房的固定资产折旧是按照统一规定的折旧率和固定资产原值计算的虚拟折旧。原则上，固定资产折旧应按固定资产的重置价值计算，但是目前我国尚不具备对全社会固定资产进行重估价的基础，所以暂时还不能采用这种办法。

营业盈余 指常住单位创造的增加值扣除劳动者报酬、生产税净额和固定资产折旧后的余额。它相当于企业的营业利润加上生产补贴，但要扣除从利润中开支的工资和福利等。

货物和服务净出口 指货物和服务出口减货物和服务进口的差额。出口包括常住单位向非常住单位出售或无偿转让的各种货物和服务的价值；进口包括常住单位从非常住单位购买或无偿得到的各种货物和服务的价值。由于服务活动的提供与使用同时发生，因此服务的进出口业务并不发生出入境现象，一般把常住单位从国外得到的服务作为进口，常住单位向国外提供的服务作为出口。

02

人口、从业人员和劳动报酬

资料整理人员

师先明　崔　婷

人　口

总户数	115.47	万户
总人口数	434.50	万人
男性	221.80	万人
女性	212.70	万人
出生人口	4.61	万人
死亡人口	2.36	万人

人口构成(%)

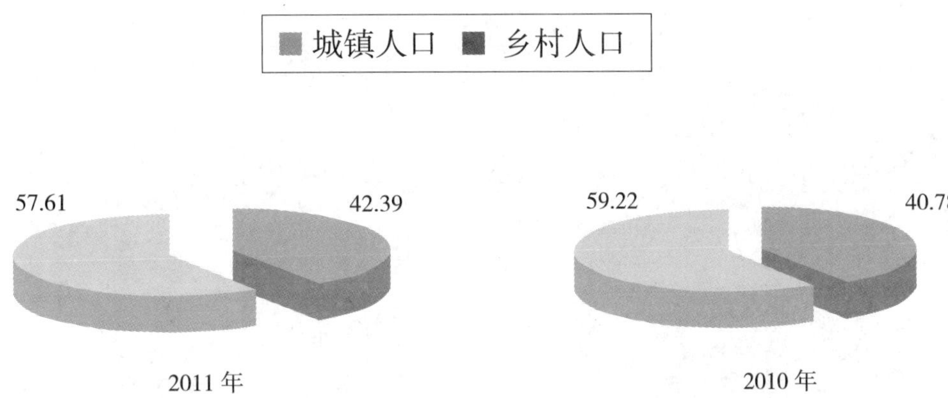

人口出生率、死亡率、自然增长率（‰）

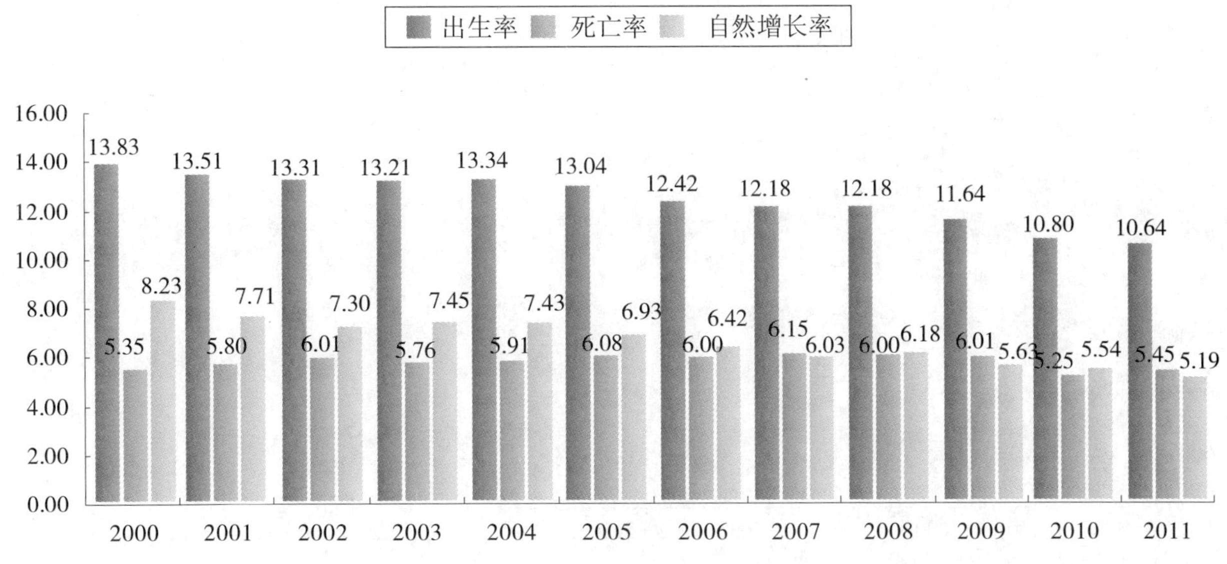

社会从业人员和劳动报酬

社会从业人员	206.72	万人
第一产业	87.74	万人
第二产业	46.79	万人
第三产业	72.19	万人
在岗职工人数	35.15	万人
在岗职工工资总额	100.06	亿元

社会从业人员和职工人数(万人)

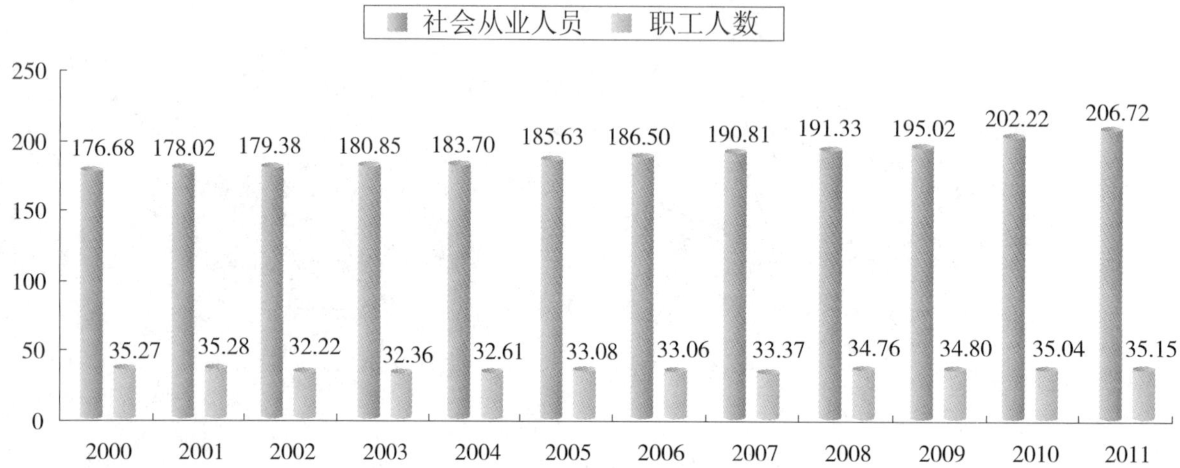

职工平均工资(元)

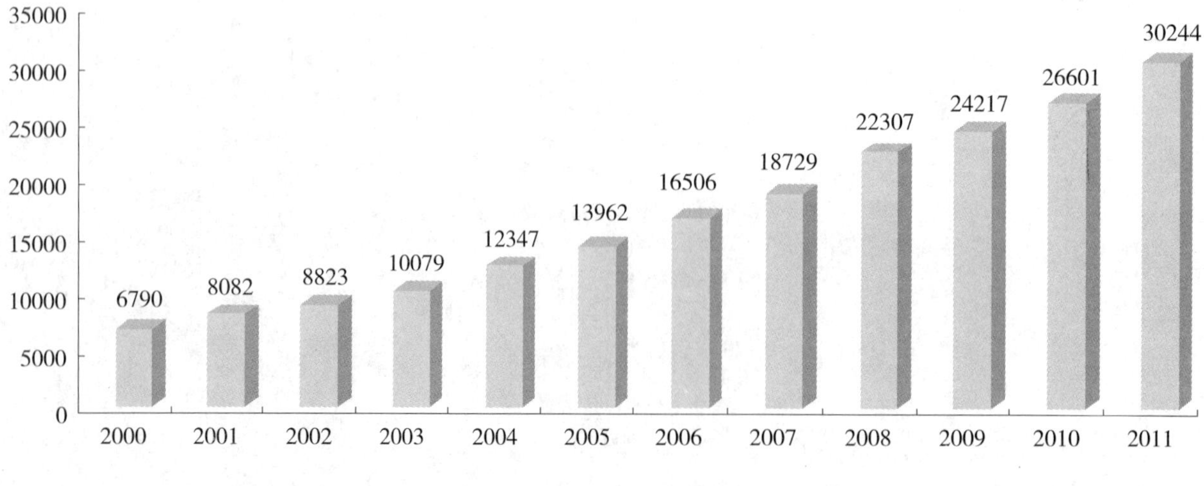

2-1 主要年份总户数、总人口

单位：人

年 份	总户数(户)	总人口	按性别分		按城镇乡村分	
			男 性	女 性	城镇人口	乡村人口
1952	366584	1493178	770426	722752	155367	1337541
1957	399841	1706885	891889	814996	231124	1475761
1962	458431	1989326	1021614	967712	266159	1723167
1965	473172	2151789	1100690	1051099	134832	2016957
1970	534943	2458590	1262196	1196394	229210	2229380
1975	589663	2771561	1426370	1345191	341219	2430342
1978	626326	2894823	1483295	1411528	382455	2512368
1980	651279	2975484	1522853	1452631	471009	2504475
1985	705140	3155759	1625139	1530620	1836560	1319199
1995	918776	3729449	1908923	1820526	2354533	1374916
2000	1048142	3955730	2015355	1940375	1062905	2892825
2001	995074	4001348	2051587	1949761	1069311	2932037
2002	1022622	4031537	2067359	1964178	1227555	2803982
2003	1049297	4061684	2072819	1988865	1265975	2795709
2004	1078579	4091975	2100296	1991679	1314957	2777018
2005	1105548	4120505	2103185	2017320	1427872	2692633
2006	1136176	4147043	2112876	2034167	1483100	2663943
2007	1179856	4172164	2128852	2043312	1516999	2655165
2008	1213300	4198017	2150156	2047861	1571700	2626317
2009	1238806	4221719	2176574	2045145	1614812	2606907
2010	1149647	4320653	2202879	2117774	1761950	2558703
2011	1154664	4344986	2218016	2126970	1841843	2503143

注：总户数指家庭户总户数，不包括集体户。

2-2 主要年份人口自然变动

单位：人

年 份	出 生		死 亡		自然增长	
	人 数	出生率(‰)	人 数	死亡率(‰)	人 数	增长率(‰)
1952	37554	25.46	15656	10.62	21898	14.84
1957	46821	27.74	18019	10.68	28802	17.06
1962	69480	35.61	18812	9.64	50668	25.97
1965	64963	30.55	19467	9.16	45496	21.39
1970	71833	29.64	17568	7.25	54265	22.39
1975	56157	21.51	19150	6.96	40007	14.55
1978	46679	16.24	15853	5.52	30826	10.72
1980	45129	15.29	16973	5.75	28156	9.54
1985	40794	13.01	16610	5.30	24184	7.71
1995	47994	12.95	16714	4.51	31280	8.44
2000	54557	13.83	21118	5.35	33439	8.48
2001	53738	13.51	23060	5.80	30678	7.71
2002	53442	13.31	24117	6.01	29325	7.30
2003	53471	13.21	23320	5.76	30151	7.45
2004	54387	13.34	24096	5.91	30291	7.43
2005	53565	13.04	25004	6.08	28561	6.96
2006	51325	12.42	24787	6.00	26538	6.42
2007	50722	12.18	25591	6.15	25131	6.03
2008	50980	12.18	25130	6.00	25850	6.18
2009	49003	11.64	25302	6.01	23701	5.63
2010	46522	10.80	22634	5.25	23888	5.54
2011	46081	10.64	23630	5.45	22451	5.19

2-3 城乡劳动力资源配置情况

单位：人、%

指　　标	2010	2011
年末劳动力资源总数	**2550618**	**2575276**
年末劳动力配置		
一、从业人员	**2022207**	**2067219**
按经济类型分		
国有经济	252037	254323
集体经济	1377338	1416517
私营经济	113955	119881
个体经济	189040	182280
联营经济		
股份制经济	15517	18130
外商投资经济	2376	2292
港澳台投资经济	1606	1395
其他经济	70338	72401
按国民经济行业分组		
农、林、牧、渔业	870778	877377
采矿业	120149	121056
制造业	188720	187338
电力、燃气及水的生产和供应业	20403	20646
建筑业	122255	138882
交通运输、仓储和邮政业	134879	136832
信息传输、计算机服务和软件业	10561	14266
批发和零售业	202351	203510
住宿和餐饮业	63644	65204
金融业	14698	15307
房地产业	2322	2625
租赁和商务服务业	6593	6802
科学研究、技术服务和地质勘查业	4509	4923
水利、环境和公共设施管理业	8187	8653
居民服务和其他服务业	20549	21825
教　育	60808	61297
卫生、社会保障和社会福利业	21933	23180
文化、体育和娱乐业	8442	9810
公共管理和社会组织	140426	147686
按三次产业分		
第一产业	870778	877377
第二产业	451527	467922
第三产业	699902	721920
二、城镇登记失业人员	**14511**	**14102**
三、城镇登记失业率	**3.1**	**2.8**
四、16岁以上在校学生	**142700**	**143500**
五、其他劳动者	**371200**	**370500**
#家务劳动者	185100	185200

2-4 主要年份从业人员年末人数

单位：人

年 份	从业人员合计	职工人数				其他从业人员	城镇私营企业及个体从业人员	农村经济从业人员
		合 计	国有单位	集体单位	其他单位			
1952	627207	23811	22773	1038			11053	592343
1957	734839	60033	50893	9140			1560	673246
1962	763426	78424	66730	11694			252	684750
1965	834694	94433	76646	17787			292	739969
1970	941784	136321	116881	19440			80	805383
1975	1065445	199230	163000	36230			71	866144
1978	1113986	242851	209907	32944			26	871109
1980	1132912	260719	224453	36266			1238	870955
1985	1341726	312025	250808	61217			18663	1011038
1995	1783620	422224	361692	56022	4510	12499	51674	1297223
2000	1766820	352701	299960	26622	26119	7641	45342	1361136
2001	1780196	352804	282293	23881	46630	8179	45453	1373760
2002	1793762	322165	241585	21676	58904	29866	57731	1384000
2003	1808513	323587	237495	23082	63010	29893	57872	1397161
2004	1837020	326134	236228	23237	66669	30532	70014	1410340
2005	1856339	330754	236808	20435	73511	28601	70095	1426889
2006	1864958	330606	235987	19341	75278	7465	78102	1428785
2007	1908141	333664	233567	18700	81397	6589	89778	1458110
2008	1913312	347624	253732	17307	76585	7715	96667	1461306
2009	1950245	348018	244773	15208	88037	8080	107151	1486996
2010	2022207	350431	247333	15627	87471	7883	148876	1515017
2011	2067219	351507	249039	15209	87259	13898	137993	1563821

2-5 主要年份工农业劳动者人数

单位：人

年 份	工农业劳动者合计			劳动者构成(%)	
		工业劳动者	农业劳动者	工业劳动者	农业劳动者
1990	1170167	268772	901395	23.0	77.0
1995	1214442	371778	842664	30.6	69.4
2000	1179730	314115	865615	26.6	73.4
2001	1178860	320602	858258	27.2	72.8
2002	1185559	325638	859921	27.5	72.5
2003	1195012	339190	855822	28.4	71.6
2004	1195642	344735	850907	28.8	71.2
2005	1200210	349402	850808	29.1	70.9
2006	1198596	347644	850952	29.0	71.0
2007	1207723	357516	850207	29.6	70.4
2008	1185190	330517	854673	27.9	72.1
2009	1183145	316181	866964	26.7	73.3
2010	1200050	329272	870778	27.4	72.6
2011	1206417	329040	877377	27.3	72.7

2-6 城镇非私营单位从业人员(2011年)

单位：人

指　　标	从业人员	#女　性	在岗职工	劳务派遣人员	其　他从业人员
总　　计	**345405**	**130669**	**331507**	**6879**	**7019**
按企业、事业、机关分组					
企　业	169608	49056	158596	6879	4133
事　业	111566	61081	109456		2110
机　关	63946	20298	63175		771
按国民经济行业分组					
农、林、牧、渔业	4163	1068	4139		24
采矿业	42835	3935	42817		18
制造业	54620	17592	53867	420	333
电力、燃气及水的生产和供应业	9369	3231	8434		935
建筑业	16999	2845	14659	2237	103
交通运输、仓储和邮政业	10610	4413	10577		33
信息传输、计算机服务和软件业	4244	2329	2161	1995	88
批发和零售业	14663	6299	13277	972	414
住宿和餐饮业	2488	1426	2469		19
金融业	15138	7251	11779	1255	2104
房地产业	1005	455	969		36
租赁和商务服务业	3017	973	2724		293
科学研究、技术服务和地质勘查业	3411	1122	3284		127
水利、环境和公共设施管理业	8490	4320	8370		120
居民服务和其他服务业	119	35	117		2
教　育	56140	34673	54985		1155
卫生、社会保障和社会福利业	18277	12189	17623		654
文化、体育和娱乐业	3989	1968	3943		46
公共管理和社会组织	75828	24545	75313		515

2-7 城镇非私营单位从业人员劳动报酬(2011年)

单位：千元

指　　标	从业人员劳动报酬	在岗职工工资总额	劳务派遣人员劳动报酬	其他从业人员劳动报酬	在岗职工平均工资(元)
总　　计	**10249975**	**10005787**	**146320**	**97868**	**30244**
按企业、事业、机关分组					
企　业	5480531	5275761	146320	58450	33134
事　业	3010022	2981145		28877	27421
机　关	1752332	1742020		10312	27821
按国民经济行业分组					
农、林、牧、渔业	88675	88335		340	21529
采矿业	1600725	1600209		516	38372
制造业	1515769	1504131	8187	3451	27754
电力、燃气及水的生产和供应业	481264	471243		10021	56845
建筑业	424058	368692	52723	2643	22185
交通运输、仓储和邮政业	223074	222777		297	20995
信息传输、计算机服务和软件业	134628	96329	37184	1115	44617
批发和零售业	332338	310749	16990	4599	23825
住宿和餐饮业	34295	34200		95	13774
金融业	772604	706088	31236	35280	60760
房地产业	18980	18845		135	19671
租赁和商务服务业	59356	54249		5107	20356
科学研究、技术服务和地质勘查业	109625	107236		2389	33006
水利、环境和公共设施管理业	129412	128588		824	15301
居民服务和其他服务业	2419	2395		24	20470
教　育	1780417	1761745		18672	32183
卫生、社会保障和社会福利业	450818	444712		6106	25783
文化、体育和娱乐业	73819	73262		557	18618
公共管理和社会组织	2017699	2012002		5697	26936

2-8 国有单位从业人员(2011年)

单位：人

指　　标	从业人员	#女　性	在岗职工	劳务派遣人员	其他从业人员
总　　计	**234323**	**97858**	**229039**	**1009**	**4275**
按隶属关系分组					
中　央	19848	7916	18373	348	1127
省	43287	11135	42325	408	554
市	24445	11131	24182	196	67
县及县以下	146643	67654	144059	57	2527
按企业、事业、机关分组					
企　业	62118	18380	59644	1009	1465
#地　方	45192	11442	44112	661	419
事　业	108259	59180	106220		2039
#地　方	107450	58925	105411		2039
机　关	63946	20298	63175		771
#地　方	61833	19575	61143		690
按国民经济行业分组					
农、林、牧、渔业	4163	1068	4139		24
采矿业	13835	1581	13833		2
制造业	16107	5024	16063		44
电力、燃气及水的生产和供应业	7558	2688	7448		110
建筑业	5180	882	5060		
交通运输、仓储和邮政业	7495	3115	7462	120	33
信息传输、计算机服务和软件业	736	342	468	180	88
批发和零售业	7144	2276	6349	475	320
住宿和餐饮业	1096	642	1096		
金融业	5714	2683	4602	234	878
房地产业	522	279	522		
租赁和商务服务业	2319	728	2032		287
科学研究、技术服务和地质勘查业	3164	1049	3037		127
水利、环境和公共设施管理业	8216	4213	8161		55
居民服务和其他服务业	97	29	95		2
教　育	54891	33837	53736		1155
卫生、社会保障和社会福利业	16757	11208	16168		589
文化、体育和娱乐业	3501	1669	3455		46
公共管理和社会组织	75828	24545	75313		515

2-9 国有单位从业人员劳动报酬(2011年)

单位：千元

指　　标	从业人员劳动报酬	在岗职工工资总额	劳务派遣人员劳动报酬	其他从业人员劳动报酬	在岗职工平均工资(元)
总　　计	**6919323**	**6842516**	**19315**	**57492**	**30150**
按隶属关系分组					
中　央	900099	876561	8927	14611	47821
省	1554774	1539540	6914	8320	37168
市	606325	602897	2471	957	24701
县及县以下	3856051	3821444	1003	33604	26782
按企业、事业、机关分组					
企　业	2215978	2177489	19315	19174	37011
#地　方	1414466	1398653	10388	5425	32269
事　业	2951013	2923007		28006	27707
#地　方	2920877	2892871		28006	27634
机　关	1752332	1742020		10312	27821
#地　方	1683881	1674431		9450	27636
按国民经济行业分组					
农、林、牧、渔业	88675	88335		340	21529
采矿业	592679	592616		63	46122
制造业	476490	476270		220	29327
电力、燃气及水的生产和供应业	448477	447010		1467	61059
建筑业	124324	123003	1321		22791
交通运输、仓储和邮政业	168839	168542		297	22415
信息传输、计算机服务和软件业	23130	16848	5167	1115	35544
批发和零售业	210934	199217	7699	4018	32220
住宿和餐饮业	14981	14981			13557
金融业	218465	201281	5128	12056	44610
房地产业	9905	9905			18975
租赁和商务服务业	46998	41914		5084	21137
科学研究、技术服务和地质勘查业	104477	102088		2389	33928
水利、环境和公共设施管理业	125024	124599		425	15202
居民服务和其他服务业	2099	2075		24	21842
教　育	1755585	1736913		18672	32469
卫生、社会保障和社会福利业	423008	417940		5068	26459
文化、体育和娱乐业	67534	66977		557	19391
公共管理和社会组织	2017699	2012002		5697	26936

2-10 城镇集体单位从业人员(2011年)

单位：人

指　标	从业人员	#女　性	在岗职工	劳务派遣人员	其　他从业人员
总　计	**16864**	**7377**	**15209**	**700**	**955**
按企业、事业分组					
企　业	14487	6155	12903	700	884
事　业	2377	1222	2306		71
按国民经济行业分组					
采矿业	133	11	119		14
制造业	3048	1722	3032		16
建筑业	1813	359	1720		93
交通运输、仓储和邮政业	292	130	292		
批发和零售业	2178	982	2139	3	36
住宿和餐饮业	317	165	317		
金融业	6337	2652	4941	697	699
房地产业	66	32	40		26
租赁和商务服务业	557	188	551		6
科学研究、技术服务和地质勘查业	184	50	184		
水利、环境和公共设施管理业	112	47	107		5
居民服务和其他服务业	22	6	22		
教　育	412	213	412		
卫生、社会保障和社会福利业	1235	747	1175		60
文化、体育和娱乐业	158	73	158		

2-11 集体单位从业人员劳动报酬(2011年)

单位：千元

指　标	从业人员劳动报酬	在岗职工工资总额	劳务派遣人员劳动报酬	其他从业人员劳动报酬	在岗职工平均工资(元)
总　计	**619642**	**585004**	**15213**	**19425**	**37131**
按企业、事业分组					
企　业	577119	543352	15213	18554	40353
事　业	42523	41652		871	18189
按国民经济行业分组					
采矿业	4118	3701		417	34589
制造业	61970	61734		236	20408
建筑业	65549	63206		2343	27315
交通运输、仓储和邮政业	3723	3723			12838
批发和零售业	27910	27627	72	211	12856
住宿和餐饮业	4879	4879			14224
金融业	403119	372730	15141	15248	76238
房地产业	1273	1174		99	21741
租赁和商务服务业	10014	9991		23	18299
科学研究、技术服务和地质勘查业	2948	2948			16562
水利、环境和公共设施管理业	1963	1924		39	18151
居民服务和其他服务业	320	320			14545
教　育	9919	9919			24252
卫生、社会保障和社会福利业	20720	19911		809	17018
文化、体育和娱乐业	1217	1217			7954

2–12 其他非私营单位从业人员(2011年)

单位：人

指　标	从业人员	#女　性	在岗职工	劳务派遣人员	其他从业人员
总　计	**94218**	**25434**	**87259**	**5170**	**1789**
按登记注册类型分组					
内　资	90531	24463	83573	5170	1789
股份合作	197	91	197		
有限责任公司	71196	15844	67370	2606	1220
#国有独资	37393	6555	36426	489	478
股份有限公司	17888	7608	14761	2564	563
其　他	1250	920	1245		5
港、澳、台商投资	1395	452	1394		1
外商投资	2292	519	2292		
按企业、事业分组					
企　业	93003	24521	86049	5170	1784
事　业	930	679	930		
民间非盈利组织	285	234	280		5
按国民经济行业分组					
采矿业	28867	2343	28865		2
制造业	35465	10846	34772	420	273
电力、燃气及水的生产和供应业	1811	543	986		825
建筑业	10006	1604	7879	2117	10
交通运输、仓储和邮政业	2823	1168	2823		
信息传输、计算机服务和软件业	3508	1987	1693	1815	
批发和零售业	5341	3041	4789	494	58
住宿和餐饮业	1075	619	1056		19
金融业	3087	1916	2236	324	527
房地产业	417	144	407		10
租赁和商务服务业	141	57	141		
科学研究、技术服务和地质勘查业	63	23	63		
水利、环境和公共设施管理业	162	60	102		60
教　育	837	623	837		
卫生、社会保障和社会福利业	285	234	280		5
文化、体育和娱乐业	330	226	330		

2-13 其他非私营单位从业人员劳动报酬(2011年)

单位：千元

指　　标	从业人员劳动报酬	在岗职工工资总额	劳务派遣人员劳动报酬	其他从业人员劳动报酬	在岗职工平均工资(元)
总　　计	**2711010**	**2578267**	**111792**	20951	29254
按登记注册类型分组					
内　资	2627030	2494349	111792	20889	29509
股份合作	2170	2170			12917
有限责任公司	2036050	1962124	61178	12748	28651
#国有独资	1245110	1225857	9776	9477	33580
股份有限公司	564616	506090	50614	7912	34590
其　他	24194	23965		229	19249
港、澳、台商投资	33189	33127		62	24777
外商投资	50791	50791			22375
按企业、事业分组					
企　业	2687434	2554920	111792	20722	29392
事　业	16486	16486			17765
民间非盈利组织	7090	6861		229	24330
按国民经济行业分组					
采矿业	1003928	1003892		36	34923
制造业	977309	966127	8187	2995	27659
电力、燃气及水的生产和供应业	32787	24233		8554	25008
建筑业	234185	182483	51402	300	20485
交通运输、仓储和邮政业	50512	50512			18027
信息传输、计算机服务和软件业	111498	79481	32017		47170
批发和零售业	93494	83905	9219	370	17810
住宿和餐饮业	14435	14340		95	13855
金融业	151020	132077	10967	7976	59494
房地产业	7802	7766		36	20330
租赁和商务服务业	2344	2344			17235
科学研究、技术服务和地质勘查业	2200	2200			35484
水利、环境和公共设施管理业	2425	2065		360	20245
教　育	14913	14913			17817
卫生、社会保障和社会福利业	7090	6861		229	24330
文化、体育和娱乐业	5068	5068			15451

2-14 主要年份职工平均工资及指数

单位：元、%

年 份	全部职工平均工资	指数(以上年为100)		国有单位职 工平均工资	指数(以上年为100)		城镇集体单位职工平均工资	指数(以上年为100)	
		货币工资	实际工资		货币工资	实际工资		货币工资	实际工资
1949	281			281					
1952	348	108.4		348	108.1		343	114.0	
1957	465	102.2		477	102.8		396	98.3	
1960	485	104.5		492	104.5		417	105.3	
1962	510	108.0		535	108.3		453	108.1	
1965	574	98.5		542	98.2		459	102.5	
1970	576	99.8		558	100.0		475	96.1	
1975	579	100.2		594	100.7		483	100.2	
1978	585	104.3		604	104.1		490	99.2	
1980	697	105.3		714	105.0		594	108.4	
1985	983	103.5		1036	104.4		756	98.7	
1986	1114	113.3		1184	114.3		821	108.6	
1987	1212	108.8		1279	108.0		915	111.4	
1988	1417	116.9		1519	118.8		969	105.9	
1989	1614	113.9	98.4	1729	113.8	98.4	1090	112.5	97.2
1990	1898	117.6	116.3	2030	117.4	116.1	1254	115.0	113.8
1991	2045	107.7	102.7	2165	106.7	101.7	1436	114.5	109.2
1992	2291	112.0	105.9	2431	112.3	106.1	1547	107.7	101.8
1993	2706	118.1	105.6	2863	117.8	105.2	1805	116.7	104.3
1994	3507	129.6	107.4	3757	131.2	108.7	2066	114.5	94.8
1995	4225	120.5	104.8	4482	119.3	103.7	2582	125.0	108.7
1996	4652	110.1	103.5	4889	109.1	102.5	3001	116.2	109.2
1997	4953	106.5	104.3	5263	107.6	105.4	3219	107.3	105.1
1998	4969	100.3	102.5	5823	110.6	113.0	3529	109.6	112.0
1999	6045	121.7	124.9	6376	109.5	112.4	3869	109.6	112.6
2000	6790	112.3	112.8	7175	112.5	113.0	4304	111.2	111.7
2001	8082	119.0	118.9	8517	118.7	118.6	5314	123.5	123.3
2002	8823	109.2	110.0	9084	106.7	107.5	8451	159.0	160.3
2003	10079	114.2	111.3	10199	112.3	109.4	8203	97.1	94.6
2004	12347	122.5	116.2	11999	117.6	111.6	10423	127.1	120.6
2005	13962	113.1	110.2	13851	115.4	112.5	13029	125.0	121.8
2006	16506	118.2	115.8	15742	113.7	111.4	16488	126.6	124.0
2007	18729	113.5	108.6	18058	114.7	109.8	18914	114.7	109.8
2008	22307	119.1	113.5	21932	121.5	115.8	24516	129.6	123.5
2009	24217	108.6	107.8	24443	111.4	110.6	27292	111.3	110.5
2010	26601	109.8	107.2	26705	109.3	106.7	32758	120.0	117.2
2011	30244	113.7	111.3	30150	112.9	110.5	37131	113.3	111.0

注:1989年以前没有实际工资统计。

2-15 私营单位从业人员和劳动报酬(2011年)

指　　标	期末人数(人)	平均人数(人)	工资总额(千元)	平均工资(元)
总　　计	**146882**	**146437**	**2522058**	**17223**
采矿业	28034	27970	654980	23417
制造业	48848	49041	761024	15518
电力、燃气及水的生产和供应业	983	1037	16114	15539
建筑业	10994	10954	216442	19759
交通运输、仓储和邮政业	2682	2740	47788	17441
信息传输、计算机服务和软件业	182	182	3273	17984
批发和零售业	16437	16359	233063	14247
住宿和餐饮业	11166	11327	148990	13154
金融业	297	297	6238	21003
房地产业	3078	2955	66241	22417
租赁和商务服务业	5701	5715	81975	14344
科学研究、技术服务和地质勘查业	1684	1733	27648	15954
水利、环境和公共设施管理业	830	820	17610	21476
居民服务和其他服务业	2942	2747	35141	12793
教　育	9717	9269	156951	16933
卫生、社会保障和社会福利业	2725	2709	41806	15432
文化、体育和娱乐业	582	582	6773	11637

主要统计指标解释

总人口 指一定时点、一定地区范围内有生命的个人总和。

年度统计的年末人口数指每年12月31日24时的常住人口数。

人口变动抽样调查的对象包括:1、在抽中调查小区居住并且户口在本乡(镇、街道)的人口;2、在抽中调查小区居住半年以上,户口在外乡(镇、街道)的人口;3、在抽中调查小区居住不满半年,离开户口登记地半年以上的人口;4、在抽中调查小区居住,户口待定的人口。

城镇人口和乡村人口 城镇人口指居住在城镇范围内的全部常住人口;乡村人口是除上述人口以外的全部人口。

城镇包括城区和镇区。城区指在市辖区和不设区的市中,街道办事处所辖的居民委员会地域;城市公共设施、居住设施等连接到的其他居民委员会地域和村民委员会地域。

镇区指在城区以外的镇和其他区域,其包括镇所辖的居民委员会地域;镇的公共设施、居住设施等连接到的村民委员会地域。

出生人数 指胎儿脱离母体时(不管怀孕月数),有过呼吸或其他生命现象的活产婴儿数。

出生率 指在一年内平均每千人中所在地出生的人数,用千分率表示。计算公式:

出生率 = 年出生人数 / 年平均人数 ×1000‰。

年平均人数 指年初、年末人口的平均数。

死亡人数 指无论何种原因造成停止呼吸人数,包括出生后随即死亡的婴儿数。

死亡率 指在一年内平均每千人中所在地死亡的人数。用千分率表示。计算公式:

死亡率 = 年死亡人数 / 年平均人数 ×1000‰。

人口自然增长率 指在一年内自然增加的人数(出生人数减死亡人数)与年平均人数之比。用千分率表示。计算公式:

人口自然增长率 =(本年出生人数 - 本年死亡人数)/ 年平均人数 ×1000‰。

劳动力资源总数 指在劳动年龄内,具有劳动能力,在正常情况下,可能或实际参加社会劳动的人口数。劳动力资源的范围为:劳动年龄内(16周岁以上),有劳动能力,实际参加社会劳动和未参加社会劳动的人员。劳动力资源也可划分为:经济活动人口和非经济活动人口。劳动力资源不包括下列人员:(1)在押犯人;(2)劳动年龄内丧失劳动能力的人员;(3)16岁以下实际参加社会劳动的人员。

从业人员 指从事一定社会劳动并取得劳动报酬或经营收入的人员。从业人员按就业身份分组包括:职工;再就业的离退休人员;私营业主;个体户主;私营企业和个体从业人员;乡镇企业从业人员;农村从业人员;其他从业人员。其他从业人员中包括现役军人。

单位从业人员 指在各级国家机关、政党机关、社会团体及企业、事业单位中工作,取得工资或其他形式的劳动报酬的全部人员。包括:在岗职工、再就业的离退休人员、民办教师以及在各单位中工作的外方人员和港澳台方人员、兼职人员、借用的外单位人员和第二职业者。不包括离开本单位仍保留劳动关系的职工。

职工 指在国有经济、城镇集体经济、联营经济、股份制经济、外商和港、澳、台投资经济、其他经济单位及其附属机构工作,并由其支付工资的各类人员,不包括返聘的离退休人员、民办教师、在国有经济单位工作的外方人员和港、澳、台人员(1998年以后的数据均为在岗职工数据,其他相关指标如职工工资总额、职工平均工资等指标也从1998年按此口径进行了相应调整)。

在岗职工 指在本单位工作并由单位支付工资的人员,以及有工作岗位,但由于学习、病伤产假等原因暂未工作仍由单位支付工资的人员。

离开本单位仍保留劳动关系的职工 指由于各种原因,已经离开本人的生产或工作岗位,并已不在本单位从事其他工作，但仍与用人单位保留劳动关系的职工。

下岗职工 指实行劳动合同制以前参加工作的正式职工(不含从农村招收的临时合同工)，以及实行劳动合同制以后参加工作且合同期未满的职工，由于企业的生产和经营状况等原因，已经离开本人的生产和工作岗位，并已不在本企业从事其他工作，但尚未与企业解除劳动关系，没有在社会找到其它工作的人员。

职工平均工资 指企业、事业、机关等单位的职工在一定时期内平均每人所得的货币工资额。它表明一定时期职工工资收入的高低程度，是反映职工工资水平的主要指标。计算公式为：

职工平均工资 = 报告期实际支付的全部职工工资总额 / 报告期全部职工平均人数

职工平均实际工资 指扣除的物价变动因素后的职工平均工资。计算公式为：

职工平均实际工资 = 报告期职工平均工资 / 报告期职工生活费价格指数 × 100%

职工平均工资指数 指报告期平均工资与基期平均工资的比率，是反映不同时期职工货币工资水平变动情况的相对数。它表明报告期平均工资比基期平均工资提高或降低程度。计算公式为：

职工平均工资指数 = 报告期职工平均工资 / 基期职工平均工资 × 100%

城镇登记失业人员 指有非农业户口，在一定的劳动年龄内(16 周岁至退休年龄)，有劳动能力，无业而要求就业，并在当地劳动保障部门进行失业登记的人员。

城镇登记失业率 指城镇登记失业人数同城镇从业人数与城镇登记失业人数之和的比。计算公式为：城镇登记失业率 = 城镇登记失业人数 /(城镇从业人数 + 城镇登记失业人数) × 100%。

03

固定资产投资

资料整理人员

王福勤　刘　炜　李晓华　李　丁

固定资产投资

全社会固定资产投资	644.96	亿元
第一产业	21.01	亿元
第二产业	301.55	亿元
第三产业	322.40	亿元
本年新增固定资产	396.47	亿元
全社会竣工房屋面积	392.9	万平方米
# 住宅	204.8	万平方米

全社会固定资产投资总额构成(%)

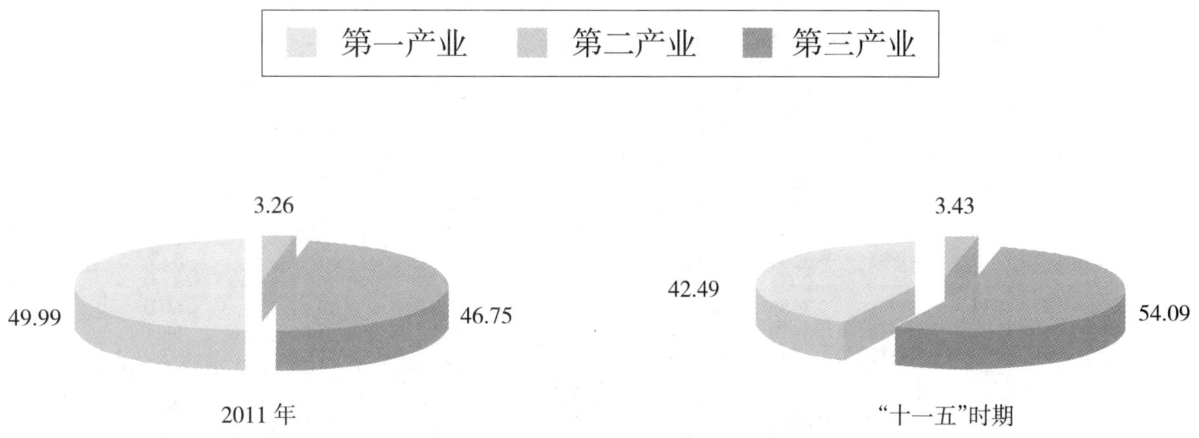

全社会固定资产投资额增速(%) （上年 =100）

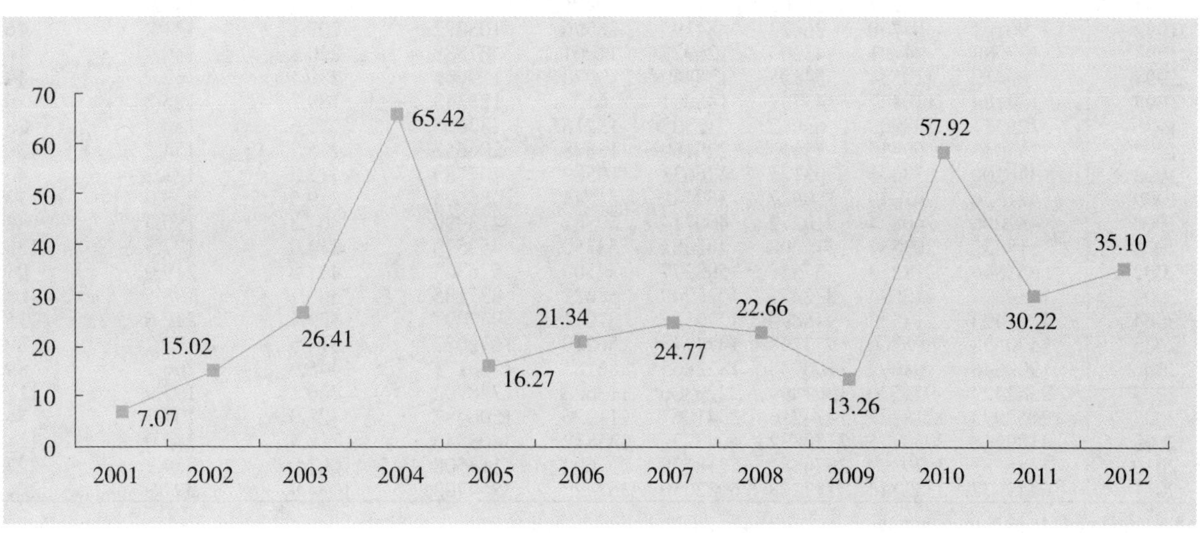

3-1 全社会固定资产投资

单位:万元

年份	全社会固定资产投资	国有	非国有	城镇	农村	新增固定资产	房屋施工面积(万平方米)	房屋竣工面积(万平方米)	# 住宅(万平方米)
1949	15	10	5	15		12	0.3	0.3	
1950	72	49	23	72		68	1.0	0.9	…
1951	111	54	57	108	3	107	1.9	1.4	…
1952	127	60	67	115	12	122	2.4	1.8	0.2
1953	132	29	103	112	20	123	3.5	3.1	0.3
1954	168	97	71	151	17	158	3.0	2.3	0.4
1955	361	257	104	341	20	327	3.1	2.6	0.2
1956	1302	1026	276	1210	92	1152	8.9	6.5	2.1
1957	1420	932	488	1320	100	1370	15.8	13.0	2.7
1958	5328	4387	941	5147	181	3013	73.3	54.0	16.4
1959	11636	8728	2908	10076	1560	7245	107.3	78.2	15.9
1960	15917	12361	3556	13737	2180	12501	107.3	94.4	22.9
1961	3821	2916	905	3567	254	2368	33.4	24.2	4.9
1962	2190	1490	700	1994	196	1485	15.7	9.6	0.7
1963	2938	2033	905	2684	254	2174	16.7	4.4	1.1
1964	5503	4159	1344	5126	377	4371	30.0	23.2	4.0
1965	4660	3989	671	4494	166	4913	34.4	24.7	4.4
1966	3433	2710	723	3254	179	1671	27.9	18.5	1.9
1967	5520	4298	1222	5218	302	1768	30.2	23.0	1.0
1968	4764	3757	1007	4515	249	3538	45.2	32.6	5.3
1969	4065	3096	969	3825	240	1873	42.7	24.8	2.5
1970	14490	12668	1822	14039	451	10648	54.1	21.4	5.7
1971	11889	9002	2887	11277	612	5179	85.5	63.0	6.9
1972	15486	12936	2550	14855	631	6065	80.4	60.5	6.7
1973	16720	13457	3263	15860	860	12714	80.0	64.7	8.5
1974	13792	10585	3207	12998	794	11069	78.8	57.8	9.0
1975	11471	9440	2031	10968	503	5582	66.1	41.9	6.5
1976	13733	10078	3655	13064	669	5568	92.7	60.0	5.4
1977	17167	13688	3479	16548	619	8729	84.6	58.1	4.3
1978	22900	18117	4783	22000	900	14406	132.6	103.7	7.7
1979	20549	15327	5222	19449	1100	12523	135.4	112.3	9.5
1980	19584	13724	5860	18284	1300	22459	145.0	126.2	10.4
1981	14300	7754	6546	12790	1510	20190	147.8	133.0	8.8
1982	21384	13255	8129	18876	2508	20372	221.4	195.6	12.8
1983	21616	12140	9476	18382	3234	18424	151.7	127.1	11.2
1984	28954	16871	12083	23364	5590	20203	191.8	161.9	10.1
1985	38554	24441	14113	32997	5557	26443	258.7	205.8	12.9
1986	47225	32336	14889	43146	4079	32786	241.8	194.0	16.7
1987	49850	35178	14672	45541	4309	41453	224.5	185.1	17.7
1988	55486	37377	18109	49633	5853	60291	201.4	162.6	14.6
1989	47766	31082	16684	43222	4544	39236	173.4	140.3	13.4
1990	63280	39861	23419	57351	5929	53878	177.3	136.2	19.7
1991	80401	55234	25167	71293	9108	71199	178.7	141.9	12.0
1992	90791	64768	26023	84195	6596	108272	207.1	141.2	16.8
1993	137988	94781	43207	126927	11061	87588	220.8	146.9	14.6
1994	165419	110534	54885	155449	9970	129003	230.1	162.9	19.8
1995	154184	110447	43737	148081	6103	123343	189.2	125.2	10.6
1996	225521	158909	66612	212305	13216	137665	215.6	150.8	28.4
1997	243038	169525	73513	229160	13878	206658	235.7	154.3	36.7
1998	346200	253075	93125	326631	19569	207789	312.3	181.2	46.6
1999	421326	291699	129627	369482	51844	386605	319.5	228.0	73.6
2000	451096	240824	210272	400714	50382	413990	304.3	190.9	42.5
2001	518832	203534	315298	465482	53350	452570	314.0	197.5	138.8
2002	655846	218258	437588	598277	57569	576363	411.8	219.0	91.0
2003	1084871	212594	872277	1026249	58622	827185	303.7	198.5	104.7
2004	1261423	314533	946890	1229512	31911	937497	338.4	212.6	115.4
2005	1530558	595760	934798	1474348	56210	1372072	314.5	177.2	89.4
2006	1909646	708692	1200954	1822865	86781	1368171	446.6	206.1	89.8
2007	2342429	972530	1369899	2229806	112623	1728902	466.1	197.9	117.2
2008	2652993	1218777	1434216	2541067	111926	1506487	428.0	137.3	74.1
2009	4189568	2050736	2138832	4043756	145812	3408546	718.5	185.0	118.7
2010	5455783	2879399	2576384	5218179	237604	4113508	1007.0	384.2	227.7
2011	6449577	3332344	3117233	6082050	367527	3964703	1094.9	392.9	204.8

注:本表城镇投资包括房地产开发投资。

3-2　主要年份全社会固定资产投资

单位：万元

年　份	全社会固定资产投资	按经济类型分			按产业分		
		国有	集体	其他	第一产业	第二产业	第三产业
恢复时期	310	163	44	103	1	77	232
“一五”时期	3383	2341	466	576	401	1072	1910
“二五”时期	38892	29882	5765	3245	5595	19603	13694
调整时期	13101	10181	1448	1472	1065	8135	3901
“三五”时期	32272	26529	2584	3159	2018	21510	8744
“四五”时期	69358	55420	5018	8920	3689	47463	18206
“五五”时期	93933	70934	5445	17554	8171	55021	30741
“六五”时期	124808	74461	20908	29439	3060	53290	68458
“七五”时期	263607	175834	31733	56040	5844	138609	119154
“八五”时期	628783	435764	56679	136340	5616	336424	286743
“九五”时期	1687181	1114032	93660	479489	31646	761015	894520
1996	225521	158909	14528	52084	1504	125602	98415
1997	243038	169525	16957	56556	1653	113563	127822
1998	346200	253075	26168	66957	3663	101209	241328
1999	421326	291699	14787	114840	7526	159627	254173
2000	451096	240824	21220	189052	17300	261014	172782
“十五”时期	5051530	1544679	156358	3350493	88106	3311729	1651695
2001	518832	203534	23405	291893	17081	289197	212554
2002	655846	218258	29286	408302	16116	367808	271922
2003	1084871	212594	28539	843738	18629	747641	318601
2004	1261423	314533	36565	910325	11126	849572	400725
2005	1530558	595760	38563	896235	25154	1057511	447893
“十一五”时期	16550419	7830134	208284	8512001	567140	8951464	7031815
2006	1909646	708692	70164	1130790	40575	1215563	653508
2007	2342429	972530	34640	1335259	66108	1457950	818371
2008	2652993	1218777	9230	1424986	83593	1527313	1042087
2009	4189568	2050736	41822	2097010	149741	2110722	1929105
2010	5455783	2879399	52428	2523956	227123	2639916	2588744
2011	6449577	3857202	90977	2501398	210154	3015454	3223969

注：本表“国有”口径为国有及国有控股。

3-2 续表

年 份	新增固定资产(万元)	房屋施工面积(平方米)	房屋竣工面积(平方米)	#住 宅
恢复时期	297		40743	3332
“一五”时期	3130		274138	57331
“二五”时期	26612		2603431	607770
调整时期	11458		522667	94400
“三五”时期	19498		1202935	164146
“四五”时期	40609		2879642	376659
“五五”时期	63685		4603806	371922
“六五”时期	105632		8232695	557748
“七五”时期	227644		7281945	821477
“八五”时期	519405		7181780	738248
“九五”时期	1352707		9052397	2278698
1996	137665	2155518	1507794	284071
1997	206658	2356492	1543440	367287
1998	207789	3123379	1811711	466179
1999	386605	3195079	2280184	736127
2000	413990	3042926	1909268	425034
“十五”时期	4176664		10047930	5394188
2001	452570	3140412	1974950	1387511
2002	576363	4117926	2189865	910399
2003	827185	3036461	1985437	1047381
2004	937497	3384103	2125618	1154282
2005	1383049	3145435	1772060	894615
“十一五”时期	12125614		11104681	6273102
2006	1368171	4465921	2061049	897514
2007	1728902	4660711	1979135	1171558
2008	1506487	4280299	1372573	740519
2009	3408546	7184719	1850219	1186571
2010	4113508	10069697	3841705	2276940
2011	3964703	10948661	3929530	2048189

3-3 固定资产投资建设规模和新增生产能力（2011年）

指　　标	建设规模	本年施工规　模	本年新开　工	累计新增生产能力	# 本年新增
原煤开采(万吨/年)	4118	4018	3057	855	835
洗煤(万吨/年)	1590	1290	885	540	540
焦炭(万吨/年)	305	275	145	60	30
天然气开采(亿立方米/年)	3.66	3.66	3.66	2.5	2.5
铁矿开采(原矿)	122.5	122.5	71.7	122.5	122.5
生铁（万吨/年）	80	80	60	60	60
铁合金（折标吨/年）	24	24			
热轧钢材（万吨/年）	68	68	8	68	68
黄金（公斤/年）	36.5	36.5		36.5	36.5
水力发电（万千瓦）	0.66	0.66			
火力发电（万千瓦）	244.85	244.85	4.1	4.85	4.85
其他发电（万千瓦）	73	73		73	73
输电线路长度（11万伏及以上)(公里）	263.23	263.23	255.23	244.33	244.33
水泥（万吨/年）	490	250	250	100	100
精甲醇（吨/年）	500000	500000	300000	100000	100000
棉纺锭（锭）					
其他酒（万吨/年）	0.5	0.5		0.5	0.5
机制纸浆（万吨/年）	10	10	10	10	10
程控交换机（指安装能力）(万线/年)	2.76	2.76	2.76	2.76	2.76
新建铁路投产里程（公里）	64.4	64.4	64.4	3.6	3.6
新建公路（公里）	461.2	455.0	247.7	177.5	177.5
其中：高速公路	336.5	336.5	129.2	72.0	72.0
一级公路					
二级公路					
改建公路（公里）	7907.05	7793.22	7750.96	7790.62	7757.32
其中：高速公路					
一级公路					
二级公路	486.86	373.03	373.03	406.33	373.03
新建独立公路桥梁（延长米）	1843	1843	800	343	343
新建独立公路桥梁（座）	4	4	1	2	2
新(扩)建公路客、货运站（个）	4	4	3	2	2
新(扩)建公路客、货运站（平方米）	79106	79106	9071	7141.00	7141.00
城市自来水供水能力（万吨/日）	0.84	0.84	0.10	0.84	0.84
城市污水处理能力（万吨/日）	14.08	8.08	3.51	11.08	7.42

3-4 分经济类型、分行业

指　　标	1995	1996	1997	1998	1999	2000
总　计	**154184**	**225521**	**243038**	**346200**	**421326**	**451096**
一、按经济类型分组						
国　有	110447	158909	169525	253075	291699	240824
集　体	9718	15228	17663	26168	14787	21220
股份合作				499	14328	4084
联　营	150		6430	4288	3084	6000
有限责任公司	400		472	12635	33023	81220
股份有限公司	1905	14089	4496	5253	6721	28538
私营个体	29428	31255	34215	40233	51854	67870
其他内资		40	5000	2200	3340	
港澳台投资	1826	3404	2020	1849	2490	1340
外商投资	310	2596	3217			
二、按三次产业分						
第一产业	349	1504	1653	3663	7526	17300
第二产业	75382	125602	113563	101209	159627	261014
#工　业	75182	125019	112563	98850	157481	260734
第三产业	78453	98415	127822	241328	254173	172782
三、按国民经济行业分类(部分行业)						
农、林、牧、渔业	349	1504	1653	3663	7526	17300
采掘业	32149	54453	41869	20562	24998	18899
煤炭采选业	31233	54353	40839	19348	24068	16469
黑色金属矿采选业	616	65	1030	1214	930	2430
制造业	36321	57443	60370	66554	112231	175872
食品加工制造业	984	2669	265	1322	2658	1385
饮料制造业	598	1311		560	2910	1517
木材加工及竹、藤、棕、草制品业	3450	4526	4326			
造纸及纸制品业	1744	2408	1155	156	2220	934

全社会固定资产投资

单位：万元

2001	2002	2003	2004	2005	2006	2007	2008	2009	2010	2011
518832	**655846**	**1084871**	**1261423**	**1530558**	**1909646**	**2342429**	**2652993**	**4189568**	**5455783**	**6449577**
203534	218258	212594	314533	458533	631182	763862	903825	1763807	2589875	3143269
23405	29286	28539	36565	38563	70164	34640	9230	41822	52428	90977
1687	2300	200	3957	960	4828	10335	20388	8986	10197	45716
15824	3300	2030	13450	9184	4693	2652	238	600	4960	4040
122091	271340	589257	680808	753366	902379	1142918	1306268	1591815	1759616	2165579
68707	19616	39378	34609	42214	42407	35240	66200	139784	267379	187557
79036	98532	188003	156152	207135	228247	326259	330442	620072	754180	777055
60	232				620		1124		4455	20260
60	8216	16070	17962	8993	5567	4178		3582	3435	14344
4428	4766	8800	3387	11610	18820	20240	15278	15214	9258	780
17081	16116	18629	11126	25154	40575	66108	83593	149741	227123	210154
289197	367808	747641	849572	1057511	1215563	1457950	1527313	2110722	2639916	3015454
286891	364929	745386	848332	1057233	1212172	1457520	1527313	2110722	2639916	3014884
212554	271922	318601	400725	447893	653508	818371	1042087	1929105	2588744	3223969
17081	16116	18629	11126	25154	40575	66108	83593	149741	227123	210154
22037	30654	42327	93497	261506	213569	390373	350741	683509	1214360	1363231
20195	29475	39977	91381	253406	190259	369528	321886	649612	964186	1209920
1842	1179	2350	1976	7910	23030	10585	28855	29682	236729	96502
205495	276298	633357	537575	543710	700443	816389	686096	692287	660687	1242954
890	5810	2036	9368	8540	28597	44614	24234	21301	18052	58924
238	7797	1000	1101	2400	6030	8364	10216	13007	14920	21060
115				1916	530			4021	11135	2215
68									15000	13975

3-4 续

指标	1995	1996	1997	1998	1999	2000
印刷业	220	103	130	406	295	170
石油加工及炼焦业	9637	6194	21078	15242	30925	59765
化学原料及化学制品制造业	5250	4749	5797	3061	4827	30311
医药制造业	60				200	4260
化学纤维制造业	3663	11838	4120	1146		
非金属矿物制品业	576	50	6560	9083	15981	3558
黑色金属冶炼及压延加工业	6333	8783	3375	2774	17991	39979
有色金属冶炼及压延加工业	585	8581	7955	23598	18913	22573
金属制品业	188	110	61	1483	1859	4475
通用设备制造业	885	615	10	593	2495	1959
专用设备制造业	822	702	1341	1581	1917	1261
交通运输设备制造业	217	274	597	603	1420	
电气机械及器材制造业	370	450	394	245	698	800
电力、燃气及水的生产和供应业	6712	13123	10297	11734	20252	65963
建筑业	200	583	1027	2359	2146	280
地质勘查业、水利管理业	4564	4235	16859	14563	17811	9599
交通运输、仓储及邮政业	19723	27910	32212	119776	105294	30712
#道路运输业		22146	3848	4890	89497	17525
信息传输、计算机服务和软件业	12186	5764	4529	17034	7528	10623
批发、零售、住宿及餐饮业	6730	6618	6777	8454	9227	11100
金融、保险业	2059	3352	4500	7528	10686	5950
房地产业	54	171	75	140	325	1200
社会服务业	5087	5242	5782	8352	18508	29404
卫生、体育和社会福利业	761	2374	1535	2945	2991	3573
教育、文化艺术及广播电影电视业	4069	6967	9474	14544	20410	15596
科学研究和综合技术服务业	231	313	523	600	862	313
国家机关、政党机关和社会团体	3031	7331	10101	15642	17621	12540
其他行业	174	244	60	320	620	444

表

单位：万元

2001	2002	2003	2004	2005	2006	2007	2008	2009	2010	2011
2282	2000								277	
78951	57158	228820	301602	200094	213901	166684	132866	100296	50792	207174
37661	32924	30039	25740	38524	70729	195051	236610	137493	88990	108620
16592	6961	7410	15536		500	5761	3628	2399	2968	8571
570	5857	15615	15320	15600	51183	45407	39673	77381	92113	160900
41602	135810	306335	141761	159210	232764	258255	190808	196787	123741	188397
6650	3180	19977		17910	18018	21889	800	14960	20910	27177
1551			300		3392	3830	1800	28330	9130	4915
9942	9166	18205	13548	62615	36741	30739	17712	44926	84181	183123
1236	2236	1778	6773	5172	15108	7456		28562	52401	36459
	2421	1840	2768	18106	13897	13969	10240	3994	17542	52757
200	1300		800	4000	5000	11550	11809	11478	16267	113571
59359	57977	69702	217260	252017	298160	250758	490476	734926	764869	408699
2306	2879	2255	1240	278	3391	430				570
12791	18168	20963	15410	15401						
35897	51133	88990	182299	189567	238895	266645	270466	593922	930581	1392315
14448	24687	40964	120182	145258	163804	213244		553590	865407	1257281
19299	19826	43035	52287	35461	53577	43319	45830	71522	80211	53762
21102	25580	17912	26956	19174	69599	96407	103979	211929	135854	231567
5642	2496	2006	736	1186	3053	185		1300	821	3886
1050	130		3418	9526	122169	167999	266524	556279	548363	724387
37260	55015	49585	41292	54868			269225	311907	552550	546604
3372	4483	3660	6644	6937	2960	7747	15546	83533	100603	67210
26380	31517	23004	41349	46951			58106	119259	258605	153565
289	422	1479	640	257	4415	4565	4553	695	3743	35000
12092	7306	7716	15418	15562			6858	10304	9506	13070
51	40							230	2869	2603

3-5 全社会固定资产投资(2011年)

指　　标	合　计	城　镇	农　村	房地产开发
一、计划投资(万元)				
计划总投资	15081627	12682430	716181	1683016
自开始建设累计完成投资	10402073	8912384	463537	1026152
二、自年初累计完成投资(万元)	6449577	5708176	367527	373874
国有经济控股	3857202	3699579	150547	7076
住　宅	639238	337049	426	301763
按登记注册类型分				
内资企业	6432265	5683201	375190	373874
国有企业	3143269	3010515	131297	1457
集体企业	90977	31709	58793	475
股份合作企业	45716	45026	690	
联营企业	4040	1300	2740	
国有联营企业				
集体联营企业				
国有与集体联营企业				
其他联营企业	4040	1300	2740	
有限责任公司	2160160	2009749	77882	72529
国有独资公司	189075	189075		
其他有限责任公司	1971085	1820674	77882	72529
股份有限公司	177757	133742	33922	10093
私营企业	790086	456743	61303	272040
其他企业	20260	2980		17280
港、澳、台商投资企业	14344	13444	900	
合资经营企业	13444	13444		
合作经营企业				
独资经营企业				
股份有限公司	900		900	
外商投资企业	780	780		
中外合资经营企业	780	780		
中外合作经营企业				
外资企业				
外商投资股份有限公司				
个体经营	2188	2188		
个体户	2188	2188		
个人合伙				
按建设性质分				
新　建	2329690	2264543	65147	
改　建	1764109	1681315	82794	
改建和技术改造	1595702	1367553	228149	
按构成分				
建筑工程	4038261	3510102	261974	266185
安装工程	459596	388245	18658	52693
设备工器具购置	1306070	1240896	63619	1555
#用于更新的设备	88104	85335	2769	
其他费用	645650	560370	31839	53441

3-5 续表1

指标	合计	城镇	农村	房地产开发
按国民经济行业分				
农、林、牧、渔业	210154	160126	50028	
农业	87384	60302	27082	
林业	34744	32129	2615	
畜牧业	52449	32678	19771	
农、林、牧、渔服务业	35577	35017	560	
采矿业	1363231	1212115	151116	
煤炭开采和洗选业	1209920	1108733	101187	
石油和天然气开采业	45156	45156		
黑色金属矿采选业	96502	50173	46329	
有色金属矿采选业	3500	3500		
非金属矿采选业	8153	4553	3600	
其他采矿业				
制造业	1242954	1210067	32887	
农副食品加工业	47785	42835	4950	
食品制造业	11139	11139		
饮料制造业	21060	21060		
烟草制品业				
纺织业	7141	7141		
纺织服装、鞋、帽制造业				
皮革、毛皮、羽毛(绒)及其制品业				
木材加工及木、竹、藤、棕、草制品业	2215	1980	235	
家具制造业	2060	2060		
造纸及纸制品业	13975	13975		
印刷业和记录媒介的复制业				
文教体育用品制造业	2200	2200		
石油加工、炼焦及核燃料加工业	207174	204562	2612	
化学原料及化学制品制造业	108620	108620		
医药制造业	8571	8571		
化学纤维制造业				
橡胶制品业				
塑料制品业				
非金属矿物制品业	160900	144589	16311	
黑色金属冶炼及压延加工业	188397	179834	8563	
有色金属冶炼及压延加工业	27177	27177		
金属制品业	4915	4915		
通用设备制造业	183123	183123		
专用设备制造业	36459	36459		
交通运输设备制造业	52757	52757		
电气机械及器材制造业	113571	113355	216	
通信设备、计算机及其他电子设备制造业				
仪器仪表及文化、办公用机械制造业				
工艺品及其他制造业	8935			
废弃资源和废旧材料回收加工业	34780	34780		
电力、燃气及水的生产和供应业	408699	406215	2484	
电力、热力的生产和供应业	343127	342647	480	
燃气生产和供应业	48308	46984	1324	
水的生产和供应业	17264	16584	680	

3-5 续表2

指 标	合 计	城 镇	农 村	房地产开发
建筑业	570	570		
房屋和土木工程建筑业	570	570		
建筑安装业				
建筑装饰业				
其他建筑业				
交通运输、仓储和邮政业	1392315	1325561	66754	
铁路运输业	103192	103192		
道路运输业	1257281	1193742	63539	
城市公共交通业	3175	3175		
水上运输业				
航空运输业				
管道运输业				
装卸搬运和其他运输服务业	5600	5600		
仓储业	22567	19352	3215	
邮政业	500	500		
信息传输、计算机服务和软件业	53762	53762		
电信和其他信息传输服务业	53762	53762		
计算机服务业				
软件业				
批发和零售业	220713	204639	16074	
批发业	91680	91180	500	
零售业	129033	113459	15574	
住宿和餐饮业	10854	9534	1320	
住宿业	10244	9534	710	
餐饮业	610		610	
金融业	3886	3886		
银行业	3886	3886		
证券业				
保险业				
其他金融活动				
房地产业	724387	350513		373874
租赁和商务服务业	2603	2603		
租赁业				
商务服务业	2603	2603		
科学研究、技术服务和地质勘查业	35000	35000		
研究与试验发展				
专业技术服务业				
科技交流和推广服务业	5000	5000		
地质勘查业	30000	30000		
水利、环境和公共设施管理业	542921	491508	51413	
水利管理业	108071	80143	27928	
环境管理业	63773	63773		
公共设施管理业	371077	347592	23485	
居民服务和其他服务业	3683	3683		
居民服务业	511	511		
其他服务业	3172	3172		

3-5 续表3

指　　标	合　计	城　镇	农　村	房地产开发
教　育	120104	120104		
卫生、社会保障和社会福利业	67210	67210		
卫　生	65806	65806		
社会保障业	810	810		
社会福利业	594	594		
文化、体育和娱乐业	33461	30541	2920	
新闻出版业				
广播、电视、电影和音像业	2617	2617		
文化艺术业	25625	22705	2920	
体　育	5219	5219		
娱乐业				
公共管理和社会组织	13070	11976	1094	
中国共产党机关				
国家机构	11976	11976		
人民政协和民主党派				
群众团体、社会团体和宗教组织				
基层群众自治组织	1094		1094	
国际组织				
三、新增固定资产(万元)	3849342	3301006	323776	224560
四、项目个数(个)				
施工项目个数	1047	926	121	
#500万元以下项目				
本年新开工	782	684	98	
本年投产项目个数	744	648	96	
五、房屋建筑面积(万平方米)				
施工面积	10948661	5211017	86370	5651274
#住　宅	7236949	2698411	1530	4537008
竣工面积	3929530	2760416	70820	1098294
#住　宅	2048189	1131878	980	915331
六、本年资金来源合计(万元)	6794249	5830907	400497	562845
上年末结余资金	160612	30129		130483
本年资金来源小计	6633637	5800778	400497	432362
国家预算内资金	296916	267998	28918	
国内贷款	843297	798856	10978	33463
债券	32000	32000		
利用外资	5390	5390		
#外商直接投资				
自筹资金	4850447	4264268	338441	247738
#企、事业单位自有资金	1716161	1455497	119594	141070
其他资金来源	605587	432266	22160	151161
七、各项应付款合计(万元)	658716	628047	30669	
#工程款	450110	434899	15211	
八、征用和购置土地情况				
规划用地面积(平方米)	61416566	53046536	8370030	
本年实际征用和购置土地面积(平方米)	14061402	14020380	41022	
本年实际征用和购置土地成交价款(万元)	148206	147926	280	

3-6 分行业固定资产投资(2011年)

单位：万元、平方米

指　　标	计　划总投资	本年完成投　　资	#住宅	本年新增固定资产	本年施工房屋面积	#住宅	本年竣工房屋面积	#住宅
总　　计	**13398611**	**6075703**	**337475**	**3740143**	**5297387**	**2699941**	**2831536**	**1132858**
农、林、牧、渔业	450423	210154	76	163329	185553	690	184453	140
农　业	199790	87884		71110	750		200	
林　业	74040	34744		18436				
畜牧业	106487	52949	76	44472	184803	690	184253	140
渔　业								
农、林、牧、渔服务业	70106	34577		29311				
采矿业	2973387	1363231	686	917608	38015	2240	37015	1240
煤炭开采和洗选业	2724163	1209920	686	736334	34665	2240	33665	1240
石油和天然气开采业	70000	45156		3500				
黑色金属矿采选业	165334	96502		164834	2950		2950	
有色金属矿采选业	3500	3500		3500				
非金属矿采选业	10390	8153		9440	400		400	
制造业	2429262	1242288		739069	536859		287059	
农副食品加工业	113206	47785		27705	50805		20005	
食品制造业	15519	13939		7519	13100		13100	
饮料制造业	48956	21060		34500	25120		16120	
烟草制品业								
纺织业	6941	7141		6941				
木材加工及木、竹、藤、棕、草制品业	11580	2215		2580				
家具制造业	3000	2060			8000			
造纸及纸制品业	13675	13975		13675				
文教体育用品制造业	2200	2200		2200	3000		3000	
石油加工、炼焦及核燃料加工业	415219	207174		17389				
化学原料及化学制品制造业	356961	108620		71793	9278		9278	
医药制造业	58118	8571		35559	7000		7000	
塑料制品业								
非金属矿物制品业	247720	158600		139736	65073		50073	
黑色金属冶炼及压延加工业	224984	162397		80650	10170		10170	
有色金属冶炼及压延加工业	59167	27177		57427	6460		6460	
金属制品业	17985	4915		4675				
通用设备制造业	289033	209123		146808	196283		63283	
专用设备制造业	165146	35293		17500	65006		65006	
交通运输设备制造业	77482	52757		36671	77564		23564	
电气机械及器材制造业	231790	113571		961				
仪器仪表及文化、办公用机械制造								
工艺品及其他制造业	9800	8935						
废弃资源和废旧材料回收加工业	60780	34780		34780				
电力、燃气及水的生产和供应业	1552250	410753		277913	17940		12540	
电力、热力的生产和供应业	1409332	343127		183993	16900		11900	
燃气生产和供应业	85775	48308		44074	1040		640	
水的生产和供应业	57143	19318		49846				
建筑业	570	570		570	1864		1864	
交通运输、仓储和邮政业	3051852	1393478		426909	67297		67297	
铁路运输业	239900	103192		53500	20330		20330	
道路运输业	2772169	1258444		342159				
城市公共交通业	5983	3175		5983	8300		8300	
装卸搬运和其他运输服务业	5600	5600		5600	10500		10500	
仓储业	27700	22567		19167	26367		26367	

注：本表不含房地产开发投资。

3–6 续表

单位：万元、平方米

指　　标	计　划总投资	本年完成投　　资	#住宅	本年新增固定资产	本年施工房屋面积	#住宅	本年竣工房屋面积	#住宅
信息传输、计算机服务和软件业	64859	53762		63075	12850		12850	
电信和其他信息传输服务业	64859	53762		63075	12850		12850	
计算机服务业								
批发和零售业	311360	220893	16035	195624	675057	249149	480529	194000
批发业	145084	91860		98655	113729		105229	
零售业	166276	129033	16035	96969	561328	249149	375300	194000
住宿和餐饮业	48800	10854	3000	12780	63748	20000	26500	20000
住宿业	48200	10244	3000	12160	61248	20000	24000	20000
餐饮业	600	610		620	2500		2500	
金融业	4386	3886	120	4386	10302	3360	10302	3360
#银行业	4386	3886	120	4386	10302	3360	10302	3360
房地产业	815154	350513	315476	173988	2640010	2412355	1021006	901971
租赁和商务服务业	2603	2603		2603	4462		4462	
#商务服务业	2603	2603		2603	4462		4462	
科学研究、技术服务和地质勘查业	36000	35000		35000	2000		2000	
科技交流和推广服务业	6000	5000		5000	2000		2000	
地质勘查业	30000	30000		30000				
水利、环境和公共设施管理业	1143919	539024		484901	1500		1500	
水利管理业	160669	108071		99308				
环境管理业	241132	61719		27601				
公共设施管理业	742118	369234		357992	1500		1500	
居民服务和其他服务业	5681	3683		4683	1000		1000	
居民服务业	1521	511		511				
其他服务业	4160	3172		4172	1000		1000	
教　育	251912	120104	830	149908	668541	5884	527915	5884
卫生、社会保障和社会福利业	145957	68376		57540	311478		107490	
卫　生	143057	66972		56730	299196		104168	
社会保障业	800	810		810	3322		3322	
社会福利业	2100	594			8960			
文化、体育和娱乐业	85593	33515	1252	20648	30415	6263	20923	6263
广播、电视、电影和音像业	12039	2617		5439				
文化艺术业	51928	25679	1252	15209	20923	6263	20923	6263
体　育	21626	5219			9492			
公共管理和社会组织	24643	13016		9609	28496		24831	
国家机构	23623	11976		8569	24496		20831	
基层群众自治组织	1020	1040		1040	4000		4000	

3-7 按控股情况分行业固定资产投资(2011年)

单位：万元

指 标	总 计	国有控股	集体控股	私人控股	港澳台商控股	外商控股
总 计	**6075703**	**3850126**	**177120**	**1829841**		
农、林、牧、渔业	210154	90013	32054	83329		
农 业	87884	18237	29624	38865		
林 业	34744	27719		7025		
畜牧业	52949	10280	2430	36639		
农、林、牧、渔服务业	34577	33777		800		
采矿业	1363231	870061	4500	421726		
煤炭开采和洗选业	1209920	870061	4500	291915		
石油和天然气开采业	45156			25156		
黑色金属矿采选业	96502			93002		
有色金属矿采选业	3500			3500		
非金属矿采选业	8153			8153		2978
制造业	1242288	91991	39928	1018636		
农副食品加工业	47785			39785		
食品制造业	13939			13939		
饮料制造业	21060			21060		
纺织业	7141			7141		
木材加工及木、竹、藤、棕、草制品业	2215		235	1980		
家具制造业	2060			2060		
造纸及纸制品业	13975			13975		
文教体育用品制造业	2200			2200		
石油加工、炼焦及核燃料加工业	207174	30161		177013		
化学原料及化学制品制造业	108620	33382		75238		
医药制造业	8571			8571		
非金属矿物制品业	158600	9200	29630	108061		
黑色金属冶炼及压延加工业	162397	3793		158604		
有色金属冶炼及压延加工业	27177	6000		20597		
金属制品业	4915			4915		
通用设备制造业	209123	9455		154854		
专用设备制造业	35293		10063	25230		2978
交通运输设备制造业	52757			26127		
电气机械及器材制造业	113571			113571		
工艺品及其他制造业	8935			8935		
废弃资源和废旧材料回收加工业	34780			34780		
电力、燃气及水的生产和供应业	410753	350117	7980	42352		
电力、热力的生产和供应业	343127	304221	6500	30102		
燃气生产和供应业	48308	34508	800	5000		
水的生产和供应业	19318	11388	680	7250		
建筑业	570	570				
交通运输、仓储和邮政业	1393478	1318521	2710	67147		
铁路运输业	103192	58192		45000		
道路运输业	1258444	1253834	2710			
城市公共交通业	3175	3175				
装卸搬运和其他运输服务业	5600			5600		
仓储业	22567	2820		16547		

注：本表不含房地产开发投资。

3-7 续表

单位：万元

指　　标	总　计	国有控股	集体控股	私人控股	港澳台商控　股	外商控股
信息传输、计算机服务和软件业	53762	53762				
电信和其他信息传输服务业	53762	53762				
批发和零售业	220893	83150	18700	107402		
批发业	91860	56620	4400	29060		
零售业	129033	26530	14300	78342		
住宿和餐饮业	10854	180	610	10064		
住宿业	10244	180		10064		
餐饮业	610		610			
金融业	3886	780	3106			
#银行业	3886	780	3106			
房地产业	350513	269942	42238	34233		
租赁和商务服务业	2603	2603				
#商务服务业	2603	2603				
科学研究、技术服务和地质勘查业	35000	30000		5000		
科技交流和推广服务业	5000			5000		
地质勘查业	30000	30000				
水利、环境和公共设施管理业	539024	465818	21334	27836		
水利管理业	108071	105871	2200			
环境管理业	61719	61602		117		
公共设施管理业	369234	298345	19134	27719		
居民服务和其他服务业	3683	511		3172		
居民服务业	511	511				
其他服务业	3172			3172		
教　育	120104	117454		2650		
卫生、社会保障和社会福利业	68376	67782		594		
卫　生	66972	66972				
社会保障业	810	810				
社会福利业	594			594		
文化、体育和娱乐业	33515	24895	2920	5700		
广播、电视、电影和音像业	2617	2617				
文化艺术业	25679	17059	2920	5700		
体　育	5219	5219				
公共管理和社会组织	13016	11976	1040			
国家机构	11976	11976				
基层群众自治组织	1040		1040			

3-8 按隶属关系分行业固定资产投资(2011年)

单位：万元

指　　标	总 计	中央	省属	市属	县属	县以下及其 他
总　　计	**6075703**	**302994**	**1687780**	**263770**	**1707360**	**2113799**
农、林、牧、渔业	210154		1426		106554	102174
农　业	87884				38534	49350
林　业	34744				17089	17655
畜牧业	52949				17780	35169
农、林、牧、渔服务业	34577		1426		33151	
采矿业	1363231	10431	632737	25631	230576	463856
煤炭开采和洗选业	1209920	10431	632737	25631	200466	340655
石油和天然气开采业	45156				29600	15556
黑色金属矿采选业	96502				510	95992
有色金属矿采选业	3500					3500
非金属矿采选业	8153					8153
制造业	1242288	9407	69537	3414	194925	965005
农副食品加工业	47785					47785
食品制造业	13939				690	13249
饮料制造业	21060				3300	17760
纺织业	7141					7141
木材加工及木、竹、藤、棕、草制品业	2215					2215
家具制造业	2060					2060
造纸及纸制品业	13975					13975
文教体育用品制造业	2200					2200
石油加工、炼焦及核燃料加工业	207174		30155		6	177013
化学原料及化学制品制造业	108620		29968	3414	27150	48088
医药制造业	8571					8571
非金属矿物制品业	158600				68612	89988
黑色金属冶炼及压延加工业	162397		3414		22142	136841
有色金属冶炼及压延加工业	27177		6000		1600	19577
金属制品业	4915					4915
通用设备制造业	209123	9407			32318	167398
专用设备制造业	35293					35293
交通运输设备制造业	52757				15107	37650
电气机械及器材制造业	113571					113571
工艺品及其他制造业	8935					8935
废弃资源和废旧材料回收加工业	34780				24000	10780
电力、燃气及水的生产和供应业	410753	203049	16804	6710	90872	93318
电力、热力的生产和供应业	343127	203049	16804	5650	42381	75243
燃气生产和供应业	48308			1060	38648	8600
水的生产和供应业	19318				9843	9475
建筑业	570				570	
交通运输、仓储和邮政业	1393478	2985	819264	82724	293224	195281
铁路运输业	103192				21500	81692
道路运输业	1258444	505	819264	82724	266409	89542
城市公共交通业	3175				3175	
仓储业	22567	1980			2140	18447

注：本表不含房地产开发投资。

3-8 续表

单位：万元

指　标	总 计	中央	省属	市属	县属	县以下及其 他
信息传输、计算机服务和软件业	53762	46342	6397	500	523	5000
电信和其他信息传输服务业	53762	46342	6397	500	523	
批发和零售业	220893		53825	3325	32860	130883
批发业	91860		53825	2815	3180	32040
零售业	129033			510	29680	98843
住宿和餐饮业	10854				180	10674
住宿业	10244				180	10064
餐饮业	610					610
金融业	3886	780	1416	390	1300	
#银行业	3886	780	1416	390	1300	
房地产业	350513		72741	27078	176719	73975
租赁和商务服务业	2603				2603	
#商务服务业	2603				2603	
科学研究、技术服务和地质勘查业	35000	30000			5000	
专业技术服务业	5000				5000	
地质勘查业	30000	30000				
水利、环境和公共设施管理业	539024		2082	77965	393382	65595
水利管理业	108071			8131	97740	2200
环境管理业	61719			30810	30092	817
公共设施管理业	369234		2082	39024	265550	62578
居民服务和其他服务业	3683				511	3172
居民服务业	511				511	
其他服务业	3172					3172
教　育	120104			15165	102289	2650
卫生、社会保障和社会福利业	68376		11551	20868	34271	1686
卫　生	66972		11551	20868	33461	1092
社会保障业	810				810	
社会福利业	594					594
文化、体育和娱乐业	33515				30541	2974
广播、电视、电影和音像业	2617				2617	
文化艺术业	25679				22705	2974
体　育	5219				5219	
公共管理和社会组织	13016				10460	2556
国家机构	11976				10460	1516
基层群众自治组织	1040					1040

3–9 按登记注册类型分

指标	总计	内资企业	国有企业	集体企业	股份合作企业	联营企业	其他联营企业
总　　计	**6075703**	**6058391**	**3141812**	**90502**	**45716**	**4040**	**4040**
农、林、牧、渔业	210154	210154	88466	31364	690	2030	2030
农　业	87884	87884	16690	28934	690		
林　业	34744	34744	27719				
畜牧业	52949	52949	10280	2430		2030	2030
农、林、牧、渔服务业	34577	34577	33777				
采矿业	1363231	1360143	548289		4500		
煤炭开采和洗选业	1209920	1209020	548289		4500		
石油和天然气开采业	45156	45156					
黑色金属矿采选业	96502	94314					
有色金属矿采选业	3500	3500					
非金属矿采选业	8153	8153					
制造业	1242288	1234008	52176	235	29630	1300	1300
农副食品加工业	47785	47785					
食品制造业	13939	13939					
饮料制造业	21060	21060					
纺织业	7141	7141					
木材加工及木、竹、藤、棕、草制品业	2215	2215		235			
家具制造业	2060	2060					
造纸及纸制品业	13975	13975					
文教体育用品制造业	2200	2200					
石油加工、炼焦及核燃料加工业	207174	207174	30155				
化学原料及化学制品制造业	108620	101120	3414				
医药制造业	8571	8571					
非金属矿物制品业	158600	158600	9200		29630	1300	1300
黑色金属冶炼及压延加工业	162397	162397					
有色金属冶炼及压延加工业	27177	27177					
金属制品业	4915	4915					
通用设备制造业	209123	208343	9407				
专用设备制造业	35293	35293					
交通运输设备制造业	52757	52757					
电气机械及器材制造业	113571	113571					
工艺品及其他制造业	8935	8935					
废弃资源和废旧材料回收加工业	34780	34780					
电力、燃气及水的生产和供应业	410753	404809	256528	680	6500		
电力、热力的生产和供应业	343127	339023	214282		6500		
燃气生产和供应业	48308	46468	30858				
水的生产和供应业	19318	19318	11388	680			
建筑业	570	570	570				
交通运输、仓储和邮政业	1393478	1393478	1153231	2710			
铁路运输业	103192	103192	8500				
道路运输业	1258444	1258444	1138236	2710			
城市公共交通业	3175	3175	3175				
仓储业	22567	22567	2820				

注：本表不含房地产开发投资。

行业固定资产投资(2011年)

单位：万元

有限责任公司	国有独资公司	其他有限责任公司	股份有限公司	私营企业	其他企业	港、澳、台商投资企业	合资经营企业(港或澳、台资)	港、澳、台商投资股份有限	外商投资企业	中外合资经营企业	个体经营	个体户
2087631	**189075**	**1898556**	**167664**	**518046**	**2980**	**14344**	**13444**	**900**	**780**	**780**	**2188**	**2188**
63781		63781		23823								
37660		37660		3910								
7025		7025										
18296		18296		19913								
800		800										
590915	6019	584896	72234	144205		900		900			2188	2188
525069	6019	519050	72234	58928		900		900				
45156		45156										
15960		15960		78354							2188	2188
3500		3500										
1230		1230		6923								
824993		824993	56544	269130		7500	7500		780	780		
28910		28910		18875								
3490		3490		10449								
17300		17300		3760								
				7141								
1980		1980										
2060		2060										
13975		13975										
1200		1200		1000								
177019		177019										
66138		66138	22468	9100		7500	7500					
6571		6571		2000								
83370		83370	5582	29518								
149397		149397		13000								
20197		20197		6980								
2890		2890		2025								
114160		114160	28494	56282					780	780		
30293		30293		5000								
52757		52757										
9571		9571		104000								
8935		8935										
34780		34780										
104981	1000	103981	31360	4760		5944	5944					
82121	1000	81121	31360	4760		4104	4104					
15610		15610				1840	1840					
7250		7250										
223502	111991	111511		12135	1900							
94692		94692										
115598	111991	3607			1900							
7612		7612		12135								

3-9 续

指 标	总计	内资企业	国有企业	集体企业	股份合作企业	联营企业	其他联营企业
信息传输、计算机服务和软件业	53762	53762	24318				
电信和其他信息传输服务业	53762	53762	24318				
批发和零售业	220893	220893	83150	17500	1200		
批发业	91860	91860	56620	3200	1200		
零售业	129033	129033	26530	14300			
住宿和餐饮业	10854	10854	180	610		710	710
住宿业	10244	10244	180			710	710
餐饮业	610	610		610			
金融业	3886	3886		1690	1416		
#银行业	3886	3886		1690	1416		
房地产业	350513	350513	216830	10419	1780		
租赁和商务服务业	2603	2603	2603				
#商务服务业	2603	2603	2603				
科学研究、技术服务和地质勘查业	35000	35000	30000				
科技交流和推广服务业	5000	5000					
地质勘查业	30000	30000	30000				
水利、环境和公共设施管理业	539024	539024	462853	21334			
水利管理业	108071	108071	105871	2200			
环境管理业	61719	61719	60802				
公共设施管理业	369234	369234	296180	19134			
居民服务和其他服务业	3683	3683	511				
居民服务业	511	511	511				
其他服务业	3172	3172					
教 育	120104	120104	117454				
卫生、社会保障和社会福利业	68376	68376	67782				
卫 生	66972	66972	66972				
社会保障业	810	810	810				
社会福利业	594	594					
文化、体育和娱乐业	33515	33515	24895	2920			
广播、电视、电影和音像业	2617	2617	2617				
文化艺术业	25679	25679	17059	2920			
体 育	5219	5219	5219				
公共管理和社会组织	13016	13016	11976	1040			
国家机构	11976	11976	11976				
基层群众自治组织	1040	1040		1040			

表

单位：万元

有限责任公司	国有独资公司	其他有限责任公司	股份有限公司	私营企业	其他企业	港、澳、台商投资企业	合资经营企业(港或澳、台资)	外商投资企业	中外合资经营企业	个体经营	个体户
22698	22198	500	6746								
22698	22198	500	6746								
85879		85879		33164							
30580		30580		260							
55299		55299		32904							
1704		1704		7650							
1704		1704		7650							
			780								
			780								
109863	45702	64161		11621							
5000		5000									
5000		5000									
45965	2165	43800		7792	1080						
800		800		117							
45165	2165	43000		7675	1080						
				3172							
				3172							
2650		2650									
2650		2650									
				594							
				594							
5700		5700									
5700		5700									

3-10 按构成分行业固定资产投资(2011年)

单位：万元

指　　标	总 计	#住 宅	建筑工程	安装工程	设备工器具购　置	其他费用
总　　计	**6075703**	**337475**	**3772076**	**406903**	**1304515**	**592209**
农、林、牧、渔业	210154	76	154500	5824	22619	27211
农　业	87884		69318	1632	12153	4781
林　业	34744		20178	320	280	13966
畜牧业	52949	76	36547	2620	9695	4087
农、林、牧、渔服务业	34577		28457	1252	491	4377
采矿业	1363231	686	707149	98271	419906	137905
煤炭开采和洗选业	1209920	686	583529	89272	403644	133475
石油和天然气开采业	45156		28876	8390	6280	1610
黑色金属矿采选业	96502		89804	222	5046	1430
有色金属矿采选业	3500		1425	103	1532	440
非金属矿采选业	8153		3515	284	3404	950
制造业	1242288		511777	115368	549553	65590
农副食品加工业	47785		27667	1739	16350	2029
食品制造业	13939		7492	696	4517	1234
饮料制造业	21060		17702	493	2550	315
纺织业	7141		4780	446	1915	
木材加工及木、竹、藤、棕、草制品业	2215		670	25	851	669
家具制造业	2060		1500	160	300	100
造纸及纸制品业	13975		11025	500	2450	
文教体育用品制造业	2200		970	450	520	260
石油加工、炼焦及核燃料加工业	207174		74636	19532	91282	21724
化学原料及化学制品制造业	108620		42597	11579	47120	7324
医药制造业	8571		3893	420	4030	228
非金属矿物制品业	158600		80697	12819	56040	9044
黑色金属冶炼及压延加工业	162397		48229	19255	91571	3342
有色金属冶炼及压延加工业	27177		15965	2045	8517	650
金属制品业	4915		2090	252	2573	
通用设备制造业	209123		76872	11235	111903	9113
专用设备制造业	35293		15916	3202	15145	1030
交通运输设备制造业	52757		23166	3158	23310	3123
电气机械及器材制造业	113571		44603	15632	50002	3334
工艺品及其他制造业	8935		3967		4497	471
废弃资源和废旧材料回收加工业	34780		7340	11730	14110	1600
电力、燃气及水的生产和供应业	410753		117173	120714	108881	63985
电力、热力的生产和供应业	343127		87901	102774	90555	61897
燃气生产和供应业	48308		18006	12940	15354	2008
水的生产和供应业	19318		11266	5000	2972	80
建筑业	570		420			150
交通运输、仓储和邮政业	1393478		1172928	5669	39077	175804
铁路运输业	103192		53342	4368	27700	17782
道路运输业	1258444		1104030	549	6115	147750
城市公共交通业	3175		1116		2059	
仓储业	22567		9574	572	3039	9382

注：本表不含房地产开发投资。

3-10 续表

单位：万元

指 标	总 计	#住 宅	建筑工程	安装工程	设备工器具购置	其他费用
信息传输、计算机服务和软件业	53762		5309	9531	35099	3823
电信和其他信息传输服务业	53762		5309	9531	35099	3823
批发和零售业	220893	16035	169302	4466	29079	18046
批发业	91860		56634	4035	25809	5382
零售业	129033	16035	112668	431	3270	12664
住宿和餐饮业	10854	3000	9715	374	510	255
住宿业	10244	3000	9135	374	510	225
餐饮业	610		580			30
金融业	3886	120	3520			366
#银行业	3886	120	3520			366
房地产业	350513	315476	281065	10502	3589	55357
租赁和商务服务业	2603		2603			
#商务服务业	2603		2603			
科学研究、技术服务和地质勘查业	35000		30420	780	3000	800
科技交流和推广服务业	5000		420	780	3000	800
地质勘查业	30000		30000			
水利、环境和公共设施管理业	539024		407648	24323	78630	28423
水利管理业	108071		74002	10572	18843	4654
环境管理业	61719		44710	1640	14437	932
公共设施管理业	369234		288936	12111	45350	22837
居民服务和其他服务业	3683		3030	123	290	240
居民服务业	511		420	91		
其他服务业	3172		2610	32	290	240
教 育	120104	830	105968	3523	5270	5343
卫生、社会保障和社会福利业	68376		49203	5537	8639	4997
卫 生	66972		47799	5537	8639	4997
社会保障业	810		810			
社会福利业	594		594			
文化、体育和娱乐业	33515	1252	29950	1085	200	2280
广播、电视、电影和音像业	2617		2478	139		
文化艺术业	25679	1252	23379	946	200	1154
体 育	5219		4093			1126
公共管理和社会组织	13016		10396	813	173	1634
国家机构	11976		9356	813	173	1634
基层群众自治组织	1040		1040			

3-11 按建设性质分行业固定资产投资(2011年)

单位：万元

指　　标	总 计	新 建	扩 建	改建和技术改造	单纯建造生活设施	迁 建	单纯购置
总　　计	**6075703**	**2323425**	**1757671**	**1608405**	**350513**	**230**	**35459**
农、林、牧、渔业	210154	70313	111893	27948			
农　业	87884	25543	59231	3110			
林　业	34744	10745	19089	4910			
畜牧业	52949	26886	25063	1000			
农、林、牧、渔服务业	34577	7139	8510	18928			
采矿业	1363231	87875	357705	892922			24729
煤炭开采和洗选业	1209920	54824	311515	818852			24729
石油和天然气开采业	45156	25156	20000				
黑色金属矿采选业	96502	4972	20960	70570			
有色金属矿采选业	3500			3500			
非金属矿采选业	8153	2923	5230				
制造业	1242288	519016	573492	146794			2986
农副食品加工业	47785	33515	14270				
食品制造业	13939	2800	11139				
饮料制造业	21060	3760	6050	11250			
纺织业	7141	7141					
木材加工及木、竹、藤、棕、草制品业	2215	1980	235				
家具制造业	2060	2060					
造纸及纸制品业	13975		13975				
文教体育用品制造业	2200	1200	1000				
石油加工、炼焦及核燃料加工业	207174	1607	189626	15941			
化学原料及化学制品制造业	108620	75896	30214	2510			
医药制造业	8571		3563	5008			
非金属矿物制品业	158600	77293	57607	23700			
黑色金属冶炼及压延加工业	162397	13000	115119	34278			
有色金属冶炼及压延加工业	27177	13617	12980	580			
金属制品业	4915	2890					2025
通用设备制造业	209123	78226	105420	25477			
专用设备制造业	35293	25293	10000				
交通运输设备制造业	52757	24707		28050			
电气机械及器材制造业	113571	110316	2294				961
工艺品及其他制造业	8935	8935					
废弃资源和废旧材料回收加工业	34780	34780					
电力、燃气及水的生产和供应业	410753	184931	154012	70310			1500
电力、热力的生产和供应业	343127	154971	121076	65580			1500
燃气生产和供应业	48308	21534	25774	1000			
水的生产和供应业	19318	8426	7162	3730			
建筑业	570		570				
交通运输、仓储和邮政业	1393478	1080021	81407	229991			2059
铁路运输业	103192	58192	45000				
道路运输业	1258444	1007889	20564	229991			
城市公共交通业	3175		1116				2059
仓储业	22567	8340	14227				

注：本表不含房地产开发投资。

3-11 续表

单位：万元

指　　标	总 计	新 建	扩 建	改建和技术改造	单纯建造生活设施	迁 建	单纯购置
信息传输、计算机服务和软件业	53762		47222	6017			523
电信和其他信息传输服务业	53762		47222	6017			523
批发和零售业	220893	130474	36099	54320			
批发业	91860	38030	5080	48750			
零售业	129033	92444	31019	5570			
住宿和餐饮业	10854	10064	610	180			
住宿业	10244	10064		180			
餐饮业	610		610				
金融业	3886		3886				
#银行业	3886		3886				
房地产业	350513				350513		
租赁和商务服务业	2603	2000	603				
#商务服务业	2603	2000	603				
科学研究、技术服务和地质勘查业	35000	5000	30000				
科技交流和推广服务业	5000	5000					
地质勘查业	30000		30000				
水利、环境和公共设施管理业	539024	140187	249253	149584			
水利管理业	108071	5747	44133	58191			
环境管理业	61719	18454	42540	725			
公共设施管理业	369234	115986	162580	90668			
居民服务和其他服务业	3683	3683					
居民服务业	511	511					
其他服务业	3172	3172					
教　育	120104	46578	54536	16494			2496
卫生、社会保障和社会福利业	68376	34788	20141	12051		230	1166
卫　生	66972	33384	20141	12051		230	1166
社会保障业	810	810					
社会福利业	594	594					
文化、体育和娱乐业	33515	6124	26703	688			
广播、电视、电影和音像业	2617		2617				
文化艺术业	25679	3724	21755	200			
体　育	5219	2400	2331	488			
公共管理和社会组织	13016	2371	9539	1106			
国家机构	11976	2371	8499	1106			
基层群众自治组织	1040		1040				

3-12 按行业分固定资产投资项目及资金来源(2011年)

单位：个、万元

指　　标	施工项目	#本年新开工	本年投产项目	本年资金来源	国家预算内资金	国内贷款	利用外资	自筹资金	其他资金来源
总　　计	**1047**	**782**	**745**	**6231404**	**296916**	**809834**	**5390**	**4602709**	**454426**
农、林、牧、渔业	101	84	75	237507	37994	6066		184042	8455
农　业	24	19	16	88205	4373	1666		81536	630
林　业	19	17	15	36459	9454			25145	1860
畜牧业	34	28	25	53185	517	4400		42617	5651
农、林、牧、渔服务业	24	20	19	59658	23650			34744	314
采矿业	194	155	135	1470196		39924		1393655	36319
煤炭开采和洗选业	134	111	78	1291694		39424		1215861	36319
石油和天然气开采业	3	3	1	70000				70000	
黑色金属矿采选业	48	34	48	97064				97064	
有色金属矿采选业	1	1	1	3500				3500	
非金属矿采选业	8	6	7	7938		500		7230	
制造业	184	137	128	1338170	1300	97048	5390	1202339	26301
农副食品加工业	19	13	13	49260		2100		46489	671
食品制造业	4	4	3	15519				15519	
饮料制造业	6	5	3	15800				7800	8000
纺织业	2	2	2	7230				7230	
木材加工及木、竹、藤、棕、草制品业	2	1	2	2215				2215	
家具制造业	1	1	1	2600				2600	
造纸及纸制品业	1	1		14000				14000	
文教体育用品制造业	2	2	2	2100				2100	
石油加工、炼焦及核燃料加工业	8	5	3	201914		15020		186894	
化学原料及化学制品制造业	13	9	9	106803	300	328	5390	100785	
医药制造业	5	4	4	7698		700		6998	
非金属矿物制品业	38	30	30	179181				169980	9200
黑色金属冶炼及压延加工业	15	10	12	174700		400		174300	
有色金属冶炼及压延加工业	8	3	7	26575		2000		24575	
金属制品业	2	1	1	4980				4980	
通用设备制造业	34	27	24	248994		10000		232903	300
专用设备制造业	7	5	4	38080				38080	
交通运输设备制造业	8	7	6	54251				50751	3500
电气机械及器材制造业	5	4	2	115690	1000	65000		49690	
工艺品及其他制造业	1	1		9800				9800	
废弃资源和废旧材料回收加工业	3	2		60780		1500		54650	4630
电力、燃气及水的生产和供应业	77	49	52	380699	16523	135186		174480	17902
电力、热力的生产和供应业	46	31	28	311978	13683	135186		119286	8011
燃气生产和供应业	16	12	9	50408	286			40777	8591
水的生产和供应业	15	6	15	18313	2554			14417	1300
建筑业	1	1	1	580				580	
交通运输、仓储和邮政业	101	89	84	1380455	52005	429223		654334	242721
铁路运输业	4	4	3	104600				104600	
道路运输业	83	73	68	1246499	51005	427273		524060	242021
城市公共交通业	1		1	1599				1567	
仓储业	11	10	10	22837	500	1500		20237	600

注：本表不含房地产开发投资。

3-12 续表

单位：个、万元

指　　标	施工项目	#本　年新开工	本年投产项目	本年资金来源	国家预算内资金	国内贷款	利用外资	自筹资金	其他资金来源
信息传输、计算机服务和软件业	9	7	8	54462	1350			53112	
电信和其他信息传输服务业	9	7	8	54462	1350			53112	
批发和零售业	47	41	36	209102	2180	3300		183922	19400
批发业	16	15	12	85365	800	3300		80565	700
零售业	31	26	24	123737	1380			103357	18700
住宿和餐饮业	7	4	4	12761		305		5836	6000
住宿业	6	3	3	12301		305		5376	6000
餐饮业	1	1	1	460				460	
金融业	4	3	4	3796				3796	
#银行业	4	3	4	3796				3796	
房地产业	66	45	39	335830	24388			270064	33534
租赁和商务服务业	2	2	2	2510				2510	
#商务服务业	2	2	2	2510				2510	
科技交流和推广服务业	2	1	2	19000				5000	
专业技术服务业	1		1	5000					
地质勘查业	1	1	1	14000				14000	
水利、环境和公共设施管理业	159	113	116	529444	109142	55114		307205	53605
水利管理业	48	38	33	115305	55193			40988	14847
环境管理业	12	70	7	78567	3000	45114		30352	
公共设施管理业	99	2	76	335572	50949	10000		235865	38758
居民服务和其他服务业	4		4	3420		80		2724	616
居民服务业	1	2	1	1200				1200	
其他服务业	3	5	3	2220		80		1524	616
教　育	39	20	26	127079	33641	22942		65743	4753
卫生、社会保障和社会福利业	17	9	12	77241	5654	20646		47074	700
卫　生	15	8	11	75753	5100	20646		46840	
社会保障业	1	1	1	788	554			234	
社会福利业	1			700					700
文化、体育和娱乐业	20	10	10	30640	10885			15835	3920
广播、电视、电影和音像业	3		8	2798	2278			520	
文化艺术业	13	7	2	24171	8176			12075	3920
体　育	4	3		3671	431			3240	
公共管理和社会组织	13	10	7	18512	1854			16458	200
国家机构	12	9	6	17492	1854			15438	200
基层群众自治组织	1	1	1	1020				1020	

3-13 按行业分固定资产投资房屋面积和价值（2011年）

单位：平方米、万元

指　　标	本年施工房屋面积	#住宅	本年竣工房屋面积	#住宅	本年竣工房屋价值	#住宅
总　　计	**5297387**	**2699941**	**2831536**	**1132858**	**439353**	**180211**
农、林、牧、渔业	185553	690	184453	140	4282	16
农　业	750		200		20	
林　业						
畜牧业	184803	690	184253	140	4262	16
农、林、牧、渔服务业						
采矿业	38015	2240	37015	1240	14469	386
煤炭开采和洗选业	34665	2240	33665	1240	13984	386
黑色金属矿采选业	2950		2950		395	
非金属矿采选业	400		400		90	
制造业	536859		287059		35646	
农副食品加工业	50805		20005		1850	
食品制造业	13100		13100		1800	
饮料制造业	25120		16120		1722	
家具制造业	8000					
文教体育用品制造业	3000		3000		100	
化学原料及化学制品制造业	9278		9278		1250	
医药制造业	7000		7000		1500	
非金属矿物制品业	65073		50073		8156	
黑色金属冶炼及压延加工业	10170		10170		1525	
有色金属冶炼及压延加工业	6460		6460		3790	
通用设备制造业	196283		63283		8500	
专用设备制造业	65006		65006		2753	
废弃资源和废旧材料回收加工业						
电力、燃气及水的生产和供应业	17940		12540		5528	
电力、热力的生产和供应业	16900		11900		5400	
燃气生产和供应业	1040		640		128	
建筑业	1864		1864		570	
交通运输、仓储和邮政业	67297		67297		12588	
铁路运输业	20330		20330		891	
城市公共交通业	8300		8300		2490	
仓储业	26367		26367		3707	

注：本表不含房地产开发投资。

3-13 续表

单位：平方米、万元

指　　标	本年施工房屋面积	#住宅	本年竣工房屋面积	#住宅	本年竣工房屋价值	#住宅
信息传输、计算机服务和软件业	12850		12850		5057	
电信和其他信息传输服务业	12850		12850		5057	
批发和零售业	675057	249149	480529	194000	79474	19630
批发业	113729		105229		32328	
零售业	561328	249149	375300	194000	47146	19630
住宿和餐饮业	63748	20000	26500	20000	7330	6000
住宿业	61248	20000	24000	20000	6710	6000
餐饮业	2500		2500		620	
金融业	10302	3360	10302	3360	3306	620
#银行业	10302	3360	10302	3360	3306	620
房地产业	2640010	2412355	1021006	901971	156811	151719
租赁和商务服务业	4462		4462		923	
#商务服务业	4462		4462		923	
科学研究、技术服务和地质勘查业	2000		2000		420	
科技交流和推广服务业	2000		2000		420	
水利、环境和公共设施管理业	1500		1500		127	
环境管理业						
公共设施管理业	1500		1500		127	
居民服务和其他服务业	1000		1000		130	
居民服务业						
其他服务业	1000		1000		130	
教　育	668541	5884	527915	5884	95588	840
卫生、社会保障和社会福利业	311478		107490		9668	
卫　生	299196		104168		8858	
社会保障业	3322		3322		810	
社会福利业	8960					
文化、体育和娱乐业	30415	6263	20923	6263	3560	1000
文化艺术业	20923	6263	20923	6263	3560	1000
体　育	9492					
公共管理和社会组织	28496		24831		3876	
国家机构	24496		20831		2836	
基层群众自治组织	4000		4000		1040	

3-14 近年来非国有控股投资分行业固定资产投资

单位：万元

	2008	2009	2010	2011
总　　计	938491	1649210	1939422	2592375
农、林、牧、渔业	18554	57357	93137	120141
农业	4360	3160	37407	69647
林业		5426	7629	7025
畜牧业	12292	45812	46121	42669
渔业		500	480	
农、林、牧、渔服务业	1902	2459	1500	800
采矿业	150635	330735	594768	493170
煤炭开采和洗选业	121780	313699	355554	339859
石油和天然气开采业				45156
黑色金属矿采选业	28855	15776	235469	96502
有色金属矿采选业				3500
非金属矿采选业		1260	3745	8153
制造业	413469	555888	527647	1150297
农副食品加工业	20176	8520	29510	47785
食品制造业	3158	11838	15425	13939
饮料制造业	10216	13007	14420	21060
纺织业	5700		700	7141
木材加工及木、竹、藤、棕、草制		4021	535	2215
家具制造业		7020	1280	2060

3-14 续1

单位：万元

	2008	2009	2010	2011
造纸及纸制品业			15000	13975
印刷业和记录媒介的复制			277	
文教体育用品制造业				2200
石油加工、炼焦及核燃料加工业	29713	50756	49081	177013
化学原料及化学制品制造业	103050	74336	19600	75238
医药制造业	3628	2399	2968	8571
塑料制品业		102	3760	
非金属矿物制品业	39673	75347	83251	149400
黑色金属冶炼及压延加工业	162296	193150	115294	158604
有色金属冶炼及压延加工业	800	11960	20910	21177
金属制品业	1800	28330	9130	4915
通用设备制造业	11210	30838	61605	199668
专用设备制造业		28562	52401	35293
交通运输设备制造业	10240	3994	10842	52757
电气机械及器材制造业	11809	11478	16267	113571
仪器仪表及文化、办公用机械制造			371	
工艺品及其他制造业				8935
废弃资源和废旧材料回收加工业		230	5020	34780
电力、燃气及水的生产和供应业	2220	41233	42546	60636
电力、热力的生产和供应业		9415	26552	38906

3-14 续表2

单位：万元

	2008	2009	2010	2011
燃气生产和供应业	860	19485	12194	13800
水的生产和供应业	1360	12333	3800	7930
交通运输、仓储和邮政业	22054	31419	18806	74957
铁路运输业	8400	3100		45000
道路运输业	600	2734	5980	4610
城市公共交通业	697			
装卸搬运和其他运输服务业		5430		5600
仓储业	12357	20155	12826	19747
信息传输、计算机服务和软件业			13600	
计算机服务业			13600	
批发和零售业	46530	68072	71645	137743
批发业	7000	21637	18842	35240
零售业	39530	46435	52803	102503
住宿和餐饮业	34990	62203	38386	10674
住宿业	34990	58203	17336	10064
餐饮业		4000	21050	610
金融业		1300	821	3106
银行业		1300	821	3106
房地产业	241552	457523	436332	447369

3-14 续3

单位：万元

	2008	2009	2010	2011
租赁和商务服务业		470	842	
商务服务业		470	842	
科学研究、技术服务和地质勘查业	1260		3500	5000
科技交流和推广服务业				5000
地质勘查业	1260		3500	
水利、环境和公共设施管理业	1737	25032	66228	73206
水利管理业			340	2200
环境管理业	1022	1862	267	117
公共设施管理业	715	23170	65621	70889
居民服务和其他服务业			1800	3172
其他服务业			1800	3172
教　育		12220	18560	2650
卫生、社会保障和社会福利业	950	228	1004	594
卫　生	950	130		
社会福利业		98	1004	594
文化、体育和娱乐业	4230	5300	9445	8620
文化艺术业			2245	8620
娱乐业	4230	5300	7200	
公共管理和社会组织	310	230	355	1040
基层群众自治组织	310	230	355	1040

3-15 房地产

指　　标	2005	2006	2007
本年完成投资(万元)	77517	92296	134635
# 商品住宅	61058	69195	103631
本年新增固定资产(万元)	36653	55585	54144
本年商品房屋销售额 (万元)	51400	72119	113827
# 商品住宅	34749	61408	93459
本年销售面积(平方米)	291410	368387	466756
# 商品住宅	262300	347754	435467
本年施工房屋面积(平方米)	1097488	1271601	1706419
# 商品住宅	872222	1029362	1505362
本年新开工施工房屋面积(平方米)	579439	625036	611581
# 商品住宅	464382	538405	566520
本年竣工房屋面积(平方米)	362814	395314	370214
# 商品住宅	264679	311597	325519
本年竣工房屋价值(万元)	32564	54997	45749
# 商品住宅	23416	32837	36157

开发完成情况

2008	2009	2010	2011
223111	389268	313690	373874
177811	338718	255478	301763
77445	74179	273874	2245690
155687	179566	172322	320357
150636	162140	141130	272608
644653	664415	675029	1107902
632208	630424	601045	1006578
2581226	4161590	5807573	5651274
2236183	3542084	4844969	4537008
1472980	2280251	1694669	1442843
1273043	1901410	1306280	1089010
497949	358378	1314411	1098294
414473	322816	1163045	915331
86838	75949	259523	219883
67559	60680	229696	172199

3-16 房地产开

指　　标	企业数(个)	计　划总投资	累计完成投资	本年完成投资	#配套工程投　　资	建筑工程	安装工程	设备工器具购置
总　　计	**149**	**1683016**	**1026152**	**373874**	**1930**	**266185**	**52693**	**1555**
按登记注册类型分								
内　资	148	1683016	1026152	373874	1930	266185	52693	1555
国　有	3	5924	4600	1457		608	246	
集　体	2	1200	900	475		450	25	
有限责任公司	28	359576	205900	72529	766	63697	3178	400
#其他有限责任公司	28	359576	205900	72529	766	63697	3178	400
股份有限公司	5	38547	21350	10093	864	5117	1896	
私营企业	109	1229769	758072	272040		183113	47348	1155
私营独资								
私营合伙								
私营有限责任公司	105	1229769	758072	272040		183113	47348	1155
私营股份有限公司	4							
其他企业	1	48000	35330	17280	300	13200		
港澳台商投资企业	1							
按隶属关系分								
省　属	1	3500	3038					
市　属	2	18296	5988	2750		2750		
县　属	5	65706	60196	4227		2908	716	
村委会	3	1200	900	475		450	25	
其　他	138	1594314	956030	366422	1930	260077	51952	1555

发投资(2011年)

单位：万元

其他费用	#旧建筑物购置费	#土地购置费	住宅	#90平方米以下住房	办公楼	商业营业用房	其他	本年新增固定资产
53441	**709**	**39005**	**301763**	**89054**	**10248**	**48955**	**12908**	**224560**
53441	709	39005	301763	89054	10248	48955	12908	224560
603		560	682	129		516	259	2400
			430	30		45		
5254		4690	57354	13985	4156	8637	2382	28353
5254		4690	57354	13985	4156	8637	2382	28353
3080		2800	8182			1496	415	
40424	709	26875	228135	71303	6092	27961	9852	193807
40424	709	26875	228135	71303	6092	27961	9852	193807
4080		4080	6980	3607		10300		
			2715	318		25	10	2237
603		560	2512	635	130	1265	320	2400
			430	30		45		
52838	709	38445	296106	88071	10118	47620	12578	219923

3-17 房地产开发施工、销售和待售情况(2011年)

单位：套、平方米、万元

指　　标	合　计	住　宅	#90平方米以下住房	办公楼	商业营业用　　房	其　他
房屋施工面积	5651274	4537008	1006569	92230	641463	380573
#本年新开工面积	1442843	1089010	218965	61552	139939	152342
房屋竣工面积	1098294	915331	171753	4000	98846	80117
#不可销售面积	130281	62685	36309	4000	36456	27140
商品住宅竣工套数		8060	2224			
竣工房屋价值	219883	172199	36709	1000	30942	15742
出租房屋面积	8820			7560	1260	
商品房销售面积	1107902	1006578	181096		65738	35586
现房销售面积	489392	410925	64472		45142	33325
期房销售面积	618510	595653	116624		20596	2261
商品房销售额	320357	272608	53894		38142	9607
现房销售额	139417	106411	17109		24797	8209
期房销售额	180940	166197	36785		13345	1398
商品住宅销售套数		8847	2228			
现房销售套数		3415	765			
期房销售套数		5432	1463			
平均销售价格	2892	2708	2976		5802	2700
现　房	2849	2590	2654		5493	2463
期　房	2925	2790	3154		6479	6183
待售面积	356329	301326	19544		38669	16334
待售1-3年面积	42275	33171	5		9104	
待售3年以上面积						

3-18 房地产开发资金来源情况(2011年)

单位：万元

指 标	本年资金来源合计	上年末结余资金	本年资金来源小计	国内贷款	利用外资	自筹资金	其他资金来源	#定金及预收款
总 计	**562845**	**130483**	**432362**	**33463**		**247738**	**151161**	**125957**
按登记注册类型分								
内 资	562845	130483	432362	33463		247738	151161	125957
国 有	4137	1620	2517			1115	1402	1402
集 体	530	260	270			120	150	150
有限责任公司	113409	31042	82367	9300		44282	28785	27332
#其他有限责任公司	113409	31042	82367	9300		44282	28785	27332
股份有限公司	12639	1861	10778			9288	1490	1490
私营企业	407130	90700	316430	24163		172933	119334	95583
私营独资								
私营合伙								
私营有限责任公司	407130	90700	316430	24163		172933	119334	95583
私营股份有限公司								
其他企业	25000	5000	20000			20000		
港澳台商投资企业								
按隶属关系分								
省 属	7209	4142	3067			800	2267	2267
市 属	2270		2270	200		1270	800	800
县 属	14171	1950	12221	6000		4819	1402	1402
村委会	530	260	270			120	150	150
其 他	538665	124131	414534	27263		240729	146542	121338

3-19 房地产开发企业

指标	固定资产原价	固定资产累计折旧	#本年折旧	资产总计	负债总计	所有者权益合计	主营业务收入
总计	**295014**	**60874**	**16094**	**13461096**	**11174032**	**2287064**	**1659635**
按登记注册类型分							
内资	294545	60562	16094	13360632	11140800	2219832	1659635
国有	2135	745	40	15452	12949	2503	25170
集体	461	97	15	101325	93085	8240	6040
有限责任公司	36347	9561	1308	1766627	1277975	488652	355734
#其他有限责任公司	36347	9561	1308	1766627	1277975	488652	355734
股份有限公司	1664	361	246	521941	454215	67726	13297
私营企业	249307	47380	13337	10815291	9206369	1608922	1259394
私营独资							
私营合伙							
私营有限责任公司	247307	47337	13337	10655795	9098779	1557016	1236051
私营股份有限公司	2000	43		159496	107590	51906	23343
其他企业	4631	2418	1148	139996	96207	43789	
港澳台商投资企业	469	312		100464	33232	67232	
按隶属关系分							
省属	479	248	89	139401	130889	8512	2135
市属	911	162	51	50011	32518	17493	28863
县属	28485	4698	193	256712	110522	146190	98940
村委会	461	97	15	136580	98340	38240	6040
其他	264678	55669	15746	12878392	10801763	2076629	1523657

财务状况(2011年)

单位：千元

商品房屋销售收入	房屋出租收入	其他收入	营业成本	主营业务成本	营业税金及附加	主营业务税金及附加	营业利润	利润总额	应交所得税
1590256	**16731**	**52648**	**1372492**	**1371528**	**133044**	**133043**	**-66894**	**-74033**	**29462**
1590256	16731	52648	1372492	1371528	133044	133043	-65727	-74932	29421
25170			19396	19396	1385	1385	343	343	
6040			5151	5151	569	569	38	-546	
355524	210		264511	263547	25680	25679	38880	37842	10199
355524	210		264511	263547	25680	25679	38880	37842	10199
13297			10537	10537	765	765	-660	-660	
1190225	16521	52648		1072897		104645	-104328	-111911	19222
1174002	10612	51437	1032606	1032606	102790	102790	-61752	-69676	19222
16223	5909	1211	40291	40291	1855	1855	-42576	-42235	
							-1167	899	41
2135			356	350	120	119	107	144	38
28863			18908	18908	1751	1751	3842	3789	569
98940			58186	58186	5498	5498	24199	24199	5964
6040			5151	5151	569	569	38	-546	
1454278	16731	52648	1289891	1288933	125106	125106	-95080	-101619	22891

3-20 房地产开发企业土地购置、开发和待售情况(2011年)

单位：平方米

指 标	待开发土地面积	本年购置土地面积	本年土地成交价款(万元)	待售面积	#待售面积(一年至三年)	#待售面积(三年以上)
总 计	**415103**	**403456**	**44088**	**356329**	**42275**	
按登记注册类型分						
内 资	415103	403456	44088	356329	42275	
国 有				4466		
集 体				12834		
有限责任公司	171328	75949	6970	24955	10353	
#其他有限责任公司	171328	75949	6970	24955	10353	
股份有限公司						
私营企业	243775	327507	37118	314074	31922	
私营独资						
私营合伙						
私营有限责任公司	243775	327507	37118	314074	31922	
私营股份有限公司						
港澳台商投资企业						
按隶属关系分						
省 属						
市 属	56044					
县 属				4466		
村委会				12834		
其 他	359059	403456	44088	339029	42275	

主要统计指标解释

固定资产投资

本年完成投资 指从本年1月1日起至本年最后一天止完成的全部投资额。实际完成投资额是以货币表示的工作量指标，包括实际完成的建筑安装工程价值，设备、工具、器具的购置费，以及实际发生的其他费用。

没用到工程实体的建筑材料、工程预付款和没有进行安装的需要安装的设备等，都不计算投资完成额。

计算投资额所依据的价格：建筑安装工程投资额一般按预算价格计算。实行招标的工程，按中标价格计算。凡经建设单位与施工单位双方协商同意的工程价差、量差，且经建设银行同意拨款的，应视同修改预算价格。建筑安装工程应按修改后的预算价格计算投资完成额。设备、工具、器具购置投资额一律按实际价格，即支出的全部金额计算。外购设备、工具、器具除设备本身的价格外，还应包括运杂费、仓库保管费等。自制的设备、工具、器具，按实际发生的全部支出计算。其他费用的价格：一般按财务部门实际支付的金额计算。

住宅 指专供居住使用的房屋，包括职工家属宿舍、职工单身宿舍、学生宿舍等。建设单位填自己建造的住宅，不包括购置的商品住宅。

本年新增固定资产 指报告期内交付使用的固定资产价值。包括本年内建成投入生产或交付使用的工程投资和达到固定资产标准的设备、工具、器具的投资及有关应摊入的费用。属于增加固定资产价值的其他建设费用，应随同交付使用的工程一并计入新增固定资产。

本年施工房屋面积 指报告期内施工的全部房屋建筑面积。包括本期新开工的面积和上期开工跨入本期继续施工的房屋面积，以及上期已停建在本期复工的房屋面积。本期竣工和本期施工后又停缓建的房屋，其建筑面积仍计入本期施工房屋面积中。

本年竣工房屋面积 指在报告期内房屋建筑按照设计要求已全部完工，达到住人和使用条件，经验收鉴定合格(或达到竣工验收标准)，可正式移交使用的各栋房屋建筑面积的总和。

本年新增生产能力 指在本年度内按照新增生产能力（或工程效益）的计算条件和标准，实际建成投入生产或交付使用的生产能力（或工程效益）。新增生产能力（或工程效益），指通过固定资产投资活动而增加的设计能力。计算新增生产能力（或工程效益）是以能独立发挥生产能力（或工程效益）的工程为对象，如一座矿井、一座转炉、一套化工装置、一条铁路专用线等。当工程建成，经有关部门验收鉴定合格，正式移交投入生产，即应计算新增生产能力（或效益）。

下列情况不能计算新增生产能力：

（1）主体工程虽已建成，但设备尚不配套或缺乏正常生产所必需的附属辅助工程，因而不具备正常生产条件的工程；

（2）生产作业线尚未建成，采取临时措施(如厂房尚未建成，临时安装部分设备，或缺乏主体配套设备，临时利用代用设备等)进行生产，虽能生产设计规定的产品，但不能保持正常生产的工程。

房地产开发

计划总投资 指房地产开发企业(单位)在建的房屋建设工程或正在开发的土地开发工程，按照总体设计规定的内容全部建成计划（或按设计概算或预算)需要的总投资。

本年计划投资 指经计划部门同意安排的当年计划投资额（以立项报告为准）。

本年完成投资 指从本年1月1日起至本年最后一天止完成的全部用于房屋建设工程、土地开发工程的投资额以及公益性建筑和土地购置费等的投资。其中土地购置费在实际统计工作中如难以区分，计入"商品房建设投资额"中。

商品房建设投资额 指房地产开发企业(单位)开发建设的供出售、出租用的商品住宅、厂房、仓库、饭店、度假村、写字楼、办公楼等房屋工程及其配套的服务设施所完成的投资额(含拆迁、回迁还建用房)。

土地开发投资额 指房地产开发企业完成的前期工程投资,即路通、水通、电通、场地平整等(也称七通一平)所完成的投资。一般指生地开发成熟地的投资。在旧城区(老区拆迁)的开发中,如果有统一的规划,如政府有关部门批准的小区建设的前期工程中,有场地平整,原有建筑物、构筑物拆除,供水供电工程等工作量也可计算。未进行开发工程、只进行单纯的土地交易活动不作为土地开发投资统计。土地开发投资额在房屋用途分组中能分摊的部分就分摊,不能分摊的全部计入其他。

建筑工程 指各种房屋、建筑物的建造工程,又称建筑工作量。这部分投资额必须兴工动料,通过施工活动才能实现。

安装工程 指各种设备、装置的安装工程,又称安装工作量。

设备、工器具购置 指工业企业生产的产品转化为固定资产的购置活动,包括建设单位或企、事业单位购置或自制的,达到固定资产标准的设备、工具、器具的价值。

其他费用 指在固定资产建造和购置过程中发生的,除建筑安装工程和设备、工器具购置投资完成额以外的费用,不指经营中财务上的其他费用。包括土地出让金、大市政费、四源费(煤、热、自来水、污水)、不可预见费、旧房屋购置,基本畜禽支出,林木支出,退耕退牧还林还草、土壤改良、城市绿化,办公生活用家具、器具购置,建设单位管理费,土地征用、购置及迁移补偿费,政府收费,勘察设计费,研究实验费,可行性研究费,临时设施费,施工机械转移费,设备检验费,负荷联合试车费,土地占用、使用费,建设期应付利息,包干结余,企业债券发行费,合同公证费及工程质量监测费,国外借款手续费及承诺费,汇兑损益,调整器材调拨价格折价,坏帐损失,固定资产亏损及损失等。

土地购置费 指房地产开发企业为取得土地使用权而支付的费用。土地购置费按当期发生数计入投资,如土地购置费为分期付款的,可分期计入投资,不计入新增固定资产。土地购置费支出包括:①通过划拨方式取得的土地使用权所支付的土地补偿费、附着物和青苗补偿费、安置补偿费及土地征收管理费等;②通过出让方式取得土地使用权所支付的出让金。

投资额按房屋工程用途分组 指投资额中用于各类房屋建设的投资。

(1)住宅:指专供居住的房屋,包括别墅、公寓、职工家属宿舍和集体宿舍(包括职工单身宿舍和学生宿舍)等。但不包括住宅楼中作为人防用、不住人的地下室等。

(2)办公楼:指企业、事业、机关、团体、学校、医院等单位使用的各类办公用房(又称写字楼)。

(3)商业营业用房:指商业、粮食、供销、饮食服务业等部门对外营业的用房,如度假村、饭店、商店、门市部、粮店、书店、供销店、饮食店、菜店、加油站、日杂等房屋。

(4)其他:凡不属于上述各项用途的房屋建筑物,如中小学教学用房、托儿所、幼儿园、图书馆、体育馆等。

本年新增固定资产 指房地产开发公司进行开发经营活动的最终成果,即为社会提供的固定资产,而且是在报告期内新增加的。不是反映房地产开发企业本身固定资产的增加。

本年购置土地面积 指在本年内通过各种方式获得土地使用权的土地面积。

本年土地成交价款 指进行土地使用权交易活动的最终金额。在土地一级市场,是指土地最后的划拨款和出让价;在土地二级市场是指土地转让、出租、抵押等最后确定的合同价格。土地成交价款与土地购置面积同口径,目的是正确计算平均土地购置价格。

本年完成开发土地面积 指报告期内对土地进行开发并已完成七通一平等前期开发工程,具备进行房屋建筑物施工或出让条件的土地面积。

房屋施工面积 指报告期内施工的全部房屋建筑面积。包括本期新开工的面积和上年开工跨入本期继续施工的房屋面积,以及上期已停建在本期恢复施工的房屋面积。本期竣工和本期施工后又停建缓建的房屋面积仍包括在施工面积中，多层建筑应填各层建筑面积之和。

房屋新开工面积 指在报告期内新开工建设的房屋面积。不包括上期跨入报告期继续施工房屋面积和上期停缓建而在本期恢复施工的房屋面积。

房屋竣工面积 指报告期内房屋建筑按照设计要求已全部完工，达到住人和使用条件，经验收鉴定合格或达到竣工验收标准（实行房地产开发小区综合验收的城市，应经小区综合验收合格），可正式移交使用的各栋房屋建筑面积的总和。

竣工房屋价值 指在报告期内竣工房屋本身的建造价值。竣工房屋的价值一般按房屋设计和预算规定的内容计算。包括竣工房屋本身的基础、结构、屋面、装修以及水、电、卫等附属工程的建筑价值，也包括作为房屋建筑组成部分而列入房屋建筑工程预算内的设备（如电梯、通风设备等）的购置和安装费用；不包括厂房内的工艺设备、工艺管线的购置和安装，工艺设备基础的建造；办公和生活用家具的购置等费用；购置土地的费用；迁移补偿费和场地平整的费用及城市建设配套投资。竣工房屋价值一般按结算价格计算。

商品房销售面积 指报告期内出售商品房屋的合同总面积（即双方签署的正式买卖合同中所确定的建筑面积）。由现房销售面积和期房销售建筑面积两部分组成。2004 年以前指实际销售面积。

实际销售面积 指报告期已竣工的房屋面积中已正式交付给购房者或已签订（正式）销售合同的商品房屋面积。不包括已签订预售合同正在建设的商品房屋面积，但包括报告期或报告期以前签订了预售合同，在报告期又竣工的商品房屋面积。

空置面积 指报告期末已竣工的可供销售或出租的商品房屋建筑面积中，尚未销售或出租的商品房屋建筑面积，包括以前年度竣工和本期竣工的房屋面积，但不包括报告期已竣工的拆迁还建、统建代建、公共配套建筑、房地产公司自用及周转房等不可销售或出租的房屋面积。注意：未竣工的烂尾楼不能算空置面积。

资产总计 指企业拥有或控制的能以货币计量的经济资源，包括各种财产、债权和其他权利。资产按其流动性（即资产的变现能力和支付能力）划分为：流动资产、长期投资、固定资产、无形资产、递延资产和其他资产。根据会计“资产负债表”中“资产总计”项的年末数填列。

负债合计 指企业所承担的能以货币计量，将以资产或劳务偿付的债务，偿还形式包括货币、资产或提供劳务。负债一般按偿还期长短分为流动负债和长期负债。根据会计“资产负债表”中“负债合计”的年末数填列。

所有者权益合计 指企业投资人对企业净资产的所有权。企业净资产为企业全部资产与企业全部负债的差额，包括实收资本、资本公积、盈余公积、未分配利润等。根据会计“资产负债表”中“所有者权益”项的年末数填列。

利润总额 指企业在生产经营过程中各种收入扣除各种耗费后的盈余，反映企业在报告期内实现的盈亏总额，包括营业利润、补贴收入、投资净收益和营业外收支净额。根据会计“利润表”中的对应指标年末数填列。

04

对外经济贸易

资料整理人员

张增福　张双玲

对外经济贸易

海关进出口总额	79596	万美元
出口总额	21003	万美元
进口总额	58593	万美元
实际利用外资额	9033	万美元

海关进出口总额(万美元)

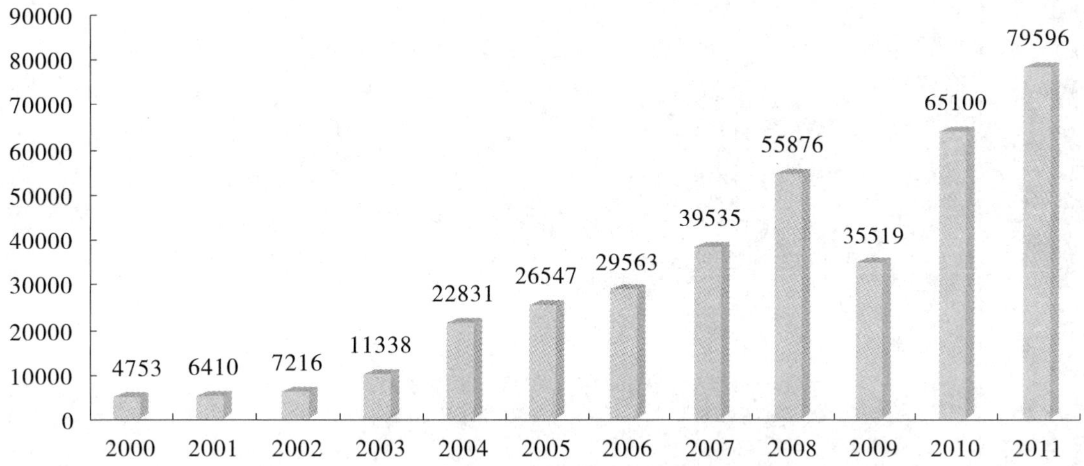

实际利用外资额(万美元)

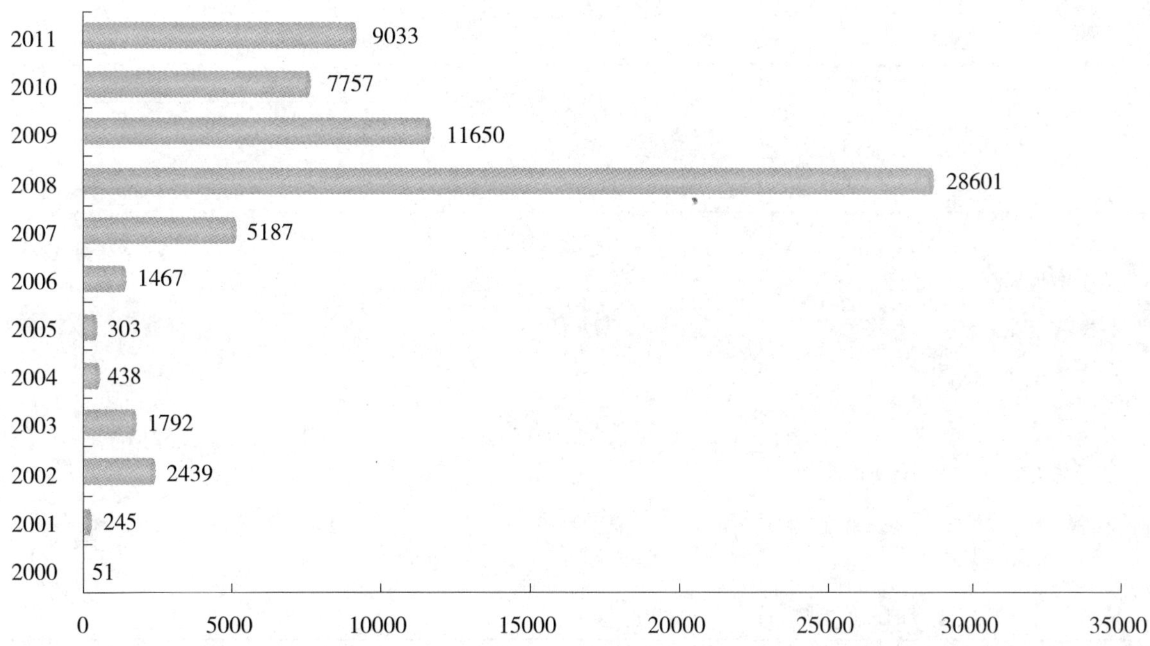

4-1 主要年份海关进出口贸易总额

单位：万美元

年 份	进出口总额	出口总额	进口总额
1993	779	729	50
1994	1269	1269	
1995	2206	2206	
1996	2704	1952	752
1997	3225	2712	513
1998	4246	2781	1465
1999	1743	1316	427
2000	4753	1019	3734
2001	6410	4245	2165
2002	7216	5688	1528
2003	11338	8304	3034
2004	22831	18626	4205
2005	26547	17081	9466
2006	29563	20165	9398
2007	39535	22520	17015
2008	55876	32056	23820
2009	35519	8687	26832
2010	65100	14550	50550
2011	79596	21003	58593

4-2 海关进出口贸易总额(2011年)

单位：万美元

指 标	进出口总额	出口总额	进口总额
总 计	**79596**	**21003**	**58593**
一、按企业性质分			
国有企业	9251	8646	605
三资企业	1788	1715	73
其 他	68557	10642	57915
二、按贸易方式分			
一般贸易	49532	19804	29728
进料加工贸易	1075	769	306
外商作为投资进口的设备、物品			

4-3 海关进出口商品分类总额(2011年)

单位：万美元

指　标	出口总额	进口总额
总　计	**21003**	**58593**
植物产品	57	
食品、饮料、酒及醋；烟草及制品	72	5
矿产品	5494	56347
化学工业及其相关工业的产品	2388	496
塑料及其制品；橡胶及其制品	958	5
纸浆；纸，纸板及其制品	84	1
纺织原料及纺织制品	105	63
石料及其制品；陶瓷玻璃及制品	7	
贱金属及其制品	1525	27
机器、电子产品、电气设备及其零件	3412	1289
车辆、航空器、船舶及运输设备	5104	
杂项制品	1631	6

4-4 海关分国别（地区）进出口贸易总额(2011年)

单位：万美元

国 别 (地区)	进出口总 额	出口总额	进口总额
总　　计	**79596**	**21003**	**58593**
亚　洲	**18835**	**10051**	**8784**
香　港	229	229	
印　度	1785	926	858
日　本	4707	3624	1083
韩　国	3751	3266	485
印度尼西亚	1880	48	1832
马来西亚	447	118	329
新加坡	427	420	7
泰　国	136	129	7
台　湾	900	412	488
土耳其	992	95	897
非　洲	**1583**	**372**	**1212**
南　非	184	184	
欧　洲	**12280**	**4760**	**7520**
英　国	329	300	30
德　国	1763	1607	156
法　国	481	478	3
意大利	371	314	57
荷　兰	533	509	24
俄罗斯	235	235	
拉丁美洲	**13725**	**2066**	**11659**
阿根廷	97	97	
巴　西	12372	1481	10891
墨西哥	945	183	763
秘　鲁	14	14	
北美洲	**4440**	**3669**	**771**
加拿大	401	400	1
美　国	4040	3269	771
大洋洲	**28732**	**85**	**28646**
澳大利亚	28711	65	28646
新西兰	20	20	
东盟组织	**3409**	**763**	**2645**
欧盟组织	**4796**	**4292**	**504**

4-5 主要年份实际利用外资额

单位：万美元

年 份	利用外资总　额	#外商直接投资
1984	12	12
1985		
1986		
1987		
1988	87	87
1989	13	13
1990		
1991	293	293
1992	134	134
1994	626	626
1995	2903	2903
1996	1360	1360
1997	449	449
1998	2220	2220
1999	74	74
2000	51	51
2001	245	245
2002	2439	2439
2003	1792	1792
2004	438	438
2005	303	303
2006	1467	1467
2007	5187	5187
2008	28601	28601
2009	11650	11650
2010	7757	7757
2011	9033	1255

4-6 按国别(地区)分利用外商直接投资额(2011年)

单位：万美元

国　别　(地区)	合同项目(个)	合同利用外资金额	实际使用外资金额
总　　计	**9**	**1125**	**9033**
香　港	7	1114	6118
台　湾			
德　国			
日　本			
韩　国			
马来西亚			
美　国			
法　国	1		2820
开罗群岛	1	141	95

主要统计指标解释

进出口总额 指实际进出我国国境的货物总金额。包括对外贸易实际进出口货物,来料加工装配进出口货物,国家间、联合国及国际组织无偿援助物资和赠送品,华侨、港澳台同胞和外籍华人捐赠品,租赁期满归承租人所有的租赁货物, 进料加工进出口货物, 边境地方贸易及边境地区小额贸易进出口货物(边民互市贸易除外),中外合资经营企业,中外合作经营企业, 外商独资经营企业进出口货物和公用物品,到、离岸价格在规定限额以上的进出口货样和广告品(无商业价值、无使用价值和免费提供出口的除外),从保税仓库提取在中国境内销售的进出口货物,以及其他进出口货物。进出口总额用以观察一个国家在对外贸易方面的总规模。我国规定出口货物按离岸价格统计,进口货物按到岸价格统计。

实际利用外资 指各级政府、部门、企业和其他经济组织通过对外借款、吸收外商直接投资以及用其他方式筹措的境外现汇、设备、技术等。

对外借款 是利用外资的主要部分。包括我国通过外国政府贷款、国际金融组织贷款、外国银行商业贷款、出口信贷以及对外发行债券、股票等方式,从境外筹措的资金。

外商直接投资 指外国企业和经济组织或个人(包括华侨、港澳台同胞以及我国在境外注册的企业)按我国有关政策、法规,用现汇、实物、技术等在我市境内开办外商独资企业, 与我市境内的企业或经济组织共同举办中外合资经营企业、合作经营企业或合作开发资源的投资 (包括外商投资收益的再投资)以及经政府有关部门批准的项目投资总额内,企业从境外借入的资金。

05

能源消费与库存

资料整理人员

杨晓春　李海娟　王斌良　薛　耿

能源消费与库存

煤炭生产量	9075.1	万吨
煤炭销售量	7807.4	万吨
煤炭消费量	9083.1	万吨
社会用电量	156.9	亿千瓦时
焦炭生产量	1920.1	万吨
焦炭销售量	1815.7	万吨

煤炭生产量(万吨)

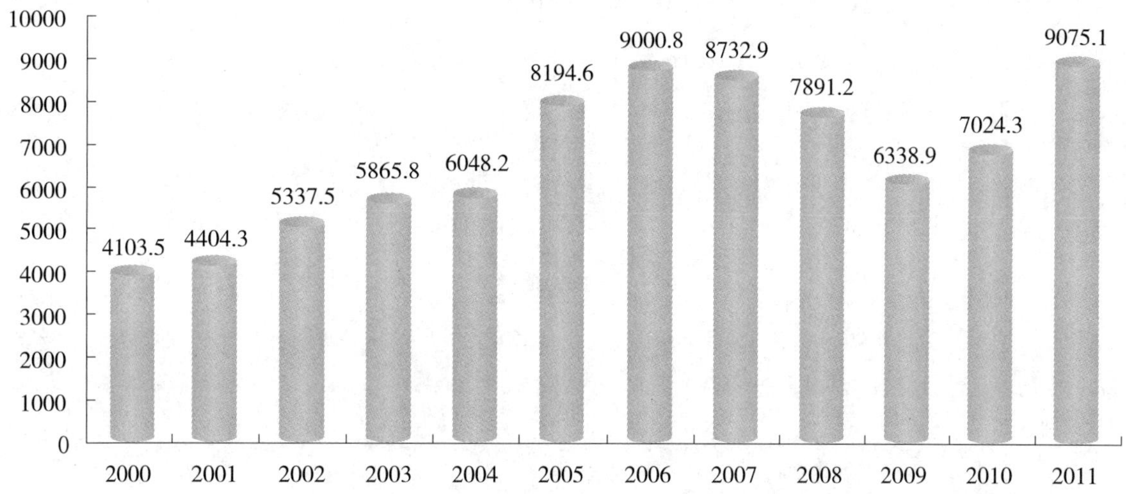

焦炭生产量(万吨)

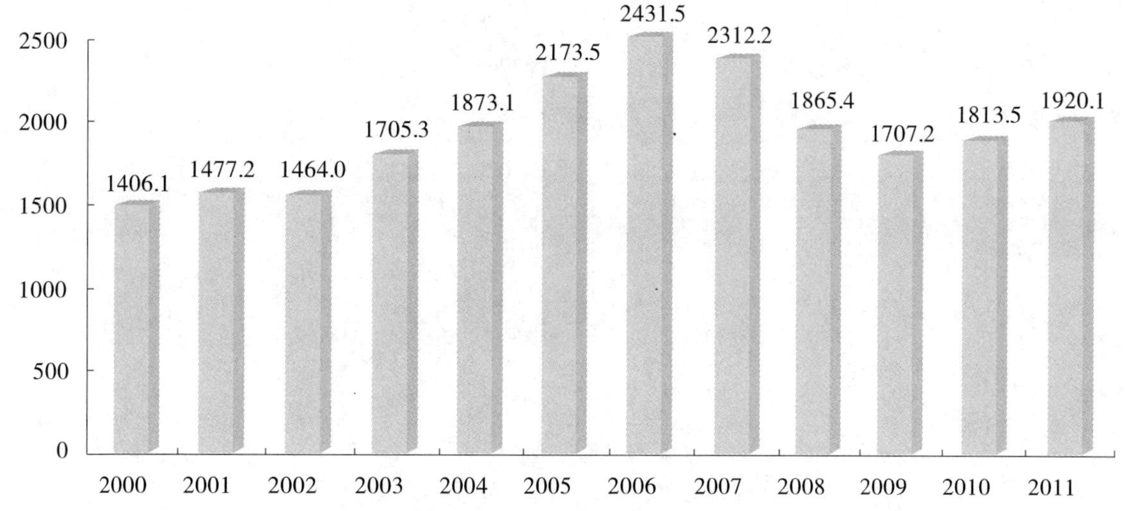

5-1 主要年份煤炭产品产、销、存

单位：万吨

年 份	年初库存	生产量	销售量			年末库存
			合 计	省内地销	销售外省	
1980	68.0	332.8	349.8	310.7	39.1	47.1
1985	306.4	1061.2	761.3	691.4	69.9	434.3
1986	401.4	986.7	728.7	663.6	65.1	474.0
1987	477.4	1026.1	971.1	918.4	52.7	266.8
1988	266.2	1112.1	996.8	920.9	75.9	215.0
1989	215.0	1910.0	1726.0	1335.0	391.0	248.0
1990	248.0	2190.4	1610.6	1238.9	371.7	395.7
1991	395.7	2189.6	1621.8	1258.2	363.6	455.8
1992	453.2	2478.7	1944.3	1523.1	421.2	346.6
1993	355.3	3089.7	2532.0	2075.4	456.6	286.8
1994	286.8	3879.1	3186.5	2804.0	382.5	264.0
1995	264.1	4265.6	3490.5	3138.0	352.5	289.6
1996	289.6	4802.1	3950.3	3702.6	247.7	331.8
1997	331.9	4578.4	3843.2	3436.2	407.0	220.2
1998	220.2	4695.7	3754.7	3307.2	447.5	225.3
1999	225.8	4028.8	3067.7	2518.0	526.3	237.2
2000	237.2	4103.5	3156.5	2612.6	550.9	182.0
2001	182.0	4404.3	3570.5	2783.9	743.0	98.5
2002	111.8	5337.5	3956.2	3205.3	623.3	168.2
2003	168.2	5865.8	4458.0	3672.0	408.4	143.2
2004	143.2	6048.2	4583.6	3537.7	980.1	155.6
2005	155.6	8194.6	6410.1	5335.4	1074.2	239.8
2006	239.7	9000.8	6965.0	5673.2	1291.9	191.4
2007	191.4	8732.9	6615.6	5414.7	1200.9	187.2
2008	187.2	7891.2	5880.7	4547.5	1333.2	266.2
2009	266.2	6338.9	5221.2	3919.0	1302.2	294.3
2010	294.3	7024.3	5769.4	4922.3	847.1	282.3
2011	282.3	9075.1	7807.4	6959.7	847.7	281.2

5-2 主要年份焦炭产品产、销、存

单位：万吨

年 份	年初库存	生产量	销售量			年末库存
			合 计	省内地销	销售外省	
1980	3.2	53.1	39.8	38.8	1.0	4.0
1985	16.0	71.5	65.1	46.5	18.7	18.6
1986	18.6	81.8	71.7	60.5	11.3	25.7
1987	25.7	118.2	121.0	90.4	30.6	19.9
1988	19.9	148.9	129.8	115.7	14.1	32.9
1989	6.7	99.1	70.2	29.9	40.3	10.3
1990	37.1	242.3	227.6	182.4	45.2	37.6
1991	37.6	193.9	181.7	150.0	31.7	42.9
1992	42.9	297.8	284.2	231.6	52.6	49.8
1993	57.7	807.2	752.3	678.5	73.8	82.0
1994	82.0	1318.6	1292.4	1197.2	95.2	83.5
1995	83.9	1670.1	1603.2	1260.2	343.0	115.7
1996	115.7	1551.1	1506.3	1293.7	212.6	115.3
1997	115.3	1776.1	1739.5	1550.8	188.7	102.1
1998	102.1	1795.5	1734.6	1578.0	156.6	111.0
1999	111.0	1381.3	1375.6	1092.5	168.7	112.1
2000	112.1	1406.1	1415.2	1177.0	255.0	96.9
2001	96.9	1477.2	1499.7	1191.2	308.5	70.1
2002	70.1	1464.0	1463.7	935.3	506.7	37.1
2003	37.1	1705.3	1653.8	1048.2	553.0	44.1
2004	44.1	1873.1	1797.1	1011.7	744.9	85.3
2005	85.3	2173.5	2052.9	1088.6	923.9	118.6
2006	118.6	2431.5	2289.4	1212.2	1038.8	151.8
2007	151.8	2312.2	2239.5	1115.1	1094.6	139.7
2008	139.7	1865.4	1819.2	905.8	913.3	140.4
2009	140.4	1707.2	1707.1	820.4	886.7	85.3
2010	85.3	1813.5	2103.9	1032.8	1071.1	62.6
2011	62.6	1920.1	1815.7	867.5	948.2	60.4

5-3 主要年份煤炭消费量

单位：万吨

年份	煤炭消费量	生产建设消费				生活消费		入洗原煤
		消费量	比重(%)	发电用煤	炼焦用煤	消费量	比重(%)	
1978	356.0	267.7	75.2	135.2	121.2	88.3	24.8	42.2
1980	431.5	338.4	78.4	146.5	146.7	93.1	21.6	43.9
1985	672.4	566.7	84.3	196.4	190.7	105.7	15.7	111.5
1990	1097.6	976.3	88.9	204.7	551.1	121.3	11.1	602.6
1995	2946.7	2795.7	94.9	214.9	2080.8	151.0	5.2	1603.2
1996	3026.8	2873.9	94.9	214.3	2059.6	152.9	5.1	1967.9
1997	3177.8	3024.2	95.2	215.8	2258.3	153.6	4.8	2021.1
1998	3264.9	3111.5	95.3	202.7	2410.2	153.4	4.7	1993.8
1999	2964.3	2810.8	94.8	195.9	2003.6	153.5	5.2	1907.7
2000	3044.6	2893.9	95.1	225.9	2038.9	150.7	4.9	1968.3
2001	4640.2	4491.9	96.8	238.0	1972.3	148.3	3.2	2281.6
2002	4839.2	4699.0	97.1	248.9	1965.8	140.2	2.9	2484.3
2003	5622.3	5486.9	97.6	302.6	2557.9	135.4	2.4	2626.4
2004	6108.7	5998.1	98.2	332.4	2526.2	110.6	1.8	3139.5
2005	6868.2	6777.4	98.7	378.1	2963.2	90.8	1.3	3436.1
2006	7972.9	7851.0	98.5	461.8	3297.4	121.9	1.5	4070.2
2007	8846.2	8715.4	98.5	445.5	3248.6	130.8	1.5	4406.0
2008	7494.2	7363.3	98.2	154.7	2706.3	130.9	1.8	4166.3
2009	7591.18	7465.08	98.3	306.12	2771.9	126.1	1.7	4347.3
2010	7626.6	7469.4	97.9	491.9	2545.2	157.1	2.1	4003.2
2011	9083.1	8949.0	98.5	709.7	2702.7	134.1	1.5	5060.2

5-4 主要年份用电量及分类

单位：万千瓦时

年 份	社会用电量	全行业用电量				人民生活用电		
		合 计	第一产业	第二产业	第三产业	合 计	城 镇	乡 村
1978	56026	52999	11354	40093	1552	3027	1842	1185
1980	66992	63653	13856	47536	2261	3339	1983	1356
1985	99067	91203	12139	75537	3527	7864	5329	2640
1990	161836	148108	18760	123088	6260	13728	9000	4728
1995	250991	226038	26744	188358	10936	24953	15095	9858
1996	270835	242908	25940	204873	12095	26795	16191	10604
1997	295128	264644	31784	220103	12757	26176	15077	11099
1998	300917	268318	28476	226442	13400	26549	11323	15226
1999	315537	286750	29219	235955	21576	28787	16683	12104
2000	359882	329259	30423	270948	27888	30623	17918	12705
2001	426151	390632	30815	326705	33112	34010	20168	13842
2002	506751	468952	16355	391458	61139	37799	21218	16581
2003	582684	539617	11249	460710	67658	43067	24130	18937
2004	678863	631821	10166	541958	79696	47042	25931	21111
2005	964873	905586	38323	794083	73180	59287	38647	20639
2006	1189111	1109605	28004	1024182	57419	79506	53411	26095
2007	1326506	1245276	26513	1129841	88922	81230	46807	34423
2008	1158305	1066161	28269	973941	63951	92144	43501	48643
2009	1214884	1096737	36233	966744	93760	118147	58762	59385
2010	1337376	1208684	41103	1068663	98918	128692	68429	60263
2011	1568978	1418436	42484	1262952	113000	150542	79100	71442

5-5 主要年份工业行业用电量

单位：万千瓦时

年　份	煤炭工业	黑色金属	有色金属	金属加工	建材工业	化工工业	纺织工业	造纸工业	其 它
1978	5948	7174	291	3476	1459	10035	3714	2022	5373
1980	8251	7720	700	3884	1324	14431	4112	2532	3945
1985	11547	10758	261	5073	2504	30935	4406	3154	5709
1990	18098	26083	2447	7191	3460	45764	4723	4473	9060
1995	26764	52369	1966	12837	7637	46626	7017	5396	26795
1996	30701	56013	2629	12268	8406	55436	7154	6556	39086
1997	29428	63528	1414	10218	10241	63115	7362	6973	42418
1998	27349	66360	1161	10851	8425	70039	6301	6490	27610
1999	25573	72685	2531	11508	10679	74596	6641	6476	23311
2000	26385	87484	7000	12552	12122	78597	7987	7122	26020
2001	27457	112251	14343	12820	14257	88197	7879	7311	69672
2002	31779	127131	17482	19032	26527	93470	17885	9073	45563
2003	37584	184566	20791	21169	42993	93994	16723	7615	47689
2004	47018	221885	16450	16450	25263	100757	15344	6005	82127
2005	81197	326809	31747	25478	27735	154268	7699	6432	130706
2006	152371	416671	39689	32217	36460	191065	10713	6749	135545
2007	131886	532932	47655	42731	37973	198357	6604	6683	121299
2008	76767	445083	43695	50254	36257	176298	2570	3266	134145
2009	113473	421009	40428	49780	43194	157966	2810	1226	136858
2010	123407	430290	20211	25736	46505	193392	2279	1865	214562
2011	145283	511038	26104	31500	49835	237975	2756	2697	231208

5-6 主要年份能源工业固定资产投资及构成

年份	工业投资(万元)	能源工业投资				占工业比重(%)	能源工业投资构成(%)		
		合计	煤炭	电力	炼焦		煤炭	电力	焦炭
1952	29	8	2	6		27.6	25.0	75.0	
1957	382	242	225	17		63.4	93.0	7.0	
1962	1154	676	675	1		58.6	99.8	0.2	
1965	3170	868	638	230		27.4	73.5	26.5	
1970	7332	2534	643	1641	250	34.6	25.4	64.8	9.8
1975	7203	2677	882	795	1000	37.2	32.9	29.7	37.4
1978	15216	7370	1763	3451	2156	48.4	23.9	46.8	29.3
1980	10000	5734	2818	934	1982	57.3	49.2	16.3	34.5
1985	18126	10001	8122	1459	420	55.2	81.2	14.6	4.2
1990	29848	21982	17962	2512	1508	73.6	81.7	11.4	6.9
1991	41650	24954	17218	4666	3070	59.9	69.0	18.7	12.3
1992	47485	30611	22404	5413	2794	64.5	73.2	17.7	9.1
1993	63868	39274	30769	8261	244	61.5	78.4	21.0	0.6
1994	61718	41646	31229	9565	852	67.5	75.0	23.0	2.0
1995	75182	47610	31261	6712	9637	63.3	65.7	14.1	20.2
1996	93000	48500	32200	6500	9800	52.2	66.4	13.4	20.2
1997	112536	69600	40400	6500	22700	61.9	58.1	9.3	32.6
1998	98850	45574	19348	10515	15711	46.1	42.5	23.0	34.5
1999	157471	74040	24068	19047	30925	47.0	32.5	25.7	41.8
2000	260734	142197	16469	65963	59765	54.5	11.6	46.4	42.0
2001	286891	158505	20195	59359	78951	55.2	12.7	37.5	49.8
2002	364929	144610	29475	57977	57158	39.6	20.4	40.1	39.5
2003	745386	338499	39977	69702	228820	45.4	11.8	20.6	67.6
2004	848332	610243	91381	217260	301602	71.9	15.0	35.6	49.4
2005	1057233	705517	253406	252017	200094	66.7	35.9	35.7	28.4
2006	1212172	702320	190259	298160	213901	57.9	27.1	42.5	30.4
2007	1457520	786970	369528	250758	166684	54.0	46.9	31.9	21.2
2008	1531605	948648	322486	490476	135666	61.9	33.9	51.7	14.4
2009	2110722	1348381	649612	598473	100296	63.9	48.2	44.4	7.4
2010	2639916	1669941	964186	654963	50792	63.3	57.7	39.3	3.0
2011	3016272	1853685	1209920	343127	207174	61.5	65.3	18.5	11.2

5-7 主要年份能源产品产量

年 份	原 煤 (万吨)	#霍州煤电集团	#市营以下	发电量 (万千瓦时)	#水 电	#火 电	焦 炭 (万吨)	#机 焦
1949	23.3		23.3	42		42	1.0	
1952	30.0		30.0	72		72	1.6	
1957	84.7	6.6	65.3	269	4	265	6.8	
1960	199.2	50.0	113.5	4183	188	3995	22.2	
1962	161.6	70.0	65.6	3293	296	2997	4.4	
1965	246.4	109.6	108.8	6124	751	5373	4.5	
1970	334.5	152.3	159.4	31100	599	30501	10.8	
1975	391.0	135.0	242.0	161913	452	161461	45.0	19.3
1978	553.0	141.0	398.0	227165	246	226919	67.0	20.8
1980	695.1	144.0	548.3	284927	248	284679	83.8	44.0
1985	1328.0	252.8	1069.9	358714	549	358165	119.2	70.4
1986	1342.3	300.5	1036.8	354182	236	353946	177.3	72.8
1987	1316.4	304.0	1007.7	351431	131	351300	226.3	83.0
1988	1445.3	312.2	1129.4	347970	322	347638	282.6	80.8
1989	1714.9	365.1	1343.7	377884	351	377533	310.8	79.3
1990	1699.0	450.0	1238.9	368800	373	368427	348.7	85.3
1991	1591.9	500.6	1081.3	358150	198	357952	302.0	83.7
1992	1961.7	502.1	1449.5	333540	150	333390	410.8	86.3
1993	2352.4	401.7	1943.5	340603	219	340384	808.6	84.9
1994	2719.3	451.7	2259.3	352119	386	351733	1354.5	94.2
1995	3278.8	448.6	2814.4	358007	354	357953	1674.1	110.9
1996	3110.2	484.9	2617.2	367992	605	367387	1566.4	134.1
1997	2939.9	480.9	2453.3	376903	281	376622	1678.1	144.4
1998	3221.6	598.2	2614.9	337515	56	337459	1795.5	180.2
1999	2405.4	600.0	1797.3	342070	52	343748	1381.9	198.4
2000	2539.7	604.3	1926.1	364037	40	369337	1406.1	255.5
2001	2623.0	661.7	1949.7	394372	54	395518	1477.2	516.1
2002	3394.0	803.2	2578.4	430764	14	430750	1464.0	686.9
2003	3727.4	916.9	2797.7	506024	45	505679	1705.3	1156.5
2004	3884.2	1159.1	2710.1	570338	12	570326	1909.3	1755.1
2005	5244.7	1335.6	3897.0	723210	10	723200	2173.5	2114.3
2006	5592.9	1548.9	4035.4	1043709	9	1043700	2431.5	2226.0
2007	4766.4	1610.1	3144.9	1061708	8	1061700	2312.2	2287.9
2008	4116.7	1562.4	2551.6	685425	8	656810	1865.4	1865.4
2009	2634.7	1121.2	1513.5	640646	26	640620	1707.2	1707.2
2010	3740.5	1162.8	2577.7	1055920	5	1055915	1813.5	1813.5
2011	4813.1	1188.4	3624.7	1500543		1500543	1920.1	1920.1

5-8 综合能源消费量

指　　标	2010年			2011年		
	综合能源消费量(吨标准煤)	工　业总产值(万元)	产值单耗(吨标准煤/万元)	综合能源消费量(吨标准煤)	工　业总产值(万元)	产值单耗(吨标准煤/万元)
工业消费合计	**16479281**	**13610037**	**1.21**	**19131296**	**18338447**	**1.04**
按轻重工业分						
轻工业	57770	196697	0.29	52232	248384	0.21
重工业	16421512	13413339	1.22	19079065	18090063	1.05
按工业行业分						
采矿业	3427938	4170400	0.82	4001553	6085135	0.66
煤炭开采和洗选业	3390929	3840502	0.88	3955925	5559222	0.71
黑色金属矿采选业	35282	325551	0.11	40993	522630	0.08
非金属矿采选业	1727	4347	0.40	4635	3283	1.41
制造业	10874721	9186519	1.18	12296831	11860162	1.04
农副食品加工业	2667	33803	0.08	4504	73833	0.06
食品制造业	3229	11220	0.29	3923	11729	0.33
饮料制造业	2678	12605	0.21	1799	9979	0.18
纺织业	2674	15872	0.17	2726	18232	0.15
纺织服装、鞋、帽制造业	16	2412	0.01	35	2805	0.01
造纸及纸制品业	5765	3612	1.60	2363	1597	1.48
印刷业和记录媒介的复制业						
文教体育用品制造业	40	2213	0.02	38	2320	0.02
石油加工炼焦及核燃料	4090095	2988135	1.37	4354971	3386490	1.29
化学原料及化学制品制造	809829	438429	1.85	1184711	643295	1.84
医药制造业	7248	27614	0.26	5801	25035	0.23
橡胶制品业	144	20606	0.01	90	19307	
塑料制品业	713	6747	0.11	583	10171	0.06
非金属矿物制品业	170197	110756	1.54	184334	152783	1.21
黑色金属冶炼及压延	5594444	4570921	1.22	6335744	6226853	1.02
有色金属冶炼及压延	73257	395884	0.19	87872	561785	0.16
金属制品业	307	4048	0.08	412	5509	0.07
通用设备制造业	63330	156484	0.40	80639	267341	0.30
专用设备制造业	21804	257545	0.08	22001	287780	0.08
交通运输设备制造业	19811	55085	0.36	19171	60962	0.31
电气机械及器材制造业	4927	57593	0.09	3083	76313	0.04
工艺品及其他制造业	1546	14935	0.10	2032	16044	0.13
电力、煤气及水的生产等	2176622	253118	8.60	2832912	393150	7.21
电力、热力的生产和供应	2175304	247836	8.78	2831402	387626	7.30
水的生产和供应业	1317	5282	0.25	1510	5524	0.27

主要统计指标解释

能源生产总量 指一定时期内一次能源生产量的总和，是观察能源生产水平、规模、构成和发展速度的总量指标。一次能源生产量包括原煤，原油，天然气，水电、核能及其他动力能（如风能、地热能等）发电量，不包括低热值燃料生产量、生物质能、太阳能等的利用和由一次能源加工转换而成的二次能源产量。

能源消费总量 指一定时期内物质生产部门、非物质生产部门和生活消费的各种能源的总和，是观察能源消费水平、构成和增长速度的总量指标。能源消费总量包括原煤和原油及其制品、天然气、电力，不包括低热值燃料、生物质能和太阳能等的利用。能源消费总量分为终端能源消费量、能源加工转换损失量和损失量三部分。

（1）终端能源消费量：指一定时期内生产和生活消费的各种能源在扣除了用于加工转换二次能源消费量和损失量以后的数量。

（2）能源加工转换损失量：指一定时期内投入加工转换的各种能源数量之和与产出各种能源产品之和的差额，是观察能源在加工转换过程中损失量变化的指标。

（3）能源损失量：指一定时期内能源在输送、分配、储存过程中发生的损失和由客观原因造成的各种损失量，不包括各种气体能源放空、放散量。

能源生产弹性系数 是研究能源生产增长速度与国民经济增长速度之间关系的指标。计算公式为：

能源生产弹性系数＝能源生产总量年平均增长速度／国民经济年平均增长速度

国民经济年平均增长速度，可根据不同的目的或需要，用国民生产总值、国内生产总值等指标来计算，本年鉴是采用国内生产总值指标计算的。

电力生产弹性系数 是研究电力生产增长速度与国民经济增长速度之间关系的指标。一般来说，电力的发展应当快于国民经济的发展，也就是说电力应超前发展。计算公式为：

电力生产弹性系数＝电力生产量年平均增长速度／国民经济年平均增长速度

能源消费弹性系数 是反映能源消费增长速度与国民经济增长速度之间比例关系的指标。计算公式为：

能源消费弹性系数＝能源消费量年平均增长速度／国民经济年平均增长速度

电力消费弹性系数 反映电力消费增长速度与国民经济增长速度之间比例关系的指标。计算公式为：

电力消费弹性系数＝电力消费量年平均增长速度／国民经济年平均增长速度

能源加工转换效率 指一定时期内能源经过加工、转换后，产出的各种能源产品的数量与同期内投入加工转换的各种能源数量的比率。它是观察能源加工转换装置和生产工艺先进与落后、管理水平高低等的重要指标。计算公式为：

能源加工转换效率＝能源加工、转换产出量／能源加工、转换投入量×100%

06

物 价

资料整理人员

裴欣丽　吉海燕　乔淑芳

物　价

居民消费价格指数	104.6
工业生产者购进价格指数	107.2
工业生产者出厂价格指数	106.2

居民消费价格指数（上年 =100）

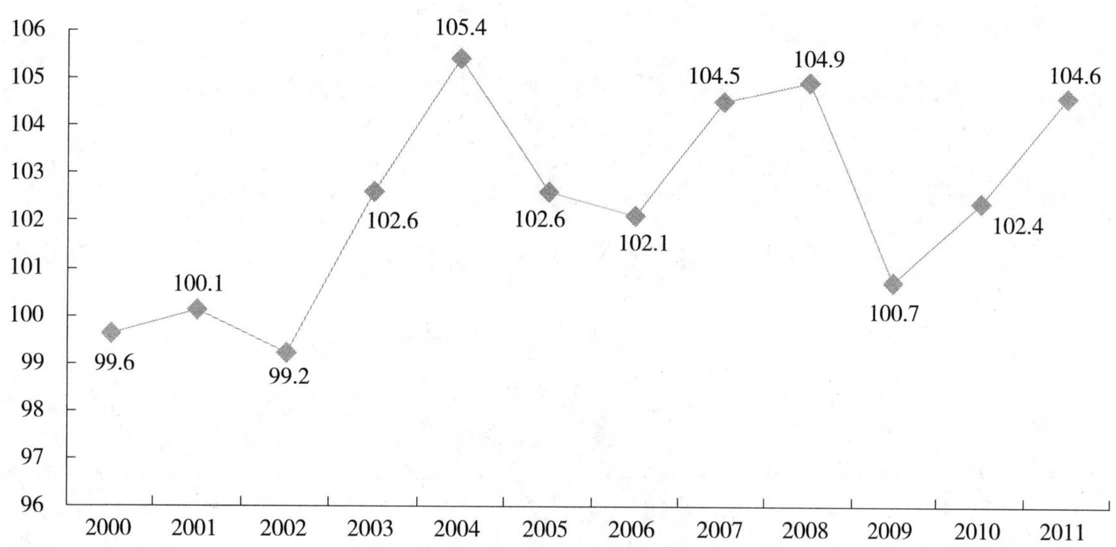

工业生产者出厂价格指数（上年 =100）

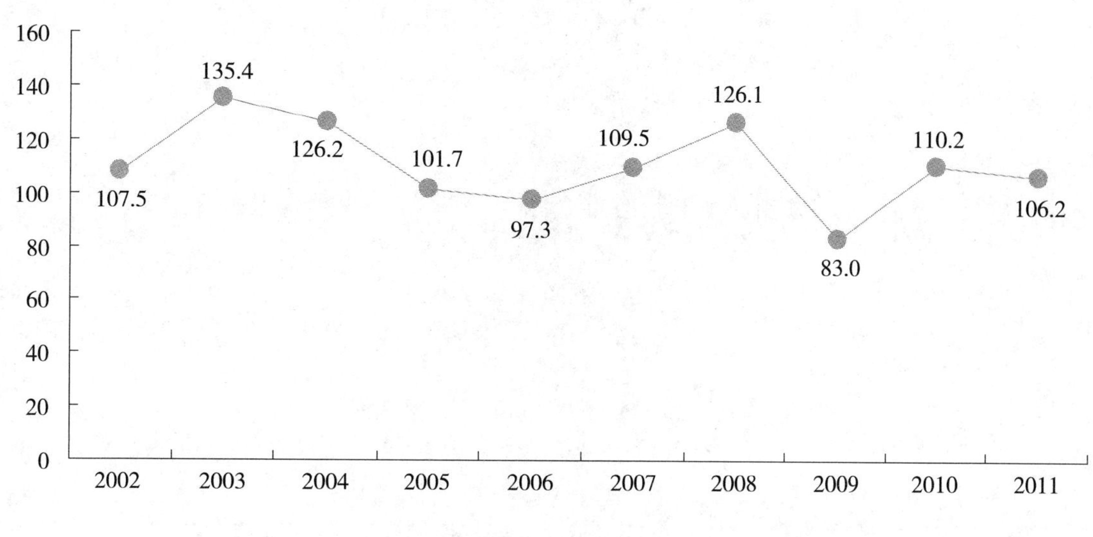

6-1 主要年份物价总指数

上年价格=100

年　份	全市商品零售价格总指数	全市居民消费价格总指数
1952		
1957		
1962		
1965		
1970		
1975		
1978		
1980		
1985		
1990	100.1	101.1
1995	114.7	115.0
2000	98.0	99.6
2001	99.3	100.1
2002	99.4	99.2
2003	101.3	102.6
2004	105.5	105.4
2005	101.2	102.6
2006	101.4	102.1
2007	103.9	104.5
2008	105.0	104.9
2009	100.2	100.7
2010	102.5	102.4
2011		104.6

6-2 居民消费价格分类指数(2011年)

上年价格=100

指　　标	全　　市	市政府驻地(尧都区)
居民消费价格总指数	**104.6**	**104.7**
一、食　品	109.2	111.9
粮　食	108.4	109.6
淀粉及制品	107.8	136.7
干豆类及豆制品	102.8	108.1
油　脂	112.5	113.8
肉禽及其制品	124.8	128.2
食用畜肉及副产品	129.7	136.4
禽	115.9	119.1
加工肉禽	115.5	114.0
蛋	112.4	107.5
水产品	111.8	110.3
鱼	112.7	110.8
其他水产品	109.2	108.9
菜	94.9	96.6
鲜　菜	93.6	96.2
干菜及菜制品	107.4	107.0
调味品	103.2	104.5
糖	108.2	111.5
茶及饮料	103.1	103.9
茶　叶	100.0	100.0
饮　料	103.8	105.4
干鲜瓜果	111.5	116.9
鲜瓜果	112.1	117.5
干(坚)果	108.6	115.6
糕点饼干面包	103.7	109.5
液体乳及乳制品	100.5	106.0
在外用膳食品	109.4	112.1
主　食	107.9	111.4
炒　菜	109.5	112.9
地方小吃	115.6	116.3
其他食品	106.5	112.5
二、烟酒	101.0	101.8
烟　草	100.1	101.1
酒	103.6	103.7
三、衣　着	101.7	98.4
服　装	102.8	98.0
男式服装	99.8	94.8
女式服装	104.1	101.2
儿童服装	105.6	94.6
衣着材料	113.9	130.0
鞋袜帽	97.7	98.0
鞋	95.3	97.8
袜　子	107.9	100.4
帽　子	100.0	100.0

6-2 续表

上年价格=100

指　　标	全　　市	市政府驻地(尧都区)
衣着加工服务费	104.9	108.0
四、家庭设备用品及维修服务	103.7	103.2
耐用消费品	100.0	101.2
家　具	99.0	100.8
家庭设备	100.7	101.4
室内装饰品	104.4	98.6
床上用品	107.1	111.9
家庭日用杂品	108.1	101.5
家庭服务及加工维修服务	109.6	117.8
五、医疗保健和个人用品	104.4	104.4
医疗保健	104.2	104.4
医疗器具及用品	102.7	92.2
中药材及中成药	109.8	110.8
西　药	101.7	103.9
保健器具及用品	107.9	115.1
医疗保健服务	104.3	100.9
个人用品及服务	105.1	104.5
化妆美容用品	102.8	107.6
清洁类化妆品	102.3	99.2
个人饰品	108.6	107.4
个人服务	105.8	102.3
六、交通和通信	100.9	100.9
交　通	104.1	102.3
交通工具	99.1	96.7
车用燃料及零配件	111.9	112.8
车辆使用及维修费	103.0	101.3
市区公共交通费	102.8	100.0
城市间交通费	109.8	109.7
通　信	98.2	99.2
通信工具	89.9	85.8
通信服务	100.0	100.7
七、娱乐教育文化用品及服务	102.3	99.5
文娱用耐用消费品及服务	96.6	93.8
教　育	104.7	102.2
教材及参考书	100.1	100.0
教育服务	105.0	102.5
文化娱乐类	101.2	100.1
文化娱乐用品	100.1	97.9
书报杂志	101.3	101.8
文娱费	102.3	100.5
旅　游	97.8	94.7
八、居　住	104.9	105.0
建房及装修材料	106.6	106.9
住房租金	106.4	108.5
自有住房	106.3	105.9
水、电、燃料	103.0	101.4

6-3 工业生产者购进价格指数

上年价格=100

类　　别	2005	2006	2007	2008	2009	2010	2011
总 指 数	**104.81**	**96.89**	**111.84**	**124.14**	**88.95**	**111.99**	**107.16**
一、燃料动力类	105.91	94.45	112.02	136.02	92.48	108.50	106.22
二、黑色金属材料类	101.04	93.32	116.58	132.05	77.21	113.96	106.75
钢　材	106.38	98.73	110.19	119.69	95.43	107.16	99.35
其　它	99.89	92.09	118.04	134.69	72.42	116.29	109.84
三、有色金属材料和电线类	125.45	151.62	108.83	93.00	74.49	145.47	111.56
四、化工原料类	110.13	103.13	108.13	120.74	91.26	105.86	108.27
五、木材及纸浆类	108.51	100.67	104.18	111.24	107.51	103.51	102.76
六、建筑材料及非金属矿类	123.15	103.56	102.78	105.99	100.79	99.76	98.28
七、其他工业原材料及半成品类	103.00	99.13	104.65	101.87	100.05	107.06	112.74
八、农副产品类	95.94	104.84	112.74	109.80	105.78	114.67	105.48
九、纺织原料类				92.21	98.23	109.04	115.38

6-4 工业生产者出厂价格指数

上年价格=100

指 标	2005	2006	2007	2008	2009	2010	2011
全部工业品	**101.65**	**97.34**	**109.49**	**126.13**	**82.96**	**110.17**	**106.22**
轻工业	102.97	101.56	100.42	104.95	97.20	105.95	108.02
以农产品为原料	101.38	99.43	100.46	104.05	95.01	110.68	111.13
以非农产品为原料	104.58	102.64	100.85	106.60	99.77	101.86	102.65
重工业	101.50	97.22	109.92	127.79	82.15	110.35	106.15
采掘工业	106.26	92.27	105.90	131.96	90.35	107.05	105.82
原料工业	101.38	98.07	110.48	127.43	80.10	111.53	105.83
加工工业	98.78	97.99	111.51	124.65	80.83	109.15	107.33
生产资料	101.66	97.31	109.69	127.05	82.53	110.32	106.27
采掘工业	111.16	96.02	105.38	131.47	91.04	106.04	105.82
原料工业	99.22	97.56	111.45	127.20	78.61	112.78	105.83
加工工业	99.44	98.65	110.03	121.37	82.59	109.11	107.77
生活资料	100.39	99.84	99.29	103.32	95.90	103.06	103.44
食 品	100.13	99.60	99.65	102.25	94.43	104.45	101.44
衣 着				102.23	95.47	93.54	
一般日用品	100.12	100.46	96.99	104.45	98.85	103.17	100.94
耐用消费品	103.12	101.51	104.91	111.10	98.97	102.83	109.84
按工业部门分							
冶金工业	98.98	97.72	111.20	124.46	75.40	114.78	108.18
电力工业	109.31	109.99	110.14	107.55	107.89	105.10	100.11
煤炭及炼焦工业	102.96	94.64	108.45	136.24	85.29	108.00	104.97
石油工业	118.75	100.54					102.27
化学工业	105.08	104.79	113.88	108.57	83.10	106.20	108.50
机械工业	109.48	107.33	103.44	112.27	94.38	104.43	106.85
建筑材料工业	103.99	100.28	100.54	104.97	105.07	99.25	109.03
森林工业		103.81	108.64	100.74		100.70	
食品工业	99.90	100.07	100.57	101.85	92.49	108.99	104.21
纺织工业	102.28	100.33	100.36	99.65	97.06	125.33	115.81
缝纫工业				102.23	95.47	93.54	
皮革工业							
造纸工业	103.64	99.41	98.57	106.38	98.16	103.46	112.54
文教艺术用品工业	102.36	101.17	104.25	114.88	98.80	105.68	119.18
其它工业	103.34	118.17	98.37	101.41	100.00	117.28	97.39

6-5 工业生产者分行业出厂价格指数

上年价格=100

指　　标	2005	2006	2007	2008	2009	2010	2011
煤炭开采和洗选业	111.91	96.30	105.18	133.75	92.41	105.56	105.28
石油和天然气开采业							
黑色金属矿采选业	105.28	93.43	107.04	118.42	80.30	112.01	102.83
有色金属矿采选业							
非金属矿采选业				105.62	102.90	98.22	100.00
其他采矿业							
农副食品加工业	100.07	96.90	108.19	112.99	96.12	112.78	109.43
食品制造业	98.15	95.51	115.43	112.60	63.58	100.00	102.35
饮料制造业	101.87	100.57	97.28	98.33	93.37	98.80	94.75
烟草制品业	100.00						
纺织业	102.28	100.33	100.36	99.65	97.06	125.33	115.81
纺织服装、鞋、帽制造业				102.23	95.47	93.54	
皮革、毛皮、羽毛(绒)及其制品业							
木材加工及木、竹、藤、棕、草制品业		103.81	108.64	100.74			
家具制造业						100.70	
造纸及纸制品业	103.64	99.41	98.57	106.38	98.16	103.46	112.54
印刷业和记录媒介的复制业	100.79	100.33	99.59	100.01	110.42	100.00	
文教体育用品制造业	103.24	101.58	105.36	116.24	98.43	105.86	119.18
石油加工、炼焦及核燃料加工业	96.05	92.87	111.82	140.33	78.88	111.31	104.41
化学原料及化学制品制造业	104.94	105.46	116.20	109.98	81.20	106.90	108.77
医药制造业	100.05	100.00	97.57	104.39	98.24	100.05	105.63
化学纤维制造业							
橡胶制品业							100.00
塑料制品业	113.57	100.47	100.43	102.32	94.99	100.13	
非金属矿物制品业	105.29	106.75	99.58	103.46	105.55	99.55	107.10
黑色金属冶炼及压延加工业	97.62	91.17	111.49	128.83	74.40	110.89	107.88
有色金属冶炼及压延加工业	124.47	173.44	110.31	97.31	79.08	142.17	116.06
金属制品业	101.45	97.35	105.42	109.39	100.19	102.28	96.84
通用设备制造业	108.22	109.88	104.86	122.47	93.56	102.38	112.32
专用设备制造业	107.26	105.67	101.51	105.83	102.01	104.85	102.03
交通运输设备制造业	114.17	103.39	105.78	119.08	78.41	101.83	106.90
电气机械及器材制造业	105.93	95.23	104.19	108.97	99.52	107.88	101.04
通信设备、计算机及其他电子设备制造业							
仪器仪表及文化、办公用机械制造业							
工艺品及其他制造业							
废弃资源和废旧材料回收加工业							
电力、热力的生产和供应业	109.31	111.43	110.19	106.84	108.22	105.12	99.93
燃气生产和供应业	100.00	100.00	100.00			99.83	96.22
水的生产和供应业	99.03	99.17	101.99	102.79	100.00	117.28	97.60

主要统计指标解释

居民消费价格指数 是度量消费商品及服务项目价格水平随着时间而变动的相对数，反映居民家庭购买的消费品及服务价格水平的变动情况。它是宏观经济分析和决策、价格总水平监测和调控以及国民经济核算的重要指标。其按年度计算的变动率通常被用来作为反映通货膨胀（或紧缩）程度的指标。调查内容是城乡居民购买并用于日常生活消费的商品和服务项目的价格。调查内容根据全国城乡居民家庭消费支出调查资料以及居民消费结构和消费习惯确定，按用途划分为8个大类，262个基本分类，包括食品、烟酒、衣着、家庭设备用品及维修服务、医疗保健和个人用品、交通和通信、娱乐教育文化用品及服务、居住。

食品 可供人类食用或饮用的物质，包括加工食品，半成品和未加工食品，不包括烟草或只作药品用的物质。

烟酒 包括烟草、酒。

烟草 包括高档卷烟和中低档卷烟等。各地可根据当地消费情况划分卷烟级别并自行选取规格品。

酒 指用高粱、大麦、米、葡萄或其他水果发酵制成的含酒精饮料。主要有白酒、葡萄酒、啤酒等。

衣着类 指各种穿戴用品，包括棉、麻、丝、毛和各种人造纤维、合成纤维纺织的各种布匹、呢绒和绸缎加工而成的服装，各种鞋、袜、帽等，此外还包括衣着加工服务。

家庭设备及维修服务类 包括耐用消费品、室内装饰品、床上用品、家庭日用杂品及家庭服务及加工维修服务。

医疗保健和个人用品类 医疗保健包括医疗器具及用品、中药材及中成药、西药、保健器具及用品和医疗保健服务。个人用品及服务包括化妆美容用品、清洁类化妆品、护肤品、个人饰品及个人服务。

交通和通信类 交通包括交通工具、车用燃料及零配件、车辆使用及维修费市区公共交通费和城市间交通费。通信包括通信工具和通信服务。

娱乐教育文化用品及服务类 包括文娱用耐用消费品及服务、教育、文化娱乐类及旅游。

居住类 包括建房及装修材料、租房、自有住房及水电燃料。

工业品出厂价格指数 是反映全部工业产品出厂价格总水平的变动趋势和程度的相对数，包括工业企业售给本企业以外所有单位的各种产品和直接售给居民用于生活消费的产品。通过工业品出厂价格指数能观察出厂价格变动对工业总产值的影响。

原材料、燃料和动力购进价格指数 是反映企业或投资者作为投资而从购买原料时，所支付的价格水平变动趋势和程度的统计指标，是扣除物质消耗成本中的价格变动影响的重要依据。

07

人民生活

资料整理人员

苏志敏　刘浥蓉

人民生活

城镇居民家庭人均可支配收入	15950	元
城镇居民家庭人均消费性支出	11025	元
城镇居民人均住房建筑面积	35.0	平方米
农民人均纯收入	6084	元
农村住户人均生活消费支出	4230	元
农村居民人均居住面积	32.4	平方米

城乡居民恩格尔系数(%)

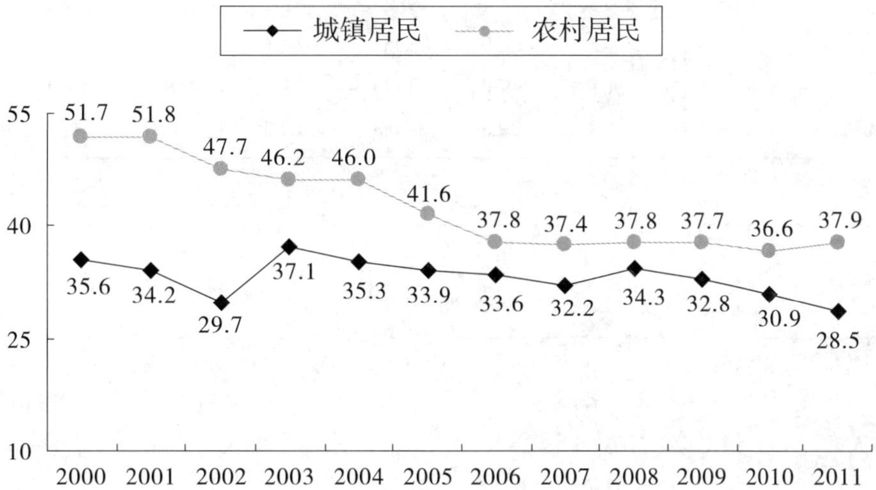

城乡居民家庭人均收入(元)

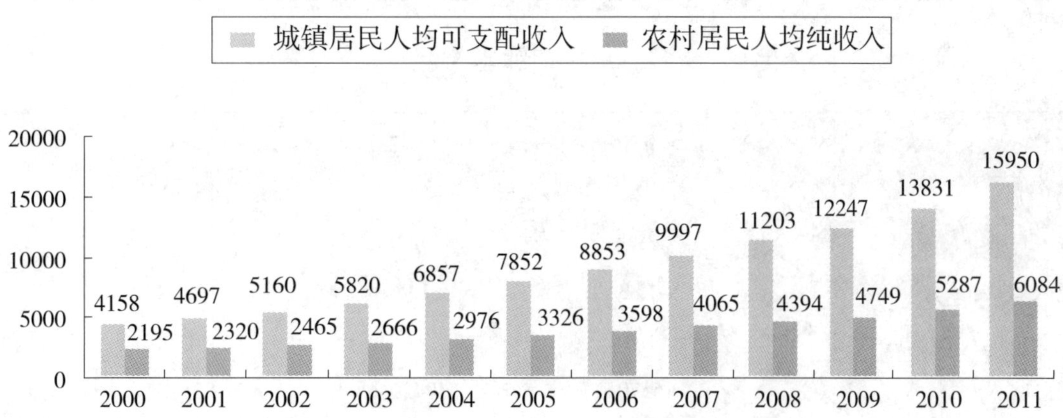

7-1 城镇居民家庭生活基本情况

指　　标	2000	2005	2006	2007	2008	2009	2010	2011
一、调查户数(户)	310	790	790	790	790	790	790	900
二、平均每户家庭人口数(人)	3.41	3.36	3.29	3.26	3.30	3.29	3.27	3.05
三、平均每户就业人口数(人)	1.88	1.78	1.76	1.95	1.71	1.71	1.69	1.79
四、平均每一就业者负担人数(人)	1.81	1.89	1.87	1.67	1.93	1.92	1.93	1.7
五、平均每人全年可支配收入(元)	4158	7852	8853	9997	11203	12247	13831	15950
高收入户	7206	15898	17432	16521	19153	20996	24145	29445
中等收入户	3930	7031	8006	9756	11035	12189	13585	15570
低收入户	2237	3487	4063	4612	5267	6193	7370	7322
六、平均每人全年消费性支出(元)	3073	5481	6181	6982	7944	8436	9466	11025
高收入户	4576	8451	9823	10170	12513	13592	14898	16867
中等收入户	3042	5359	5957	7026	7980	8263	9140	11133
低收入户	1901	3370	3779	4317	4884	5361	5615	5988
七、人均住房建筑面积(平方米)	14.8	29.8	30.8	31.1	31.2	31.4	31.6	35.0

按收入等级分组

指　　标	总　计	最　低收入户	#更　低收入户	低收入户	中下收入户
调查户数(户)	900	91	46	90	180
比　　重(%)	100	10	5	10	20
每户家庭人口数(人)	3.05	3.67	3.91	3.01	3.13
每户就业人口数(人)	1.79	1.37	1.47	1.4	1.99
每一就业者负担人数(人)	1.70	2.68	2.66	2.15	1.57
每人可支配收入(元)	15950	6068	5201	9339	12453
每人消费性支出(元)	11025	5063	4758	7477	8698

按收入等级分组(续表)

指　　标	中等收入户	中上收入户	高收入户	最高收入户
调查户数(户)	180	179.67	89.33	90
比　　重(%)	20	20	10	10
每户家庭人口数(人)	3.11	3.00	2.93	2.47
每户就业人口数(人)	1.83	1.96	1.72	1.88
每一就业者负担人数(人)	1.70	1.53	1.70	1.31
每人可支配收入(元)	15570	19420	23675	33600
每人消费性支出(元)	11133	13203	14677	18443

7-1　续表1

按人均月可支配收入分组

指　　标	总　计	200元以下	200-400元	400-600元	600-800元	800-1000元
调查户数(户)	900	8	25	59	91	115
比　　重(%)	100.00	0.92	2.79	6.56	10.16	12.71
每户家庭人口数(人)	3.05	3.24	4.04	3.71	3.09	3.15
每户就业人口数(人)	1.79	1.46	1.18	1.51	1.45	1.8
每一就业者负担人数(人)	1.70	2.22	3.42	2.46	2.13	1.75
每人可支配收入(元)	15950	413	3598	597	8440	10937
每人消费性支出(元)	11025	5735	3063	5981	7422	8852

指　　标	1000-1500元	1500-2000元	2000-2500元	2500-3000元	3000-4000元	4000元以上
调查户数(户)	296	161	79	33	18	15
比　　重(%)	32.82	17.88	8.81	3.62	2.05	16.76
每户家庭人口数(人)	3.07	2.9	2.59	2.81	2.60	2.77
每户就业人口数(人)	1.92	1.86	1.88	1.88	1.84	1.72
每一就业者负担人数(人)	1.60	1.56	1.38	1.49	1.41	1.61
每人可支配收入(元)	14954	20198	26843	32667	40370	75005
每人消费性支出(元)	10488	14050	15345	20442	15342	27609

7-1 续表2

按户主职业分组

指　　标	国家机关、企事业单位负责人	专业技术人员	办事人员和有关人员	商业、服务业人员	农、林、牧、渔、水利生产人员	生产、运输设备操作人员及有关人员	其它从业人员
调查户数(户)	52	138	392	76	5	64	29
比　重(%)	5.79	15.28	43.51	8.45	0.53	7.13	3.20
每户家庭人口数(人)	3.60	3.11	2.99	2.82	3.95	3.18	2.60
每户就业人口数(人)	2.08	1.87	2.05	1.78	2.84	1.50	1.88
每一就业者负担人数(人)	1.73	1.66	1.46	1.58	1.39	2.12	1.40
每人可支配收入(元)	19833	18093	17871	12374	8727	11431	12151
每人消费性支出(元)	12860	12141	11941	8675	6210	7339	7588

按家庭规模分组

指　　标	总　计	一人户	二人户	三人户	四人户	五人及以上户
调查户数(户)	900	13	156	433	242	56
比　重(%)	100.00	1.44	17.40	48.06	26.85	6.24
每户家庭人口数(人)	3.05	1.00	2.00	3.00	3.99	5.06
每户就业人口数(人)	1.79	0.79	1.47	1.86	1.89	2.12
每一就业者负担人数(人)	1.70	1.27	1.36	1.61	2.11	2.39
每人可支配收入(元)	15950	14971	21797	17535	12095	11673
每人消费性支出(元)	11025	9809	13302	11843	8781	7685

7-2 城镇居民家庭人均全部收入及构成

指　　标	2000	2005	2006	2007	2008	2009	2010	2011
家庭总收入(元)	**4170.97**	**8105.04**	**9122.81**	**10770.55**	**11523.66**	**12745.26**	**14398.00**	**17429.77**
#可支配收入	4158.30	7852.21	8852.87	9997.21	11203.45	12247.14	13830.73	15949.50
一、工薪收入	3237.44	6186.51	7071.03	8311.65	9233.61	10088.84	11071.00	13664.59
工资及补贴收入	3177.10	5758.92	6628.63	7990.09	8802.45	9762.96	10556.72	13370.89
其他劳动收入	60.34	427.59	442.39	321.56	431.16	325.88	514.28	293.71
二、经营净收入	276.08	746.35	777.61	1320.23	842.32	911.98	1173.98	1423.07
三、财产性收入	73.53	180.62	211.01	134.62	154.58	167.02	205.71	225.62
#利息收入	14.13	6.62	12.67	9.39	8.60	27.14	20.37	34.65
股息与红利收入	1.87	33.80	29.16	50.92	11.25	9.36	18.32	11.48
其他投资收入		66.45	81.04	63.88	51.21	47.62	76.92	27.77
出租房屋收入		59.46	56.08	42.85	69.04	76.76	73.76	140.76
四、转移性收入	583.92	991.55	1063.16	1004.05	1293.15	1577.42	1947.31	2116.48
#养老金或离退休金	418.14	710.66	757.04	824.11	1060.20	1250.95	1592.53	1527.26
社会救济收入		9.28	10.94	13.20	18.27	20.96	20.85	25.66
赡养收入	18.62	23.70	29.14	13.42	32.47	43.24	24.44	67.49
捐赠收入	65.59	197.11	243.05	120.73	152.47	183.51	225.25	430.00
家庭总收入构成(%)	**100.00**	**100.00**	**100.00**	**100.00**	**100.00**	**100.00**	**100.00**	**100.00**
#可支配收入	99.70	96.88	97.04	92.82	97.22	96.09	96.06	91.51
一、工薪收入	77.62	76.33	77.51	77.17	80.13	79.16	76.89	78.40
工资及补贴收入	76.17	71.05	72.66	74.18	76.38	76.60	73.32	76.71
其他劳动收入	1.45	5.28	4.85	2.99	3.74	2.56	3.57	1.69
二、经营净收入	6.62	9.21	8.52	12.26	7.31	7.16	8.15	8.16
三、财产性收入	1.76	2.23	2.31	1.25	1.34	1.31	1.43	1.29
#利息收入	0.34	0.08	0.14	0.09	0.07	0.21	0.14	0.20
股息与红利收入	0.04	0.42	0.32	0.47	0.09	0.07	0.13	0.07
其他投资收入		0.82	0.89	0.59	0.44	0.37	0.53	0.16
出租房屋收入		0.73	0.61	0.40	0.59	0.60	0.51	0.81
四、转移性收入	14.00	12.23	11.66	9.32	11.22	12.38	13.52	12.14
#养老金或离退休金	10.03	8.77	8.30	7.65	9.20	9.82	11.06	8.76
社会救济收入		0.11	0.12	0.12	0.15	0.16	0.14	0.15
赡养收入	0.45	0.29	0.32	0.12	0.28	0.34	0.17	0.39
捐赠收入	1.57	2.43	2.66	1.12	1.32	1.44	1.56	2.47

7-3 城镇居民家庭平均每人全年消费性支出及构成

指　标	2000	2005	2006	2007	2008	2009	2010	2011
消费性支出(元)	**3073**	**5481**	**6181**	**6982**	**7944**	**8436**	**9466**	**11025**
一、食　品	1093	1861	2080	2245	2723	2768	2928	3144
粮油类	301	345	360	423	515	488	520	471
肉禽蛋水产品类	174	297	303	390	455	414	431	520
蔬菜类	148	225	248	240	281	291	314	275
调味品	19	22	26	31	34	36	38	38
糖烟酒饮料类	212	265	309	365	415	460	468	411
干鲜瓜果类	54	99	120	138	150	168	195	249
糕点、奶及奶制品	52	153	181	215	236	238	251	279
其他食品	16	32	37	43	46	49	69	86
饮食服务	44	422	495	401	591	625	642	815
二、衣　着	492	922	1009	1147	1299	1297	1435	1721
三、居　住	260	595	672	785	1089	1210	1016	1288
四、家庭设备用品及服务	206	298	370	374	410	525	1251	733
五、医疗保健	211	398	398	383	506	537	629	684
六、交通和通信	298	598	669	832	905	967	638	1577
七、教育、文化、娱乐服务	365	627	771	695	736	830	1199	1473
八、杂项商品及服务	150	183	212	240	276	303	370	404
消费性支出构成 (%)	**100.00**	**100.00**	**100.00**	**100.00**	**100.00**	**100.00**	**100.00**	**100.00**
一、食　品	35.58	33.95	33.65	32.16	34.28	32.81	30.93	28.52
粮油类	9.80	6.30	5.83	6.06	6.48	5.78	5.49	4.27
肉禽蛋水产品类	5.67	5.41	4.90	5.59	5.73	4.91	4.55	4.72
蔬菜类	4.82	4.11	4.01	3.43	3.53	3.45	3.32	2.50
调味品	0.61	0.40	0.42	0.44	0.42	0.43	0.40	0.35
糖烟酒饮料类	6.90	4.84	5.00	5.23	5.21	5.45	4.94	3.72
干鲜瓜果类	1.77	1.81	1.95	1.98	1.89	1.99	2.06	2.26
糕点、奶及奶制品	1.68	2.80	2.93	3.07	2.97	2.82	2.65	2.50
其他食品	0.51	0.58	0.59	0.61	5.70	0.58	0.73	0.78
饮食服务	1.42	7.70	8.02	5.75	7.43	7.41	6.78	7.39
二、衣　着	16.00	16.81	16.32	16.43	16.34	15.37	15.16	15.61
三、居　住	8.45	10.86	10.88	11.25	13.71	14.34	10.73	11.68
四、家庭设备用品及服务	6.70	5.44	5.98	5.36	5.15	6.22	13.22	6.65
五、医疗保健	6.86	7.25	6.45	5.48	6.36	6.37	6.64	6.21
六、交通和通信	9.68	10.91	10.82	11.92	11.39	11.46	6.74	14.30
七、教育、文化、娱乐服务	11.86	11.44	12.48	9.96	9.26	9.84	12.67	13.36
八、杂项商品及服务	4.87	3.33	3.43	3.44	3.47	3.59	3.91	3.66

7-4 主要年份城镇居民人均可支配收入增长情况

年 份	可支配收入(元)	比上年增加额(元)	比上年增长(%)	城镇居民消费价格指数(以上年为100)	扣除物价上涨因素后	
					实际收入(元)	比上年增长(%)
1952	146					
1957	220					
1965	226					
1978	260					
1980	377					
1985	636					
1990	1020	88	9.5	101.1	1009	8.3
1995	2780	627	29.1	115.0	2417	12.3
2000	4158	389	10.3	99.6	4175	10.8
2001	4697	539	13.0	100.1	4692	12.8
2002	5160	463	9.8	99.2	5201	10.7
2003	5820	660	12.8	102.6	5672	9.9
2004	6857	1037	17.8	105.4	6506	11.8
2005	7852	995	14.5	102.6	7653	11.6
2006	8853	1001	12.7	102.1	8671	10.4
2007	9997	1144	12.9	104.5	9567	8.1
2008	11203	1206	12.1	104.9	10223	6.9
2009	12247	1044	9.3	100.7	12162	8.6
2010	13831	1584	12.9	102.4	13507	10.3
2011	15950	2119	15.3	104.6	15249	10.3

7-5 主要年份城镇居民人均消费性支出增长情况

年 份	消费性支出(元)	比上年增加额(元)	比上年增长(%)	城镇居民消费价格指数(以上年为100)	扣除物价上涨因素后	
					实际支出(元)	比上年增长(%)
1952	109					
1957	180					
1965	199					
1978	236					
1980	350					
1985	598					
1990	795	15	2.0	101.1	787	0.9
1995	1940	448	30.0	115.0	1687	13.1
2000	3073	395	14.7	99.6	3086	15.2
2001	3330	256	8.3	100.1	3327	8.2
2002	4064	734	22.0	99.2	4097	23.0
2003	4329	265	6.5	102.6	4220	3.8
2004	4924	595	13.7	105.4	4672	7.9
2005	5481	557	11.3	102.6	5342	8.5
2006	6181	700	12.8	102.1	6054	10.5
2007	6982	801	13.0	104.5	6681	8.1
2008	7944	962	13.8	104.9	7248	8.5
2009	8436	492	6.2	100.7	8377	5.5
2010	9466	1030	12.2	102.4	9244	9.6
2011	11025	1559	16.5	104.6	10540	11.3

7-6 城镇居民家庭平均每人全年购买的主要商品数量

指　　标	2000	2005	2006	2007	2008	2009	2010	2011
粮　　食（公斤）	114.9	95.2	96.5	71.8	98.5	76.0	106.0	81.9
食用植物油（公斤）	10.2	8.2	8.4	9.4	13.5	9.2	8.5	9.0
猪　　肉（公斤）	7.0	7.6	8.8	8.6	11.4	9.1	8.1	10.0
牛 羊 肉（公斤）	0.5	0.8	0.8	1.2	1.2	1.0	0.9	0.5
家　　禽（公斤）	0.5	1.8	2.9	0.8	1.5	1.4	0.9	2.7
蛋　　类（公斤）	14.5	15.6	16.7	17.6	23.3	18.5	15.6	15.9
鱼　　虾（公斤）	1.5	1.8	2.1	2.4	3.0	2.3	1.9	1.5
蔬　　菜（公斤）	119.3	122.9	121.4	107.8	119.9	122.1	103.0	100.5
酒　　类（公斤）	4.4	2.7	2.9	3.3	3.3	2.7	2.3	1.9
服　　装（件）	6.2	8.5	8.6	8.1	7.7	7.8	8.9	10.8
鞋　　类（双）	2.8	3.2	3.1	3.3	3.3	3.4	3.2	3.6
煤　　炭（公斤）	216.4	399.1	378.1	309.3	208.4	181.9	143.5	110.7

7-7 城镇居民家庭平均每百户年末耐用消费品拥有量

指　　标	2000	2004	2005	2006	2007	2008	2009	2010	2011
洗 衣 机（台）	92.9	97.0	96.2	98.5	97.0	98.1	98.3	99.4	100.1
电 冰 箱（台）	59.7	61.5	71.0	73.6	85.2	90.3	90.5	91.7	96.8
微 波 炉（台）		7.7	10.9	11.6	12.2	15.2	15.5	16.5	18.1
彩色电视机（台）	102.3	107.8	103.0	105.0	106.0	108.3	108.3	108.6	106.3
组合音响（套）	14.8	15.2	12.0	11.6	15.4	17.8	17.8	18.0	4.9
空 调 机（台）	12.9	23.5	33.8	36.3	32.9	42.2	42.4	45.2	88.7
照 相 机（架）	30.6	24.7	25.7	26.2	18.6	20.3	20.5	20.5	20.5
摩 托 车（辆）	44.5	68.8	67.8	71.5	71.4	63.5	66.3	63.2	54.1
家用电脑（台）	1.0	10.7	18.2	22.7	31.9	44.6	46.2	49.1	82.5
移动电话（部）	7.1	87.0	121.2	133.0	153.9	168.3	171.2	175.4	211.9
家用汽车（辆）	0.3	2.1	3.5	3.8	6.0	10.7	12.2	13.3	31.3

7-8 城镇居民家庭年末居住情况

单位：%

指　　标	2005	2006	2007	2008	2009	2010	2011
一、按房屋产权	100.00	100.00	100.00	100.00	100.00	100.00	100.00
租赁公房	5.11	4.33	1.88	1.60	1.47	1.39	1.83
租赁私房	5.70	6.04	5.22	3.74	3.53	3.55	2.85
原有私房	40.30	39.94	44.01	40.45	40.53	37.64	21.16
房改私房	17.05	17.86	8.68	8.08	8.04	12.93	12.90
商品房	25.14	25.43	38.54	43.55	43.70	42.33	60.38
其　他	6.70	6.40	1.67	1.49	1.64	1.14	0.84
二、住宅建筑式样	100.00	100.00	100.00	100.00	100.00	100.00	100.00
单栋住宅	6.21	7.33	9.02	12.58	12.43	12.42	4.37
四居室	9.61	9.08	5.30	4.77	4.81	4.84	1.54
三居室	27.45	26.21	22.33	28.85	28.61	28.90	43.99
二居室	23.74	24.43	10.33	10.11	10.30	12.04	23.94
一居室	1.52	1.37	2.19	0.16	0.11	0.25	1.48
普通楼房	6.49	7.03	9.65	8.18	8.52	8.24	4.39
平房及其他	24.97	24.54	41.18	35.24	35.12	33.21	20.25
三、饮水情况	100.00	100.00	100.00	100.00	100.00	100.00	100.00
自来水	96.71	98.05	99.12	99.35	99.34	99.37	99.72
矿泉水							0.07
纯净水	0.25			0.11	0.11	0.13	
井、河水	3.04	1.95	0.88	0.54	0.55	0.51	0.18
其　他							0.04
四、用水情况	100.00	100.00	100.00	100.00	100.00	100.00	100.00
独用自来水	84.27	84.70	93.74	98.02	98.14	98.22	99.05
公用自来水	12.95	13.22	5.48	1.44	1.31	1.27	0.67
井、河水	2.79	2.08	0.74	0.54	0.55	0.51	0.18
其　他							0.11
五、卫生设备	100.00	100.00	100.00	100.00	100.00	100.00	100.00
无卫生设备	14.30	13.16	10.13	6.37	6.42	5.96	3.23
有厕所浴室	35.74	39.03	33.74	51.64	51.49	50.63	86.28
有厕所无浴室	42.50	41.49	51.51	38.22	38.42	39.97	9.65
公　用	6.96	5.81	4.62	3.77	3.66	3.43	0.84
六、取暖设备	100.00	100.00	100.00	100.00	100.00	100.00	100.00
无取暖设备	0.32	0.46	0.59	1.60	1.61	1.52	1.75
空调设备	8.35	6.59	3.03	2.33	2.35	2.66	1.66
暖　气	72.11	76.78	89.10	86.52	86.55	86.80	92.03
其　他	19.22	16.17	7.28	9.44	9.38	8.88	4.56
七、炊用燃料使用情况	100.00	100.00	100.00	100.00	100.00	100.00	100.00
管道天然气							49.87
管道煤气	20.84	22.16	14.13	19.44	20.08	26.64	21.30
液化石油气	14.79	15.14	17.13	36.34	35.30	32.80	8.47
煤	60.53	57.61	60.56	34.31	34.46	31.33	11.03
其　他	3.84	4.79	8.18	9.90	9.93	9.24	9.31

7-9 城镇居民家庭平均

按户主职业分组

指　　标	国家机关、企事业单位负责人	专　　业技术人员	办事人员和有关人员
消费性支出(元)	**12860**	**12141**	**11941**
一、食　品	3200	3424	3426
粮　食	266	288	295
油脂类	78	98	111
肉禽蛋水产品类	422	581	557
蔬菜类	283	314	278
糖烟酒饮料类	603	305	487
干鲜瓜果类	206	293	271
奶及奶制品	195	187	274
饮食服务	850	1018	875
二、衣　着	1887	2047	1930
#服　装	1388	1520	1435
衣着材料	3	3	6
三、居　住	1212	1119	1249
#住　房	397	258	209
水、电、燃料及其他	758	799	958
四、家庭设备用品及服务	1300	892	780
#耐用消费品	829	435	241
五、医疗保健	1115	822	598
六、交通和通讯	1639	1783	1804
七、教育文化娱乐服务	1867	1649	1680
#文化娱乐用品	400	208	292
文化娱乐服务	401	375	334
教　育	1076	1067	1053
八、杂项商品和服务	629	404	474

每人全年消费性支出(2011年)

商业、服务业人员	农、林、牧、渔、水利生产人员	生产、运输设备操作人员及有关人员	其它从业人员
8675	**6210**	**7339**	**7588**
2426	2150	2144	2686
230	199	274	364
73	66	93	74
343	291	363	537
228	211	204	244
216	225	259	420
211	133	169	167
143	65	93	151
750	742	435	456
1345	999	1439	885
967	717	996	609
2	1	5	3
1082	573	1243	539
288	195	482	44
747	375	730	462
586	289	370	337
241	116	124	141
933	356	294	987
1065	1065	847	1002
920	435	801	918
126	318	127	220
124	85	138	69
670	32	536	630
318	342	201	233

7-9 续

按收入等级分组

指　　标	总　计	最低收入户	更低收入户	低收入户
消费性支出(元)	**11025**	**5062.65**	**4758**	**7477**
一、食　品	3144	1403	1340	2264
粮　食	291	257	227	272
油脂类	99	74	64	83
肉禽蛋水产品类	520	270	249	433
蔬菜类	275	164	155	285
糖烟酒饮料类	411	155	157	276
干鲜瓜果类	249	111	103	206
奶及奶制品	206	65	75	100
饮食服务	815	156	164	383
二、衣　着	1721	593	563	1367
#服　装	1274	433	411	967
衣着材料	4.3	0.7	0.3	4.6
三、居　住	1288	1565	1630	922
#住　房	264	158	23	117
水、电、燃料及其他	961	1400	1599	763
四、家庭设备用品及服务	733	397	329	459
#耐用消费品	285	138	15	180
五、医疗保健	684	182	201	377
六、交通和通讯	1577	309	292	1269
七、教育文化娱乐服务	1473	486	274	594
#文化娱乐用品	246	224	40	81
文化娱乐服务	304	26	20	119
教　育	923	235	213	394
八、杂项商品和服务	404	127	129	224

表1

中下收入户	中等收入户	中上收入户	高收入户	最高收入户
8698	**11133**	**13203**	**14677**	**18443**
2789	3324	3585	4008	4892
344	261	319	265	277
102	85	148	69	83
458	557	561	707	735
235	255	319	313	401
263	410	417	421	1097
193	264	301	368	342
412	238	145	221	185
529	944	1051	1325	1418
1266	1738	2220	2749	2469
928	1283	1617	2184	1842
1.34	3.7	6.7	1.9	11.4
1165	1197	1361	1285	1465
123	322	301	429	454
1002	838	939	773	893
436	611	960	888	1568
109	208	503	349	511
476	603	1047	682	1360
1463	1548	1774	2088	2986
840	1757	1869	2374	2556
147	283	186	205	667
130	461	272	507	739
563	1013	1411	1661	1151
264	356	389	603	1147

7-9 续

按人均月可支配收入分组

指　　标	总　计	200元下	200-400元	400-600元	600-800元
消费性支出(元)	**11025**	**5735**	**3063**	**5981**	**7422**
一、食　品	3144	2026	1104	1461	2224
粮　食	291	249	232	236	280
油脂类	99	92	67	74	85
肉禽蛋水产品类	520	293	220	273	364
蔬菜类	275	225	133	180	234
糖烟酒饮料类	411	188	129	153	266
干鲜瓜果类	249	143	51	118	184
奶及奶制品	206	171	60	67	124
饮食服务	815	477	109	195	448
二、衣　着	1721	915	459	577	1275
#服　装	1274	640	248	440	895
衣着材料	4.3	4.8	0.7	1.0	3.0
三、居　住	1288	553	492	2119	948
#住　房	264	78	167	227	190
水、电、燃料及其他	961	456	301	1883	718
四、家庭设备用品及服务	733	281	172	389	335
#耐用消费品	285	84	60	42	71
五、医疗保健	684	498	301	187	346
六、交通和通讯	1577	752	256	518	1382
七、教育文化娱乐服务	1473	423	202	609	690
#文化娱乐用品	246	172	37	309	101
文化娱乐服务	304	33	28	42	136
教　育	923	217	137	257	453
八、杂项商品和服务	404	286	77	121	223

表2

800-1000元	1000-1500元	1500-2000元	2000-2500元	2500-3000元	3000-4000元	4000元以上
8852	**10488**	**14050**	**15345**	**20442**	**15342**	**27609**
2938	3254	3479	4642	4256	4387	6017
319	307	299	255	326	258	313
87	108	119	82	159	91	47
489	553	586	646	720	862	865
248	292	288	318	388	420	395
287	333	495	938	679	965	901
196	273	324	293	323	464	406
514	191	178	153	222	205	433
546	888	876	1655	1123	733	2276
1267	1592	2527	2387	3307	2752	4070
965	1136	1885	1823	2659	2281	2885
2	3	8	6	12	3	18
1362	1025	1509	1350	1925	1076	1985
149	164	585	174	653	150	1232
1159	809	836	1050	1111	855	655
613	646	969	874	2803	682	921
294	269	449	225	1150	289	453
268	697	1003	1180	765	2117	1961
1228	1559	1780	2277	2588	1738	6335
896	1357	2373	2177	2648	2057	5636
128	163	334	404	806	593	397
179	328	438	336	943	565	578
589	867	1601	1437	899	899	4662
280	376	409	458	2149	533	683

7-9 续表3

按家庭规模分组

指 标	总 计	一人户	二人户	三人户	四人户	五人及以上户
消费性支出(元)	**11025**	**9809**	**13302**	**11843**	**8781**	**7685**
一、食 品	3144	4281	4360	3287	2225	2339
粮 食	291	892	397	273	249	293
油脂类	99	218	129	100	78	83
肉禽蛋水产品类	520	837	720	555	336	365
蔬菜类	275	676	380	282	196	216
糖烟酒饮料类	411	269	684	429	294	201
干鲜瓜果类	249	252	333	282	161	121
奶及奶制品	206	57	119	188	118	499
饮食服务	815	808	1270	874	569	385
二、衣 着	1721	1396	1762	2040	1253	749
#服 装	1274	1203	1197	1540	904	536
衣着材料	4.3	2.7	8.2	4.8	2.1	0.4
三、居 住	1288	1520	1190	1211	1141	1930
#住 房	264	359	177	277	416	92
水、电、燃料及其他	961	1151	951	852	689	1825
四、家庭设备用品及服务	733	558	682	801	741	456
#耐用消费品	285	63	333	282	381	142
五、医疗保健	684	439	1253	619	399	799
六、交通和通讯	1577	875	2267	1636	1455	791
七、教育文化娱乐服务	1473	452	1354	1775	1251	468
#文化娱乐用品	246	38	177	276	357	84
文化娱乐服务	304	231	378	360	222	79
教 育	923	183	799	1147	682	306
八、杂项商品和服务	404	285	434	474	316	152

7-10 主要年份农民家庭基本情况

单位：人

年　份	调查户数(户)	调查户常住人口	户均常住人口	平均每户整半劳动力	每个劳力负担人口	平均每人居住面积(平方米)
1980	300	1518	5.06	2.57	1.97	9.36
1985	300	1497	4.99	2.69	1.86	12.97
1990	1340	6386	4.77	2.75	1.73	15.40
1995	1060	4743	4.47	2.85	1.57	19.17
2000	1340	5883	4.39	2.80	1.57	21.91
2001	1360	5942	4.37	2.74	1.59	22.48
2002	1360	5898	4.34	2.74	1.58	23.20
2003	1360	5786	4.25	2.81	1.51	23.49
2004	1360	5776	4.25	2.89	1.47	25.53
2005	1360	5758	4.23	2.88	1.47	27.92
2006	1360	5734	4.22	2.90	1.46	28.25
2007	1360	5732	4.21	2.93	1.44	28.73
2008	1360	5717	4.20	2.93	1.43	29.01
2009	1360	5694	4.19	3.00	1.40	29.69
2010	1360	5685	4.18	3.03	1.38	30.40
2011	1360	5083	3.74	2.67	1.40	32.40

7-11 农民家庭人口状况(2011年)

指　　标	总　　计	每户平均
一、调查户数 (户)	**1360**	
二、家庭常住人口(人)	**5083**	**3.74**
#整半劳动力数	3632	2.67
#整劳动力	2493	1.83
学龄前人数	265	0.19
7-15岁	557	0.41
16-60岁	3834	2.82
60岁以上	427	0.31

7-12 农民家庭劳动力状况（2011年）

单位：人

指　　标	总　　计	每百人
一、劳动力文化状况		
不识字或识字很少	41	0.81
小学程度	507	9.97
初中程度	2027	39.88
高中程度	407	8.01
中　专	78	1.53
大专及以上	52	1.02
二、劳动力就业情况		
第一产业	1608	31.63
第二产业	690	13.57
采矿业	195	3.84
制造业	279	5.49
电力煤气及水的生产供应业	48	0.94
建筑业	168	3.31
第三产业	814	16.01
交通运输仓储及邮电通讯业	125	2.46
批发和零售贸易业	135	2.66

7-13 农民家庭平均每户房屋情况

指　　标	2000	2005	2006	2007	2008	2009	2010	2011
一、年内新建房屋面积 (平方米)	**1.17**	**3.16**	**0.76**	**1.33**	**0.64**	**2.46**	**1.98**	**1.84**
砖木结构面积	0.81	1.38	0.36	0.35	0.24	2.46	0.78	0.85
钢筋混凝土结构面积	0.34	1.78	0.40	0.98	0.40		0.82	1.13
年内新建房屋价值 (元)	276	1120	342	463	249	878	1002	1252
平均每平方米新建房屋价值 (元)	205.00	354.23	451.06	364.72	386.67	396.16	506.32	679.92
新建房屋中生活用房面积 (平方米)	1.17	3.16	0.76	1.33	0.64	2.46	1.98	
新建房屋中楼房面积 (平方米)		1.11				1.21	0.83	0.35
二、年末住房面积 (平方米)	**94.77**	**120.75**	**121.51**	**122.79**	**123.43**	**125.77**	**126.36**	**120.38**
砖木结构面积	61.95	90.30	90.65	85.01	85.25	87.71	81.74	76.39
钢筋混凝土结构面积	11.91	26.20	26.60	26.18	26.58	26.58	28.52	31.01
人均生活用房面积 (平方米)	21.91	27.92	28.25	28.73	29.01	29.69	30.40	32.40
三、年末住房价值 (元)	**13297**	**27046**	**28150**	**29148**	**29569**	**30372**	**31912**	**55089**

7-14 农民家庭土地经营情况（2011年）

单位：亩

指　　标	总 计	每户平均	每人平均
一、期初实际经营土地面积	**6850.50**	**12.23**	**3.29**
#耕　地	4930.80	8.80	2.37
#有效灌溉面积	906.39	1.62	0.44
二、期内增加的经营土地面积	**48.00**	**0.09**	**0.02**
#耕　地	48.00	0.09	0.02
#有效灌溉面积			
三、期内减少的经营土地面积	**133.95**	**0.24**	**0.06**
#耕　地	133.95	0.24	0.06
#有效灌溉面积	4.00	0.01	
四、期末实际经营的土地面积	**6764.55**	**12.08**	**3.25**
#耕　地	4844.85	8.65	2.33
#有效灌溉面积	902.39	1.61	0.43

7-15 农民家庭收支情况（2011年）

单位：元

指　　标	合　　计	每人平均
一、总收入	**16018861**	**7704.15**
工资性收入	6216984	2990.01
家庭经营收入	8447431	4062.73
第一产业	5978284	2875.21
农　业	4538398	2182.71
林　业	197811	95.14
牧　业	1242075	597.37
第二产业	464453	223.38
工　业	298103	143.37
建筑业	166350	80.00
第三产业	2004694	964.14
交通、运输、邮电业	654075	314.57
批零贸易业、餐饮业	1029621	495.19
社会服务业	234141	112.61
文教卫生业	76300	36.70
其他行业	8656	4.16
财产性收入	168900	81.23
转移性收入	1185547	570.18
二、总支出	**13005409**	**6254.86**
家庭经营费用	2817608	1355.11
第一产业生产费用	2198170	1057.19
农　业	1365999	656.97
林　业	71025	34.16
牧　业	761146	366.07
第二产业生产费用	98785	47.51
工　业	71155	34.22
建筑业	27630	13.29
第三产业生产费用	520653	250.40
交通运输邮电业	161258	77.56
批零贸易餐饮业	298489	143.56
社会服务业	43998	21.16
文教卫生业	12349	5.94
其他行业	4559	2.19
购置生产性固定资产支出	277417	133.42
建造生产性固定资产雇工支出		
税费支出	16014	7.70
生活消费支出	8794969	4229.88
财产性支出	13000	6.25
转移性支出	1086401	522.50
三、全年可支配收入	**11781544**	**5666.25**
四、全年纯收入	**12650263**	**6084.05**

7-16 农民家庭平均每百户拥有主要生产性固定资产数量

指 标	2000	2005	2006	2007	2008	2009	2010	2011
汽 车(辆)	1.79	4.64	5.36	5.89	6.07	5.89	5.00	3.75
大中型拖拉机(台)	1.79	2.68	2.86	3.21	4.11	4.64	3.93	3.93
小型和手扶拖拉机(台)	24.86	31.07	33.75	37.68	37.14	26.07	23.39	10.54
机动脱粒机(台)	0.57	1.43	1.61	1.79	2.50	2.68	2.68	0.54
胶轮大车 (辆)	7.86	0.79	0.18	0.18	0.18	0.14	0.71	
水 泵(台)	5.36	2.50	3.04	6.61	5.18	6.25	6.61	4.46
役 畜(头)	40.54	17.86	17.68	18.39	15.89	15.71	14.46	4.46
产品畜(头)	16.79	13.57	17.14	19.29	10.36	28.75	8.75	23.93

7-17 农民家庭平均每人家庭经营纯收入

单位：元

指 标	2000	2005	2006	2007	2008	2009	2010	2011
家庭经营纯收入	**1251.42**	**1801.51**	**1857.94**	**2157.11**	**2238.08**	**2390.06**	**2623.84**	**2553.57**
农业收入	668.49	971.04	1031.39	1212.71	1272.16	1314.65	1461.26	1456.12
林业收入	19.59	32.03	26.76	37.18	40.33	39.70	47.74	60.88
牧业收入	99.92	127.51	113.95	154.77	188.28	183.33	194.37	216.59
渔业收入								
工业收入	32.49	75.94	83.28	90.51	83.44	79.57	143.52	103.19
建筑业收入	16.51	95.40	95.95	95.68	97.07	119.36	121.26	65.93
运输业收入	187.38	206.46	235.09	244.43	220.21	238.64	240.88	205.81
商业、餐饮业收入	99.89	195.55	193.77	200.44	211.63	243.31	248.18	334.54
服务业收入	34.87	44.29	62.07	91.74	98.01	129.56	155.54	81.24
其他收入	92.28	53.29	15.69	29.65	26.95	41.92	11.09	29.28

7-18 主要年份农村住户每人平均纯收入

单位：元

年 份	全 年纯收入	按纯收入来源分					按纯收入性质分	
		基本收入	工资性收 入	家庭经营纯 收 入	转移性收 入	财产性收 入	生产性收 入	非生产性收入
1980	63	44	11	33	17	2	44	19
1985	335	300	21	279	31	4	300	35
1990	501	467	123	344	30	4	467	34
1995	1130	1089	269	820	36	5	1089	41
2000	2195	2135	884	1251	54	6	2135	60
2001	2320	2272	1016	1256	41	7	2272	48
2002	2465	2410	1132	1278	45	10	2410	55
2003	2666	2625	1208	1417	33	8	2625	41
2004	2976	2920	1251	1669	43	13	2920	56
2005	3326	3242	1441	1801	64	20	3242	84
2006	3598	3472	1614	1858	104	22	3472	126
2007	4065	3913	1756	2157	118	34	3913	152
2008	4394	4156	1918	2238	196	42	4156	238
2009	4749	4427	2037	2390	274	48	4427	322
2010	5287	4917	2293	2624	295	75	4917	370
2011	6084	5544	2990	2554	459	81	5544	540

7-19 主要年份农村住户每人平均生活消费支出

单位：元

年 份	生活消费支 出	食 品	衣 着	居 住	家庭设备用 品 及服 务	医疗保健	交通和通 讯	文教娱乐用 品 及服 务	其他商品和 服 务
1986	256.29	155.23	28.84	37.86	20.00	6.65	2.72	3.43	1.56
1987	271.09	157.74	27.79	42.51	24.01	8.20	4.22	4.82	1.80
1988	329.90	196.72	41.27	33.29	22.03	10.90	7.64	12.40	4.84
1989	354.25	202.49	41.63	39.31	38.00	11.90	6.04	10.84	4.04
1990	390.43	232.78	46.48	42.63	37.50	11.40	6.29	9.92	3.43
1991	402.57	232.06	46.86	45.92	38.00	14.58	6.47	13.63	5.05
1992	402.77	246.63	46.36	31.05	40.00	14.44	6.53	13.19	4.57
1993	511.26	319.04	51.07	68.64	22.03	12.29	7.44	26.39	4.36
1994	560.62	359.92	66.46	35.34	34.27	15.96	7.37	33.85	7.45
1995	613.41	382.37	73.37	59.14	28.51	16.31	7.82	38.67	7.22
1996	972.10	537.09	128.98	83.47	55.67	48.38	37.04	69.65	11.82
1997	990.40	533.18	123.05	70.27	56.11	57.61	49.49	85.28	15.41
1998	903.60	492.23	114.04	76.34	52.07	36.77	46.04	76.63	9.48
1999	963.59	499.98	130.15	101.35	64.54	42.54	31.05	81.96	12.02
2000	1048.27	542.06	127.10	106.59	59.81	55.97	36.92	96.21	23.61
2001	1114.67	577.42	130.15	97.96	56.82	66.66	55.34	103.69	26.63
2002	1198.91	571.48	146.36	141.40	60.41	54.36	70.93	128.35	25.62
2003	1332.17	614.85	155.55	171.75	60.49	60.17	90.77	164.10	14.49
2004	1657.44	763.25	177.14	223.81	72.05	74.75	127.69	196.98	21.77
2005	1845.68	767.73	219.83	239.01	78.59	84.84	192.06	238.43	25.19
2006	2089.39	789.40	235.20	254.33	94.13	111.86	253.54	324.68	26.25
2007	2527.71	945.08	280.64	321.39	119.35	149.82	302.33	367.40	41.70
2008	2863.99	1082.39	296.79	424.83	154.79	154.63	313.71	399.37	37.48
2009	3083.29	1161.23	304.57	523.99	151.05	184.56	328.25	385.47	44.18
2010	3380.75	1236.94	324.20	589.75	194.22	202.94	378.33	408.00	46.37
2011	4229.88	1602.85	408.07	794.38	244.94	312.86	498.48	286.64	81.66

7-20 农民家庭平均每人现金收入

单位：元

指　　标	2000	2005	2006	2007	2008	2009	2010	2011
一、人均现金收入	**2030.06**	**3408.89**	**3799.63**	**4494.13**	**4891.31**	**5314.03**	**5874.95**	**6911.04**
工资性收入	882.69	1437.84	1613.79	1755.06	1915.10	2036.94	2291.75	2987.03
出售产品收入	468.43	829.70	909.27	1303.15	1607.69	1664.51	1786.95	2101.34
工业服务性收入	60.55	123.51	147.50	167.99	116.80	94.35	140.87	133.78
运输业收入	171.24	320.53	377.25	425.82	367.20	374.92	395.07	314.57
商业、餐饮业收入	102.84	263.12	273.96	277.88	271.51	311.56	332.77	495.19
服务业收入	93.89	119.73	76.96	113.66	127.21	186.90	237.60	112.61
其他经营收入	100.84	60.29	96.08	80.63	76.26	51.23	14.57	40.86
建筑业服务性收入	89.96	130.40	146.16	135.16	137.13	156.40	165.11	80.00
转移性收入	53.57	105.39	137.31	167.99	219.70	311.53	329.32	496.75
财产性收入	6.05	18.38	21.34	23.65	22.46	43.51	70.38	70.93
二、非收入所得	**182.10**	**385.19**	**395.81**	**526.86**	**775.20**	**880.60**	**1076.89**	**2232.95**

7-21 农民家庭平均每人现金支出

单位：元

指　　标	2000	2005	2006	2007	2008	2009	2010	2011
总　计	**1192.61**	**2333.91**	**2780.20**	**3328.72**	**3819.92**	**4042.34**	**4497.92**	**5905.67**
一、生产费用支出	**278.05**	**675.68**	**782.26**	**960.14**	**1069.89**	**1103.43**	**1288.43**	**1414.02**
#家庭经营费用支出	247.88	634.23	749.63	919.22	989.10	1048.84	1224.31	1280.60
购置生产性固定资产支出	30.17	41.45	32.63	40.92	80.19	38.91	64.12	133.42
二、税费支出	**40.30**	**1.24**	**4.41**	**9.93**	**18.19**	**12.65**	**4.94**	**7.56**
三、生活消费支出	**782.52**	**1548.56**	**1827.15**	**2230.58**	**2538.52**	**2731.06**	**3050.35**	**3956.42**
食　品	280.59	486.84	538.74	671.92	775.07	837.28	931.62	1330.90
#主　食	43.66	55.71	63.76	73.18	88.75	96.71	114.04	187.45
副　食	116.96	367.96	396.13	493.88	578.27	573.76	635.23	653.93
衣　着	126.97	219.82	235.18	280.56	296.77	304.54	323.91	408.07
居　住	102.44	222.92	242.88	297.54	406.71	495.74	564.97	792.89
家庭设备、用品及服务	59.81	78.59	94.13	119.35	154.79	151.05	194.22	244.94
医疗保健	55.97	84.84	111.86	149.82	154.63	184.56	202.94	312.86
交通和通讯	36.92	192.06	253.54	302.33	313.71	328.25	378.33	498.48
文教娱乐用品及服务	96.21	238.43	324.68	367.40	399.37	385.47	408.00	286.64
其他商品和服务	23.61	25.06	26.13	41.66	37.48	44.18	46.37	81.64
四、财产性支出	**4.45**	**4.27**	**7.84**	**7.08**	**7.41**	**4.61**	**9.81**	**6.25**
五、转移性支出	**87.29**	**104.16**	**158.54**	**120.99**	**185.92**	**190.60**	**144.38**	**521.41**

7-22 农民住户调查按平均每人

指　　标	500元以下户	500-800元户	800-1000元户	1000-1300元户	1300-1500元户	1500-1700元户	1700-2000元户	2000-2300元户	2300-2500元户
一、调查户数(户)	7	19	14	36	30	44	52	64	37
二、调查户常住人口(人)	31	83	57	143	116	168	225	243	134
三、整半劳动力数(人)	20	64	42	106	81	123	155	166	94
四、年末经营耕地面积(亩)	50.1	351.0	151.6	442.0	427.8	751.2	902.1	728.7	369.8
五、山地面积(亩)		251.0	80.0	196.5	192.5	482.0	622.8	318.7	179.4
六、生产性固定资产原值(元)	32800	147300	119970	337500	346180	456820	609760	623800	482050
七、主要生产性固定资产数量									
房屋及建筑物(平方米)	130	530	299	1019	650	1030	1482	1362	990
汽　车(辆)				1	1	1	1	2	1
大中型拖拉机(台)	1			1	3			3	1
小型和手扶拖拉机(台)				2	1		9	7	7
机动脱粒机(台)						6			1
收割机(台)									
农用动力机械(台)				1			7	7	2
胶轮大车(架)					1	2		2	
水　泵(台)							1	2	
役　畜(头)		9	3	4	5	1	14	8	5
产品畜(头)	12	1		1	15	13	2		
八、住房面积(平方米)	570	1360	1075	2710	2490	11	4244	5673	2882
住房价值(元)	112000	341600	292500	577000	516700	3760	1361400	1564700	734700
住房结构(平方米)						738600			
钢筋混凝土结构面积			100	120	200		460	655	80
砖木结构面积	570	950	780	1870	1850	2610	2632	3320	1895
九、期内粮食收入合计(公斤)	14605	37074	19044	72144	63502	92102	126337	146798	92384
期内粮食支出合计(公斤)	8199	46871	18538	61724	49353	69777	90729	93645	61885
期末粮食结存实际调查数(公斤)	20475	42080	22235	82495	80853	84100	96872	150219	90544
十、生产量(公斤)									
谷　物	13100	29996	13400	50585	50570	70580	96695	115775	69365
薯　类		380	340	518	622	1474	1728	2427	2228
豆　类		60	200	525	1400	1780	1860	1021	2700
棉　花		55	120	55	55		3	6	60
油　料		530	40	160	1835	1735	940	412	1195
蔬　菜	650	1675	820	2346	2705	3140	7215	10006	6708
畜　肉	81	72	189	114	180	1304	763	1740	1286
家禽肉		25	3	9	50	26	20	135	61
蛋　类	15	80	200	3420	213	619	573	376	890
皮　(张)									
毛、绒						170	55		

纯收入分组基本情况（2011年）

2500–2800元户	2800–3000元户	3000–3500元户	3500–4000元户	4000–4500元户	4500–5000元户	5000–5500元户	5500–6000元户	6000–7000元户	7000–8000元户	8000元以上户
60	28	75	87	89	86	69	64	111	96	292
218	109	291	364	351	343	275	250	397	346	942
154	86	199	241	224	235	176	178	291	257	740
728.9	574.0	731.4	774.7	756.4	771.7	602.7	484.9	1008.0	640.0	2143.7
399.5	218.0	245.1	197.9	87.5	208.3	119.5	9.5	77.8	44.0	57.1
425520	315160	744530	718680	911900	565580	697100	606000	957805	527500	3704828
834	904	1199	5300	1618	1283	863	990	2080	1768	15375
2		3	3	4	2	4	4	2	2	22
3		1	2	4	2		2	5	1	15
5	3	8	2	6	7	7	3	7	2	14
	1	2		4		1	1	1	1	1
										1
8	2	10	11	11	5	9	10	6	4	21
1		2								
1	2	4	7	5	5	2	3	9	4	30
7	4	8	8	16	4	3	2	12	4	13
3		8	5	20	23	1	1	13	37	45
5604	2630	8072	10867	10140	10822	9302	9641	14706	11014	39112
1786800	883900	2996700	4911100	5096000	6097500	4289200	4375400	8213000	6088200	26820000
1115	600	535	2014	2149	2578	2924	2914	1920	2762	11160
3431	1273	5143	7188	6169	7134	4828	5317	10313	7162	23582
165414	110386	197338	227368	240907	253256	195675	196749	354605	259077	821898
140225	79516	160283	166483	201623	167428	157934	106946	225352	179469	487769
132277	109360	183297	193262	234221	241269	163577	161671	313391	192405	631103
129795	95001	163000	188025	207196	227593	166834	174845	313051	226148	691139
2804	1605	2760	1464	2238	902	1566	4083	2568	458	13567
1210	2932	3903	3448	2782	1135	1450	1005	2280	1135	7735
65				181					1181	1583
455	340	930	2884	1910	861	3820	490	4108	670	13986
11046	3472	24561	19536	16326	22674	6490	29726	26479	34056	251745
3274	342	2905	3043	4882	3649	2074	1399	4608	9350	37259
59	28	99	88	82	64	1531	556	50	27	157
417	322	1231	908	669	397	5033	31710	865	609	1096
47							1020		48	25

7–22 续

指　　标	500元以下户	500–800元户	800–1000元户	1000–1300元户	1300–1500元户	1500–1700元户	1700–2000元户	2000–2300元户	2300–2500元户
奶　类					30				
十一、出售量 (公斤)									
谷　物	4372	25200	11068	27850	25850	33864	43807	43550	29716
薯　类		24				76	8	500	830
豆　类		5715		338	965	1511	1160	541	2670
棉　花		300	60	50			3	6	25
油　料		150			2280	1310	430	80	1193
蔬　菜						205	50	4406	4990
肉猪及猪肉		72	189	114		481	721	894	1015
肉羊及羊肉	81				63	56	42	550	70
肉牛及牛肉					117	767		292	219
家　禽			3		50	18	6	75	61
蛋　类		19	95	3318	58	100	167		490
畜　皮 (张)									
毛、绒						170	55		
奶　类									
十二、食品消费情况 (公斤)									
粮食消费量	3526.3	13814.9	6503.5	20928.4	19365.0	27864.0	38181.1	39861.1	22675.4
谷　物	3409.6	13140.4	6198.8	20308.2	18792.6	26629.0	36661.0	38427.8	21780.0
薯　类	64.2	489.0	185.2	471.2	344.8	949.2	968.7	899.2	533.7
豆　类	52.5	185.5	119.5	149.0	227.6	285.9	551.4	534.0	361.8
油脂类	146.5	451.1	313.0	726.1	567.2	993.7	1450.8	1530.8	873.5
蔬菜及菜制品	1054.1	4104.9	2515.1	5590.8	5953.9	8154.5	12463.3	10888.1	6296.2
肉禽及其制品	146.0	239.0	177.3	558.0	407.6	576.1	820.6	1126.8	521.0
蛋类及蛋制品	148.4	328.5	281.3	661.0	584.3	1097.1	1492.4	1418.1	788.3
奶和奶制品	161.6	313.5	73.0	257.0	265.6	238.6	403.6	461.6	235.0
食　糖	7.0	39.0	21.1	118.0	66.1	200.0	109.9	121.1	81.3
十三、期末主要耐用消费品拥有量									
洗衣机 (台)	3	6	7	18	16	21	31	42	24
电冰箱 (台)	2	3	4	7	4	7	12	13	7
空调机 (台)				1			1	1	1
微波炉 (台)							1	2	
自行车 (辆)	2	4	5	9	9	11	13	15	7
摩托车 (台)	2	14	7	25	20	29	34	49	24
移动电话 (部)	8	16	16	52	36	47	67	93	53
彩色电视机 (台)	8	18	15	37	30	43	47	62	33
影碟机 (台)	1			1	1	1	1	1	1
照相机 (架)									

表

2500–2800元户	2800–3000元户	3000–3500元户	3500–4000元户	4000–4500元户	4500–5000元户	5000–5500元户	5500–6000元户	6000–7000元户	7000–8000元户	8000元以上户
		15		9177				1378		
82277	54762	79326	86935	103219	98020	90327	50867	122739	84371	225483
367		490	7	220	61	488	14	84	5	158
2021	804	3213	1670	1992	300	684	429	327	250	2360
				181		100	580		1181	303
		350	1624	1720		260	297	787		130
2053	1150	19805	11738	12867	19677	2651	25950	21480	31054	237054
1324	61	2341	1345	1566	2354	999	1106	2029	7636	26130
627		221	826	648	441	632	259	403	1591	2475
1606	183	489	872	1343	1021	146	183	1649		887
45	5	43	40	22	13	1500	408	4		25
48	59	238	119	63	50	4480	31173	139	25	380
47							1020		51	25
				9150				1378		
39284.1	19757.0	55073.8	61668.6	64189.7	56615.4	49470.4	47644.0	75629.4	70510.8	176044.0
37863.9	19282.5	53785.4	59593.8	62189.9	55333.5	47857.1	46227.2	74243.9	69099.2	171102.3
867.7	251.6	610.7	989.1	889.3	448.2	682.7	642.2	385.9	376.7	1416.0
552.6	222.9	677.7	1085.8	1110.6	833.8	930.6	774.6	999.6	1035.0	3525.7
1429.6	751.3	2235.5	2560.8	2617.0	2774.3	2073.6	2012.7	3305.2	2752.8	9495.0
13764.1	6401.9	17553.1	21849.6	21989.9	23489.4	18907.0	19134.9	25742.0	23125.4	69374.8
1088.9	629.6	1642.8	2342.4	2187.5	2507.9	2045.7	2121.6	3341.8	2595.1	10392.9
1501.9	768.3	2597.2	2730.2	2782.2	2772.4	2247.8	2251.0	3937.0	3116.7	10243.7
401.0	393.8	992.3	1094.6	1163.1	1049.5	1037.0	986.0	1727.2	1601.2	4213.0
170.2	60.0	201.2	238.7	263.6	248.8	246.5	197.4	409.9	309.1	999.8
47	23	54	71	72	77	62	61	102	88	266
17	11	26	33	28	38	31	29	47	48	173
2	1	4	7	2	7	13	10	26	17	92
2	1	1	10	5	7	5	3	11	14	56
19	9	21	30	52	69	50	43	77	76	279
38	21	56	66	60	72	50	44	81	77	219
87	40	113	143	128	148	111	106	180	168	486
60	29	73	88	93	96	75	69	125	109	328
4	3	11	9	5	11	13	19	15	18	56
1			1	1	2	1	3	6	3	23

7-23 农村住户调查按平均每人

指　　标	500元以下户	500–800元户	800–1000元户	1000–1300元户	1300–1500元户	1500–1700元户	1700–2000元户	2000–2300元户
一、总收入	**47002**	**107328**	**92638**	**261774**	**238508**	**408504**	**596711**	**726202**
工资性收入	4616	23337	16885	57584	56836	94199	185227	233721
在非企业组织中劳动得到		2100	500	4190	2694	4100	13770	14570
在本乡地域内劳动得到	3116	6787	11285	27034	35632	52409	110058	150706
外出从业得到	1500	14450	5100	26360	18510	37690	61399	68445
家庭经营收入	37609	78884	43184	172098	151140	257594	347203	425842
第一产业	37069	77064	42244	154421	135160	244014	311514	395465
农　业	23774	68683	36859	122143	122265	202104	278957	336655
林　业	1000	5633	770	5790	6456	7921	5706	10841
牧　业	12295	2748	4615	26488	6439	33989	26850	47969
渔　业								
第二产业				1500	4230		970	9727
工　业					4230		970	9727
建筑业				1500				
第三产业	540	1820	940	16177	11750	13580	34719	20650
其他产品收入							660	100
第三产业服务性收入	540	1820	940	16177	11750	13580	34059	20550
交通、运输、邮电业		1820	200	11000	1550	12000		16150
批零贸易业、餐饮业			600	3162	9200		18170	2900
社会服务业	540		140	1640	1000	1580	15889	1500
文教卫生业				375				
其他行业								
财产性收入	1010	-6098	1301	2053	-3951	1934	11834	-9587
转移性收入	3767	11205	31268	30040	34483	54778	52447	76226
二、总支出	**127157**	**167725**	**105876**	**311345**	**280044**	**481276**	**671112**	**785959**
家庭经营费用支出	39363	43099	14560	74050	46706	104598	136258	143082
第一产业生产费用	39363	41931	13450	63634	42726	99711	125811	131457
农　业	14051	28828	10782	38294	34366	83241	108924	109421
林　业		50	680	62	1175	805	1030	2517
牧　业	25312	13053	1988	25278	7185	15665	15858	19519
渔　业								
第二产业生产费用		35		50	850	53	419	2744
工　业		35		50	850	53	419	2744
建筑业								
第三产业生产费用		1133	1110	10366	3130	4834	10028	8881
交通运输邮电业		1133	810	1764	1730	4834	622	5931
批零贸易餐饮业			300	8600	1400		5010	900
社会服务业				2			4000	
文教卫生业								
其他行业							396	2050
购置生产性固定资产支出	16800	64		280	2790	7568	9539	4939
建造生产性固定资产雇工支出								
税费支出				100				

纯收入分组收支情况(2011年)

单位：元

2300–2500元户	2500–2800元户	2800–3000元户	3000–3500元户	3500–4000元户	4000–4500元户	4500–5000元户	5000–5500元户	5500–6000元户	6000–7000元户	7000–8000元户	8000元以上户
506353	**795412**	**469603**	**1301624**	**1707594**	**1874193**	**1938531**	**1712746**	**1891849**	**3099253**	**3030703**	**12716845**
135917	241532	133762	452000	804354	811770	910158	814611	722645	1400747	1453802	4187636
13200	20464	600	10500	55516	61944	27624	48045	14780	47129	194212	714592
77247	175815	96809	293241	579040	566864	708990	636657	481460	1091387	963357	2680557
45470	45253	36353	148259	169798	182962	173544	129909	226405	262231	296233	792487
318455	462093	289533	726025	733228	920170	845228	793725	1043319	1488644	1371268	7796948
284740	408378	263893	586437	614064	681585	688402	507679	740510	1017706	901441	3988954
245345	323616	227292	471389	506721	524235	574055	371630	469555	843846	645057	3157826
13654	22878	23104	38963	33620	30280	38357	50701	15656	32155	33781	72564
25741	61884	13497	76084	73723	127070	75989	85348	255299	141706	222602	758389
											175
1150	20191	1000	8150	17500	22550	30785	24800	10865	84423	74406	822089
150	12691	1000	1650	3000	10650	10400	1500	4825	42918	30856	484699
1000	7500		6500	14500	11900	20385	23300	6040	41505	43550	337390
32565	33525	24640	131438	101664	216035	126041	261246	291944	386515	395421	2985906
	4		1824	810	145	236	635	1942	1171	50	7
32565	33521	24640	129614	100854	215890	125805	260611	290002	385344	395371	2985899
11108	21088	19800	60850	24630	115595	49044	86030	108645	166910	165085	1189658
19422	7571	2660	14940	17080	71839	18500	106000	83370	120710	157559	1480070
2035	4575	2000	47414	23100	8256	25596	54706	62197	40978	33377	171851
				15400		8300	3000	11400	31595	34000	61040
	287	180	6410	20644	20200	24365	10875	24390	25151	5350	83280
-422	-997	-1445	-5788	21393	4871	20151	5094	3638	21861	25142	172669
52402	92784	47753	129387	148620	137382	162995	99315	122247	188001	180491	559592
488615	**822503**	**444959**	**1203784**	**1536873**	**1769579**	**1436692**	**1350419**	**1500595**	**2126321**	**2071951**	**7513870**
153260	168199	114363	284927	264781	300887	260270	206768	403414	382238	369985	1896100
125673	152993	94339	239365	236292	246100	215198	140175	330706	294005	282623	998526
107209	118358	85566	175302	176168	160139	167501	98902	122241	235892	181522	588658
6615	3169	4140	20148	19227	3079	14629	4386	3225	4257	7071	60151
11849	31465	4633	43916	40817	82882	33069	36887	205241	53856	94030	349538
				80							180
505	3068	5	10575	5400	1458	17850	3291	2005	19095	10905	175434
5	3068	5	175	200	478		711	1710	12049	5085	115752
500			10400	5200	980	17850	2580	295	7046	5820	59682
27082	12138	20019	34987	23089	53328	27222	63302	70704	69137	76457	722140
4578	10211	18143	12528	9149	21176	14267	17913	24904	27523	34773	267923
22100	1617	1609	2640	3400	23963	3465	35549	23827	23778	29519	398308
4	80	15	18444	4360	4961	4575	7300	11981	7826	5415	24686
			90	2670				1950	6076	5100	8215
400	230	252	1285	3510	3228	4915	2540	8042	3934	1650	23008
2551	6655	19780	6665	14848	26925	16521	26720	13220	22836	24553	129097
1500							60				
	1000		10	30	25	410	4005	1110	1125	1164	22459

7-23 续

指　　标	500元以下户	500-800元户	800-1000元户	1000-1300元户	1300-1500元户	1500-1700元户	1700-2000元户	2000-2300元户
生活消费支出	65485	115536	81791	214412	203382	332126	481966	571429
#服务性	20471	25264	16287	49508	40983	101982	129631	140270
食　品	34537	69810	39146	114605	114126	164472	233601	260126
衣　着	4063	9485	5985	18943	14943	25995	39228	53847
居　住	7105	8087	13178	21238	25444	26470	50914	70323
家庭设备、用品	6493	5014	4367	11024	7715	14047	18427	28610
交通和通讯	4772	10141	7376	22273	18145	30235	46624	65509
文化教育、娱乐	4262	5623	2782	9143	9923	37271	65548	29166
医疗保健	3601	5220	6632	11275	9905	28229	15612	50368
其他商品和服务	653	2156	2325	5910	3183	5408	12014	13482
财产性支出					160			8000
转移性支出	5510	9026	9525	22503	27006	36983	43349	58509
三、全年纯收入	**5453**	**54410**	**51768**	**163978**	**162983**	**270161**	**419619**	**522763**
四、期内现金收支情况								
期内现金收入	30561	114262	80947	210154	193690	311037	447537	559466
工资性收入	4616	23337	16885	57584	56836	94199	185227	233721
在非企业组织中劳动得到		2100	500	4190	2694	4100	13770	14570
在本乡地域内劳动得到	3116	6787	11285	27034	35632	52409	110058	150706
外出从业得到	1500	14450	5100	26360	18510	37690	61399	68445
家庭经营现金收入	21790	84620	37444	129902	107596	178817	221219	270881
第一产业	21250	82800	36504	112225	91616	165237	185530	240504
第二产业				1500	4230		970	9727
第三产业	540	1820	940	16177	11750	13580	34719	20650
财产性收入	830	1300	150	2750	3070	810	10700	950
转移性收入	3325	5005	26468	19919	26188	37211	30391	53914
非收入现金所得	96695	20480	24370	45960	45392	88012	138990	269977
期内现金支出	122066	146387	99333	282043	251478	438732	615273	732176
生产费用支出	55745	40129	13159	71278	46448	104161	137200	142517
家庭经营费用支出	38945	40065	13159	70998	43658	96593	127661	137578
第一产业生产费用	38945	38897	12049	60582	39678	91706	117214	125953
第二产业生产费用		35		50	850	53	419	2744
第三产业生产费用		1133	1110	10366	3130	4834	10028	8881
购置生产性固定资产支出	16800	64		280	2790	7568	9539	4939
税费支出				100				
生活消费支出	60811	97233	76649	188300	177864	297829	434974	523151
财产性支出					160			8000
转移性支出	5510	9026	9525	22365	27006	36743	43099	58509
非消费性支出	3135	14630	33668	23557	35552	68262	92237	141356
期末金融资产余额	20646	33829	72286	52706	62287	152369	192740	246956
手存现金	10646	28329	25286	47712	36787	68249	97500	100456
存款余额	10000	5500	47000	4994	25500	84120	95240	146500
期末债务余额	30000	3000	250	37900	16000	10250	34000	58100

表

单位：元

2300–2500元户	2500–2800元户	2800–3000元户	3000–3500元户	3500–4000元户	4000–4500元户	4500–5000元户	5000–5500元户	5500–6000元户	6000–7000元户	7000–8000元户	8000元以上户
290967	579528	271222	807273	1136063	1270528	1056643	1026659	994932	1559723	1449387	4920863
70143	149671	66563	185368	277402	304248	260650	285538	240868	406531	365645	1103568
139559	255443	131627	361896	476857	473779	458701	415323	409091	611613	531553	1652180
23070	49233	26539	77440	118313	111267	117269	123455	89585	186369	176329	614642
32015	53943	29796	107913	171892	345103	148184	105390	179033	264256	225607	891606
15732	38435	14411	49615	66458	70203	52085	68591	50355	71920	86988	309093
35449	64290	30963	87157	134120	114392	120595	127978	103853	160670	143784	721300
23469	40979	14351	56059	81500	68933	68242	76634	66964	108605	108345	355018
15446	69259	19340	57649	68993	66061	65081	87608	77513	128472	154452	286586
6226	7947	4194	9544	17931	20791	26486	21679	18539	27817	22329	90438
		470							5000		197
40336	67121	39125	104909	121150	171215	102847	86207	87919	155400	226863	545154
319326	**579820**	**315020**	**939612**	**1356136**	**1495386**	**1617312**	**1447247**	**1436365**	**2587019**	**2585244**	**10471759**
403330	659491	360395	1097270	1456720	1622441	1671167	1533256	1635867	2679493	2730150	11473558
135917	241155	133762	451500	804144	810470	909382	814311	722645	1399870	1448624	4183280
13200	20087	600	10500	55516	61944	27624	48045	14780	46940	189034	711592
77247	175815	96809	293241	578830	565564	708990	636657	481460	1090939	963357	2679901
45470	45253	36353	147759	169798	182962	172768	129609	226405	261991	296233	791787
228741	345268	187379	535842	510761	683958	601622	623655	791293	1098625	1094037	6611665
195026	291839	161919	402664	392497	446253	445446	337809	488584	628687	624210	2805571
1150	20191	1000	8150	17500	22450	30785	24800	10865	84423	74406	822089
32565	33238	24460	125028	100764	215255	125391	261046	291844	385515	395421	2984006
3070	2535	1205	1957	21552	6755	13557	9770	11340	20459	27209	168401
35602	70533	38049	107971	120263	121258	146606	85520	110589	160540	160280	510212
106586	250942	225779	244343	322070	649369	556688	187028	374271	579076	322938	1306175
457415	760921	412272	1081278	1417808	1625870	1327447	1248887	1413679	1984724	1937774	7178768
152883	161602	128814	266215	260100	285354	259640	215504	410016	386532	375296	1970526
148832	154947	109034	259550	245252	258429	243119	188724	396796	363696	350743	1841429
121245	139741	89010	213988	216763	203643	203047	130132	324088	275464	263381	943855
505	3068	5	10575	5400	1458	12850	3291	2005	19095	10905	175434
27082	12138	20019	34987	23089	53328	27222	55302	70704	69137	76457	722140
2551	6655	19780	6665	14848	26925	16521	26720	13220	22836	24553	129097
	1000		10	30	25	410	4005	1110	1125	1064	22259
264196	531676	244260	710495	1036770	1169578	965712	943380	914760	1437490	1334551	4641351
		470							5000		197
40336	66643	38728	104559	120908	170914	101684	85998	87794	154577	226863	544436
93643	216215	159410	269044	382818	414781	501079	306823	385548	496588	348342	1683518
223847	341149	203860	690964	856408	1207121	1636056	1156339	983213	1967487	1726396	6166791
68747	111449	43860	212964	244308	367137	450756	401639	318009	463687	628126	2122380
155100	229700	160000	478000	612100	839984	1185300	754700	665204	1503800	1098270	4044411
91736	44000	137300	47000	117370	251500	145000	59500	69000	213500	64500	132000

7-24 农民家庭平均每人主要消费品消费量

单位：公斤

指　　标	2000	2005	2006	2007	2008	2009	2010	2011
粮　食(原 粮)	253.13	214.10	205.30	204.35	198.94	200.12	185.18	184.48
#细　粮	205.41	177.21	164.95	160.36	160.81	158.46	147.67	150.31
蔬　菜	51.03	74.68	73.34	81.40	75.39	71.20	67.69	79.97
食　油	6.17	6.04	6.36	7.16	7.24	8.09	6.31	8.01
肉禽及其制品	5.25	5.67	5.85	6.17	5.37	6.34	7.43	7.18
#家　禽	0.09	0.22	0.17	0.39	0.32	0.34	0.34	0.60
蛋　类	9.20	9.39	9.95	10.22	10.40	8.96	7.86	9.11
鱼　虾	0.33	0.53	0.44	0.65	0.48	0.44	0.47	0.59
食　糖	0.98	0.77	0.72	0.88	0.92	0.89	0.86	0.75
酒	2.83	3.41	3.78	4.23	3.64	3.35	3.21	3.34

7-25 农民家庭平均每百户耐用消费品拥有量

单位：台、架、部、辆

指　　标	2000	2005	2006	2007	2008	2009	2010	2011
洗 衣 机	50.18	82.32	84.82	93.04	91.25	92.32	93.93	93.39
摩 托 车	23.75	71.79	74.64	82.14	83.21	85.18	83.57	80.89
微 波 炉		1.07	2.14	5.18	6.07	6.07	6.07	10.18
黑白电视机	53.93	10.18	10.00	14.11	5.00	5.00	5.00	
彩色电视机	55.54	95.71	97.68	100.72	103.15	104.32	109.29	109.29
空 调 机		1.79	1.79	8.93	5.36	6.43	7.14	15.18
照 相 机	3.21	6.25	6.43	6.82	5.00	5.36	5.54	1.96
电 冰 箱	7.50	21.96	23.21	30.36	27.68	29.11	32.32	47.50
影 碟 机	7.86	28.04	29.82	35.18	35.36	35.54	36.07	13.75
电 话 机	8.39	65.71	74.46	79.82	81.43	83.04	82.32	48.39
移动电话	0.18	44.46	58.04	77.86	90.18	98.39	106.79	178.39
家用电脑	0.18	0.18	0.18	4.11	1.79	4.82	6.96	23.57
生活用汽车		0.54	0.71	0.89	1.07	1.25	1.96	7.68

主要统计指标解释

一、城镇住户

城镇家庭人口 指居住在一起，经济上合在一起共同生活的家庭成员。凡计算为家庭人口的成员其全部收支都包括在本家庭中。

城镇就业面 指就业人口占家庭人口的百分比。

城镇就业者负担人数 指家庭人口与就业人口之比。

城镇家庭总收入 指家庭成员得到的工薪收入、经营净收入、财产性收入、转移性收入之和,不包括出售财物收入和借贷收入。

城镇家庭可支配收入 指家庭成员得到可用于最终消费支出和其它非义务性支出以及储蓄的总和,即居民家庭可以用来自由支配的收入。它是家庭总收入扣除交纳的个人所得税、个人交纳的社会保障支出以及记账补贴后的收入。计算公式为：

可支配收入 = 家庭总收入 – 交纳个人所得税 – 个人交纳的社会保障支出 – 记账补贴

城镇家庭总支出 指除借贷支出以外的全部家庭支出。包括消费性支出、购房建房支出、转移性支出、财产性支出、社会保障支出。

城镇家庭消费性支出 指家庭用于日常生活的支出,包括食品、衣着、居住、家庭设备用品及服务、医疗保健、交通和通信、娱乐教育文化服务、其他商品和服务等八大类支出。

城镇家庭服务性消费支出 指家庭用于支付社会提供的各种非商品性服务费用。

城镇家庭收入分组方法 是将所有调查户按户人均可支配收入由低到高排队,按 10%,10%,20%,20%,20%,10%,10%的比例依次分成:最低收入户、低收入户、中等偏下收入户、中等收入户、中等偏上收入户、高收入户、最高收入户等七组。总体中最低5%的户为困难户。

恩格尔系数 指食物支出金额在消费性总支出金额中所占的比例。计算公式为:

$$恩格尔系数 = \frac{食品支出金额}{消费性总支出金额} \times 100\%$$

二、农村住户

农村住户 指农村常住户。农村常住户指长期(一年以上)居住在乡镇(不包括城关镇)行政管理区域内的住户，以及长期居住在城关镇所辖行政村范围内的农村住户。户口不在本地而在本地居住一年及以上的住户也包括在本地农村常住户范围内;有本地户口,但举家外出谋生一年以上的住户,无论是否保留承包耕地都不包括在本地农村住户范围内。

常住人口 指全年经常在家或在家居住 6 个月以上,而且经济和生活与本户连成一体的人口。外出从业人员在外居住时间虽然在 6 个月以上，但收入主要带回家中,经济与本户连为一体,仍视为家庭常住人口；在家居住，生活和本户连成一体的国家职工、退休人员也为家庭常住人口。但是现役军人、中专及以上(走读生除外)的在校学生、以及常年在外(不包括探亲、看病等)且已有稳定的职业与居住场所的外出从业人员,不算家庭常住人口。家庭常住人口主要作为计算农村住户平均每人收入、消费和积累水平及分析家庭人口状况的依据。

整、半劳动力 整劳动力指男子 18 周岁到 50 周岁,女子 18 周岁到 45 周岁;半劳动力指男子 16 周岁到 17 周岁,51 周岁到 60 周岁;女子 16 周岁到 17 周岁,46 周岁到 55 周岁，同时具有劳动能力的人。虽然在劳动年龄之内,但已丧失劳动能力的人,不应算为劳动力；超过劳动年龄，但能经常参加劳动,计入半劳动力数内。常住人口中的职工,若这些职工为劳动力,就包括在本户的整半劳动力中。

总收入 指调查期内农村住户和住户成员从各种来源渠道得到的收入总和。按收入的性质划分为工资性收入、家庭经营收入、财产性收入和转移性收入。

工资性收入 指农村住户成员受雇于单位或个

人，靠出卖劳动而获得的收入。

家庭经营收入 指农村住户以家庭为生产经营单位进行生产筹划和管理而获得的收入。农村住户家庭经营活动按行业划分为农业、林业、牧业、渔业、工业、建筑业、交通运输业邮电业、批发和零售贸易餐饮业、社会服务业、文教卫生业和其他家庭经营。

财产性收入 指金融资产或有形非生产性资产的所有者向其他机构单位提供资金或将有形非生产性资产供其支配，作为回报而从中获得的收入。

转移性收入 指农村住户和住户成员无须付出任何对应物而获得的货物、服务、资金或资产所有权等，不包括无偿提供的用于固定资本形成的资金。一般情况下，是指农村住户在二次分配中的所有收入。

现金收入 指农村住户和住户成员在调查期内得到以现金形态表现的收入。按来源分成工资性收入、家庭经营现金收入、财产性收入、转移性收入。

纯收入 指农村住户当年从各个来源得到的总收入相应地扣除所发生的费用后的收入总和。计算方法：

纯收入 = 总收入 - 税费支出 - 家庭经营费用支出 - 生产性固定资产折旧 - 赠送农村内部亲友支出

纯收入主要用于再生产投入和当年生活消费支出，也可用于储蓄和各种非义务性支出。“农民人均纯收入”是按人口平均的纯收入水平，反映的是一个地区农村居民的平均收入水平。

总支出 指农村住户用于生产、生活和再分配的全部支出。包括家庭经营费用支出、购置生产性固定资产支出、税费支出、生活消费支出、财产性支出和转移性支出。

08

农村经济

资料整理人员

王华峰　柴华萍　程冬凤　郭　敏

农村经济

农作物播种面积	562.97	千公顷
# 粮食	511.53	千公顷
粮食产量	2146040	吨
油料产量	18872	吨
肉类产量	112061	吨
水果产量	434725	吨

农林牧渔业总产值构成（%）

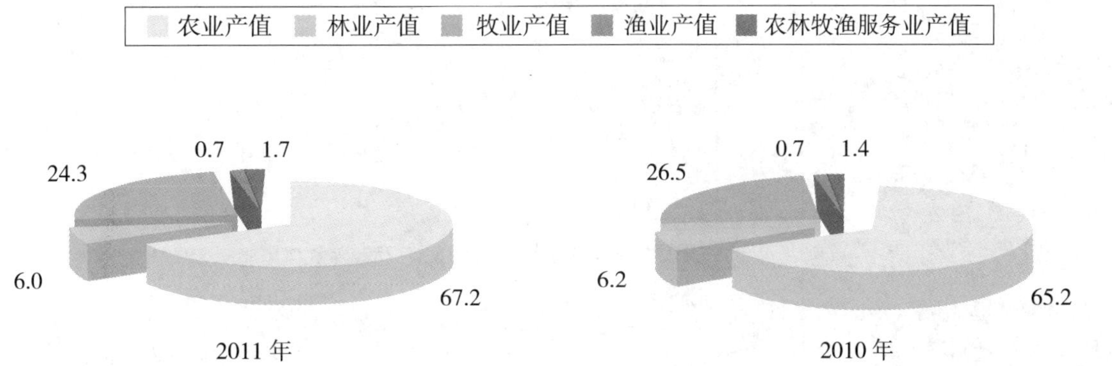

农林牧渔业总产值（亿元）

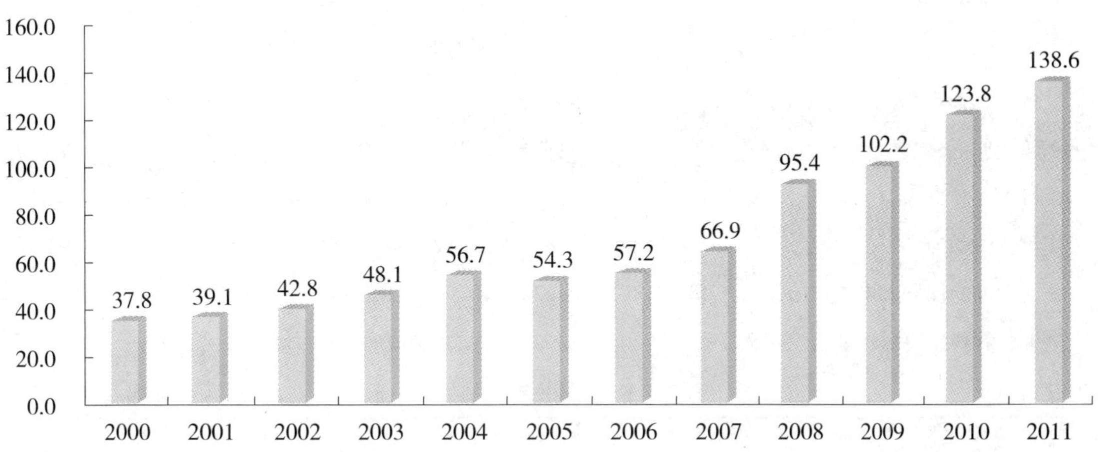

8-1 农村基层组织情况

指　标	单位	1995	2000	2005	2007	2008	2009	2010	2011
一、农村基层组织情况									
乡镇政府个数	个	249	248	161	161	161	161	161	161
乡政府	个	178	171	86	86	86	86	86	86
#农业办事处	个	7	5	10	10	10	10	10	10
镇政府	个	71	77	75	75	75	75	75	75
村民委员会个数	个	3372	3375	2966	2961	2961	2961	2968	2960
二、农村社会基础设施									
自来水受益村数	个	1546	1853	2089	2175	2259	2443	2563	2682
通汽车村数	个	3185	3309	2957	2961	2961	2961	2968	2960
通电话村数	个	918	2184	2616	2817	2857	2889	2900	2925
通电村数	个	3330	3361	2963	2961	2961	2961	2968	2960
通公路村数	个		3358	2965	2961	2961	2961	2968	2960
通公路乡数	个	249	248	161	161	161	161	161	161
三、乡村户数	户	719347	741460	767818	775269	781683	792217	806170	910235
四、乡村人口数	人	2997567	3075054	3173160	3203553	3226856	3244567	3268244	3307046
五、乡村劳动力资源总数	人	1715302	1801336	1883104	1914819	1926645	1940428	1957023	1988086
六、乡村实有劳动力	人	1297241	1361136	1426889	1458110	1466812	1486996	1515017	1563821
按性别分组									
男劳动力	人	713029	746484	795751	816433	820500	833540	850451	875010
女劳动力	人	584212	614652	631138	641677	646312	653456	664566	688811
按部门分组									
农林牧渔业劳动力	人	836757	858935	844958	843914	857436	861971	864498	870934
农　业	人	761777	773821	741755	738267	750507			
林　业	人	19071	23012	29100	31149	30578			
牧　业	人	54768	60844	73076	73447	75477			
渔　业	人	1141	1258	1027	1051	874			
农村工业劳动力	人	190117	188418	220842	232058	211116	201743	208249	210137
建筑业劳动力	人	59924	70816	82523	88617	94346	100826	105982	122935
交通运输仓储和邮电通讯	人	77187	89070	101900	106462	104303	100848	102660	104590
批发、零售贸易餐饮业	人	54770	68992	94738	104391	114624	132698	141966	153487
其　他	人	78486	84905	81928	82668	84987	88910	91662	101738

注：从2009年开始乡村实有劳动力中按部门分组的农业、林业、牧业、渔业从业人员指标年报中已经取消。

8-2　主要年份农林牧渔业总产值

按当年价格计算　　　　单位：万元

年　份	农林牧渔业总产值	农　业产　值	林　业产　值	牧　业产　值	渔　业产　值	农林牧渔服务业产值
1952	15178	13999	234	945		
1957	21076	18626	630	1820		
1962	14482	12654	301	1527		
1965	21028	18295	654	2078	1	
1970	23278	19784	705	2785	4	
1975	34648	28231	2650	3762	5	
1978	32439	26967	1535	3932	5	
1980	48987	41915	1495	5567	10	
1985	101287	80068	7562	13595	62	
1990	170174	134897	7195	27507	575	
1995	401480	295533	16973	87627	1347	
2000	378062	271926	19764	84016	2356	
2001	391115	282956	17195	88800	2164	
2002	427505	311549	20029	93652	2275	
2003	480596	339120	21068	108584	2414	9410
2004	567116	400098	19177	134037	2643	11161
2005	543248	361982	15606	149261	3271	13128
2006	571939	432243	18009	107940	2702	11045
2007	669243	486658	18994	147650	4315	11626
2008	953916	564299	99117	269567	7075	13858
2009	1021958	599350	110717	288921	7428	15542
2010	1238033	807258	76603	328613	8704	16855
2011	1385663	931853	83811	336530	9836	23633

注：2008年、2009年重新调整了农林牧渔业总产值。

8-3　农林牧渔业总产值、中间消耗、增加值

按当年价格计算　　　　单位：万元

指　　标	1995	2000	2005	2006	2007	2008	2009	2010	2011
一、农林牧渔业总产值	401480	378062	543248	571939	669243	953916	1021958	1238033	1385663
农　业	295533	271926	361982	432243	486658	564299	599350	807258	931853
林　业	16973	19764	15606	18009	18994	99117	110717	76603	83811
牧　业	87627	84016	149261	107940	147650	269567	288921	328613	336530
渔　业	1347	2356	3271	2702	4315	7075	7428	8704	9836
农林牧渔服务业			13128	11045	11626	13858	15542	16855	23633
二、农林牧渔业中间消耗	135863	154874	238643	251159	295428	434710	466516	572275	637340
农　业	93882	110268	161735	181729	205420	266144	279515	370469	422581
林　业	4425	5727	5064	10104	10910	49937	56093	37284	41759
牧　业	37322	38471	64745	52779	71487	108602	119829	152139	156652
渔　业	234	408	741	1194	1946	3108	3467	4056	4663
农林牧渔服务业			6358	5353	5665	6919	7612	8327	11684
三、农林牧渔业增加值	265617	223188	304605	320780	373815	519206	555442	665758	748323
农　业	201651	161658	200247	250514	281238	298155	319835	436789	509271
林　业	12548	14037	10542	7905	8084	49180	54624	39319	42052
牧　业	50305	45545	84516	55161	76163	160965	169092	176474	179878
渔　业	1113	1948	2530	1508	2369	3967	3961	4648	5173
农林牧渔服务业			6770	5692	5961	6939	7930	8528	11949

注：2008年、2009年重新调整了总产值、中间消耗、增加值。

8-4 主要年份农作物播种面积

单位：千公顷

年 份	总播种面 积	粮食作物	谷 物	油 料	棉 花	烟 叶	蔬 菜
1952	548.32	462.02	410.49	9.22	65.32	2.36	3.02
1957	565.19	451.83	406.00	7.92	88.28	1.95	5.63
1962	540.80	467.97	416.83	5.41	43.04	2.23	5.85
1965	536.84	441.59	396.98	5.53	66.47	1.91	3.93
1970	551.43	458.93	414.08	4.31	65.73	0.95	6.14
1975	541.25	450.04	423.13	4.85	64.67	1.33	5.90
1978	536.71	458.01	418.62	4.63	48.99	1.33	6.08
1980	515.01	422.35	392.12	9.57	56.63	0.50	5.91
1985	478.45	388.07	357.97	35.30	25.70	0.24	8.68
1990	490.31	426.28	375.70	19.41	25.09	1.57	9.80
1995	504.74	431.59	384.97	23.81	25.40	3.07	13.61
2000	512.99	440.46	374.12	30.56	3.66	3.37	22.07
2001	478.35	402.90	342.26	23.34	8.22	2.39	25.65
2002	487.08	401.57	337.18	27.43	5.92	1.72	26.34
2003	474.28	383.67	321.25	27.04	7.40	1.05	27.73
2004	499.87	416.83	365.53	24.76	9.00	0.83	22.77
2005	511.71	436.98	392.58	20.98	6.09	0.74	21.29
2006	524.00	454.46	410.37	19.16	7.36	0.84	21.16
2007	539.53	471.11	424.80	17.89	7.14	0.87	23.65
2008	550.68	486.33	445.84	17.07	6.27	0.82	21.95
2009	564.23	504.36	467.57	15.98	5.91	0.92	19.56
2010	560.20	508.89	471.36	14.17	4.05	0.92	18.72
2011	562.97	511.53	474.28	12.78	3.84	0.87	21.36

8-5 分品种农作物播种面积

单位：千公顷

指 标	1995	2000	2005	2006	2007	2008	2009	2010	2011
农作物总播种面积	**504.74**	**512.99**	**511.71**	**524.00**	**539.53**	**550.68**	**564.23**	**560.20**	**562.97**
一、粮 食	431.59	440.46	436.98	454.46	471.11	486.33	504.36	508.89	511.53
谷 物	384.97	374.12	392.58	410.37	424.80	445.84	467.57	471.36	474.28
#稻 谷	0.53	0.42	0.06	0.07	0.06	0.06	0.03	0.03	0.03
小 麦	246.46	246.16	231.30	237.87	242.09	245.65	247.88	246.85	242.38
玉 米	98.59	88.08	137.46	145.48	155.74	176.00	194.65	199.49	207.34
谷 子	20.26	21.02	16.83	19.05	18.88	16.20	16.86	16.58	16.52
高 粱	5.73	4.07	1.19	1.40	1.37	1.11	1.22	1.44	1.02
莜 麦	0.79	0.81	0.38	0.38	0.33	0.32	0.33	0.30	0.24
豆 类	25.92	41.62	26.94	28.37	30.71	27.77	24.84	26.11	25.62
#大 豆	15.35	24.99	15.38	15.06	14.92	13.68	12.15	11.95	12.18
薯 类	20.70	24.72	17.46	15.72	15.60	12.72	11.95	11.42	11.63
#马铃薯	6.93	10.54	9.26	9.23	9.06	7.07	6.45	6.77	7.22
二、油 料	23.81	30.56	20.98	19.16	17.89	17.07	15.98	14.17	12.78
花 生	4.32	3.42	2.13	1.99	2.00	1.96	1.49	1.50	1.25
油菜籽	1.05	0.39	0.59	0.32	0.40	0.36	0.66	0.42	0.26
芝 麻	1.75	1.97	0.76	0.89	0.73	0.68	0.78	0.67	0.72
胡 麻	1.83	1.43	0.85	0.82	0.82	0.82	0.81	0.50	0.32
向日葵	8.64	18.36	11.90	11.51	10.78	10.25	9.64	8.59	7.86
三、棉 花	25.40	3.66	6.09	7.36	7.14	6.27	5.91	4.05	3.84
四、麻 类	0.05	0.03	0.01	0.01			0.01	0.01	0.02
五、甜 菜									
六、烟 叶	3.07	3.37	0.74	0.84	0.87	0.82	0.92	0.92	0.87
七、药 材	0.86	5.77	9.73	6.80	6.14	5.78	5.26	4.84	4.68
八、蔬菜、瓜类	16.75	26.23	24.77	24.89	26.77	24.92	22.90	21.59	24.29
#蔬 菜	13.61	22.07	21.29	21.16	23.65	21.95	19.56	18.72	21.36
九、其他作物	3.21	2.91	12.41	10.48	9.61	9.49	8.89	5.73	4.99
#青饲料	3.04	2.76	12.35	10.41	9.48	9.43	8.83	5.66	4.94

8-6 主要年份主要农作物产量

单位：吨

年 份	粮 食	谷 物	稻 谷	小 麦	玉 米	谷 子	高 粱
1952	400555	362996		164195	112355	48515	15255
1957	410795	374414		193015	105535	38465	14300
1962	513090	455694		198495	154000	46290	14305
1965	655120	606976		328325	207730	37115	16710
1970	501095	454831		177405	188400	46065	16915
1975	874965	822687		400940	299405	56265	32915
1978	861260	779796		244560	389000	68560	39655
1980	839600	789700	3670	273725	418920	52055	16590
1985	1316487	1231281	2779	768746	363780	52420	25744
1990	1502065	1390535	2847	862708	429790	52953	28665
1995	1524000	1389297	3204	733502	537425	65479	25576
2000	1208506	1040231	2794	511027	422417	61197	15323
2001	1216150	1078935	1997	656739	360925	38189	11428
2002	1373435	1220174	1063	755124	388133	49242	11455
2003	1501890	1331778	999	811859	439668	52662	11017
2004	1725164	1592607	374	875524	658326	40398	6405
2005	1356452	1256020	459	585301	616609	41105	4390
2006	1667271	1563730	509	793936	699567	54272	5287
2007	1720396	1606869	487	705117	829384	55576	5335
2008	1706979	1638974	476	945496	648716	32518	3116
2009	1667399	1596665	213	810394	732801	39224	3756
2010	1930835	1856673	147	867362	935441	38598	5424
2011	2146040	2065472	141	911982	1094862	43485	3477

注:2010年重新调整了粮食、谷物、玉米产量。

8-6 续表

单位：吨

年 份	豆 类	薯 类	油 料	棉 花	麻 类	烟 叶	蔬 菜
1952	28769	8790	4714	21980	141	2918	46575
1957	25871	10510	2429	29400	195	1633	77762
1962	23401	33995	1338	10520	173	1187	90148
1965	26134	22010	2686	25605	130	559	74538
1970	23979	22285	1710	20475	106	531	101435
1975	20998	31280	2387	16495	108	488	139830
1978	26704	54760	1627	14368	89	568	188259
1980	17755	32145	9380	18125	67	295	172445
1985	24841	60365	41881	16746	145	548	331097
1990	56054	55476	28396	21128	33	2635	384086
1995	46696	88007	36747	16279	34	4745	565233
2000	73324	94951	47693	2557	30	6226	847640
2001	47029	90186	30215	6932	20	4281	877458
2002	55774	97487	38151	5151	21	2824	920591
2003	63079	107033	44635	7316	14	2106	989920
2004	49933	82624	44352	9263	14	1866	860065
2005	39387	61045	33413	5990	5	1688	824812
2006	47948	55593	30557	7514	6	2199	827206
2007	54290	59237	30870	7855		2189	927869
2008	33473	34532	23937	6563		1693	784370
2009	34022	36712	22625	6435	8	2157	796934
2010	36994	37168	21476	4576	16	2218	854062
2011	39163	41405	18872	4395	2	2140	972176

8-7 主要年份主要农作物单位面积产量

单位：千克/公顷

年份	粮食						
		谷物					
			稻谷	小麦	玉米	谷子	高粱
1952	870	884		630	1590	1106	1123
1957	915	922		750	1665	985	1199
1962	1095	1093		825	1980	1176	1421
1965	1485	1529		1380	2175	1110	1850
1970	1095	1098		765	1965	1225	1585
1975	1950	1944		1695	2820	1570	2469
1978	1875	1863		1080	3555	1832	2506
1980	1995	2014	4493	1245	3705	1776	2020
1985	3390	3440	5955	3180	4650	2661	3481
1990	3525	3701	5550	3428	4965	2643	4266
1995	3531	3609	6045	2976	5451	3232	4464
2000	2744	2780	6652	2076	4796	2911	3765
2001	3018	3152	7988	2842	4432	2136	3401
2002	3420	3619	6644	3411	4631	2493	3648
2003	3915	4146	7685	3866	5308	2944	4304
2004	4139	4357	6233	4025	5234	2923	3905
2005	3104	3199	7650	2530	4486	2442	3689
2006	3669	3811	7271	3338	4809	2849	3776
2007	3652	3783	8117	2913	5325	2944	3894
2008	3510	3676	7933	3849	3686	2007	2807
2009	3306	3415	6656	3269	3765	2327	3069
2010	4075	4242	4779	3514	5406	2329	3772
2011	4196	4355	4653	3762	5280	2633	3425

8-7 续表

单位：千克/公顷

年份			油料	棉花	麻类	烟叶
	豆类	薯类				
1952	644	1277	510	330	291	1237
1957	661	1572	300	330	317	838
1962	655	2203	240	240	294	533
1965	777	2004	480	390	354	293
1970	718	1945	390	315	426	560
1975	1212	3262	495	255	456	368
1978	1250	3038	345	300	430	426
1980	980	2654	975	315	459	593
1985	1833	3651	1185	645	889	2243
1990	1630	3424	1470	840	450	1675
1995	1802	4252	1543	641	680	1546
2000	1762	3841	1561	699	1000	1847
2001	1428	3255	1295	843	1000	1791
2002	1508	3558	1391	870	1050	1642
2003	1796	3922	1651	989	1400	2006
2004	1643	3953	1791	1029	1400	2248
2005	1462	3496	1593	984	500	2281
2006	1690	3536	1595	1021	600	2618
2007	1768	3797	1726	1100		2516
2008	1205	2715	1402	1047		2065
2009	1370	3072	1416	1089	1333	2334
2010	1417	3253	1516	1130	1441	2413
2011	1529	3561	1476	1143	704	2471

8-8 畜牧业生产情况

指　　标	单 位	1995	2000	2005	2006	2007	2008	2009	2010	2011
一、大牲畜年末存栏	头	593569	528048	507662	168278	156827	164074	168124	167275	165205
牛	头	444302	425388	437650	130273	122318	131143	139605	143171	140576
二、猪年末存栏	头	790769	704392	1049647	519373	581157	835326	978873	1045577	1115671
#能繁殖的母猪	头	68710	58691	82285	45271	55009	103845	138208	144047	138382
三、羊年末存栏	只	1425817	1360402	1488794	623118	633692	772399	775182	838143	885398
山　羊	只	1159491	1078661	888663	416315	439515	485593	448941	477311	504545
绵　羊	只	266326	281741	600131	206803	194178	286806	326241	360832	380853
四、家禽年末存栏	只	9475033	9070750	12794553	7581752	9087270	11393151	11899950	12233000	13157250
五、养蜂年末箱数	箱	16985	16206	15938	15638	15928	16764			19496
六、养兔年末存栏	只	596061	572543	1107294	1035746	1068361	1182267	1062560	1246900	1286000
七、猪、牛、羊出栏										
猪全年出栏	头	700960	735798	1092552	773559	828532	917536	1038836	1185655	1183110
牛全年出栏	头	91482	83173	95644	33846	34737	38384	36398	42893	41563
羊全年出栏	只	510561	617291	667614	361417	375175	407057	446285	459139	488770
八、当年肉类总产量	吨	74960	77363	109924	73684	77090	86345	98111	113852	112061
猪肉产量	吨	50207	52421	79086	57571	61658	68194	76116	88509	88256
牛肉产量	吨	11220	10138	11841	4291	4454	4918	4676	5482	5296
羊肉产量	吨	6655	7943	8925	4671	4848	5459	6291	6667	6986
禽肉产量	吨	4381	4489	6998	3689	3347	4828	7432	9574	9636
九、畜禽产品产量										
奶　类	吨	19768	27626	35997	34344	40159	36738	36760	42236	36950
#牛　奶	吨	4938	9418	18636	20087	23776	26498	27550	32978	27703
绵羊毛产量	吨	261	248	555	309	300	349	406	488	418
山羊毛产量	吨	311	265	238	164	179	173	145	120	123
羊绒产量	吨	117	99	81	59	70	62	46	50	45
禽蛋产量	吨	42404	39354	62486	54721	60054	72264	75268	83251	84145
蜂蜜产量	吨	356	349	360	359	366	385	395	441	462
蚕茧产量	吨	182	52	33	23	24	23	1	23	21

注：2009年、2010年取消了养蜂箱数的统计，2006年为农业普查衔接数据 。

8-9 造林和果桑园面积

单位：千公顷

指　　标	1995	2000	2005	2006	2007	2008	2009	2010	2011
一、当年造林面积	56.35	74.75	13.57	46.85	42.32	51.18	61.60	44.25	40.66
用材林	10.95	3.93	0.27	9.25	0.27	4.67		0.01	
经济林	30.20	23.41	1.19	10.25	5.31	5.75	6.82	9.32	12.85
防护林	15.19	46.91	11.70	27.35	36.74	40.76	47.70	29.77	25.42
二、育苗面积	3.56	4.58	3.59	3.74	3.73	3.36	3.58	3.73	6.54
#本年新育	1.71	2.17	1.85	1.91	1.99	1.73	1.49	1.85	3.45
三、年末果园面积	24.27	31.55	36.83	35.89	36.60	36.47	35.91	43.52	46.50
苹果园	18.96	24.74	23.25	22.79	23.74	24.06	24.53	24.70	27.69
梨　园	2.28	3.22	3.38	3.35	3.27	3.33	3.29	3.09	3.20
葡萄园	0.25	0.57	2.26	1.91	1.89	1.87	1.86	2.11	2.06
四、年末桑园面积	0.96	0.26	0.09	0.09	0.11	0.09			

8-10 主要林产品产量

单位：吨

指　　标	1995	2000	2005	2006	2007	2008	2009	2010	2011
一、主要林产品产量									
核　桃	8801	9487	13467	4014	6480	11778	13903	10840	15356
花　椒	757	456	785	769	944	724	496	586	475
二、水果产量	**136973**	**196479**	**220896**	**225946**	**244361**	**259606**	**294222**	**379563**	**434725**
苹　果	103436	156552	154304	160343	178528	190199	211610	273591	319673
梨	7454	10632	8204	9337	12562	11310	13332	15429	18394
葡　萄	2691	3635	22198	17675	17790	18937	19654	21278	22759
红枣(鲜)	6261	8478	15492	18594	14470	19615	30018	40604	41990
柿子(鲜)	8002	6524	6657	6254	6455	6908	5893	7346	7122
沙　果	517	460	215	199	218	218	130	236	183
桃	4486	6188	11326	11406	12046	9966	11310	15852	19483
杏	1437	1500	1086	795	888	884	971	671	560

8-11 农业机械拥有量

指　　标	单　位	1995	2000	2005	2006	2007	2008	2009	2010	2011
农业机械总动力	万千瓦特	184.48	226.66	318.41	337.80	357.73	366.10	385.60	405.08	423.10
大中型农用拖拉机	台	2836	3056	5641	7324	6403	7297	8766	10232	11266
	万千瓦特	9.42	10.27	19.76	23.32	24.06	26.56	34.07	39.92	44.87
小型农用拖拉机	台	34852	33484	25374	25125	25845	28351	31697	33798	37068
	万千瓦特	33	32	24	24	25	25	30	32	35
大中型拖拉机配套机具	部	3561	4630	10025	11148	13001	15757	19509	25194	28467
小型拖拉机配套机具	部	33804	30160	31196	32171	31266	36029	38259	42256	48371
农用排灌动力机械	台	15438	12795	13143	14106	14423	14836	17596	18675	19722
	万千瓦特	17.45	16.41	16.71	16.43	16.61	16.18	18.92	20.82	22.28
农用水泵	套	15686	14317	13569	13692	14080	14503	15414	16432	17300
联合收割机	台	509	1119	2190	2315	2449	2629	3024	3583	4463
机动晒割机	台	5676	3564	2234	2197	2008	1603	1682	2492	2937
机动脱粒机	台	12714	12762	9973	9535	9355	7611	8214	8223	8671
机动喷粉(雾)器	部	1135	1383	960	1005	1084	5913	1332	1855	1974

8-12 化肥施用量和农村用电量

指　　标	单　位	1995	2000	2005	2006	2007	2008	2009	2010	2011
农村电气化情况										
农村用电量	万千瓦时	37417	40031	51181	53254	54900	58096	58772	62036	67724
农用化肥施用量										
按实物量计算	吨	445205	496933	528458	534147	546327	551556	551656	555980	572019
氮　肥	吨	239737	254939	259898	259596	266212	266919	262171	262279	261196
磷　肥	吨	154968	186457	191966	194938	195388	193648	189561	187080	189893
钾　肥	吨	7534	11234	15456	15579	15497	15278	15306	16724	17527
复合肥	吨	42966	44303	61138	64034	69230	75711	84619	89897	103403
按折纯法计算	吨	118104	131969	141881	143343	147824	151269	154126	157473	167043
氮　肥	吨	64136	70197	70290	69661	71268	71572	70302	70360	71676
磷　肥	吨	25113	30246	30585	31023	31077	30778	29999	29700	30130
钾　肥	吨	3769	5621	7524	7583	7528	7417	7434	8123	8526
复合肥	吨	25086	25905	33482	35076	37951	41502	46392	49290	56711
农用塑料薄膜使用量	吨	2540	3608	4835	4901	5353	5409	5220	5383	5815
#地膜使用量	吨	1793	2506	3199	3259	3347	3435	3218	3180	3577
地膜覆盖面积	公顷	30132	40259	48162	48532	50102	50173	44720	44328	49157
农业用柴油	吨	33631	43931	53402	55093	57292	59749	60894	56801	60175
农药使用量	吨	2039	2921	3727	3894	4070	4355	4448	4584	4822

8-13 主要年份乡镇企业基本情况

年份	乡镇企业单位数(个)	乡镇企业总产值(万元)	乡镇企业增加值(万元)	乡镇企业从业人员(万人)	乡镇企业上缴税金(万元)
1952					
1957					
1962					
1965					
1970					
1975					
1978	8184	17509		11.0	380
1980	9681	23925		13.1	313
1985	43168	63898		24.1	2340
1990	58882	176437		31.5	6968
1995	134254	1993355	373587	73.7	18164
2000	83505	2380006	650222	48.8	40750
2001	84979	3100230	859913	47.7	48160
2002	90185	4085230	1133910	53.1	68566
2003	92304	5709381	1608571	61.6	112853
2004	99182	7904033	2226881	63.7	192668
2005	102603	10553346	3007047	67.3	268073
2006	107216	13296328	3769063	70.2	337937
2007	10567	9983910	3021399	42.5	442895
2008	7008	11012943	3261403	34.8	510400
2009	6961	8099465	2301309	25.9	386269
2010	6739	10221360	2784674	25.7	517053
2011	8635	14358429	4088298	32.3	426752

注：从2007年起，乡镇企业统计口径调整，数据不可比。

主要统计指标解释

农林牧渔业总产值 指以货币表现的农、林、牧、渔业全部产品和对农林牧渔业生产活动进行的各种支持性服务活动的价值总量，它反映一定时期内农林牧渔业生产总规模和总成果。1957年以前的农林牧渔业总产值中包括了厩肥和农民自给性手工业（农民自制衣服、鞋、袜，自己从事粮食初步加工等）。1958年及以后，林业中增加了村及村以下竹木采伐产值；牧业中取消了厩肥产值；副业中取消了农民自给性手工业产值，增加了村及村以下办的工业产值；渔业中增加了海洋捕捞水产品产值。1980年及以后，在副业中增加了农民家庭兼营工业商品部分的产值。从1984年起村及村以下工业产值划归工业。从1993年起取消副业，将野生动物的捕猎划入牧业，野生植物采集和农民家庭兼营商品性工业划归农业。从2003年起，执行新的国民经济行业分类标准，农林牧渔业总产值中包括了农林牧渔服务业产值。林业中增加了森林采运业产值。农业中取消了家庭兼营商品性工业产值，将野生林产品的采集划归林业。第一次农业普查以后，由于畜牧业产品年报数据与普查数据之间存在一定的差距，根据农业普查结果对畜牧业年报数据进行了修正，对畜牧业产值进行了相应修正。

农林牧渔业总产值的计算方法通常是按农、林、牧、渔业产品及其副产品的产量分别乘以各自单位产品价格求得；少数生产周期较长，当年没有产品或产品产量不易统计的，则采用间接方法匡算其产值；然后将四业产品产值及农林牧渔服务业产值相加即为农林牧渔业总产值。

粮食产量 指全社会的产量。包括国有经济经营的、集体统一经营的和农民家庭经营的粮食产量，还包括工矿企业办的农场和其他生产单位的产量。粮食除包括稻谷、小麦、玉米、高粱、谷子及其他杂粮外，还包括薯类和豆类。其产量计算方法，豆类按去豆荚后的干豆计算；薯类（包括甘薯和马铃薯，不包括芋头和木薯）1963年以前按每4公斤鲜薯折1公斤粮食计算，从1964年开始改为按5公斤鲜薯折1公斤粮食计算。城市郊区作为蔬菜的薯类（如马铃薯等）按鲜品计算，并且不作粮食统计。其他粮食一律按脱粒后的原粮计算。1989年以前全市粮食产量数据主要靠全面报表取得，1989年开始使用抽样调查数据。

棉花产量 指全社会的产量。包括春播棉和夏播棉。产量按皮棉计算。不包括木棉。

油料产量 指全部油料作物的生产量。包括花生、油菜籽、芝麻、向日葵籽、胡麻籽（亚麻籽）和其他油料。不包括大豆、木本油料和野生油料。花生以带壳干花生计算。

水产品产量 指人工养殖的水产品和天然生长的水产品的捕捞量。包括海水的鱼类、虾蟹类、贝类和藻类以及内陆水域的鱼类、虾蟹类和贝类，不包括淡水生植物。水产品产量是通过各级水产和统计部门逐级上报取得数据。1995年及以前，贝类中牡蛎按鲜肉计算；蚶、蛤、蛏按5斤鲜品折1斤计算。1996年以后则统一按鲜品计算。

猪、牛、羊肉产量 指当年出栏并已屠宰、除去头蹄下水后带骨肉（即胴体重）的重量。包括全社会范围内的产量。1996年第一次农业普查以后，由于畜牧业产品年报数据与普查数据之间存在一定的差距，根据普查结果对畜牧业年报数据进行了修正。2007年，根据第二次农业普查结果，对2006年畜牧业年报数据进行了修正。

期初（末）畜禽存栏头（只）数 指报告期初（末）农村各种合作经济组织和国营农场、农民个人、机关、团体、学校、工矿企业、部队等单位以及城镇居民饲养的大牲畜、猪、羊、家禽等畜禽的存栏数。数据上报方式及数据调整情况同猪、牛、羊肉产量。

农作物播种面积 指实际播种或移植有农作物的面积。凡是实际种植有农作物的面积，不论种植在耕地上还是种植在非耕地上，均包括在农作物播种面积中。在播种季节基本结束后，因遭灾而重新改种和补种的农作物面积，也包括在内。它是反映我国耕地面积利用情况的一个重要指标。目前，农作物播种面积主要包括粮食、棉花、油料、糖料、麻类、烟叶、蔬菜和瓜类、药材和其他农作物九大类。

有效灌溉面积 指具有一定的水源，地块比较平整，灌溉工程或设备已经配套，在一般年景下，当年能够进行正常灌溉的耕地面积。在一般情况下，有效灌溉面积应等于灌溉工程或设备已经配备，能够进行正常灌溉的水田和水浇地面积之和。它是反映我国耕地抗旱能力的一个重要指标。

农用化肥施用量 指本年内实际用于农业生产的化肥数量，包括氮肥、磷肥、钾肥和复合肥。化肥施用量要求按折纯量计算数量。折纯量是指把氮肥、磷肥、钾肥分别按含氮、含五氧化二磷、含氧化钾的百分之百成份进行折算后的数量。复合肥按其所含主要成分折算。公式为：

折纯量＝实物量×某种化肥有效成份含量的百分比

农业机械总动力 指主要用于农、林、牧、渔业的各种动力机械的动力总和。包括耕作机械、排灌机械、收获机械、农用运输机械、植物保护机械、牧业机械、林业机械、渔业机械和其他农业机械〔内燃机按引擎马力折成瓦（特）计算、电动机按功率折成瓦（特）计算〕。不包括专门用于乡、镇、村、组办工业、基本建设、非农业运输、科学试验和教学等非农业生产方面用的动力机械与作业机械。这个指标的统计数据主要来源于农机部门。

09 工 业

资料整理人员

申淑霞　张　栋　曹睿鹏

工　业

工业单位数(规模以上)	380	个
工业总产值(规模以上)	1842.5	亿元
原煤产量	4831.0	万吨
洗精煤	3194.5	万吨
焦炭	1920.1	万吨
发电量	150.1	亿千瓦时
生铁产量	1053.7	万吨
钢产量	864.4	万吨
水泥产量	488.7	万吨

工业总产值构成(%)

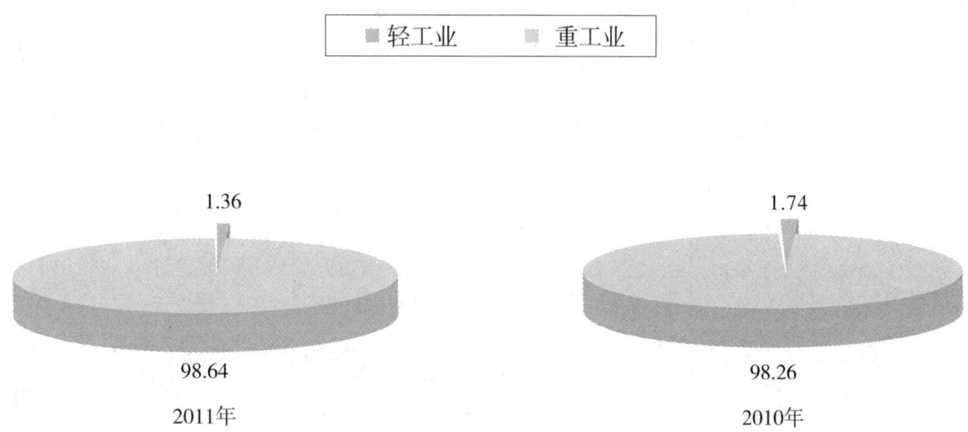

规模以上工业增加值(亿元)

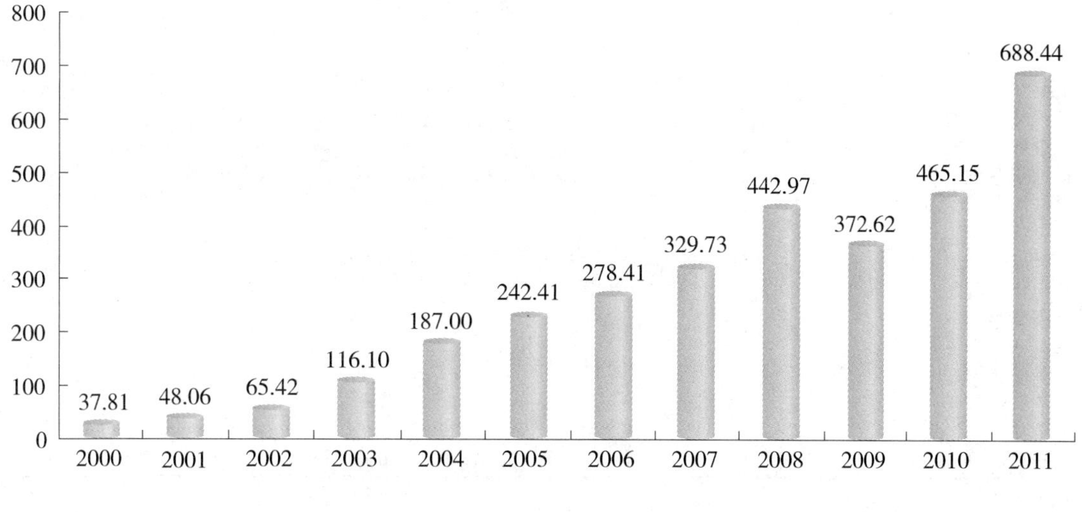

9-1 规模以上工业

指标	企业单位数(个)	#亏损企业	工业总产值(当年价格)	工业销售产值(当年价格)	#出口交货值	资产总计
总计	**380**	**103**	**18424602**	**18194353**	**82831**	**17173745**
一、按隶属关系分组						
中央企业	9	3	657588	643959		1053411
省属企业	46	12	6020759	6016362	15261	6810851
市属企业	11	4	226701	210909	4413	493199
县(区市)属企业	53	16	1874521	1847579	4285	1926826
乡(街道镇)属企业	14	6	516034	484543		323351
村办企业	10	2	252675	251243		42090
其他	237	60	8876324	8739760	58872	6524016
二、按登记注册类型分组:						
内资企业	367	100	17900010	17668108	65566	16108383
国有企业	11	2	293527	275857		717086
中央企业	3	1	82483	78421		146282
地方企业	8	1	211044	197436		570804
集体企业	20	5	403332	398897		104485
股份合作企业						
联营企业						
有限责任公司	51	13	5878459	5866390	7789	5987710
国有独资公司	5	1	1648454	1715152		3149671
其他有限责任公司	46	12	4230005	4151239	7789	2838039
股份有限公司	5	2	915520	905788	16665	1580637
私营企业	280	78	10409172	10221175	41113	7718466
私营独资企业	64	7	1620241	1608898		588306
私营合伙企业	2	0	67976	67850		14913
私营有限责任公司	210	68	7785752	7634801	41113	6651672
私营股份有限公司	4	3	935203	909625		463575
其他企业						
港、澳、台商投资企业	11	2	498242	500167	792	1047784
合资经营企业(港或澳、台资)	9	2	454181	455760	792	1013077
合作经营企业(港或澳、台资)	2		44061	44407		34707
港澳台商独资经营企业						
港澳台商投资股份有限公司						
其他港澳台投资						
外商投资企业	2	1	26351	26079	16473	17579
中外合资经营企业	1		18765	18412	16473	10132
中外合作经营企业						
外资企业						
外商投资股份有限公司	1	1	7585	7666		7447
其他外商投资						
三、按经济组织类型分组						
独资企业	95	14	2317100	2283653		1409876
国有企业	11	2	293527	275857		717086
集体企业	20	5	403332	398897		104485
私营独资企业	64	7	1620241	1608898		588306
港澳台商独资经营企业						
外资企业						
合作、合伙企业	4		112037	112258		49620
股份合作企业						
国有联营企业						
集体联营企业						
国有与集体联营企业						
其他联营企业						
私营合伙企业	2		67976	67850		14913
合作经营企业(港或澳、台资)	2		44061	44407		34707

主要经济指标(2011年)

单位:万元

流动资产合　计	固定资产合　计	固定资产原　价	累计折旧	固定资产净　值	流动负债合　计	非流动负债合计	负债合计
8668504	**6400497**	**9236311**	**3619380**	**5616932**	**9609532**	**2267605**	**12218556**
517556	464233	551231	119028	432203	582681	283049	865729
3034429	2715298	4606271	2119859	2486412	3078745	1495111	4581737
157257	141107	182871	62005	120867	356922	52044	408966
1017627	744779	763857	206346	557512	839713	87214	1014950
176927	122524	176650	55284	121366	259234	15002	274236
28698	13351	16213	2862	13351	18434	824	19257
3736010	2199205	2939217	1053996	1885221	4473803	334362	5053679
8359105	5705794	8277090	3319300	4957791	9086412	1848474	11274486
418972	213249	212450	84659	127791	193193	18658	212779
76673	69609	86815	34894	51922	104537	11461	115997
342299	143641	125635	49765	75870	88657	7197	96782
81939	21059	28031	8884	19147	71346	1445	72897
3075939	1864607	3675214	1825770	1849443	2877398	1096190	3986167
1794140	762057	1392987	630931	762057	1484923	893817	2378740
1281799	1102550	2282227	1194840	1087387	1392475	202373	1607428
521251	883657	1026327	351820	674508	657512	322654	980166
4261005	2723222	3335068	1048167	2286901	5286964	409528	6022477
228881	222023	260889	54765	206124	418863	25796	447712
6848	8066	4207	1281	2926	5017		5017
3699435	2374382	2949609	965925	1983684	4415621	383685	5121628
325842	118751	120363	26196	94168	447464	46	448121
300660	687066	933987	282483	651504	514703	419131	933836
288616	664404	905233	270820	634414	498341	418966	917309
12044	22663	28754	11663	17090	16362	165	16527
8739	7637	25234	17597	7637	8416		10234
6428	3616	19892	16277	3616	7312		7312
2312	4021	5342	1320	4021	1105		2922
729791	456332	501370	148308	353063	683401	45899	733387
418972	213249	212450	84659	127791	193193	18658	212779
81939	21059	28031	8884	19147	71346	1445	72897
228881	222023	260889	54765	206124	418863	25796	447712
18892	30728	32961	12945	20016	21379	165	21544
6848	8066	4207	1281	2926	5017		5017
12044	22663	28754	11663	17090	16362	165	16527

9-1 续

指 标	所有者权益合计	#实收资本	主营业务收入	主营业务成本	主营业务税金及附加	销售费用	管理费用
总 计	**4896753**	**2323436**	**18837189**	**16276129**	**143443**	**313989**	**732737**
一、按隶属关系分组							
中央企业	187682	175994	604569	514353	2838	11268	40741
省属企业	2174554	948725	6541221	5659517	50415	92597	362153
市属企业	84233	41312	213708	158384	1797	6932	23465
县(区市)属企业	910711	180054	1750135	1349957	16730	32367	105007
乡(街道镇)属企业	48730	43408	492976	456811	2895	8970	15267
村办企业	22833	9686	251765	226762	5562	5343	1918
其他	1468010	924257	8982817	7910346	63206	156512	184187
二、按登记注册类型分组							
内资企业	4775797	2095066	18277462	15742403	138937	302431	710898
国有企业	504307	59944	270856	148334	4431	7990	42309
中央企业	30284	39137	78212	70388	285	3617	8600
地方企业	474022	20807	192644	77946	4146	4374	33710
集体企业	31197	15992	415213	373877	6316	7854	8471
股份合作企业							
联营企业							
有限责任公司	1946611	868603	6174591	5238157	50063	77690	350808
国有独资公司	770931	341261	2043281	1866220	14158	904	152264
其他有限责任公司	1175680	527342	4131309	3371936	35905	76786	198544
股份有限公司	600471	115010	1058254	896479	7608	30540	56533
私营企业	1693212	1035519	10358549	9085557	70518	178357	252776
私营独资企业	140525	73348	1596816	1384383	24463	23286	23920
私营合伙企业	8909	8132	63914	61736	839	88	593
私营有限责任公司	1528371	941379	7792332	6848567	43593	152880	221549
私营股份有限公司	15408	12660	905488	790870	1623	2103	6714
其他企业							
港、澳、台商投资企业	113610	222958	532192	510081	4279	9830	19687
合资经营企业(港或澳、台资)	95768	205523	484893	464439	4009	7133	17288
合作经营企业(港或澳、台资)	17842	17435	47299	45643	270	2697	2400
港澳台商独资经营企业							
港澳台商投资股份有限公司							
其他港澳台投资							
外商投资企业	7345	5412	27535	23645	227	1729	2152
中外合资经营企业	2821	3000	19827	17353	185	1313	1033
中外合作经营企业							
外资企业							
外商投资股份有限公司	4525	2412	7709	6291	42	416	1120
其他外商投资							
三、按经济组织类型分组							
独资企业	676029	149283	2282885	1906594	35211	39130	74701
国有企业	504307	59944	270856	148334	4431	7990	42309
集体企业	31197	15992	415213	373877	6316	7854	8471
私营独资企业	140525	73348	1596816	1384383	24463	23286	23920
港澳台商独资经营企业							
外资企业							
合作、合伙企业	26751	25567	111213	107379	1108	2786	2992
股份合作企业							
国有联营企业							
集体联营企业							
国有与集体联营企业							
其他联营企业							
私营合伙企业	8909	8132	63914	61736	839	88	593
合作经营企业(港或澳、台资)	17842	17435	47299	45643	270	2697	2400

表 1

单位：万元、人

财务费用	#利息支出	营业利润	利润总额	亏损企业亏损总额	利税总额	本年应付职工薪酬	本年应交增值税	全部从业人员年平均人数（人）
336883	**298125**	**1282284**	**902431**	**244160**	**1932475**	**822196**	**882103**	**185289**
24130	24811	81349	17837	34759	38104	36026	17411	9396
134055	136484	370174	281065	93622	652074	496457	320593	80244
11245	3701	25395	17799	12177	43097	14006	23498	5415
19293	17843	308621	217806	9415	333226	72379	98691	20058
7097	6514	16408	13325	3260	32943	11091	16724	4739
612	564	10716	10668	158	33571	4024	17341	1119
140452	108210	469621	343931	90770	799461	188213	387846	64318
289670	251621	1316834	940978	189946	1947848	810017	863434	180521
3022	3143	79175	49754	17213	75902	23242	21717	8354
1334	1611	10177		16728		5214	1418	3114
1688	1532	68998	65158	485	89603	18028	20299	5240
1005	972	12866	12636	362	40550	14017	21598	4090
98048	100249	543095	415395	44082	788793	458388	323314	77695
74583	76117	42928	5593	3214	102350	275814	82600	37420
23465	24132	500167	409803	40869	686443	182574	240714	40275
29787	29532	54400	45047	16573	105015	83291	52359	12880
157808	117725	627298	418146	111716	937588	231079	444446	77502
11507	4120	71141	66445	19355	172144	18647	81236	6812
152	152	451	451		5047	590	3758	329
138636	108260	548872	344555	91142	707715	188021	315090	65997
7513	5192	6834	6695	1218	52681	23822	44363	4364
47093	46401			54212		10339	18188	3837
46295	45686			54212		9163	17621	3246
797	715	222	222		1059	1177	568	591
121	103	2292	252	1	960	1840	481	931
114	90	254	253		438	1527		410
7	13	2037		1	522	313	481	521
15535	8235	163182	128835	36931	288596	55905	124551	19256
3022	3143	79175	49754	17213	75902	23242	21717	8354
1005	972	12866	12636	362	40550	14017	21598	4090
11507	4120	71141	66445	19355	172144	18647	81236	6812
949	867	674	673		6106	1766	4325	920
152	152	451	451		5047	590	3758	329
797	715	222	222		1059	1177	568	591

9-1 续

指标	企业单位数(个)	#亏损企业	工业总产值(当年价格)	工业销售产值(当年价格)	#出口交货值	资产总计
中外合作经营企业						
其他企业(内资)						
其他港澳台商投资企业						
其他外商投资企业						
股份有限公司	10	6	1858308	1823080	16665	2051658
股份有限公司(内资)	5	2	915520	905788	16665	1580637
私营股份有限公司	4	3	935203	909625		463575
港澳台商投资股份有限公司						
外商投资股份有限公司	1	1	7585	7666		7447
有限责任公司	271	83	14137157	13975364	66167	13662591
国有独资公司	5	1	1648454	1715152		3149671
私营有限责任公司	210	68	7785752	7634801	41113	6651672
合资经营企业(港或澳、台资)	9	2	454181	455760	792	1013077
中外合资经营企业	1		18765	18412	16473	10132
其他有限责任公司	46	12	4230005	4151239	7789	2838039
四、在总计中:亏损企业	103	103	4427819	4358213	31875	6051723
在总计中:国有控股企业	52	12	6693429	6671070	18271	8448512
在总计中:农村工业	22	7	728940	695954		361960
在总计中:轻工业	32	12	250962	234995	12905	284521
重工业	348	91	18173640	17959358	69926	16889224
在总计中:大型企业	24	7	8058101	8021866	38817	8505481
中型企业	119	35	6289126	6160398	21678	6523617
小型企业	232	61	4026610	3961709	22336	2137521
微型企业	5		50765	50381		7127
五、按工业行业大类分组						
采矿业	188	25	6119551	6085164		6648288
煤炭开采和洗选业	158	24	5604896	5571326		6522783
黑色金属矿采选业	29		511641	511030		117821
非金属矿采选业	1	1	3014	2809		7684
制造业	186	74	11908527	11714098	82831	9396984
农副食品加工业	7	1	69835	65816		55345
食品制造业	3	2	18749	18678		19593
酒、饮料和精制茶制造业	1		2958	885		15665
纺织业	5	3	17064	16383		13251
纺织服装、服饰业	1		2805	2805		1562
文教、工美、体育和娱乐用品制造业	1	1	2320	2631	2631	2621
石油加工、炼焦和核燃料加工业	42	21	3389847	3438416		3637768
化学原料和化学制品制造业	11	4	648939	634207	18271	968687
医药制造业	6	4	25035	26883		39934
橡胶和塑料制品业	5		32612	31731		18545
非金属矿物制品业	22	6	155456	152398		176796
黑色金属冶炼和压延加工业	49	20	6452463	6258801	48977	3456628
有色金属冶炼和压延加工业	6		571785	566203		207153
金属制品业	2	1	38899	37198		37878
通用设备制造业	1	1	2421	2496		3746
专用设备制造业	7	1	310331	301596		539176
汽车制造业	8	6	63458	59538	5688	80852
电气机械和器材制造业	6	1	76013	70045	7264	81106
其他制造业	1		16044	15895		31927
废弃资源综合利用业	2	2	11494	11494		8751
电力、燃气及水的生产和供应业	6	4	396524	395091		1128474
电力、热力生产和供应业	4	3	385743	385126		1103924
燃气生产和供应业	1		5257	5257		5850
水的生产和供应业	1	1	5524	4708		18700

表 2

单位：万元

流动资产合计	固定资产合计	固定资产原价	累计折旧	固定资产净值	流动负债合计	非流动负债合计	负债合计
849404	1006429	1152032	379335	772697	1106080	322700	1431208
521251	883657	1026327	351820	674508	657512	322654	980166
325842	118751	120363	26196	94168	447464	46	448121
2312	4021	5342	1320	4021	1105		2922
7070416	4907008	7549948	3078792	4471156	7798672	1898841	10032416
1794140	762057	1392987	630931	762057	1484923	893817	2378740
3699435	2374382	2949609	965925	1983684	4415621	383685	5121628
288616	664404	905233	270820	634414	498341	418966	917309
6428	3616	19892	16277	3616	7312		7312
1281799	1102550	2282227	1194840	1087387	1392475	202373	1607428
2793264	2374087	4076016	1879890	2196125	3553163	1416525	5137720
3848295	3335696	5259702	2252419	3007282	3739470	1787021	5535441
204719	133331	189780	57607	132173	273726	15826	289551
149323	110357	164585	72620	91964	151440	14577	180555
8519181	6290140	9071727	3546759	5524967	9458092	2253028	12038001
4346168	3100991	4793458	2233675	2559783	4689156	1096806	6021559
3336590	2395971	3373857	1156413	2217443	3787353	847682	4700779
983081	899477	1064161	228366	835795	1130428	323117	1493624
2665	4058	4836	925	3911	2594		2594
3534870	1692474	2700873	1121818	1579055	2539308	1059898	3649521
3467079	1636876	2630186	1104286	1525900	2497677	1059898	3604838
62213	53505	68690	16575	52115	36720		39772
5577	2093	1997	957	1039	4911		4911
4942659	3832908	5524863	2321793	3203070	6660313	570776	7522193
25722	23979	20150	2322	17829	15397	5	28122
6935	9222	10916	2095	8821	7421		9238
8117	7548	8187	640	7548	6211		6211
9210	2979	3856	929	2927	15421	155	15576
1508	54	112	58	54	1153		1153
1936	194	841	666	175	2185		2185
1859917	1439830	2023548	737634	1285914	2657376	276577	3153428
360168	569193	628435	265030	363405	636890	35753	672643
20818	14697	21970	7464	14506	26257	3530	29787
13774	4656	5864	3321	2542	13128	318	13446
80979	90882	126493	37697	88796	84243	43335	127578
1935503	1375492	2250561	1103847	1146715	2574558	76896	2707044
102684	72028	108934	39163	69771	65308	57877	123185
24080	13798	23709	11310	12399	20818	7886	28703
3349	327	529	203	327	2689		2689
376431	138871	179650	58012	121638	422814	45909	468849
42953	28393	34146	9468	24679	30122	4578	36076
42161	28555	59554	35281	24274	54056	15807	69863
20841	11086	16676	6639	10037	17668	1500	19168
5575	1126	733	17	716	6601	650	7251
190975	875115	1010575	175769	834807	409910	636931	1046841
181573	860650	989865	165740	824125	400316	632825	1033141
1295	4162	4477	315	4162	2399		2399
8107	10303	16233	9713	6520	7195	4106	11301

9-1 续

指　　标	所有者权益合计	#实收资本	主营业务收入	主营业务成本	主营业务税金及附加	销售费用	管理费用
中外合作经营企业							
其他企业(内资)							
其他港澳台商投资企业							
其他外商投资企业							
股份有限公司	620403	130082	1971450	1693640	9273	33059	64367
股份有限公司(内资)	600471	115010	1058254	896479	7608	30540	56533
私营股份有限公司	15408	12660	905488	790870	1623	2103	6714
港澳台商投资股份有限公司							
外商投资股份有限公司	4525	2412	7709	6291	42	416	1120
有限责任公司	3573570	2018504	14471642	12568516	97851	239015	590678
国有独资公司	770931	341261	2043281	1866220	14158	904	152264
私营有限责任公司	1528371	941379	7792332	6848567	43593	152880	221549
合资经营企业(港或澳、台资)	95768	205523	484893	464439	4009	7133	17288
中外合资经营企业	2821	3000	19827	17353	185	1313	1033
其他有限责任公司	1175680	527342	4131309	3371936	35905	76786	198544
四、在总计中:亏损企业	862537	1004751	4573739	4399984	28479	54653	235575
在总计中:国有控股企业	2863071	1109427	7153640	6174021	51825	100136	394061
在总计中:农村工业	72023	52986	704910	644466	8428	14247	17034
在总计中:轻工业	103966	56812	257596	215477	1064	8978	13459
重工业	4792787	2266624	18579593	16060652	142379	305011	719278
在总计中:大型企业	2429363	942628	8635277	7664184	46847	119700	342817
中型企业	1821359	971514	6177702	5147659	48221	116450	308879
小型企业	641498	406153	3974115	3419362	47883	76268	79928
微型企业	4533	3142	50096	44924	492	1571	1114
五、按工业行业大类分组							
采矿业	2992335	811569	6145237	4460266	103518	120187	433393
煤炭开采和洗选业	2911524	778973	5675697	4151923	101989	114614	424301
黑色金属矿采选业	78040	27595	466128	306225	1521	4737	8944
非金属矿采选业	2772	5000	3413	2119	8	836	149
制造业	1822786	1305635	12295222	11415097	38117	192983	293090
农副食品加工业	27223	14800	84185	76057	93	818	1863
食品制造业	10354	4012	18972	13806	73	1689	1385
酒、饮料和精制茶制造业	9453	1550	2419	806	151	2	58
纺织业		2650	16489	17451	16	89	251
纺织服装、服饰业	409	208	2805	2438	19	57	283
文教、工美、体育和娱乐用品制造业	436	150	2964	2685		230	160
石油加工、炼焦和核燃料加工业	484340	375838	3883058	3599421	13415	100613	110471
化学原料和化学制品制造业	296044	109521	791474	724946	1978	16611	24750
医药制造业	10147	9475	26774	23392	185	1784	1917
橡胶和塑料制品业	4999	2784	31619	28222	259	357	1825
非金属矿物制品业	49218	41308	155409	135247	1012	3205	5372
黑色金属冶炼和压延加工业	698474	539325	6299204	5895668	18727	48666	93789
有色金属冶炼和压延加工业	83967	70629	499314	481513	336	1872	10645
金属制品业	9175	10392	38551	31211	109	1434	4580
通用设备制造业	1058	1000	2496	2433	8	28	32
专用设备制造业	70327	54380	283943	251302	1024	8891	25441
汽车制造业	43983	26874	57390	51375	176	3003	3720
电气机械和器材制造业	11243	34818	73660	54784	348	2871	4964
其他制造业	12759	3923	13002	11030	7	184	1394
废弃资源综合利用业	1501	2000	11494	11309	182	579	195
电力、燃气及水的生产和供应业	81632	206232	396730	400766	1807	819	6254
电力、热力生产和供应业	70783	196252	386686	393951	1735	3	3935
燃气生产和供应业	3451	3000	5257	3639	31	180	809
水的生产和供应业	7399	6980	4787	3177	42	637	1510

表 3

单位：万元、人

财务费用		营业利润	利润总额	亏损企业亏损总额	利税总额	本年应付职工薪酬	本年应交增值税	全部从业人员年平均人数（人）
	#利息支出							
37306	34738	63271	51741	17792	158218	107426	97203	17765
29787	29532	54400	45047	16573	105015	83291	52359	12880
7513	5192	6834	6695	1218	52681	23822	44363	4364
7	13	2037		1	522	313	481	521
283093	254285	1055158	721182	189437	1479555	657098	656024	147348
74583	76117	42928	5593	3214	102350	275814	82600	37420
138636	108260	548872	344555	91142	707715	188021	315090	65997
46295	45686			54212		9163	17621	3246
114	90	254	253		438	1527		410
23465	24132	500167	409803	40869	686443	182574	240714	40275
147825	133208			244160		351010	166000	66972
161611	163746	468493	312187	117907	706984	514865	342951	90076
7357	6739	27360	24229	3167	66547	14295	33891	5478
4952	4341	21716	14755	3030	22170	16437	6350	7968
331932	293785	1260569	887676	241130	1910305	805758	875754	177321
145883	137427	309755	231143	51555	638043	504569	356051	91317
143878	119556	757815	468030	145042	851746	240712	334998	68011
47104	41124	212827	201571	47562	437920	76647	188466	25888
18	18	1887	1687		4767	267	2588	73
102570	82471	983826	943672	39587	1571850	506015	524660	79127
101056	80957	912196	873277	39522	1484613	500602	509347	77144
1148	1147	71695	70461		87216	5173	15234	1863
367	367			65	22	240	79	120
183256	164577	358559	19750	142068	406397	307613	344031	104343
1310	1098	4165	4390	81	4588	1663	104	1246
292	26	3931	1123	58	1926	717	731	711
		1403	1520		1725	379	55	158
334	325			1652		1161	166	948
		9	9		219	313	191	87
62	59			115		216		62
101686	89573	9145		78557	108346	80067	130809	30855
22251	21257	13596	12274	2043	26803	20262	12548	7219
575	546	8		638	998	2053	1036	1318
18	15	460	368		1301	2303	675	680
4189	4110	3386	3906	1604	11926	7320	7008	2992
33708	28408	184329	32025	36865	230576	139635	175822	42539
3935	3638	72502	3643		7538	10894	3558	2601
754	710	421	565	273	1866	2742	1192	1275
				5	51	81	48	51
10261	11160	45355		16728		25336	5012	6980
2209	1943	6571		1370	311	4514	1336	2632
1621	1517	10414	7734	1822	10795	5737	2695	939
		4927	487		552	2095	59	962
192	192			256	913	124	987	88
51058	51077			62505		8567	13412	1819
50417	50501			62019		6888	13038	1199
118	130	481	458		535	239	46	106
522	447			485		1441	329	514

9-2 规模以上国有控股

指　　标	企业单位数(个)	#亏损企业	工业总产值(当年价格)	工业销售产值(当年价格)	#出口交货值	资产总计
总　　计	**52**	**12**	**6693429**	**6671070**	**18271**	**8448512**
在总计中						
亏损企业	12	12	2246978	2293693		3599130
按隶属关系分组						
中央企业	9	3	657588	643959		1053411
地方企业	43	9	6035841	6027111	18271	7395101
省属企业	28	8	5557924	5570982	15261	6449864
市属企业	6	1	133883	122209	3010	258877
县(区市)属企业	9		344035	333920		686360
按轻重工业分组						
轻工业	3	1	49234	44933	3010	82304
重工业	49	11	6644195	6626137	15261	8366208
按企业规模分组						
大型企业	11	3	4613607	4635217	15261	5572963
中型企业	28	7	1796081	1766879	3010	2349833
小型企业	13	2	283740	268974		525717
按工业行业大类分组						
采矿业	29	4	1785597	1801162		3807467
煤炭开采和洗选业	27	4	1746603	1762327		3797116
黑色金属矿采选业	2		38994	38835		10351
制造业	20	5	4533609	4497118	18271	3576057
石油加工、炼焦和核燃料加工业	4	1	998697	1001241		1164033
化学原料和化学制品制造业	3		490118	479220	18271	779936
非金属矿物制品业	2		43524	44507		49085
黑色金属冶炼及压延加工业	3	2	2180257	2162410		850621
有色金属冶炼及压延加工业	3		545272	542746		175514
金属制品业	1		33390	33169		30844
专用设备制造业	2	1	217160	209124		475476
电气机械和器材制造业	1	1	9147	8806		18622
其他制造业	1		16044	15895		31927
电力、燃气及水的生产和供应业	3	3	374222	372790		1064988
电力、热力生产和供应业	2	2	368699	368082		1046289
水的生产和供应业	1	1	5524	4708		18700

工业主要经济指标(2011年)

单位：万元

流动资产合计	固定资产合计	固定资产原价	累计折旧	固定资产净值	流动负债合计	非流动负债合计	负债合计
3848295	**3335696**	**5259702**	**2252419**	**3007282**	**3739470**	**1787021**	**5535441**
1560862	1436367	2585217	1205235	1379983	1423108	1292953	2721215
517556	464233	551231	119028	432203	582681	283049	865729
3330739	2871463	4708470	2133391	2575079	3156789	1503973	4669712
2840351	2596615	4411891	2035900	2375991	2837286	1472959	4315400
108456	65625	102581	42966	59614	192671	21122	213793
381932	209224	193999	54525	139474	126833	9892	140519
48722	31630	61639	37069	24570	47969	7697	55667
3799573	3304067	5198062	2215350	2982712	3691501	1779324	5479774
2783911	1868522	3283769	1673644	1610125	2503891	995850	3499741
963826	1140640	1613759	526618	1087141	1021517	553306	1583773
100559	326534	362174	52158	310016	214062	237866	451928
1960597	910641	1741770	898360	843410	1089796	807897	1906641
1958502	902385	1732117	896963	835154	1085643	807897	1902488
2095	8256	9653	1397	8256	4153		4153
1716275	1576685	2547630	1192259	1355371	2274598	362140	2636738
548795	502590	674689	173796	500892	846983	175231	1022214
264579	498820	512197	215306	296891	494010	30198	524208
16967	30204	45458	15254	30204	7338	37000	44338
413791	341397	1010445	669048	341397	437870	2430	440300
90491	53410	87883	34473	53410	56485	53277	109763
19827	11018	20790	9958	10833	15327	6974	22302
331360	121592	158812	53674	105138	378637	42912	421549
9625	6570	20680	14110	6570	20279	12618	32897
20841	11086	16676	6639	10037	17668	1500	19168
171422	848370	970302	161801	808501	375076	616985	992062
163316	838067	954068	152088	801981	367881	612879	980761
8107	10303	16233	9713	6520	7195	4106	11301

9-2 续表

指　　标	所有者权益合计	#实收资本	主营业务收入	主营业务成本	主营业务税金及附加	销售费用	管理费用
总　　计	**2863071**	**1109427**	**7153640**	**6174021**	**51825**	**100136**	**394061**
在总计中							
亏损企业	827915	632587	2419746	2299614	21003	6931	151181
按隶属关系分组							
中央企业	187682	175994	604569	514353	2838	11268	40741
地方企业	2675389	933433	6549071	5659668	48987	88868	353320
省属企业	2084463	878900	6099232	5387126	42075	80611	302180
市属企业	45084	24862	119680	98570	780	4783	8625
县(区市)属企业	545841	29671	330160	173972	6132	3474	42515
按轻重工业分组							
轻工业	26637	13801	42119	35663	205	2368	4211
重工业	2836433	1095626	7111521	6138358	51620	97768	389849
按企业规模分组							
大型企业	2023222	659029	5186605	4584923	34427	63990	281159
中型企业	766060	385140	1702577	1382369	14030	30242	95345
小型企业	73789	65258	264459	206729	3368	5904	17557
按工业行业大类分组							
采矿业	1900825	515288	1915670	1255974	34563	27865	251411
煤炭开采和洗选业	1894627	510660	1881871	1237141	34410	27817	251233
黑色金属矿采选业	6198	4628	33799	18833	153	48	177
制造业	889319	401907	4863752	4534137	15639	71634	139069
石油加工、炼焦和核燃料加工业	141819	47815	1280175	1195887	3164	14560	30787
化学原料和化学制品制造业	255728	63259	636860	588590	1787	14302	19708
非金属矿物制品业	4747	4091	42001	35253	291	1026	1407
黑色金属冶炼及压延加工业	360321	147009	2204524	2057715	9517	30734	50580
有色金属冶炼及压延加工业	65751	59890	470075	455853	295	1719	9656
金属制品业	8543	8854	34827	27846	99	1343	4154
专用设备制造业	53927	46166	174308	154471	452	7143	19874
电气机械和器材制造业		20901	7978	7493	28	624	1509
其他制造业	12759	3923	13002	11030	7	184	1394
电力、燃气及水的生产和供应业	72927	192232	374219	383910	1623	637	3581
电力、热力生产和供应业	65528	185252	369432	380733	1581		2072
水的生产和供应业	7399	6980	4787	3177	42	637	1510

单位：万元

财务费用	#利息支出	营业利润	利润总额	亏损企业亏损总额	利税总额	本年应付职工薪酬	本年应交增值税	全部从业人员年平均人数（人）
161611	**163746**	**468493**	**312187**	**117907**	**706984**	**514865**	**342951**	**90076**
88242	89193			117907	9998	285729	106884	39614
24130	24811	81349	17837	34759	38104	36026	17411	9396
137481	138935	387144	294350	83149	668880	478839	325540	80680
130754	133174	278469	190521	82663	511287	442869	278692	70244
2629	2342	8791	8920	485	25176	7818	15473	3044
4098	3419	99885	94910		132417	28152	31375	7392
1379	1330	4233	92	485	1732	5544	1433	2562
160232	162416	464260	312096	117422	705253	509321	341518	87514
97390	98619	229162	177106	15842	427313	421175	215780	67001
52809	54000	220311	119154	83791	242753	79081	109549	20428
11412	11127	19020	15928	18274	36918	14609	17622	2647
36069	41333	371917	357248	14668	611091	368226	219279	49939
36069	41333	364631	349962	14668	602776	367549	218403	49652
		7286	7286		8315	677	876	287
76659	73519	157378	16332	41847	143573	139438	111581	38843
35357	33072			10668	35400	33752	39902	9317
18128	17170	6796	5233		17876	14619	10853	5340
2369	2367	1794	2824		5732	1751	2617	471
7681	7094	35220	25760	12629	87098	56809	51821	14566
2550	2265	71781	2910		6064	9449	2859	2201
505	460	837	838		2009	2379	1072	1095
9923	10806	41498		16728		17341	2308	4560
287	284	680		1822		1243	90	331
		4927	487		552	2095	59	962
48883	48894			61393		7201	12090	1294
48361	48447			60907		5760	11762	780
522	447			485		1441	329	514

9-3 规模以上外商投资及港澳台

指标	企业单位数(个)	#亏损企业	工业销售产值(当年价格)	工业销售产值(当年价格)	#出口交货值	资产总计
总计	**13**	**3**	**524592**	**526246**	**17265**	**1065363**
港、澳、台商投资企业	11	2	498242	500167	792	1047784
合资经营企业(港或澳、台资)	9	2	454181	455760	792	1013077
合作经营企业(港或澳、台资)	2		44061	44407		34707
港澳台商独资经营企业						
港澳台商投资股份有限公司						
其他港澳台投资						
外商投资企业	2	1	26351	26079	16473	17579
中外合资经营企业	1		18765	18412	16473	10132
中外合作经营企业						
外资企业						
外商投资股份有限公司	1	1	7585	7666		7447
其他外商投资						
在总计中：亏损企业	3	3	304485	302532		807604
在总计中：国有控股企业	2	1	281877	282205		765439
按轻重工业分组						
轻工业	1	1	7585	7666		7447
重工业	12	2	517007	518580	17265	1057916
按企业规模分组						
大型企业						
中型企业	8	3	441188	442667	17265	1011268
小型企业	5		83405	83579		54095
微型企业						
按工业行业大类分组						
采矿业	1		26416	25818		5131
煤炭开采和洗选业	1		26416	25818		5131
制造业	10	2	228686	231555	17265	318519
食品制造业	1	1	7585	7666		7447
石油加工、炼焦和核燃料加工业	3	1	93767	95455		143547
化学原料和化学制品制造业	2		45171	43874		91945
黑色金属冶炼及压延加工业	2		58254	63323	17265	46239
有色金属冶炼及压延加工业	2		23909	21237		29341
电力、燃气及水的生产和供应业	2	1	269490	268873		741713
电力、热力生产和供应业	1	1	264233	263616		735863
燃气生产和供应业	1		5257	5257		5850

投资工业主要经济指标(2011年)

单位：万元

流动资产合计	固定资产合计	固定资产原价	累计折旧	固定资产净值	流动负债合计	非流动负债合计	负债合计
309399	**694703**	**959221**	**300080**	**659141**	**523120**	**419131**	**944070**
300660	687066	933987	282483	651504	514703	419131	933836
288616	664404	905233	270820	634414	498341	418966	917309
12044	22663	28754	11663	17090	16362	165	16527
8739	7637	25234	17597	7637	8416		10234
6428	3616	19892	16277	3616	7312		7312
2312	4021	5342	1320	4021	1105		2922
177276	593049	796970	225665	571305	383540	406036	791396
146671	589583	712002	149082	562920	304036	403960	707996
2312	4021	5342	1320	4021	1105		2922
307087	690682	953879	298760	655120	522015	419131	941148
286717	664512	924174	290803	633371	503198	414531	919548
22682	30191	35047	9277	25770	19922	4600	24522
1441	3690	3363	327	3037	794		794
1441	3690	3363	327	3037	794		794
170596	116241	264769	161693	103076	231460	15336	248615
2312	4021	5342	1320	4021	1105		2922
92398	39001	137131	99826	37305	152391	2521	154914
30223	44219	60140	20840	39300	48714	165	48879
34789	11361	42511	35443	7069	21454	8050	29504
10874	17638	19645	4264	15381	7796	4600	12396
137363	574772	691089	138060	553029	290867	403795	694662
136068	570611	686612	137745	548867	288468	403795	692263
1295	4162	4477	315	4162	2399		2399

9-3 续

指　　标	所有者权益合计	#实收资本	主营业务收　入	主营业务成　本	主营业务税金及附加	销售费用	管理费用
总　计	**120955**	**228370**	**559727**	**533726**	**4505**	**11559**	**21840**
港、澳、台商投资企业	113610	222958	532192	510081	4279	9830	19687
合资经营企业(港或澳、台资)	95768	205523	484893	464439	4009	7133	17288
合作经营企业(港或澳、台资)	17842	17435	47299	45643	270	2697	2400
港澳台商独资经营企业							
港澳台商投资股份有限公司							
其他港澳台投资							
外商投资企业	7345	5412	27535	23645	227	1729	2152
中外合资经营企业	2821	3000	19827	17353	185	1313	1033
中外合作经营企业							
外资企业							
外商投资股份有限公司	4525	2412	7709	6291	42	416	1120
其他外商投资							
在总计中:亏损企业	16209	160212	304235	312444	1939	2917	12134
在总计中:国有控股企业	57442	164435	286301	290482	1787	2216	4260
按轻重工业分组							
轻工业	4525	2412	7709	6291	42	416	1120
重工业	116431	225958	552019	527435	4464	11143	20720
按企业规模分组							
大型企业							
中型企业	91720	205131	477151	458360	3848	10602	19522
小型企业	29236	23239	82576	75366	657	957	2318
微型企业							
按工业行业大类分组							
采矿业	4000	4000	25818	24848	63	481	211
煤炭开采和洗选业	4000	4000	25818	24848	63	481	211
制造业	69905	70370	263832	235553	2830	10898	18748
食品制造业	4525	2412	7709	6291	42	416	1120
石油加工、炼焦和核燃料加工业		22284	117387	113940	2055	4201	11129
化学原料和化学制品制造业	43067	31435	46766	36425	323	2694	3329
黑色金属冶炼及压延加工业	16735	4000	64921	54974	377	3456	2205
有色金属冶炼及压延加工业	16946	10239	27050	23922	34	132	965
电力、燃气及水的生产和供应业	47051	154000	270077	273325	1612	180	2881
电力、热力生产和供应业	43600	151000	264820	269687	1581		2072
燃气生产和供应业	3451	3000	5257	3639	31	180	809

表

单位：万元、人

财务费用	#利息支出	营业利润	利润总额	亏损企业亏损总额	利税总额	本年应付职工薪酬	本年应交增值税	全部从业人员年平均人数
47213	**46504**			**54214**		**12179**	**18669**	**4768**
47093	46401			54212		10339	18188	3837
46295	45686			54212		9163	17621	3246
797	715	222	222		1059	1177	568	591
121	103	2292	252	1	960	1840	481	931
114	90	254	253		438	1527		410
7	13	2037		1	522	313	481	521
44264	43646	–50979	–54214	54214	–38530	3461	13745	1603
38103	38168			44698		2862	12099	990
7	13	2037		1	522	313	481	521
47207	46491			54212		11866	18188	4247
45711	45002			54214		9833	17319	3937
1502	1502	1776	1765		3773	2346	1351	831
		215	214		508	230	230	85
		215	214		508	230	230	85
9789	8923	8566	5479	9515	14941	9795	6632	4093
7	13	2037		1	522	313	481	521
7477	6693			9514		2649	2752	1352
797	715	7927	8566		10289	1980	1399	897
147	150	4612	4210		5934	3442	1347	961
1361	1350	635	647		1334	1412	653	362
37424	37582			44698		2154	11807	590
37306	37452			44698		1915	11762	484
118	130	481	458		535	239	46	106

9-4 大中型工业主

指 标	企业单位数(个)	#亏损企业	工业总产值(当年价格)	工业销售产值(当年价格)	#出口交货值	资产总计
总 计	**143**	**42**	**14347227**	**14182264**	**60495**	**15029097**
一、按隶属关系分组						
中央企业	7	2	542879	529779		734334
省属企业	36	10	5899950	5906350	15261	6685867
市属企业	8	4	186394	179080	4413	375328
县(区市)属企业	19	2	1362220	1343231		1647177
乡(街道镇)属企业	7	3	404946	379188		290155
村办企业						
其他	66	21	5950837	5844637	40821	5296238
二、按登记注册类型分组						
内资企业	135	39	13906039	13739597	43230	14017829
国有企业	7	2	246058	228299		702105
中央企业	3	1	82483	78421		146282
地方企业	4	1	163576	149878		555823
集体企业	5		100768	100170		57334
股份合作企业						
联营企业						
有限责任公司	36	9	5692324	5698224	3010	5680713
国有独资公司	5	1	1648454	1715152		3149671
其他有限责任公司	31	8	4043870	3983072	3010	2531042
股份有限公司	4	1	811055	801322	16665	1270211
私营企业	83	27	7055834	6911583	23556	6307468
私营独资企业	3	2	81744	80242		207105
私营合伙企业	1		37082	36956		10235
私营有限责任公司	77	24	6014211	5896792	23556	5632584
私营股份有限公司	2	1	922797	897594		457545
其他企业						
港、澳、台商投资企业	6	2	414837	416588	792	993689
合资经营企业(港或澳、台资)	5	2	397193	397998	792	964113
合作经营企业(港或澳、台资)	1		17645	18590		29576
港澳台商独资经营企业						
港澳台商投资股份有限公司						
其他港澳台投资						

要经济指标(2011年)

单位：万元

流动资产合计	固定资产合计	固定资产原价	累计折旧	固定资产净值	流动负债合计	非流动负债合计	负债合计
7682758	**5496961**	**8167315**	**3390089**	**4777226**	**8476510**	**1944488**	**10722338**
488605	189828	271925	99784	172141	497910	73964	571874
2981600	2667155	4525824	2085380	2440444	3027422	1460099	4494092
122821	126549	168098	59533	108565	268902	47444	316346
926364	607462	619379	185134	434246	678364	56355	800212
158511	109783	162481	53292	109189	234563	14350	248913
3004857	1796185	2419607	906965	1512642	3769350	292276	4290901
7396041	4832449	7243141	3099286	4143855	7973312	1529957	9802790
414292	203030	200457	82511	117946	186764	16333	204025
76673	69609	86815	34894	51922	104537	11461	115997
337619	133422	113641	47617	66024	82227	4872	88028
48863	7123	10972	5760	5213	45722	415	46242
2954799	1781081	3539326	1770227	1769099	2708694	1059302	3779267
1794140	762057	1392987	630931	762057	1484923	893817	2378740
1160659	1019024	2146339	1139296	1007043	1223771	165486	1400527
494003	616200	758871	337477	421394	578098	113570	691668
3484083	2225015	2733516	903312	1830204	4454035	340338	5081588
40063	64593	75096	22481	52615	159506	24624	184130
4524	5711	1142	571	571	3448		3448
3118410	2037092	2538821	854840	1683981	3850256	315713	4453186
321086	117620	118456	25419	93037	440825		440825
277978	656875	898940	273206	625734	494781	414531	909314
267375	637903	873550	261869	611680	479213	414366	893581
10603	18973	25390	11337	14054	15569	165	15734

9-4 续

指　　标	企业单位数(个)	#亏损企业	工业总产值(当年价格)	工业销售产值(当年价格)	#出口交货值	资产总计
外商投资企业	2	1	26351	26079	16473	17579
中外合资经营企业	1		18765	18412	16473	10132
中外合作经营企业						
外资企业						
外商投资股份有限公司	1	1	7585	7666		7447
其他外商投资						
三、按经济组织类型分组						
独资企业	15	4	428571	408710		966543
国有企业	7	2	246058	228299		702105
集体企业	5		100768	100170		57334
私营独资企业	3	2	81744	80242		207105
港澳台商独资经营企业						
外资企业						
合作、合伙企业	2		54726	55546		39811
股份合作企业						
国有联营企业						
集体联营企业						
国有与集体联营企业						
其他联营企业						
私营合伙企业	1		37082	36956		10235
合作经营企业(港或澳、台资)	1		17645	18590		29576
中外合作经营企业						
其他企业(内资)						
其他港澳台商投资企业						
其他外商投资企业						
股份有限公司	7	3	1741437	1706582	16665	1735202
股份有限公司(内资)	4	1	811055	801322	16665	1270211
私营股份有限公司	2	1	922797	897594		457545
港澳台商投资股份有限公司						
外商投资股份有限公司	1	1	7585	7666		7447
有限责任公司	119	35	12122493	12011426	43830	12287542
国有独资公司	5	1	1648454	1715152		3149671
私营有限责任公司	77	24	6014211	5896792	23556	5632584

表 1

单位：万元

流动资产合计	固定资产合计	固定资产原价	累计折旧	固定资产净值	流动负债合计	非流动负债合计	负债合计
8739	7637	25234	17597	7637	8416		10234
6428	3616	19892	16277	3616	7312		7312
2312	4021	5342	1320	4021	1105		2922
503218	274746	286525	110752	175773	391991	41371	434397
414292	203030	200457	82511	117946	186764	16333	204025
48863	7123	10972	5760	5213	45722	415	46242
40063	64593	75096	22481	52615	159506	24624	184130
15127	24683	26532	11908	14625	19016	165	19181
4524	5711	1142	571	571	3448		3448
10603	18973	25390	11337	14054	15569	165	15734
817401	737842	882669	364216	518452	1020028	113570	1135415
494003	616200	758871	337477	421394	578098	113570	691668
321086	117620	118456	25419	93037	440825		440825
2312	4021	5342	1320	4021	1105		2922
6347012	4459691	6971589	2903213	4068376	7045474	1789382	9133345
1794140	762057	1392987	630931	762057	1484923	893817	2378740
3118410	2037092	2538821	854840	1683981	3850256	315713	4453186

9-4 续

指　　标	企业单位数(个)	#亏损企业	工业总产值(当年价格)	工业销售产值(当年价格)	#出口交货值	资产总计
合资经营企业(港或澳、台资)	5	2	397193	397998	792	964113
中外合资经营企业	1		18765	18412	16473	10132
其他有限责任公司	31	8	4043870	3983072	3010	2531042
四、在总计中:亏损企业	42	42	3885445	3829328	24959	5302363
在总计中:国有控股企业	39	10	6409688	6402097	18271	7922795
在总计中:农村工业	7	3	404946	379188		290155
在总计中:轻工业	10	3	107101	100645	3010	149039
重工业	133	39	14240126	14081618	57485	14880059
在总计中:大型企业	24	7	8058101	8021866	38817	8505481
中型企业	119	35	6289126	6160398	21678	6523617
五、按工业行业大类分组						
采矿业	47	7	2935829	2927453		5549704
煤炭开采和洗选业	47	7	2935829	2927453		5549704
制造业	94	33	11141641	10986487	60495	8724832
农副食品加工业	2		25307	21761		27699
食品制造业	1	1	7585	7666		7447
纺织业	1		5682	5251		4587
石油加工、炼焦和核燃料加工业	32	14	3249586	3297077		3472508
化学原料和化学制品制造业	5	1	590551	578143	18271	922102
医药制造业	2	1	14704	17111		23040
橡胶和塑料制品业	1		19307	19307		12596
非金属矿物制品业	3		55855	55922		57217
黑色金属冶炼和压延加工业	33	12	6243873	6070018	40821	3364824
有色金属冶炼和压延加工业	2		535030	533032		166862
金属制品业	1		33390	33169		30844
专用设备制造业	5	1	287780	279146		514413
汽车制造业	4	2	47802	44185	1404	70145
电气机械和器材制造业	1	1	9147	8806		18622
其他制造业	1		16044	15895		31927
电力、燃气及水的生产和供应业	2	2	269757	268324		754562
电力、热力生产和供应业	1	1	264233	263616		735863
水的生产和供应业	1	1	5524	4708		18700

表 2

单位：万元

流动资产合　计	固定资产合　计	固定资产原　价	累计折旧	固定资产净　值	流动负债合　计	非流动负债合计	负债合计
267375	637903	873550	261869	611680	479213	414366	893581
6428	3616	19892	16277	3616	7312		7312
1160659	1019024	2146339	1139296	1007043	1223771	165486	1400527
2555086	1926189	3595536	1809496	1786039	3136314	1146600	4446792
3747736	3009163	4897527	2200261	2697266	3525408	1549156	5083513
158511	109783	162481	53292	109189	234563	14350	248913
79894	57426	94148	45921	48227	70594	9670	94802
7602864	5439535	8073166	3344167	4728999	8405916	1934817	10627536
4346168	3100991	4793458	2233675	2559783	4689156	1096806	6021559
3336590	2395971	3373857	1156413	2217443	3787353	847682	4700779
2918952	1386632	2315280	1035429	1279850	1945561	1014724	2975610
2918952	1386632	2315280	1035429	1279850	1945561	1014724	2975610
4619631	3529416	5149190	2207201	2941989	6235286	521863	7043165
9956	12393	11555	1302	10253	155		12876
2312	4021	5342	1320	4021	1105		2922
4552	36	36	1	36	4087		4087
1787357	1364790	1938135	707675	1230460	2520767	249297	2989539
339004	548041	604829	259332	345497	604754	35751	640505
12832	7035	12681	5646	7035	14933	1973	16906
10718	1770	2495	2495		11636	318	11954
22183	32990	49051	16061	32990	13121	37000	50121
1889627	1331938	2196624	1089993	1106632	2525563	75568	2653028
88788	46462	76034	29572	46462	51128	53277	104405
19827	11018	20790	9958	10833	15327	6974	22302
365108	125541	165285	56338	108947	409121	43009	452236
36903	25728	28977	6759	22218	25640	4578	30219
9625	6570	20680	14110	6570	20279	12618	32897
20841	11086	16676	6639	10037	17668	1500	19168
144175	580913	702845	147458	555387	295663	407901	703564
136068	570611	686612	137745	548867	288468	403795	692263
8107	10303	16233	9713	6520	7195	4106	11301

9-4 续

指　标	所有者权益合计	#实收资本	主营业务收入	主营业务成本	主营业务税金及附加	销售费用	管理费用
总　计	**4250722**	**1914142**	**14812979**	**12811843**	**95067**	**236150**	**651696**
一、按隶属关系分组							
中央企业	162460	138059	492904	396734	2833	11247	40475
省属企业	2137214	925972	6425957	5590999	47276	86941	345548
市属企业	58982	35528	176095	132620	1425	6408	21055
县(区市)属企业	846593	133026	1257241	904777	15090	26014	95235
乡(街道镇)属企业	41248	37810	384788	358036	2331	6918	12049
村办企业							
其他	1004225	643748	6075995	5428677	26112	98622	137335
二、按登记注册类型分组:							
内资企业	4159002	1709011	14335828	12353483	91219	225548	632174
国有企业	498080	51225	228338	124252	3554	5283	39741
中央企业	30284	39137	78212	70388	285	3617	8600
地方企业	467795	12088	150125	53864	3269	1666	31141
集体企业	11091	5493	118349	106169	964	1749	6529
股份合作企业							
联营企业							
有限责任公司	1846515	806913	6003758	5128553	46813	73574	331851
国有独资公司	770931	341261	2043281	1866220	14158	904	152264
其他有限责任公司	1075584	465652	3960476	3262333	32655	72670	179587
股份有限公司	578543	80758	953641	785433	7608	30540	56533
私营企业	1224773	764622	7031743	6209076	32280	114403	197521
私营独资企业	22974	22932	90143	84585	690	171	10728
私营合伙企业	5800	5800	33519	32071	735		477
私营有限责任公司	1179279	723890	6014624	5313395	29295	112567	179802
私营股份有限公司	16720	12000	893457	779025	1560	1665	6514
其他企业							
港、澳、台商投资企业	84375	199719	449615	434715	3622	8873	17370
合资经营企业(港或澳、台资)	70532	186284	428134	413920	3416	6657	15181
合作经营企业(港或澳、台资)	13842	13435	21481	20795	206	2216	2188
港澳台商独资经营企业							
港澳台商投资股份有限公司							
其他港澳台投资							

表 3

单位：万元、人

财务费用	#利息支出	营业利润	利润总额	亏损企业亏损总额	利税总额	本年应付职工薪酬	本年应交增值税	全部从业人员年平均人数
289761	**256983**	**1067570**	**699173**	**196598**	**1489789**	**745281**	**691049**	**159328**
13063	13804	97366	33925	18550	54160	31976	17383	8840
133626	136183	344179	258090	91515	609537	485826	304171	78392
9778	2342	18320	10768	12177	33047	13457	20851	4884
17467	16075	294085	204234	2933	305177	64552	85853	16396
5970	5427	14318	11420	2506	27193	8941	13442	3900
109856	83151	299303	180737	68918	460675	140530	249348	46916
244050	211980	1103897	739486	142384	1508934	735448	673730	155391
3022	3143	71926	42330	17213	66422	21360	20538	7752
1334	1611	10177		16728		5214	1418	3114
1687	1532	61749	57734	485	80122	16146	19120	4638
41	55	2644	2566		6647	9784	3117	2861
96553	99001	506727	382725	41194	731970	444003	302411	74751
74583	76117	42928	5593	3214	102350	275814	82600	37420
21970	22884	463800	377132	37981	629620	168189	219812	37331
18732	18538	70608	61256	364	121224	79446	52359	12584
125703	91244	451991	250609	83612	582672	180855	295305	57443
4073				11196		1838	5279	1185
152	152	74	74		4235	540	3427	300
114281	89333	454395	254099	71995	530862	154785	242991	51658
7197	4892	7625	7493	421	52661	23693	43609	4300
45591	44899			54212		7993	16838	3006
44793	44183			54212		7046	16500	2500
797	715	8	8		552	947	338	506

9-4 续

指　　标	所有者权益合计	#实收资本	主营业务收入	主营业务成本	主营业务税金及附加	销售费用	管理费用
外商投资企业	7345	5412	27535	23645	227	1729	2152
中外合资经营企业	2821	3000	19827	17353	185	1313	1033
中外合作经营企业							
外资企业							
外商投资股份有限公司	4525	2412	7709	6291	42	416	1120
其他外商投资							
三、按经济组织类型分组							
独资企业	532145	79650	436830	315006	5208	7203	56997
国有企业	498080	51225	228338	124252	3554	5283	39741
集体企业	11091	5493	118349	106169	964	1749	6529
私营独资企业	22974	22932	90143	84585	690	171	10728
港澳台商独资经营企业							
外资企业							
合作、合伙企业	19642	19235	55000	52866	941	2216	2665
股份合作企业							
国有联营企业							
集体联营企业							
国有与集体联营企业							
其他联营企业							
私营合伙企业	5800	5800	33519	32071	735		477
合作经营企业(港或澳、台资)	13842	13435	21481	20795	206	2216	2188
中外合作经营企业							
其他企业(内资)							
其他港澳台商投资企业							
其他外商投资企业							
股份有限公司	599788	95170	1854807	1570749	9210	32620	64167
股份有限公司(内资)	578543	80758	953641	785433	7608	30540	56533
私营股份有限公司	16720	12000	893457	779025	1560	1665	6514
港澳台商投资股份有限公司							
外商投资股份有限公司	4525	2412	7709	6291	42	416	1120
有限责任公司	3099147	1720087	12466343	10873222	79708	194110	527867
国有独资公司	770931	341261	2043281	1866220	14158	904	152264
私营有限责任公司	1179279	723890	6014624	5313395	29295	112567	179802

表4

单位：万元、人

财务费用	#利息支出	营业利润	利润总额	亏损企业亏损总额	利税总额	本年应付职工薪酬	本年应交增值税	全部从业人员年平均人数
121	103	2292	252	1	960	1840	481	931
114	90	254	253		438	1527		410
7	13	2037		1	522	313	481	521
7135	65	64467	33840	28410	67982	32982	28933	11798
3022	3143	71926	42330	17213	66422	21360	20538	7752
41	55	2644	2566		6647	9784	3117	2861
4073				11196		1838	5279	1185
949	867	82	82		4787	1487	3764	806
152	152	74	74		4235	540	3427	300
797	715	8	8		552	947	338	506
25936	23443	80271	68747	786	174407	103452	96449	17405
18732	18538	70608	61256	364	121224	79446	52359	12584
7197	4892	7625	7493	421	52661	23693	43609	4300
7	13	2037		1	522	313	481	521
255741	232608	922751	596504	167402	1242614	607360	561902	129319
74583	76117	42928	5593	3214	102350	275814	82600	37420
114281	89333	454395	254099	71995	530862	154785	242991	51658

9-4 续

指　标	所有者权益合计	#实收资本	主营业务收入	主营业务成本	主营业务税金及附加	销售费用	管理费用
合资经营企业(港或澳、台资)	70532	186284	428134	413920	3416	6657	15181
中外合资经营企业	2821	3000	19827	17353	185	1313	1033
其他有限责任公司	1075584	465652	3960476	3262333	32655	72670	179587
四、在总计中:亏损企业	805576	867189	4033068	3864402	27141	42399	220636
在总计中:国有控股企业	2789282	1044169	6889182	5967292	48457	94232	376504
在总计中:农村工业	41248	37810	384788	358036	2331	6918	12049
在总计中:轻工业	54236	29863	116396	101500	398	4773	8079
重工业	4196485	1884279	14696583	12710344	94669	231377	643617
在总计中:大型企业	2429363	942628	8635277	7664184	46847	119700	342817
中型企业	1821359	971514	6177702	5147659	48221	116450	308879
五、按工业行业大类分组							
采矿业	2569113	625388	2986928	1793546	58153	58116	377169
煤炭开采和洗选业	2569113	625388	2986928	1793546	58153	58116	377169
制造业	1630610	1130774	11556444	10745433	35292	177397	270946
农副食品加工业	14823	6800	40137	36086		578	1034
食品制造业	4525	2412	7709	6291	42	416	1120
纺织业	500	500	5340	5242	2	1	95
石油加工、炼焦和核燃料加工业	482968	332393	3740345	3456968	12520	96124	105458
化学原料和化学制品制造业	281597	89568	734985	671658	1904	16137	23457
医药制造业	6134	5250	17169	14750	135	1410	1468
橡胶和塑料制品业	642	379	19350	16987	243	356	1488
非金属矿物制品业	7095	5600	53416	44557	523	1022	2213
黑色金属冶炼和压延加工业	660739	523415	6111703	5723473	18403	46584	90751
有色金属冶炼和压延加工业	62457	56207	463022	449281	290	1698	9390
金属制品业	8543	8854	34827	27846	99	1343	4154
专用设备制造业	62177	49780	262466	234485	933	8427	24245
汽车制造业	39927	24794	44994	39286	164	2495	3172
电气机械和器材制造业		20901	7978	7493	28	624	1509
其他制造业	12759	3923	13002	11030	7	184	1394
电力、燃气及水的生产和供应业	50999	157980	269607	272864	1623	637	3581
电力、热力生产和供应业	43600	151000	264820	269687	1581		2072
水的生产和供应业	7399	6980	4787	3177	42	637	1510

表 5

单位：万元、人

财务费用	#利息支出	营业利润	利润总额	亏损企业亏损总额	利税总额	本年应付职工薪酬	本年应交增值税	全部从业人员年平均人数
44793	44183			54212		7046	16500	2500
114	90	254	253		438	1527		410
21970	22884	463800	377132	37981	629620	168189	219812	37331
120917	107505			196598		335057	155551	60097
150199	152619	449473	296259	99633	670066	500256	325329	87429
5970	5427	14318	11420	2506	27193	8941	13442	3900
2035	2100	9139	3093	692	6314	9468	2820	5521
287726	254883	1058431	696080	195906	1483475	735813	688230	153807
145883	137427	309755	231143	51555	638043	504569	356051	91317
143878	119556	757815	468030	145042	851746	240712	334998	68011
86582	70702	753966	721517	34933	1133625	460241	353956	65560
86582	70702	753966	721517	34933	1133625	460241	353956	65560
165351	148382	358198	22840	116481	387634	281684	325003	92770
534	641	2239	2519		2519	1190		655
7	13	2037		1	522	313	481	521
					15	680	13	540
96963	85139	21620		63506	117571	76371	126523	28713
19943	18985	14372	12907	885	27022	19060	12209	6561
116	115	341	199	205	1093	1446	759	893
3		281	207		1056	1971	607	430
2368	2367	2486	3409		6780	3664	2848	1222
30266	25332	185989	33958	32697	228158	135485	171795	40339
2538	2254	71589	2789		5911	9244	2832	1941
505	460	837	838		2009	2379	1072	1095
9961	10860	43495		16728		23282	4551	6520
2001	1930	7305		637	862	3263	1165	2047
287	284	680		1822		1243	90	331
		4927	487		552	2095	59	962
37828	37899			45184		3356	12090	998
37306	37452			44698		1915	11762	484
522	447			485		1441	329	514

9-5 规模以上工业主要经济效益指标(2011年)

指　标	总资产贡献率(%)	资产负债率(%)	流动资产周转率(次/年)	成本费用利润率(%)	产品销售率(%)
总　计	**12.96**	**71.15**	**2.26**	**4.90**	**98.75**
一、按隶属关系分组					
中央企业	5.87	82.18	1.20	2.92	97.93
省属企业	11.50	67.27	2.38	4.05	99.93
市属企业	9.40	82.92	1.39	8.75	93.03
县(区市)属企业	18.18	52.67	1.72	14.46	98.56
乡(街道镇)属企业	12.20	84.81	2.86	2.73	93.90
村办企业	81.09	45.75	8.77	4.55	99.43
其他	13.95	77.46	2.41	4.07	98.46
二、按登记注册类型分组:					
内资企业	13.63	69.99	2.28	5.29	98.70
国有企业	10.89	29.67	0.66	23.47	93.98
中央企业	–8.36	79.30	1.07	–16.34	95.08
地方企业	15.82	16.96	0.56	55.35	93.55
集体企业	39.72	69.77	5.07	3.23	98.90
股份合作企业					
联营企业					
国有联营企业					
集体联营企业					
国有与集体联营企业					
其他联营企业					
有限责任公司	14.79	66.57	2.23	6.45	99.79
国有独资公司	5.58	75.52	1.23	0.25	104.05
其他有限责任公司	25.02	56.64	3.64	9.68	98.14
股份有限公司	8.37	62.01	2.06	4.42	98.94
私营企业	13.71	78.03	2.44	4.29	98.19
私营独资企业	29.95	76.10	6.98	4.60	99.30
私营合伙企业	34.86	33.64	9.33	0.72	99.81
私营有限责任公司	12.31	77.00	2.12	4.64	98.06
私营股份有限公司	12.48	96.67	2.78	0.83	97.27
其他企业					
港、澳、台商投资企业	2.79	89.12	1.78	–6.57	100.39
合资经营企业(港或澳、台资)	2.74	90.55	1.69	–7.24	100.35
合作经营企业(港或澳、台资)	4.31	47.62	3.94	0.43	100.79
港澳台商独资经营企业					
港澳台商投资股份有限公司					
其他港澳台投资					
外商投资企业	5.99	58.22	3.20	0.90	98.97
中外合资经营企业	5.20	72.16	3.08	1.28	98.12
中外合作经营企业					
外资企业					
外商投资股份有限公司	7.08	39.24	3.53	–0.02	101.07

9-5 续表 1

指 标	总资产贡献率 (%)	资产负债率 (%)	流动资产周转率 (次 / 年)	成本费用利润率 (%)	产品销售率 (%)
其他外商投资					
三、按经济组织类型分组					
独资企业	20.98	52.02	3.13	6.30	98.56
国有企业	10.89	29.67	0.66	23.47	93.98
集体企业	39.72	69.77	5.07	3.23	98.90
私营独资企业	29.95	76.10	6.98	4.60	99.30
港澳台商独资经营企业					
外资企业					
合作、合伙企业	13.49	43.42	5.89	0.59	100.20
股份合作企业					
国有联营企业					
集体联营企业					
国有与集体联营企业					
其他联营企业					
私营合伙企业	34.86	33.64	9.33	0.72	99.81
合作经营企业(港或澳、台资)	4.31	47.62	3.94	0.43	100.79
中外合作经营企业					
其他企业(内资)					
其他港澳台商投资企业					
其他外商投资企业					
股份有限公司	9.30	69.76	2.34	2.82	98.10
股份有限公司(内资)	8.37	62.01	2.06	4.42	98.94
私营股份有限公司	12.48	96.67	2.78	0.83	97.27
港澳台商投资股份有限公司					
外商投资股份有限公司	7.08	39.24	3.53	-0.02	101.07
有限责任公司	12.68	73.43	2.15	5.00	98.86
国有独资公司	5.58	75.52	1.23	0.25	104.05
私营有限责任公司	12.31	77.00	2.12	4.64	98.06
合资经营企业(港或澳、台资)	2.74	90.55	1.69	-7.24	100.35
中外合资经营企业	5.20	72.16	3.08	1.28	98.12
其他有限责任公司	25.02	56.64	3.64	9.68	98.14
四、在总计中:亏损企业	1.40	84.90	1.78	-4.74	98.43
在总计中:国有控股企业	10.22	65.52	2.04	4.15	99.67
在总计中:农村工业	20.24	80.00	3.51	3.55	95.47
在总计中:轻工业	9.11	63.46	1.74	5.99	93.64
重工业	13.03	71.28	2.27	4.88	98.82
在总计中:大型企业	9.10	70.80	2.15	2.57	99.55
中型企业	14.84	72.06	1.87	8.11	97.95
小型企业	22.41	69.88	4.04	5.56	98.39
微型企业	67.14	36.40	18.80	3.54	99.24
五、按工业行业大类分组					
采矿业	24.83	54.89	1.78	18.06	99.44

9-5 续表 2

指　　标	总资产贡献率(%)	资产负债率(%)	流动资产周转率(次/年)	成本费用利润率(%)	产品销售率(%)
煤炭开采和洗选业	23.94	55.27	1.68	17.82	99.40
石油和天然气开采业					
黑色金属矿采选业	75.00	33.76	7.49	21.95	99.88
有色金属矿采选业					
非金属矿采选业	5.05	63.92	0.61	−1.88	93.19
开采辅助活动					
其他采矿业					
制造业	6.08	80.05	2.61	0.16	98.37
农副食品加工业	10.28	50.81	3.31	5.44	94.25
食品制造业	9.93	47.15	2.80	6.38	99.62
酒、饮料和精制茶制造业	11.01	39.65	0.30	175.64	29.90
烟草制品业					
纺织业	−8.63	117.54	1.79	−9.11	96.01
纺织服装、服饰业	13.98	73.80	1.86	0.32	100.00
皮革、毛皮、羽毛及其制品和制鞋					
木材加工和木、竹、藤、棕、草制品业					
家具制造业					
造纸和纸制品业					
印刷和记录媒介复制业					
文教、工美、体育和娱乐用品制造业	−2.25	83.38	1.53	−3.66	113.39
石油加工、炼焦和核燃料加工业	5.52	86.69	2.11	−0.92	101.43
化学原料和化学制品制造业	4.82	69.44	2.23	1.55	97.73
医药制造业	3.86	74.59	1.29	−0.81	107.38
化学纤维制造业					
橡胶和塑料制品业	7.09	72.50	2.30	1.21	97.30
非金属矿物制品业	9.07	72.16	1.92	2.64	98.0
黑色金属冶炼和压延加工业	7.48	78.31	3.53	0.48	97.00
有色金属冶炼和压延加工业	5.37	59.47	4.87	0.73	99.02
金属制品业	6.79	75.78	1.68	1.23	95.63
通用设备制造业	1.36	71.77	0.75	−0.19	103.08
专用设备制造业	1.47	86.96	0.78	−2.79	97.19
汽车制造业	2.80	44.62	1.42	−1.91	93.82
铁路、船舶、航空航天和其他运输设备制造业					
电气机械和器材制造业	15.20	86.14	1.77	11.84	92.15
计算机、通信和其他电子设备制造业					
仪器仪表制造业					
其他制造业	1.30	60.04	0.62	3.50	99.07
废弃资源综合利用业	12.63	82.85	2.06	−2.08	100.00
金属制品、机械和设备修理业					
电力、燃气及水的生产和供应业	0.38	92.77	2.09	−13.29	99.64
电力、热力生产和供应业	0.34	93.59	2.14	−13.60	99.84
燃气生产和供应业	11.55	41.01	4.06	9.65	100.00
水的生产和供应业	−0.63	60.43	0.59	−8.30	85.24

9-6 规模以上国有控股工业主要经济效益指标(2011年)

指　　标	总资产贡献率(%)	资产负债率(%)	流动资产周转率(次/年)	成本费用利润率(%)	产品销售率(%)
总　　计	**10.22**	**65.52**	**2.04**	**4.15**	**99.67**
在总计中					
亏损企业	2.68	75.61	1.78	-4.15	102.08
按隶属关系分组					
中央企业	5.87	82.18	1.20	2.92	97.93
地方企业	10.84	63.15	2.17	4.26	99.86
省属企业	9.92	66.91	2.39	2.90	100.23
市属企业	10.45	82.58	1.12	7.73	91.28
县(区市)属企业	19.69	20.47	0.86	42.35	97.06
乡(街道镇)属企业					
村办企业					
其他					
按轻重工业分组					
轻工业	2.98	67.64	0.89	0.20	91.27
重工业	10.29	65.50	2.06	4.18	99.73
按企业规模分组					
大型企业	9.35	62.80	2.11	3.11	100.47
中型企业	12.54	67.40	1.78	7.52	98.37
小型企业	9.13	85.96	2.63	6.59	94.80
微型企业					
按工业行业大类分组					
采矿业	17.05	50.08	1.04	21.51	100.87
煤炭开采和洗选业	16.88	50.10	1.03	21.32	100.90
石油和天然气开采业					
黑色金属矿采选业	80.33	40.12	16.13	38.23	99.59
有色金属矿采选业					
非金属矿采选业					
开采辅助活动					
其他采矿业					
制造业	5.99	73.73	3.17	0.30	99.20

9-6 续表

指　　标	总资产贡献率(%)	资产负债率(%)	流动资产周转率(次/年)	成本费用利润率(%)	产品销售率(%)
农副食品加工业					
食品制造业					
酒、饮料和精制茶制造业					
烟草制品业					
纺织业					
纺织服装、服饰业					
皮革、毛皮、羽毛及其制品和制鞋					
木材加工和木、竹、藤、棕、草制品业					
家具制造业					
造纸和纸制品业					
印刷和记录媒介复制业					
文教、工美、体育和娱乐用品制造业					
石油加工、炼焦和核燃料加工业	5.85	87.82	2.37	–0.59	100.25
化学原料和化学制品制造业	4.32	67.21	2.45	0.81	97.78
医药制造业					
化学纤维制造业					
橡胶和塑料制品业					
非金属矿物制品业	16.50	90.33	2.48	7.05	102.26
黑色金属冶炼和压延加工业	11.05	51.76	6.60	0.95	99.18
有色金属冶炼和压延加工业	4.71	62.54	5.20	0.62	99.54
金属制品业	8.00	72.30	1.85	2.00	99.34
通用设备制造业					
专用设备制造业	0.12	88.66	0.56	–6.12	96.30
汽车制造业					
铁路、船舶、航空航天和其他运输设备制造业					
电气机械和器材制造业	–7.53	176.66	0.95	–16.62	96.27
计算机、通信和其他电子设备制造业					
仪器仪表制造业					
其他制造业	1.30	60.04	0.62	3.50	99.07
废弃资源综合利用业					
金属制品、机械和设备修理业					
电力、燃气及水的生产和供应业	0.02	93.15	2.19	–14.05	99.62
电力、热力生产和供应业	0.03	93.74	2.27	–14.13	99.83
燃气生产和供应业					
水的生产和供应业	–0.63	60.43	0.59	–8.30	85.24

9-7 规模以上外商投资及港澳台投资工业主要经济效益指标(2011年)

甲栏分组	总资产贡献率（%）	资产负债率（%）	流动资产周转率（次/年）	成本费用利润率（%）	产品销售率（%）
总　计	**2.85**	**88.61**	**1.82**	**-6.23**	**100.32**
港、澳、台商投资企业	2.79	89.12	1.78	-6.57	100.39
合资经营企业(港或澳、台资)	2.74	90.55	1.69	-7.24	100.35
合作经营企业(港或澳、台资)	4.31	47.62	3.94	0.43	100.79
港澳台商独资经营企业					
港澳台商投资股份有限公司					
其他港澳台投资					
外商投资企业	5.99	58.22	3.20	0.90	98.97
中外合资经营企业	5.20	72.16	3.08	1.28	98.12
中外合作经营企业					
外资企业					
外商投资股份有限公司	7.08	39.24	3.53	-0.02	101.07
其他外商投资	0.00	0.00	0.00	0.00	0.00
四、在总计中:亏损企业	0.57	97.99	1.73	-14.57	99.36
在总计中:国有控股企业	0.86	92.50	1.96	-13.34	100.12
按轻重工业分组					
轻工业	7.08	39.24	3.53	-0.02	101.07
重工业	2.82	88.96	1.81	-6.32	100.30
按企业规模分组					
大型企业					
中型企业	2.48	90.93	1.67	-7.49	100.34
小型企业	9.78	45.33	3.64	2.20	100.21
微型企业					
五、按工业行业大类分组					
采矿业	9.89	15.47	17.92	0.84	97.73
煤炭开采和洗选业	9.89	15.47	17.92	0.84	97.73
制造业	7.38	78.05	1.55	1.96	101.25
食品制造业	7.08	39.24	3.53	-0.02	101.07
石油加工、炼焦和核燃料加工业	2.43	107.92	1.27	-5.81	101.80
化学原料和化学制品制造业	11.66	53.16	1.57	19.79	97.13
黑色金属冶炼和压延加工业	13.15	63.81	1.87	6.54	108.70
有色金属冶炼和压延加工业	9.16	42.25	2.49	2.45	88.82
电力、燃气及水的生产和供应业	0.85	93.66	1.98	-14.10	99.77
电力、热力生产和供应业	0.77	94.07	1.96	-14.46	99.77
燃气生产和供应业	11.55	41.01	4.06	9.65	100.00

9-8 大中型工业主要经济效益指标(2011年)

指 标	总资产贡献率(%)	资产负债率(%)	流动资产周转率(次/年)	成本费用利润率(%)	产品销售率(%)
总 计	**11.59**	**71.34**	**2.03**	**4.74**	**98.85**
一、按隶属关系分组					
中央企业	9.12	77.88	1.04	7.05	97.59
省属企业	11.08	67.22	2.39	3.77	100.11
市属企业	9.31	84.29	1.47	6.22	96.08
县(区市)属企业	19.46	48.58	1.36	19.57	98.61
乡(街道镇)属企业	11.24	85.79	2.51	2.98	93.64
其他	10.32	81.02	2.03	3.10	98.22
二、按登记注册类型分组:					
内资企业	12.25	69.93	2.04	5.20	98.80
国有企业	9.77	29.06	0.56	23.18	92.78
中央企业	-8.36	79.30	1.07	-16.34	95.08
地方企业	14.54	15.84	0.44	65.34	91.63
集体企业	11.65	80.65	2.42	2.24	99.41
有限责任公司	14.57	66.53	2.26	6.07	100.10
国有独资公司	5.58	75.52	1.23	0.25	104.05
其他有限责任公司	25.76	55.33	3.87	9.20	98.50
股份有限公司	10.83	54.45	1.96	6.83	98.80
私营企业	10.73	80.56	2.03	3.73	97.96
私营独资企业	-3.99	88.91	2.25	-11.11	98.16
私营合伙企业	42.87	33.68	7.41	0.23	99.66
私营有限责任公司	11.06	79.06	1.94	4.39	98.05
私营股份有限公司	12.58	96.35	2.79	0.94	97.27
港、澳、台商投资企业	2.41	91.51	1.63	-7.95	100.42
合资经营企业(港或澳、台资)	2.38	92.68	1.61	-8.38	100.20
合作经营企业(港或澳、台资)	3.34	53.20	2.04	0.03	105.36
外商投资企业	5.99	58.22	3.20	0.90	98.97
中外合资经营企业	5.20	72.16	3.08	1.28	98.12
外商投资股份有限公司	7.08	39.24	3.53	-0.02	101.07
三、按经济组织类型分组					
独资企业	6.93	44.94	0.88	8.53	95.37
国有企业	9.77	29.06	0.56	23.18	92.78
集体企业	11.65	80.65	2.42	2.24	99.41
私营独资企业	-3.99	88.91	2.25	-11.11	98.16
合作、合伙企业	13.50	48.18	3.64	0.14	101.50
私营合伙企业	42.87	33.68	7.41	0.23	99.66
合作经营企业(港或澳、台资)	3.34	53.20	2.04	0.03	105.36

9-8 续表

指　　标	总资产贡献率(%)	资产负债率(%)	流动资产周转率(次/年)	成本费用利润率(%)	产品销售率(%)
股份有限公司	11.28	65.43	2.29	4.04	98.00
股份有限公司(内资)	10.83	54.45	1.96	6.83	98.80
私营股份有限公司	12.58	96.35	2.79	0.94	97.27
外商投资股份有限公司	7.08	39.24	3.53	-0.02	101.07
有限责任公司	12.00	74.33	2.08	4.74	99.08
国有独资公司	5.58	75.52	1.23	0.25	104.05
私营有限责任公司	11.06	79.06	1.94	4.39	98.05
合资经营企业(港或澳、台资)	2.38	92.68	1.61	-8.38	100.20
中外合资经营企业	5.20	72.16	3.08	1.28	98.12
其他有限责任公司	25.76	55.33	3.87	9.20	98.50
四、在总计中:亏损企业	1.79	83.86	1.73	-4.31	98.56
在总计中:国有控股企业	10.29	64.16	2.03	4.07	99.88
在总计中:农村工业	11.24	85.79	2.51	2.98	93.64
在总计中:轻工业	5.23	63.61	1.49	2.58	93.97
重工业	11.66	71.42	2.03	4.76	98.89
在总计中:大型企业	9.10	70.80	2.15	2.57	99.55
中型企业	14.84	72.06	1.87	8.11	97.95
五、按工业行业大类分组					
采矿业	21.63	53.62	1.07	29.76	99.71
煤炭开采和洗选业	21.63	53.62	1.07	29.76	99.71
制造业	6.14	80.73	2.63	0.19	98.61
农副食品加工业	11.42	46.48	4.13	6.47	85.99
纺织业	0.33	89.09	1.17		92.42
石油加工、炼焦和核燃料加工业	5.92	86.09	2.12	-0.58	101.46
化学原料和化学制品制造业	4.84	69.46	2.20	1.76	97.90
医药制造业	5.24	73.38	1.34	1.12	116.37
橡胶和塑料制品业	8.38	94.90	1.81	1.10	100.00
非金属矿物制品业	15.98	87.60	2.41	6.80	100.12
黑色金属冶炼和压延加工业	7.52	78.85	3.52	0.52	97.22
有色金属冶炼和压延加工业	4.85	62.57	5.22	0.60	99.63
金属制品业	8.00	72.30	1.85	2.00	99.34
专用设备制造业	1.04	87.91	0.75	-3.58	97.00
汽车制造业	4.00	43.08	1.31	-0.94	92.43
电气机械和器材制造业	-7.53	176.66	0.95	-16.62	96.27
其他制造业	1.30	60.04	0.62	3.50	99.07
电力、燃气及水的生产和供应业	0.73	93.24	1.88	-14.35	99.47
电力、热力生产和供应业	0.77	94.07	1.96	-14.46	99.77
水的生产和供应业	-0.63	60.43	0.59	-8.30	85.24

9-9 主要年份工业企业单位数

单位：个

年份	全部工业企业单位数	规模以上企业单位数	按隶属关系分		按经济类型分			按轻重工业分		按企业规模分		
			中央企业	地方企业	国有及控股企业	集体企业	其他企业	轻工业	重工业	大型	中型	小型
1952		2246		2246	44	32	2170	2020	226			
1957		552		552	81	309	162	435	117			
1962		597	1	596	156	419	22	450	147			
1965		445	1	444	151	294		315	130			
1970		553	2	551	194	359		350	203			
1975		908	9	899	316	592		504	404			
1978	4437	1164	9	1155	364	800		603	561			
1980	5582	1147	8	1139	366	781		591	556	3	8	1136
1985	14938	1112	10	1102	330	781	1	498	614	8	9	1095
1990	19995	1264	19	1245	377	886	1	493	771	8	13	1243
1995	24916	1315	20	1295	416	850	49	410	905	11	22	1282
2000	20292	416	11	405	154	106	156	74	342	13	25	378
2001	22123	428	11	417	140	93	195	65	363	13	25	390
2002	21559	436	10	426	131	77	228	65	371	12	23	401
2003	22115	445	10	435	115	82	248	57	388	8	63	374
2004	16567	591	11	580	98	112	381	60	531	7	103	481
2005	18410	603	10	593	96	126	381	61	542	8	114	481
2006	18110	572	10	562	92	83	397	60	512	9	126	437
2007	17550	540	9	531	63	31	446	49	491	10	116	414
2008	11639	507	8	499	55	25	427	52	455	9	118	380
2009	9669	455	9	446	57	19	379	58	397	10	109	336
2010		458	11	447	61	25	372	56	402	11	114	333
2011		380	9	371	52	20	308	32	348	24	119	237

注：规模以上工业单位数1998年以前为乡及乡以上统计口径，以后为全部国有及年主营业务收入500万元以上(含500万元)非国有工业企业(即规模以上)口径。2011年为年主营收入2000万元以上(含2000万元)的工业法人企业。国有及国有控股1998年以前为国有企业口径。大中型企业划分2003年起执行新标准。

9-10 主要年份主要工业产品产量

年 份	原煤(万吨)	洗精煤(万吨)	焦炭(万吨)	发电量(万千瓦时)	铁矿石原矿(万吨)	生铁(万吨)	钢(万吨)
1952	30.0		1.6	72	0.1		
1957	84.7		6.8	269	0.3		
1962	161.6	8.4	4.4	3293	0.8	0.4	
1965	246.4	6.4	4.5	6124			
1970	334.5	8.5	10.8	31100	10.2	5.1	
1975	391.0	28.6	45.0	161913	35.3	10.9	0.3
1978	553.0	27.8	67.0	227165	57.4	16.5	0.5
1980	695.1	26.5	83.8	284927	33.8	18.2	0.2
1985	1328.0	70.6	119.2	358714	72.3	25.5	0.2
1990	1699.0	394.9	348.7	368800	103.2	80.6	10.6
1995	3278.8	1187.7	1674.1	358007	433.7	363.0	33.0
2000	2539.7	1381.2	1406.1	364037	*161.2	576.7	74.1
2001	2623.0	1530.9	1477.2	394372	*182.9	748.9	103.9
2002	3394.0	1663.4	1464.0	430764	*226.9	896.6	124.0
2003	3727.4	1750.9	1705.3	506024	896.5	923.7	247.9
2004	3884.2	2092.4	1909.3	570326	932.3	829.6	357.9
2005	5244.7	2431.9	2173.5	723200	*231.6	1127.3	436.9
2006	5592.9	2883.7	2431.5	1043700	*304.5	1326.0	488.2
2007	4766.4	3038.7	2312.2	1061700	*271.9	1173.4	526.2
2008	4116.7	2796.0	1865.4	685425	*151.6	766.5	457.2
2009	2634.7	2771.9	1707.2	640646	*76.5	917.3	605.8
2010	3740.5	2511.7	1813.5	1055920	*222.3	890.5	770.1
2011	4831.0	3194.5	1920.1	1500543	*406.9	1053.7	864.4

注:带“*”为规模以上口径。

9-10 续

年 份	钢材 (吨)	纱 (吨)	布 (万米)	饮料酒 (吨)	机制纸及纸板 (吨)	塑料制品 (吨)	水泥 (万吨)
1952			34				
1957			59				
1962			58		553		
1965	15		148		556		0.1
1970	6001	2448	1470		2734		0.4
1975	19953	11635	4576		9282		6.4
1978	52360	14661	7056		17650		10.9
1980	31915	16747	8332		21287	881	11.3
1985	74902	14261	7586	7443	30395	2869	20.8
1990	62077	12271	6646	13438	78788	3614	35.7
1995	15485	11245	6962	11613	93176	7988	106.5
2000	137900	14200	7413	21300	72600	*7411	146.9
2001	199255	14810	7159	41546	78300	*8952	138.3
2002	410684	16661	7180	70927	89300	*15663	188.5
2003	884742	10600	5788	70432	76800	*12336	215.0
2004	1683144	10800	5464	81645	122500	*7564	205.5
2005	2053429	14000	5303	105025	105972	*10150	215.1
2006	3184600	15000	4735	85470	87964	*8933	250.7
2007	3758900	11000	1843	39628	57079	*6262	243.8
2008	3677600	6936	334	27048	31820	*7135	214.5
2009	4463194	7628	332	16421	*9305	*9121	273.5
2010	7198138	6834	414	11789	*7871	*10155	371.3
2011	9430029	5120	1234	3790	3506	*390	488.7

表

锌 (吨)	铜 (吨)	化肥 (吨)	染料 (吨)	硫酸 (吨)	纯苯 (吨)	光缆 (芯千米)
		2012				
		10484				
		20001				
		18054				
		28734	3551			
		69531	3152			
		73245	4113			
5123	6888	146083	20933	61533	*4187	
13535	20432	139847	24404	100908	*6894	
20535	22540	187984	29966	116099	*7278	
25362	33018	175908	32234	156891	*10424	209290
17660	18448	168600	27943	124908	*20696	285887
37057	48118	169900	31149	223720	*14841	197514
20629	37145	181200	28765	192200	*24783	519559
14334	55065	176300	28592	180900	*27760	399413
17833	48021	142379	23240	186400	*12156	237540
	48530	109116	28450	143500	*9678	414859
	44011	167206	30648	141800	*37923	599940
	56219	199394		154256	*72248	438111

9-11 规模以上工业增加值(2011年)

单位：万元

指　标	2011
总　　计	**6884379**
按轻重工业分组	
轻工业	68256
重工业	6816123
按企业规模分组	
大中型企业	4561340
小型企业	2323039
按工业行业大类分组	
采矿业	3561084
煤炭开采和洗选业	3257880
黑色金属矿采选业	302126
非金属矿采选业	1078
制造业	3230838
农副食品加工业	14501
食品制造业	6670
饮料制造业	2349
纺织业	4121
纺织服装、鞋、帽制造业	725
造纸及纸制品业	446
文教体育用品制造业	440
石油加工、炼焦及核燃料加工业	859134
化学原料及化学制品制造业	266581
医药制造业	9080
橡胶制品业	4192
塑料制品业	2159
非金属矿物制品业	51362
黑色金属冶炼及压延加工业	1656607
炼　铁	458503
炼　钢	158057
钢压延加工	1019998
铁合金冶炼	20049
有色金属冶炼及压延加工业	106761
金属制品业	2724
通用设备制造业	86114
专用设备制造业	63864
交通运输设备制造业	19358
电气机械及器材制造业	25207
通信设备、计算机及其他电子设备制造业	2559
工艺品及其他制造业	45883
电力、燃气及水的生产和供应业	92458
电力、热力的生产和供应业	87647
电力生产	85214
热力生产和供应	2433
燃气生产和供应业	1314
水的生产和供应业	3497

注：本表数据均为生产月报口径。

主要统计指标解释

工业 指从事自然资源的开采，对采掘品和农产品进行加工和再加工的物质生产部门。具体包括：（1）对自然资源的开采，如采矿、晒盐、森林采伐等(但不包括禽兽捕猎和水产捕捞)；（2）对农副产品的加工、再加工，如粮油加工、食品加工、轧花、缫丝、纺织、制革等；（3）对采掘品的加工、再加工，如炼铁、炼钢、化工生产、石油加工、机器制造、木材加工等，以及电力、自来水、煤气的生产和供应等；（4）对工业品的修理、翻新，如机器设备的修理、交通运输工具(包括小轿车)的修理等。

1984 年以前农村的村及村以下办工业归属农业，1984 年以后划归工业。

工业统计调查单位 工业统计调查单位分为两类：独立核算法人工业企业和工业活动单位。

（1）独立核算法人工业企业指从事工业生产经营活动的单位。独立核算法人工业企业应同时具备以下条件：①依法成立，有自己的名称、组织机构和场所，能够承担民事责任；②独立拥有和使用资产，承担负债，有权与其他单位签订合同；③独立核算盈亏，并能够编制资产负债表。

（2）工业活动单位指在一个场所从事一种或主要从事一种工业生产活动的经济单位。它包括独立核算工业企业按主营业务活动(即工业生产活动)划分的主营业务活动单位和非工业企业所属的工业生产活动单位(即原非独立核算工业生产单位)。工业活动单位，一般应同时具备以下三个条件：①具有一个场所，从事一种或主要从事一种工业活动；②单独组织工业生产、经营或业务活动；③单独核算收入和支出。

本资料中涉及的企业登记注册类型：

（1）国有及国有控股企业 指国有企业和国有控股企业。国有企业（即过去的全民所有制工业或国营工业）是指企业全部资产归国家所有，并按《中华人民共和国企业法人登记管理条例》规定登记注册的非公司制的经济组织。包括国有企业、国有独资公司和国有联营企业；国有控股企业是对混合所有制经济的企业进行的“国有控股”分类，它是指这些企业的全部资产中国有资产（股份）相对其他所有者中的任何一个所有者占资（股）最多的企业。

（2）集体企业 指企业资产归集体所有，并按《中华人民共和国企业法人登记管理条例》规定登记注册的经济组织，是社会主义公有制经济的组成部分。包括城乡所有使用集体投资举办的企业，以及部分个人通过集资自愿放弃所有权并依法经工商行政管理机关认定为集体所有制的企业。

（3）股份有限公司 指根据《中华人民共和国企业法人登记管理条例》规定登记注册，其全部注册资本由等额股份构成并通过发行股票筹集资本，股东以其认购的股份对公司承担有限责任，公司以其全部资产对其债务承担责任的经济组织。

（4）港、澳、台商投资企业 指企业注册登记类型中的港、澳、台资合资、合作、独资经营企业和股份有限公司之和。

（5）外商投资企业 指企业注册登记类型中的中外合资、合作经营企业、外资企业和外商投资股份有限公司之和。

（6）其他企业 指除国有企业、集体企业、个体经营以外的其他类型工业企业。包括联营企业、私营企业、股份有限公司，有限责任公司；外商投资企业(中外合资经营、中外合作经营、外资企业)；港、澳、台投资企业(与大陆合资经营、与大陆合作经营、港、澳、台独资企业)及其他企业。

轻工业 指主要提供生活消费品和制作手工工具的工业。按其所使用的原料不同，可分为两大类：（1）以农产品为原料的轻工业，是指直接或间接以农产品为基本原料的轻工业。主要包括食品制造、饮料制造、烟草加工、纺织、缝纫、皮革和毛皮制作、造纸以及印刷等工业；（2）以非农产品为原料的轻工业，是指以工业品为原料的轻工业。主要包括文教体育用品、化学药品制造、合成纤维制造、日用化学制品、日用玻璃制品、日用金属制品、手工工具制造、医疗器械制造、文化和办公用机械制造等工业。

重工业 指为国民经济各部门提供物质技术基础的主要生产资料的工业。按其生产性质和产品用途，可以分为下列三类：（1）采掘工业，是指对自然资源的开采，包括石油开采、煤炭开采、金属矿开采、非金属矿开采和木材采伐等工业；（2）原材料工业，指向国民经济各部门提供基本材料、动力和燃料的工业。包括金属冶炼及加工、炼焦、化学、化工原料、水泥、人造板以及电力、石油和煤炭加工等工业；（3）加工工业，是指对工业原材料进行再加工制造的工业。包括装备国民经济各部门的机械设备制造工业、金属结构、水泥制品等工业，以及为农业提供的生产资料如化肥、农药等工业。

根据上述划分原则，修理业中以重工业产品为修理作业对象的划为重工业，反之划为轻工业。

从 2003 年起轻、重工业内部不再细划分。

工业总产值 指以货币表现的工业企业在一定时期内生产的已出售或可供出售工业产品总量，它反映一定时间内工业生产的总规模和总水平。它包括：在本企业内不再进行加工，经检验、包装入库规定不需包装的产品除外的成品价值，对外加工费收入，自制半成品、在产品期末初差额价值。工业总产值采用“工厂法”计算，即以工业企业作为一个整体，按企业工业生产活动的最终成果来计算，企业内部不允许重复计算，不能把企业内部各个车间（分厂）生产的成果相加。但在企业之间、行业之间、地区之间存在着重复计算。

轻重工业总产值的划分也是按“工厂法”计算的，即一个工业企业在正常情况下生产的主要产品的性质属于轻工业，则该企业的全部工业总产值作为轻工业总产值，生产的主要产品的性质属于重工业，则该企业的全部总产值作为重工业总产值。

工业增加值 指工业企业在报告期内以货币表现的工业生产活动的最终成果。

实收资本 指企业实际收到的投资人投入的资本（或股本），包括货币、实物、无形资产等各种形式的投入。按投资主体可分为国家资本、集体资本、法人资本、个人资本、港澳台资本和外商资本等。

资产合计 指企业拥有或控制的能以货币计量的经济资源。包括各种财产、债权和其他权利。资产按其流动性划分为流动资产、长期投资、固定资产、无形及递延资产和其他资产。

（1）流动资产 指企业可以在一年内或者超过一年的一个生产周期内变现或耗用的资产合计。包括现金及各种存款、短期投资、应收及预付款项、存货等。

（2）固定资产 指企业固定资产净值、固定资产清理、在建工程、待处理固定资产损失所占用的资金合计。

（3）无形资产 指企业长期使用而没有实物形态的资产。包括专利权、非专利技术、商标权、著作权、土地使用权、商誉等。

负债合计 指企业承担的能以货币计量，将以资产或劳务偿付的债务。负债一般按偿还期长短分为流动负债和长期负债、递延税项等。

（1）流动负债指企业在一年内或者超过一年的一个营业周期内需要偿还的债务合计，其中包括短期借款、应付及预收款项、应付工资、应交税金和应交利润等。

（2）长期负债指企业在一年以上或者超过一年的一个营业周期以上需要偿还的债务合计，其中包括长期借款、应付债务、长期应付款项等。

所有者权益 指企业投资人对企业净资产的所有权。企业净资产等于企业全部资产减去全部负债后的余额，其中包括投资者对企业的最初投入，以及资本公积金、盈余公积金和未分配利润，股份制企业即为股东权益。

固定资产原价 指企业在建造、购置、安装、改建、扩建、技术改造某项固定资产时所支出的全部货币总额。它一般包括买价、包装费、运杂费和安装费等。

固定资产净值 指固定资产原价减去历年已提折旧额后的净额。

流动资产 指可以在一年或者超过一年的一个

营业周期内变现或者耗用的资产，包括现金及各种存款、短期投资、应收及预付货款、存货等。

主营业务收入 指企业销售产品和提供劳务等主要经营业务取得的业务总额。

主营业务成本 指企业销售产品和提供劳务等主要经营业务的实际成本。

主营业务税金及附加 指企业销售产品和提供工业性劳务等主要经营业务应负担的城市维护建设税、消费税、资源税和教育费附加。

利润总额 指企业在生产经营过程中各种收入扣除各种耗费后的盈余，反映企业在报告期内实现的亏盈总额，包括营业利润、补贴收入、投资净收益和营业外收支净额。

应交增值税 指企业按税法规定，从事货物销售或提供加工、修理修配劳务等增加货物价值的活动报告期应交纳的增值税额。计算公式：

应交增值税 = 销项税额 – （进项税额 – 进项税额转出） – 出口抵减内销产品应纳税额 – 减免税款 + 出口退税。

总资产贡献率 反映企业全部资产的获利能力，是企业经营业绩和管理水平的集中体现，是评价和考核企业盈利能力的核心指标。计算公式：

总资产贡献率(%)= （利润总额 + 税金总额 + 利息支出） / 平均资产总额 × 100%

资产负债率 该指标既反映企业经营风险的大小，也反映企业利用债权人提供的资金从事经营活动的能力。计算公式：

资产负债率(%)= 负债总额 / 资产总额 × 100%

工业成本费用利润率 指在一定时期内实现的利润与成本费用之比，是反映工业生产成本及费用投入的经济效益指标，同时也是反映降低成本的经济效益的指标。计算公式：

工业成本费用利润率(%)= 利润总额 / 成本费用总额 × 100%

工业增加值率 指在一定时期内工业增加值占同期工业总产值的比重，反映降低中间消耗的经济效益。计算公式：

工业增加值率(%)= 工业增加值(现价)/ 工业总产值 （现价） × 100%

流动资产周转次数 指在一定时期内流动资产完成的周转次数，反映流动资产的周转速度。计算公式为：

流动资金周转次数 = 主营业务收入 / 全部流动资产平均余额

产品销售率 指报告期工业销售产值与同期工业总产值之比，是反映工业产品已实现销售的程度，分析工业产销衔接情况，研究工业产品满足社会需求程度的指标。计算公式：

产品销售率(%)= 工业销售产值 / 工业总产值 × 100%

全员劳动生产率 指根据产品的价值量指标计算的平均每一个从业人员在单位时间内的产品生产量。是考核企业经济活动的重要指标，是企业生产技术水平、经营管理水平、职工技术熟练程度和劳动积极性的综合表现。目前我国的全员劳动生产率是将工业企业的工业增加值除以同一时期全部从业人员的平均人数来计算的。计算公式：

全员劳动生产率 = 工业增加值 / 全部从业人员平均人数

10

建筑业

资料整理人员

王福勤　李晓华

建筑业

建筑业企业单位数	144	个
建筑业企业竣工产值	111.02	亿元
建筑业企业总产值	142.42	亿元
建筑业企业房屋建筑竣工面积	1900429	平方米

建筑业企业总产值构成(%)

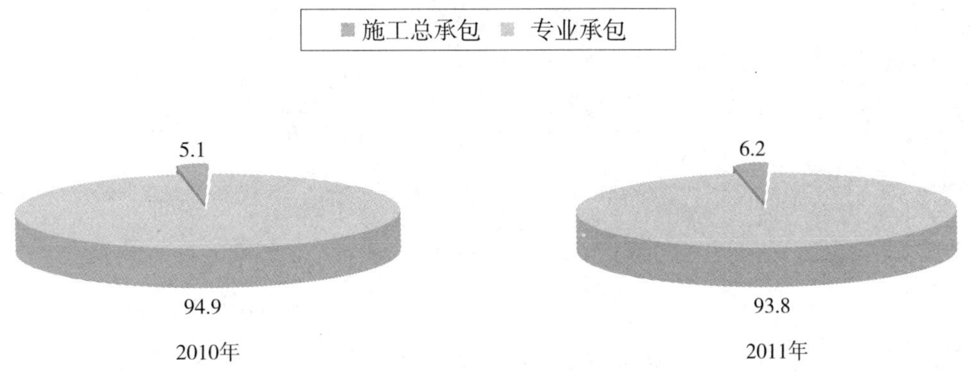

建筑业企业总产值(亿元)

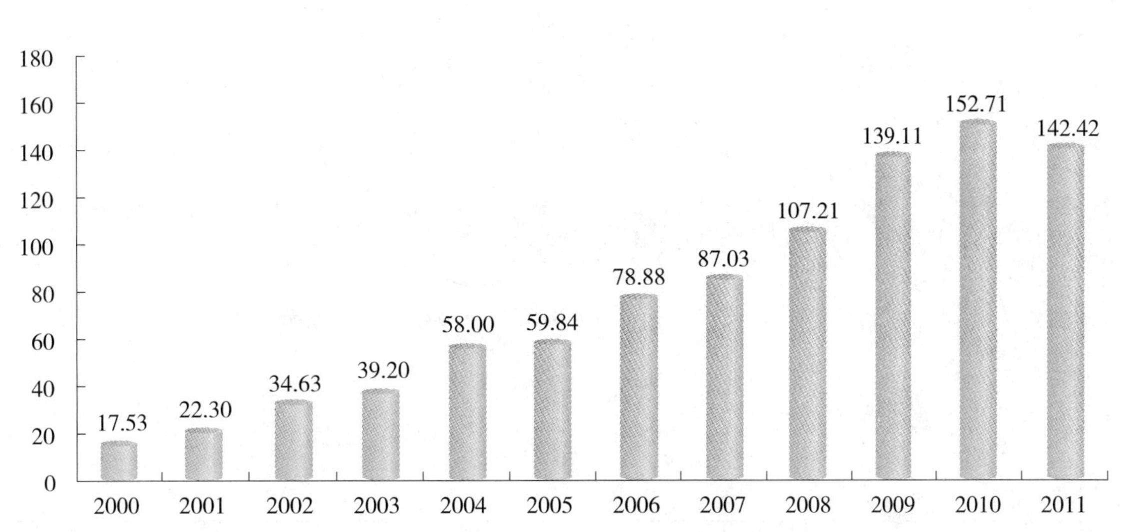

10-1 建筑施工企业主要经济指标

指　标	2005	2006	2007	2008	2009	2010	2011
施工企业(个)	88	90	107	116	124	130	144
计算劳动生产率平均人数(人)	54122	47074	49507	57521	59919	62793	51688
期末从业人数(人)	50745	39694	39514	52051	57198	61590	49194
固定资产原价(千元)	1648335	1515072	1638377	1888929	2299704	2344548	2700439
固定资产合计(千元)	1200806	1046327	1149376	1264264	1604366	1683604	1894776
自有机械设备总台数(台)	50119	19980	20287	17203	16668	16778	20389
自有机械设备净值(千元)	599775	621516	632557	759243	779091	928314	931447
自有机械设备总功率(千瓦)	305912	303081	352554	347672	334595	370117	438808
建筑业总产值(千元)	5984433	7887710	8702618	10721428	13911386	15271057	14242160
竣工产值(千元)	4313973	3834864	4071565	4520120	9521320	7770591	11102052
固定资产折旧 (千元)	676881	637398	641358	664087	881888	831939	1075248
施工面积 (平方米)	3107589	3395243	4484219	4111471	3960201	4730741	5300605
竣工面积 (平方米)	1354686	1252521	1558471	1366898	1603293	1636953	1900429
营业利润(千元)	23929	86639	120884	163181	203329	275160	195277
管理费用(千元)	235824	270112	262402	468233	539299	715861	595993
利润总额(千元)	26714	87467	122148	162803	193864	282923	192158
上缴税金(千元)	174606	258539	282590	385663	465052	507782	483483
按总产值计算的全员劳动生产率 (元/人)	110573	167560	175786	186392	232912	243197	27554
实收资本(千元)	998858	913266	944766	1289338	1511013	2066040	2351808
资产总计(千元)	4277863	4249677	6224852	7251160	9858862	11181711	13684478
负债合计(千元)	3228171	3236739	5102280	5779954	8101108	8717177	10586267
所有者权益合计(千元)	1049692	1012938	1122572	1471206	1749776	2464534	3098211
竣工率(按产值计算) (%)	72.1	49.0	46.8	42.0	68.0	50.9	77.9
技术装备率(元/人)	11819	15658	16008	14587	13621	15072	18934
动力装备率(千瓦/人)	6.0	6.0	8.9	6.8	5.9	6.0	8.9
资产负债率(%)	75.5	76.2	82.0	79.7	82.2	77.9	77.4
产值利润率(%)	0.4	1.1	1.4	1.5	1.4	1.9	1.4

10-2 建筑业企业总产值和竣工产值(2011年)

单位：千元

指　　标	建筑业总产值	建　筑工　程	安　装工　程	其　他	竣工产值
总　计	**14242160**	**13415563**	**712551**	**114046**	**11102052**
其中：国有及国有控股企业	11541471	11217274	279052	45145	8868030
按登记注册类型分组					
内资企业	14242160	13415563	712551	114046	11102052
国有企业	2402647	2219738	182909		1736414
集体企业	368292	311305	51727	5260	232847
股份合作企业	1390		1390		1390
有限责任公司	9506224	9246372	213377	46475	7427437
其他有限责任公司	9506224	9246372	213377	46475	7427437
股份有限公司	49066	46020		3046	49066
私营企业	1914541	1592128	263148	59265	1654898
私营有限责任公司	1908183	1585770	263148	59265	1648540
私营股份有限公司	6358	6358			6358
按国民经济行业分组					
房屋和土木工程建筑业	13752039	13168931	512423	70685	10645819
房屋工程建筑	3780148	3535792	190973	53383	2679625
土木工程建筑	9971891	9633139	321450	17302	7966194
建筑安装业	273822	78221	192555	3046	243192
建筑装饰业	82061	74488	7573		78803
其他建筑业	134238	93923		40315	134238
按隶属关系分组					
中　央	6055200	6055200			6348940
省　属	4236872	4197459	5444	33969	1813033
市　属	529716	284322	245394		298117
县　属	524126	447619	72131	4376	377458
其　他	2896246	2430963	389582	75701	2264504
按企业资质等级分组					
施工总承包	13355167	12990134	300474	64559	10165211
专业承包	886993	425429	412077	49487	936841

10-3 按主要用途分房屋

指　　标	合　计	住宅房屋	商业及服务用房屋	商厦房屋(批发和零售用房)	宾馆用房屋(住宿用房)	餐饮用房屋(餐饮用房)	其他商业及服务用房屋(居民服务业用房)
总　计	**1900429**	**1076016**	**148444**	**5317**	**16385**	**15158**	**111584**
其中：国有及国有控股企业	1053047	602520	95664			1710	93954
按登记注册类型分组							
内资企业	1900429	1076016	148444	5317	16385	15158	111584
国有企业	1015087	566270	93954				93954
集体企业	95931	50823	6100			6100	
股份合作企业							
有限责任公司	235001	180515	1710			1710	
其他有限责任公司	235001	180515	1710			1710	
股份有限公司	38350	20686					
私营企业	516060	257722	46680	5317	16385	7348	17630
私营有限责任公司	505370	257722	46680	5317	16385	7348	17630
私营股份有限公司	10690						
按国民经济行业分组							
房屋和土木工程建筑业	1862587	1074346	148444	5317	16385	15158	111584
房屋工程建筑	1841377	1055196	146734	5317	16385	13448	111584
土木工程建筑	21210	19150	1710			1710	
建筑安装业	35792						
建筑装饰业							
其他建筑业	2050	1670					
按隶属关系分组							
中　央							
省　属	945796	504647	92502				92502
市　属	25883	16635	1452				1452
县　属	270890	183465					
其　他	657860	371269	54490	5317	16385	15158	17630
按企业资质等级分组							
施工总承包	1851547	1074346	148444	5317	16385	15158	111584
专业承包	48882	1670					

建筑竣工面积(2011年)

单位：平方米

办公用房屋	科研、教育、医疗用房屋	科学研究用房屋	教育用房屋	医疗用房屋(卫生医疗用房)	文化、体育音乐用房屋	厂房及建筑物	厂房	仓库	其他未列明的房屋建筑物
147665	**286271**	**10381**	**261303**	**14587**	**27873**	**153440**	**134868**	**13244**	**47476**
72356	191247		180054	11193	20060	66961	66961		4239
147665	286271	10381	261303	14587	27873	153440	134868	13244	47476
72356	191247		180054	11193	20060	66961	66961		4239
7735	18565		18565			9100	9100		3608
33291	15880		15880			3255	3255		350
33291	15880		15880			3255	3255		350
	17664		17664						
34283	42915	10381	29140	3394	7813	74124	55552	13244	39279
34283	42915	10381	29140	3394	7813	63434	55552	13244	39279
						10690			
147263	286271	10381	261303	14587	27873	130984	114743		47406
147263	286271	10381	261303	14587	27873	130984	114743		47056
									350
322						22456	20125	13014	
80								230	70
71406	185981		174788	11193	20060	66961	66961		4239
950	6496		6496						350
33291	50879		50879			3255	3255		
42018	42915	10381	29140	3394	7813	83224	64652	13244	42887
147263	286271	10381	261303	14587	27873	120294	114743		47056
402						33146	20125	13244	420

10-4 按主要用途分房屋

指　　标	合 计	住宅房屋	商业及服务用房屋	商厦房屋(批发和零售用房)	宾馆用房屋(住宿用房)	餐饮用房屋(餐饮用房)	其他商业及服务用房屋(居民服务业用房)
总　计	**2031545**	**993776**	**99940**	**3624**	**15729**	**19762**	**60825**
其中：国有及国有控股企业	1116886	463350	45371			4681	40690
按登记注册类型分组							
内资企业	2031545	993776	99940	3624	15729	19762	60825
国有企业	1075219	426364	40690				40690
集体企业	130697	71289	7320			7320	
股份合作企业							
有限责任公司	264698	196495	4681			4681	
其他有限责任公司	264698	196495	4681			4681	
股份有限公司	46020	24823					
私营企业	514911	274805	47249	3624	15729	7761	20135
私营有限责任公司	508553	274805	47249	3624	15729	7761	20135
私营股份有限公司	6358						
按国民经济行业分组							
房屋和土木工程建筑业	2012555	993191	99940	3624	15729	19762	60825
房屋工程建筑	1986468	972205	95259	3624	15729	15081	60825
土木工程建筑	26087	20986	4681			4681	
建筑安装业	18271						
建筑装饰业							
其他建筑业	719	585					
按隶属关系分组							
中　央							
省　属	994220	357894	39470				39470
市　属	42781	23282	1220				1220
县　属	314582	209637					
其　他	679962	402963	59250	3624	15729	19762	20135
按企业资质等级分组							
施工总承包	2005777	993191	99940	3624	15729	19762	60825
专业承包	25768	585					

建筑竣工价值(2011年)

单位：千元

办公用房屋	科研、教育、医疗用房屋	科学研究用房屋	教育用房屋	医疗用房屋(卫生医疗用房)	文化、体育娱乐用房屋	厂房及建筑物	厂房	仓库	其他未列明的房屋建筑物
237282	**369772**	**9521**	**340750**	**19501**	**54889**	**225901**	**213864**	**2852**	**47133**
153058	264451		247553	16898	47508	142393	142393		755
237282	369772		340750	19501	54889	225901	213864	2852	47133
153058	264451		247553	16898	47508	142393	142393		755
9282	27196		27196			10920	10920		4690
44850	14672		14672			3580	3580		420
44850	14672		14672			3580	3580		420
	21197		21197						
30092	42256	9521	30132	2603	7381	69008	56971	2852	41268
30092	42256	9521	30132	2603	7381	62650	56971	2852	41268
						6358			
236784	369772	9521	340750	19501	54889	210871	200397		47108
236784	369772	9521	340750	19501	54889	210871	200397		46688
									420
470						15030	13467	2771	
28								81	25
149208	256992		240094	16898	47508	142393	142393		755
3850	14009		14009						420
44850	56515		56515			3580	3580		
39374	42256	9521	30132	2603	7381	79928	67891	2852	45958
236784	369772	9521	340750	19501	54889	204513	200397		46688
498						21388	13467	2852	445

10-5 建筑业企业房屋建筑面积(2011年)

单位：平方米

指　　标	房屋建筑施工面积	#本年新开工面积	#投标承包的面积
总　计	**5300605**	**2446351**	**4737918**
其中：国有及国有控股企业	3777068	1367258	3564330
按登记注册类型分组			
内资企业	5300605	2446351	4737918
国有企业	3542473	1206583	3382771
集体企业	256408	186841	194530
股份合作企业			
有限责任公司	526405	339065	410580
其他有限责任公司	526405	339065	410580
股份有限公司	38350	21744	38350
私营企业	936969	692118	711687
私营有限责任公司	923189	692118	711687
私营股份有限公司	13780		
按国民经济行业分组			
房屋和土木工程建筑业	5252030	2401344	4737918
房屋工程建筑	5037249	2260483	4581573
土木工程建筑	214781	140861	156345
建筑安装业	46525	45007	
建筑装饰业			
其他建筑业	2050		
按隶属关系分组			
中　央			
省　属	3305103	1025617	3199493
市　属	220047	172371	211137
县　属	428783	300524	344694
其　他	1346672	947839	982594
按企业资质等级分组			
施工总承包	5237079	2400173	4736747
专业承包	63526	46178	1171

10-6 建筑业企业机械设备情况(2011年)

指　标	年末自有机械设备总台数(台)	年末自有机械设备总功率(千瓦)	自有机械设备净值(千元)
总　计	**20389**	**438808**	**931447**
其中：国有及国有控股企业	6094	228094	508764
按登记注册类型分组			
内资企业	20389	438808	931447
国有企业	3285	41188	22612
集体企业	4458	40469	42556
股份合作企业			
有限责任公司	3814	206975	529824
其他有限责任公司	3814	206975	529824
股份有限公司	59	189	306
私营企业	8773	149987	336149
私营有限责任公司	8707	149607	331318
私营股份有限公司	66	380	4831
按国民经济行业分组			
房屋和土木工程建筑业	18971	411061	816716
房屋工程建筑	14411	148923	188571
土木工程建筑	4560	262138	628145
建筑安装业	511	9484	15869
建筑装饰业	568	3568	11072
其他建筑业	339	14695	87790
按隶属关系分组			
中　央	915	119125	355134
省　属	2141	57558	95203
市　属	4840	43197	41648
县　属	2499	33191	25376
其　他	9994	185737	414086
按企业资质等级分组			
施工总承包	18103	380919	756095
专业承包	2286	57889	175352

10-7 建筑业总、专包企业劳动生产率(2011年)

指　标	企业数(个)	计算劳动生产率的平均人数(人)	按总产值计算的劳动生产率(元/人)	人均竣工产　值(元/人)
总　计	**139**	**51688**	**27554**	**21479**
其中：国有及国有控股企业	19	31485	36657	28166
按登记注册类型分组				
内资企业	139	51688	27554	21479
国有企业	7	5654	42495	30711
集体企业	8	2128	17307	10942
股份合作企业	1	59	2356	2356
有限责任公司	20	28639	33193	25935
其他有限责任公司	20	28639	33193	25935
股份有限公司	2	268	18308	18308
私营企业	101	14940	12815	11077
私营有限责任公司	100	14915	12794	11053
私营股份有限公司	1	25	25432	25432
按国民经济行业分组				
房屋和土木工程建筑业	81	48588	28303	21910
房屋工程建筑	41	16986	22254	15775
土木工程建筑	40	31602	31555	25208
建筑安装业	24	1704	16069	14272
建筑装饰业	25	613	13387	12855
其他建筑业	9	783	17144	17144
按隶属关系分组				
中　央	1	18237	33203	34814
省　属	8	8467	50040	21413
市　属	11	3458	15319	8621
县　属	9	4421	11855	8538
其　他	110	17105	16932	13239
按企业资质等级分组				
施工总承包	68	46191	28913	22007
专业承包	71	5497	16136	17043

10-8 建筑业企业资本金及资产(2011年)

单位：千元

指　　标	实收资本	资产总计	#流动资产合计	#固定资产合计	固定资产原价合计	固定资产折旧	#本年折旧
总　计	**2351808**	**13684478**	**11475188**	**1894776**	**2700439**	**1075248**	**182843**
其中：国有及国有控股企业	1061408	10613236	9437670	1079214	1652647	770123	121864
按登记注册类型分组							
内资企业	2351808	13684478	11475188	1894776	2700439	1075248	182843
国有企业	149239	2003459	1799676	194471	206181	69870	9670
集体企业	67947	233157	166541	66556	102444	36142	8030
股份合作企业	2000	2398	1165	1232	1859	627	214
有限责任公司	1055807	9163422	8054026	974658	1598223	764835	122493
其他有限责任公司	1055807	9163422	8054026	974658	1598223	764835	122493
股份有限公司	11480	13817	4410	6271	9224	2953	1163
私营企业	1065335	2268225	1449370	651588	782508	200821	41273
私营有限责任公司	1057035	2254647	1443566	644413	773870	199358	40740
私营股份有限公司	8300	13578	5804	7175	8638	1463	533
按国民经济行业分组							
房屋和土木工程建筑业	2027976	12725817	10797301	1655116	2386357	980834	164278
房屋工程建筑	609713	3029052	2484074	487141	604650	174190	33844
土木工程建筑	1418263	9696765	8313227	1167975	1781707	806644	130434
建筑安装业	159180	548069	426943	85294	125242	55271	9993
建筑装饰业	57022	111934	81537	27797	34314	8201	1823
其他建筑业	107630	298658	169407	126569	154526	30942	6749
按隶属关系分组							
中　央	600000	6351820	5812103	492661	859802	410170	74548
省　属	276183	3271182	2947849	296330	543747	250427	31810
市　属	135470	624535	432166	174627	186772	72923	11128
县　属	117496	221750	166268	52345	87422	37777	5106
其　他	1222659	3215191	2116802	878813	1022696	303951	60251
按企业资质等级分组							
施工总承包	1867437	12505025	10665653	1561173	2307094	954320	163672
专业承包	484371	1179453	809535	333603	393345	120928	19171

10-9 建筑业企业负债及所有者权益(2011年)

单位：千元

指　　标	负债合计	流动负债	非流动负债	所有者权益合计
总　计	**10586267**	**10460411**	**125856**	**3098211**
其中：国有及国有控股企业	9202747	9100871	101876	1410489
按登记注册类型分组				
内资企业	10586267	10460411	125856	3098211
国有企业	1874879	1870509	4370	128580
集体企业	152592	152592		80565
股份合作企业	328	328		2070
有限责任公司	7665375	7567869	97506	1498047
其他有限责任公司	7665375	7567869	97506	1498047
股份有限公司	5108	5108		8709
私营企业	887985	864005	23980	1380240
私营有限责任公司	883171	859191	23980	1371476
私营股份有限公司	4814	4814		8764
按国民经济行业分组				
房屋和土木工程建筑业	10083866	9960248	123618	2641951
房屋工程建筑	2287539	2279368	8171	741513
土木工程建筑	7796327	7680880	115447	1900438
建筑安装业	303860	303660	200	244209
建筑装饰业	32215	31274	941	79719
其他建筑业	166326	165229	1097	132332
按隶属关系分组				
中　央	5517353	5419847	97506	834467
省　属	2892008	2892008		379174
市　属	457905	453535	4370	166630
县　属	76737	76737		145013
其　他	1642264	1618284	23980	1572927
按企业资质等级分组				
施工总承包	10011818	9890641	121177	2493207
专业承包	574449	569770	4679	605004

10-10 建筑业企业工程结算收入(2011年)

单位：千元

指标	营业收入	主营业务收入	营业成本	主营业务成本	营业税金及附加	主营业务税金及附加	营业外收入
总计	**15012917**	**14787996**	**13649420**	**13407244**	**467321**	**463440**	**7112**
其中：国有及国有控股企业	12140846	11982268	11231512	11046593	371292	369648	5425
按登记注册类型分组							
内资企业	15012917	14787996	13649420	13407244	467321	463440	7112
国有企业	2462039	2441099	2254224	2237700	80433	80194	2006
集体企业	386086	386086	334436	334436	12990	12990	
股份合作企业	1390	1390	1162	1162	47	47	25
有限责任公司	10043891	9877258	9287880	9103336	303851	300761	3451
其他有限责任公司	10043891	9877258	9287880	9103336	303851	300761	3451
股份有限公司	49066	49066	36965	36965	1714	1714	
私营企业	2070445	2033097	1734753	1693645	68286	67734	1630
私营有限责任公司	2064087	2026739	1729444	1688336	68093	67541	1630
私营股份有限公司	6358	6358	5309	5309	193	193	
按国民经济行业分组							
房屋和土木工程建筑业	14462277	14282425	13217876	13005033	450455	447908	6244
房屋工程建筑	3763491	3727659	3363636	3319901	125069	124192	1657
土木工程建筑	10698786	10554766	9854240	9685132	325386	323716	4587
建筑安装业	330281	285724	249411	220160	10758	9435	716
建筑装饰业	80829	80626	66698	66616	2717	2706	
其他建筑业	139530	139221	115435	115435	3391	3391	152
按隶属关系分组							
中　央	6528348	6501043	6103419	6058302	191397	191384	2259
省　属	4218244	4187691	3881738	3854701	137250	137053	440
市　属	543949	521933	460912	452885	18256	17202	2004
县　属	477495	477495	414535	414535	16179	16179	22
其　他	3244881	3099834	2788816	2626821	104239	101622	2387
按企业资质等级分组							
施工总承包	13943423	13747843	12771737	12551797	432980	429700	5881
专业承包	1069494	1040153	877683	855447	34341	33740	1231

10-11 建筑业企业费用情况(2011年)

单位：千元

指　　标	管理费用	#差旅费	#工会经费	财务费用	应付职工薪酬
总　计	**595993**	**33478**	**8130**	**46140**	**1245220**
其中：国有及国有控股企业	434120	21285	6361	17604	812664
按登记注册类型分组					
内资企业	595993	33478	8130	46140	1245220
国有企业	108902	7170	1120	1839	121757
集体企业	29152	2170	727	2927	44918
股份合作企业	164	2		2	231
有限责任公司	348815	16813	5752	15789	764071
其他有限责任公司	348815	16813	5752	15789	764071
股份有限公司	499	41	9	8	7192
私营企业	108461	7282	522	25575	307051
私营有限责任公司	107803	7279	522	25529	306521
私营股份有限公司	658	3		46	530
按国民经济行业分组					
房屋和土木工程建筑业	543914	31596	7797	35670	1166791
房屋工程建筑	159000	15246	2342	13610	363737
土木工程建筑	384914	16350	5455	22060	803054
建筑安装业	38030	1450	240	2606	44717
建筑装饰业	6903	255	8	966	14550
其他建筑业	7146	177	85	6898	19162
按隶属关系分组					
中　央	183597	2628	2945	7225	509728
省　属	157841	17113	2158	8576	231339
市　属	56229	2310	487	3244	73897
县　属	22868	3527	754	1136	97481
其　他	175458	7900	1786	25959	332775
按企业资质等级分组					
施工总承包	521583	30814	7768	35006	1116484
专业承包	74410	2664	362	11134	128736

10-11 续表

单位：千元

指　标	土地和固定资产支出	土地购置	房屋和建筑物	机器设备	运输工具	其他费用
总　计	240155	1071	24486	147758	45245	21595
其中：国有及国有控股企业	44693	1071	18008	15445	8817	1352
按登记注册类型分组	1325			1325		
内资企业						
国有企业	142508		2103	104867	29238	6300
集体企业	142508		2103	104867	29238	6300
股份合作企业						
有限责任公司	51629		4375	26121	7190	13943
其他有限责任公司	51629		4375	26121	7190	13943
股份有限公司						
私营企业						
私营有限责任公司	222365	1071	22609	137534	42359	18792
私营股份有限公司	51152		13768	21384	4813	11187
按国民经济行业分组	171213	1071	8841	116150	37546	7605
房屋和土木工程建筑业	9311		1877	2096	2538	2800
房屋工程建筑	3393			3042	348	3
土木工程建筑	5086			5086		
建筑安装业						
建筑装饰业	110126			88045	21941	140
其他建筑业	46247		12300	21112	6389	6446
按隶属关系分组	28775	1071	7811	9814	9013	1066
中　央	2020			1400	620	
省　属	52987		4375	27387	7282	13943
市　属						
县　属	202699	1071	20506	131659	32364	17099
其　他	37456		3980	16099	12881	4496
按企业资质等级分组						
施工总承包	202699	1071	20506	131659	32364	17099
专业承包	37456		3980	16099	12881	4496

10-12 建筑业企业利润及税金情况(2011年)

单位：千元

指　　标	利润总额	税金总额	工程结算税金及附加	管理费用中的税金	营业利润	其他业务利润
总　计	**192158**	**483483**	**467321**	**16162**	**195277**	**-5859**
其中：国有及国有控股企业	64335	379311	371292	8019	66729	-25154
按登记注册类型分组						
内资企业	192158	483483	467321	16162	195277	-5859
国有企业	1633	82208	80433	1775	725	4177
集体企业	5822	14200	12990	1210	5893	
股份合作企业	15	70	47	23	15	
有限责任公司	75444	310875	303851	7024	80344	-18001
其他有限责任公司	75444	310875	303851	7024	80344	-18001
股份有限公司	9857	1731	1714	17	9857	
私营企业	99387	74399	68286	6113	98443	7965
私营有限责任公司	99235	74201	68093	6108	98291	7965
私营股份有限公司	152	198	193	5	152	
按国民经济行业分组						
房屋和土木工程建筑业	160682	464718	450455	14263	164151	-20306
房屋工程建筑	67980	129565	125069	4496	69568	3621
土木工程建筑	92702	335153	325386	9767	94583	-23927
建筑安装业	25794	11988	10758	1230	25583	14028
建筑装饰业	1887	2870	2717	153	1897	110
其他建筑业	3795	3907	3391	516	3646	309
按隶属关系分组						
中　央	40017	193643	191397	2246	38324	-40122
省　属	17295	140494	137250	3244	18634	3319
市　属	6049	19440	18256	1184	4600	12935
县　属	17443	17183	16179	1004	19061	100
其　他	111354	112723	104239	8484	114658	17909
按企业资质等级分组						
施工总承包	137153	447070	432980	14090	140977	-12408
专业承包	55005	36413	34341	2072	54300	6549

主要统计指标解释

建筑业统计单位 指从事房屋、构筑物建造和设备安装活动的法人企业。建筑业法人企业应同时具备的条件是:①依法成立,有自己的名称、组织机构和场所,能够承担民事责任;②独立拥有和使用资产,承担负债,有权与其他单位签订合同;③独立核算盈亏,能够编制资产负债表。

建筑业总产值 以货币表现的建筑安装企业在一定时期内生产的建筑业产品和服务的总和。建筑业总产值包括:

(1)建筑工程产值:指列入建筑工程预算内的各种工程价值。

(2)设备安装工程产值:指设备安装工程价值,不包括被安装设备本身价值。

(3)其他产值:指建筑业总产值中除建筑工程、安装工程以外的产值。包括房屋构筑物修理产值、非标准设备制造产值、总包企业向分包企业收取的管理费以及不能明确划分的施工活动所完成的产值。

装修装饰产值 包括装修、装饰两部分产值。装修装饰指对新旧房屋及建筑物进行的内外装修装饰;对新建房屋及建筑物经过施工后,尚未完全达到使用标准,而进行的二次装修装饰;以及对原有房屋经使用若干年后进行的二次内外装饰。包括抹灰、门窗、玻璃、吊顶、隔断、饰面板(砖)、涂料、裱糊、刷浆、花饰等。

在外省完成的产值 指建筑业企业在其他省份施工所完成的建筑业产值。

竣工产值 一般是以单位工程为对象,当该工程按照设计所规定的工程内容全部完成,达到了设计规定的交工条件,经有关部门检查验收鉴定合格的单位工程价值,即为竣工产值。竣工产值包括范围应是报告期内竣工单位工程从开工到竣工的全部自行完成的价值,如果一个单位工程跨两个年度施工,其竣工价值应当包括上年度完成的价值。有些大型单位工程,如大型厂房、高级宾馆、各种管道、公路、铁路等,能够分跨、分层、分段施工并按合同规定,能够分开交付使用的,可以分开计算竣工产值。竣工产值不包括附属辅助企业或内部核算的其他单位为外单位生产和服务的价值。

房屋建筑施工面积 指在报告期内施工的全部房屋建筑面积,包括本期新开工的房屋面积、上期施工跨入本期继续施工的房屋面积、上期停缓建在本期恢复施工的房屋面积、本期竣工的房屋面积及本期施工后又停缓建的房屋面积。

本年新开工面积 指在报告期内新开工的各个房屋单位工程的建筑面积之和。它不包括在上期开工跨入报告期继续施工的房屋建筑面积和上期停缓建而在本期复工的建筑面积。新开工面积用于反映报告期内投入施工的房屋建筑规模,为科学组织施工提供依据。

年末自有施工机械设备净值 本企业(或单位)自有机械设备经过使用、磨损后实际存在的价值,即原值减去折旧后的净额。

年末自有机械设备总台数 年末本企业(或单位)自有的直接用于工程施工的各种机械设备的台数。但不包括附属辅助生产机械设备、运输机械设备、生产试验机械设备的台数。

年末自有施工机械设备总功率 年末本企业(或单位)自有的直接用于工程施工的各种机械设备年末总功率,按设定能力或查定能力计算。包括机械本身的动力和为该机械服务的单独动力设备,如电动机等。计量单位用千瓦,动力换算可按 1 马力 = 0.735 千瓦折合成千瓦数。电焊机、变压器、锅炉不计算动力。

计算建筑业劳动生产率的平均人数 建筑业企业(或单位)报告期实际拥有的、与建筑施工活动有关的人员的平均人数,包括参加本企业(或单位)建筑施工活动的非本企业(或单位)人员,但不包括企业内部社会服务性机构的人员以及由本企业支付工资但所从事的工作与本企业生产基本无关的人员。

房屋建筑竣工面积 指在报告期内房屋建筑按

照设计要求全部完工，达到了住人和使用条件，经检查验收签定合格的房屋建筑面积。

资产总计 指企业拥有或控制的能以货币计量的经济资源，包括各种财产、债权和其他权利。建筑业企业的资产其按流动性分为：流动资产、长期投资、固定资产、无形资产、递延资产和其他资产根据会计“资产负债表”中“资产总计”项的年末数填列。

固定资产 企业使用期限超过一年的房屋、建筑物、机器、机械、运输工具以及其他与生产、经营有关的设备、器具、工具等。不属于生产经营主要设备的物品，单位价值在2000元以上，并且使用年限超过2年的，也应当作为固定资产。

负债合计 企业所承担的能以货币计量、将以资产或劳务偿付的债务。

所有者权益合计 企业投资人对企业净资产的所有权，企业净资产等于企业全部资产减去全部负债后的余额。其中包括实收资本、资本公积、盈余公积和未分配利润四部分。

实收资本 企业实际收到的投资投入的资本。按照投资主体划分为国家资本、集体资本、法人资本、个人资本、港澳台资本和外商资本六种。

工程结算收入 本企业承包工程实现的工程价款结算收入以及向发包单位收取的除工程价款以外按规定列作营业收入的各种款项，如临时设施费、劳动保险费、施工机械调迁费等以及向发包单位收取的各种索赔款。

工程结算成本 在报告期内与发包单位办理工程价款结算的已完工程实际成本。

工程结算税金附加 因从事建筑业生产活动，取得工程价款结算收入而按规定应该缴纳的营业税、城市维护建设税等以及随同营业税金一并计算缴的教育费附加等。

营业利润 企业生产经营活动所实现的利润，分为主营业务利润和其他利润。

利润总额 指企业在工程施工生产过程中，取得工程价款收入、机械作业收入等，扣除投入的成本及其他一系列费用，再加减非经营性质的收支及投资收益，即为施工企业全年实现的利润总额(或亏损总额)。

本年应付工资总额 指报告期内企业应付给与工程施工直接有关的职工的工资。

应收工程款 指建筑业企业在报告期末应向发包单位收取而未收取的工程款。

11

交通运输、邮电通讯业

资料整理人员

申淑霞　梁　茹

交通运输、邮电通讯业

公路通车里程	17390	公里
公路客运量	4480	万人
公路客运周转量	266639	万人公里
公路货运量	10442	万吨
公路货物周转量	1620705	万吨公里
固定电话年末数	66.50	万部
移动电话数量	338.69	万部

民用汽车拥有量(万辆)

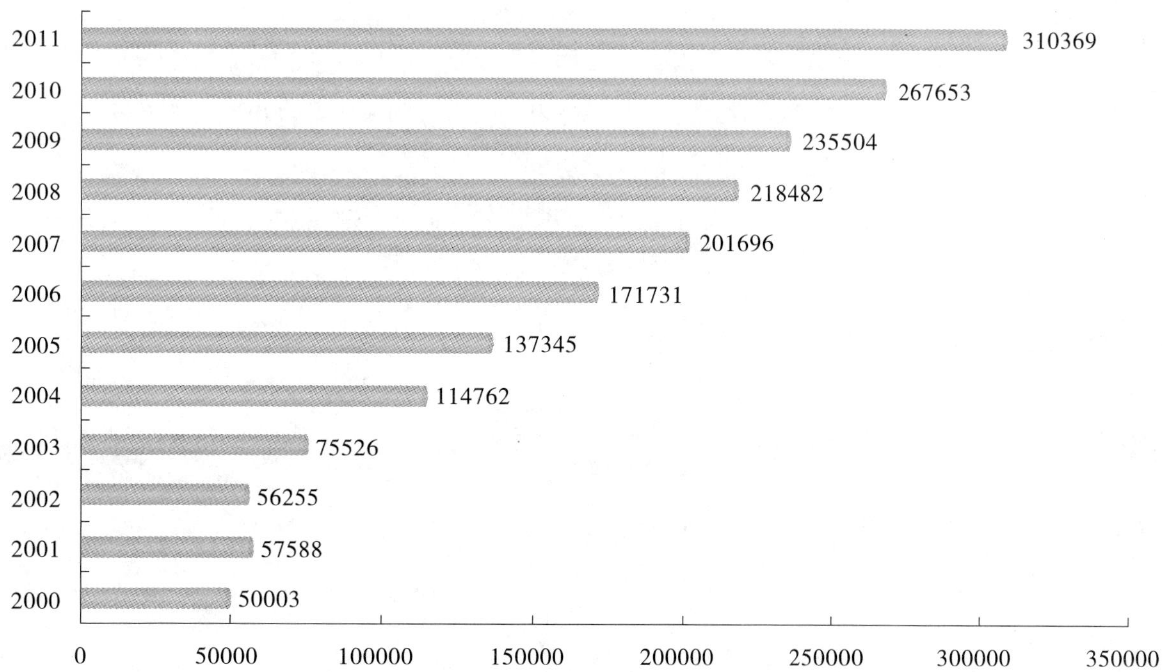

11-1 主要年份公路通车里程

单位：公里

年 份	公路通车里程	等级公路						等外公路
		合 计	高速公路	一级公路	二级公路	三级公路	四级公路	
1952	418							
1957	825							
1962	1911							
1965	2918							
1970	3524							
1975	3671							
1978	3840	1902				335	1567	1938
1980	3281	1902				335	1567	1379
1985	3345	2037			34	449	1554	1308
1990	3620	2636			166	843	1627	984
1995	3921	3146			503	1118	1525	775
2000	8714	8430		141	1222	3186	3881	284
2001	8761	8477		148	1242	3195	3892	284
2002	8872	8589		148	1304	3191	3946	283
2003	8975	8692		148	1389	3182	3973	283
2004	9013	8749		156	1548	3127	3918	264
2005	9556	9329	148	155	1698	3129	4199	227
2006	12884	10243	148	160	1498	2565	5872	2641
2007	14379	12332	198	203	1625	2663	7643	2047
2008	16082	14304	208	220	1748	2725	9403	1779
2009	16596	15634	208	221	1832	2710	10661	962
2010	17105	16333	208	327	1826	2751	11221	772
2011	17390	16641	342	332	1824	2823	11319	748

11-2 主要年份公路客运量及客运周转量

年 份	公路客运量(万人)			公路客运周转量(万人公里)		
	合 计	#侯马汽车运输公司	#临汾汽车运输公司	合计	#侯马汽车运输公司	#临汾汽车运输公司
1952	11	11		491	491	
1957	34	31	3	1792	1595	197
1962	95	69	21	4616	2786	1800
1965	117	73	34	6085	3555	2247
1970	180	85	37	7864	4144	2805
1975	263	147	46	11621	6347	3561
1978	343	145	79	16957	8694	5664
1980	436	156	130	21742	10757	7403
1985	1010	433	230	44443	19064	16267
1990	1607	575	238	68629	27725	16108
1995	2337	917	270	115687	40204	26106
2000	4171	1156	455	175303	47581	41021
2001	4683	1169	481	200195	49287	47564
2002	5715	1082	550	231646	47159	59901
2003	5679	927	553	219397	46360	43000
2004	5355	823	320	236474	49058	46537
2005	5257	1164	401	255277	54124	45011
2006	5467	936	410	227807	57636	44090
2007	5545	980	505	233402	60418	60130
2008	4099	984	474	218929	60644	58574
2009	4118	942	364	233734	58053	50111
2010	4280	912	411	247831	56181	69583
2011	4480	887	423	266639	54652	73549

注：2008年后运管部门调整了运输量的调查方法，口径与往年不一致。

11-3 主要年份公路货运量及货物周转量

年份	公路客运量(万吨)			公路客运周转量(万吨公里)		
	合计	#侯马汽车运输公司	#临汾汽车运输公司	合计	#侯马汽车运输公司	#临汾汽车运输公司
1952	2	2		103	103	
1957	8	6	2	462	277	185
1960	308	37	27	4777	2071	1312
1962	37	9	8	1593	827	524
1965	168	21	13	3105	1260	996
1970	137	25	13	3606	1668	1098
1975	279	33	12	6228	3029	1273
1978	965	37	18	11249	4085	2137
1980	1141	39	20	25621	4312	1864
1985	1855	41	17	60273	7541	2405
1990	3275	44	15	125139	10127	2958
1995	3111	41	13	127585	10426	2262
2000	5773	154	49	231581	30784	8412
2001	6475	237	86	299960	49474	34437
2002	6904	354	129	356123	77457	43646
2003	7768	336	98	382320	81004	39378
2004	7978	283	153	427010	82669	67431
2005	7968	304	150	420697	88866	55022
2006	8100	339	124	430488	103416	52183
2007	8310	356	138	438045	108616	54170
2008	9651	369	125	1266316	109090	49176
2009	8418	355	127	1295284	102837	58667
2010	9698	330	208	1387063	95657	93109
2011	10442	336	261	1620705	97322	111882

注：2008年后运管部门调整了运输量的调查方法，口径与往年不一致。

11-4 主要年份民用汽车拥有量

单位：辆

年　份	民用汽车	载重汽车	#大型汽车	载客汽车	#大型汽车	其他机动车
1952						
1957						
1962						
1965						
1970						
1975	2660	2033	1995	460	151	209
1978	3949	3069	3041	651	212	406
1980	5562	4405	4371	828	251	609
1985	12179	9717	8993	1808	506	4073
1990	21535	16702	13683	4450	673	8807
1995	27777	17003	12198	9812	703	38463
2000	50003	26241	16436	22680	956	116095
2001	57588	30045	19111	26151	1035	186336
2002	56255	34588	18165	20875	1273	314142
2003	75526	40838	20289	33557	1504	317441
2004	114762	45745	22177	57653	1832	304147
2005	137345	49509	22665	76384	2064	266336
2006	171731	44925	17088	91581	1919	333442
2007	201696	47001	17022	114282	2015	339196
2008	218482	43328	13256	135656	2027	334505
2009	235504	46630	15662	152855	2035	329614
2010	267653	54170	19545	182943	2157	328488
2011	310369	61961	23749	222250	2330	325017

11-5 民用车辆拥有量(2011年)

单位：辆

指　标	合　计	营　运	非营运	个　人
一、汽车	**310369**	**63818**	**246551**	**256871**
载客汽车	222250	8984	213266	191091
其中：大型	2330	1715	615	140
中型	2981	1903	1078	677
小型	186997	5244	181753	161937
微型	29942	122	29820	28337
其中：轿车	153720	4358	149362	136679
载货汽车	61961	40886	21075	42028
其中：重型	23749	23396	353	13453
中型	8239	7851	388	5384
轻型	29616	9568	20048	22898
微型	357	71	286	293
其中：普通载货	31486	12491	18995	23752
其它汽车	26158	13948	12210	23752
二、摩托车	**93267**	**3351**	**89916**	**85857**
普通	92776	3351	89425	85403
轻便	491		491	454
三、拖拉机	**48334**	**3864**	**44470**	**47476**
大中型	11266	899	10367	10993
小型方向盘式	37068	2965	34103	36483
四、载货挂车	**9503**	**9435**	**68**	**5105**

11-6 主要年份邮政主要指标

单位：个

年 份	邮电局(所)	自办局(所)	代办所	#农村所	信箱、信筒
1952	135	22	113	2	60
1957	132	92	40	73	285
1962	118	86	32	115	245
1965	141	107	34	124	293
1970	254	225	29	216	455
1975	188	175	13	152	437
1978	210	187	23	181	425
1980	209	186	23	181	532
1985	278	180	98	147	572
1990	241	172	69	139	570
1995	254	178	76	203	480
2000	236	179	57	182	464
2001	216	184	32	153	468
2002	216	185	31	151	468
2003	218	187	31	152	441
2004	215	185	30	144	350
2005	213	181	32	143	374
2006	217	182	35	142	371
2007	218	185	33	140	364
2008	198	167	31	136	296
2009	145	116	29	82	139
2010	126	118	8	61	137
2011	140	114	26	77	139

11-6 续表1

年 份	邮路总长度(公里)	农村投递路线(公里)	汽车邮路(公里)	订销报纸期发数(万份)	订销杂志期发数(万份)	机要文件(件)
1952	8422	8422		3.9	3.7	
1957	9158	9158		6.3	4.7	37136
1962	4675	3754	904	5.0	4.6	71595
1965	14496	13391	1082	7.5	5.0	159000
1970	14278	13426	1139	7.9	1.6	69400
1975	17312	17028	626	12.9	12.5	35900
1978	17319	16229	1632	17.0	17.6	38400
1980	16300	15791	999	21.3	24.6	37200
1985	16813	4664	567	45.2	36.8	30942
1990	16036	5563	1729	22.8	17.0	35259
1995	6375	10672	2574	26.0	16.0	36049
2000	4698	12249	2045	37.1	17.0	42055
2001	4649	12184	2014	28.3	15.7	39649
2002	4886	11653	2547	28.5	16.5	38116
2003	4871	11653	2547	37.0	17.0	44826
2004	4787	11802	2651	23.9	17.5	49937
2005	4514	11731	2547	17.2	7.3	46291
2006	5197	11491	2846	22.5	8.8	46932
2007	5479	11821	3088	22.0	9.5	42658
2008	5284	11744	2830	24.7	12.1	41460
2009	5574	12802	3088	23.9	11.5	26630
2010	5399	13384	3170	24.8	12.0	27175
2011	3933	13501	3171	27.9	10.5	24592

11-6 续表2

年 份	函 件 (万件)	包 件 (万件)	汇 票 (万张)	特快专递 (件)	邮政储蓄 (万元)
1952	96.6	1.6	6.9		
1957	313.5	5.7	10.6		
1962	497.7	14.5	16.6		
1965	501.1	8.4	25.1		
1970	695.9	15.0	34.3		
1975	847.4	14.5	31.4		
1978	968.6	14.6	31.9		
1980	935.8	13.7	37.3		
1985	1300.4	12.3	41.3		
1990	1143.6	9.1	39.7	613	8516
1995	2219.0	14.0	47.0	137346	53784
2000	1741.1	30.3	46.5	118351	202277
2001	1104.9	23.8	46.8	141006	247396
2002	2389.2	23.9	45.7	167732	377045
2003	1288.2	26.9	44.9	196696	473583
2004	1413.0	21.9	39.5	224296	604087
2005	1487.2	18.8	53.5	265384	797796
2006	1442.5	15.6	48.6	295255	895885
2007	1324.2	13.9	49.4	351682	1049871
2008	1036.0	11.0	58.4	469475	1092594
2009	764.2	10.4	50.0	493674	1239215
2010	680.0	9.2	48.7	504915	916458
2011	582.0	9.5	46.6	604818	1006855

11-7 主要年份邮电业务量及电话数量

年 份	邮电业务总量(万元)	固定电话(部)	固定电话普及率(部/百人)	移动电话(部)	移动电话普及率(部/百人)
1952	22.5	205	0.01		
1957	93.8	1400	0.09		
1962	266.9	7797	0.40		
1965	281.3	9695	0.46		
1970	230.4	7239	0.30		
1975	298.7	12241	0.44		
1978	363.5	14494	0.49		
1980	561.0	14180	0.49		
1985	728.9	16213	0.51		
1990	2166.9	22394	0.65		
1995	12239.0	63965	1.74	3678	0.10
2000	71009.0	297958	7.70	160100	4.05
2001	78600.0	414936	10.37	350200	8.75
2002	107844.3	500226	12.40	481048	11.90
2003	160859.0	681143	16.77	722023	17.80
2004	270332.8	824696	20.15	883139	21.60
2005	319094.7	915215	22.21	1099684	26.70
2006	407201.0	917263	22.12	1200535	28.95
2007	522600.1	882230	21.15	1593748	38.20
2008	603336.0	855499	20.38	1844110	43.93
2009	566902.0	808436	19.15	2129897	50.45
2010	655124.1	705973	16.34	2901234	67.17
2011	323003.6	665008	15.35	3386902	78.17

注：2011年起，邮电业务总量（包括邮政业务总量和电信业务总量）由之前的以2000年不变价计算调整为以2010年不变价计算。

主要统计指标解释

交通运输业 指国民经济中从事运送货物和旅客的社会生产部门。运输活动按其企业核算方式分为营业性运输和非营业性运输。

营运汽车 指领有公安交通监理部门核发的车辆牌照,并经当地工商行政管理机关核准,领取营业执照,参加营业性运输的载客和载货汽车,包括使用权属于公路运输企业的租入、借入、代管的营运汽车。

民用汽车 指由公安交通监理部门所掌管的领有本地区车辆牌照的机动车辆的一部分。不包括拖拉机、摩托车、其他机动车等。民用汽车包括普通载货汽车、专用载货汽车、载客汽车、其他专用汽车、特种汽车等。

载客汽车 指有专门的客运设备,用于旅客运输的汽车,对于临时作为“代客车”使用的载货汽车,不能作为载客汽车统计。

普通载货汽车 指只有一般构造的栏板式、平板式货运汽车,包括自卸车、半挂车等。

大型载货(客)汽车 凡符合下列情况之一的即为大型汽车:

(1)总质量(即车辆自重和载重量之和)为4.5吨以上的;

(2)总座位数(驾驶员座位除外)在20座以上的;

(3)车长在6米和6米以上的。

专用载货汽车 指具有特殊构造和专门用途的货运汽车如冷藏车、罐车、活畜运输车、散装水泥车等。

其他专用汽车 指特种汽车和专用载货汽车以外的有专门设备和单一用途的汽车,如起重车、卫生车等。

特种汽车 指警车、消防车、工程抢险车、救护车等担负特种任务的汽车。

轮胎式拖拉机 指主要用于从事公路运输活动的并领取机动车牌照的轮式拖拉机。

摩托车 指二轮、三轮摩托车及轻便型摩托车(发动机气缸容积不超过50毫升,最大设计时速不超过50公里,只供单人乘骑用)。

其他机动车 指除民用汽车、轮胎式拖拉机及摩托车以外的其它民用机动车辆,如简易机动车、电车等。

载货挂车 指挂车本身没有动力,需要依靠货车或牵引车拖带,进行运输货物的车辆与它组成一个整体,共同构成汽车的运输能力。

公路里程 也称“公路通车里程”,是指实际达到交通部制定的公路工程技术标准规定的等级公路长度。它包括大中城市的郊区以及通过小城镇街道的公路里程,也包括桥梁、渡口的长度,但不包括城市街道以及厂矿、林区和农村生产用道的里程,两条或多条公路共同经由同一路段,只计算一次,不得重复计算里程长度。公路里程是反映公路建设发展规模的重要指标,也是计算运输网密度等指标的资料。

国道 指具有全国性政治、经济意义的主要干线公路,包括重要的国际公路、国防公路、连接首都与各省、自治区首府和直辖市、各大军区的公路、连接各大经济中心、港站枢纽、商品生产基地和战略要地的公路。

省道 指具有全省(自治区、直辖市)政治、经济意义,连接省内中心城市和主要经济区的公路,以及不属于国道的省际间的重要公路。

县道 指具有全县政治、经济意义,连接县城和县内主要乡(镇)、主要商品生产和集散地的公路以及不属于国道、省道的县际间的公路。

乡道 指主要为乡(镇)村经济、文化、行政服务的公路,以及不属于县道以上公路的乡与乡之间及乡与外部联络的公路。

有路面公路 指铺有各种路面的公路。包括高级路面、次高级路面、中高级路面、中级路面和低级路面。

货(客)运量 指运输业实际运送的货物(旅客)

数量。货物不论运输距离长短，货物类别，均按实际重量统计；旅客不论行程远近或票价多少，均按一人一次作为客运量统计。半价票、小孩票也按一人统计。货（客）运量反映运输业为国民经济和人民生活服务的数量指标，也是制定和检查运输生产计划，研究运输发展规模和速度的重要指标。

货物（旅客）周转量 指运输业运送的货物（旅客）数量与其相应运输距离的乘积之总和，通常以吨公里和人公里为计算单位。计算货物周转量通常按发出站与到达站之间最短距离，也就是计费距离计算。它是反映运输业生产总成果的重要指标，也是编制和检查运输生产计划、计算运输效率、劳动生产率以及核算运输单位成本的主要基础资料。

邮电业务量 指以实物单位表示的邮电通信为社会提供的各种类型的服务数量。

12 批发和零售业

资料整理人员

武俊峰　靳丽丽　翟晓鹏　李　娟

批发和零售业

社会消费品零售总额	360.69	亿元
市的零售额	172.05	亿元
县的零售额	123.28	亿元
县以下的零售额	65.37	亿元

社会消费品零售总额构成(%)

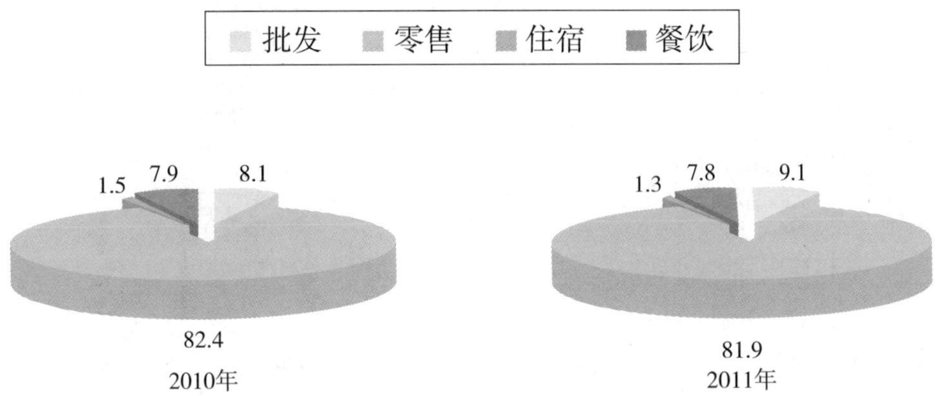

社会消费品零售总额(亿元)

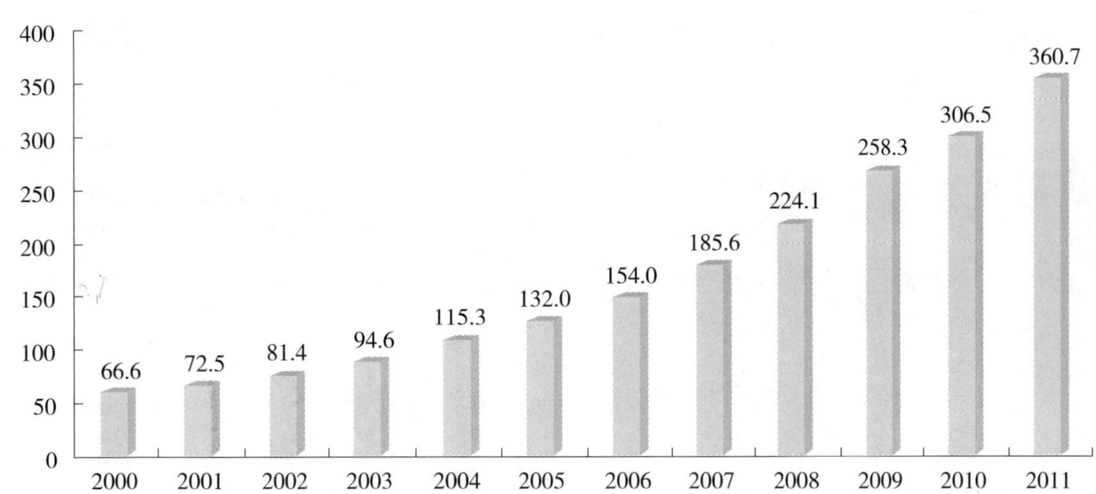

12-1 主要年份社会消费品零售总额

单位：万元

年份	社会消费品零售总额	市	县	县以下
1952	5359	2148	1308	1903
1957	9369	3331	2486	3552
1962	13119	5521	3733	3865
1965	13950	5758	4286	3906
1970	19143	7661	5944	5538
1975	27532	10973	10505	6054
1978	33151	10874	12011	10266
1980	44334	14796	14011	15527
1985	79585	30141	27000	22444
1990	134538	66156	32071	36311
1995	356084	164110	95709	96265
2000	666388	292363	175704	198321
2001	725267	319802	190287	215178
2002	814082	352047	218772	243263
2003	945521	410135	254869	280517
2004	1153257	508568	309156	335533
2005	1320377	585518	346408	388451
2006	1540191	685973	419904	434314
2007	1856354	794448	519761	542145
2008	2240580	965045	631683	643852
2009	2582988	1207748	870973	504267
2010	3064945	1442012	1037710	585223
2011	3606900	1720459	1232762	653679

12-2 社会消费品零售总额

单位：万元

指标	2011	2010
社会消费品零售总额	**3606900**	**3064945**
按销售地区分		
城镇	3013221	2544196
其中：城区	1720459	1458721
乡村	593679	520749
按行业分		
批发业	327586	272194
限额以上	15469	14414
限额以下	312118	257780
零售业	2953337	2508429
限额以上	1088712	869030
限额以下	1864625	1639399
住宿业	46172	43334
限额以上	28741	29355
限额以下	17431	13979
餐饮业	279804	240988
限额以上	42277	39076
限额以下	237528	201912

12-3 限额以上批发和零售业法人企业基本情况(2011年)

指　　标	法人企业数(个)	年末从业人员数(人)
总　　计	**208**	**20588**
一、批发业	**63**	**9063**
按登记注册类型分组		
内资企业	63	9063
国有企业	18	4499
集体企业	4	769
股份合作企业	2	97
有限责任公司	20	2698
国有独资公司	1	765
其他有限责任公司	19	1933
私营企业	19	1000
私营独资企业	2	18
私营有限责任公司	17	982
按批发行业小类分组		
食品、饮料及烟草制品批发	2	905
盐及调味品批发	1	41
烟草制品批发	1	864
医药及医疗器材批发	3	310
西药批发	2	144
中药材及中成药批发	1	166
矿产品、建材及化工产品批发	46	7356
煤炭及制品批发	29	6166
石油及制品批发	4	205
金属及金属矿批发	7	635
建材批发	1	28
化肥批发	1	108
其他化工产品批发	4	214
机械设备、五金交电及电子产品批发	12	492
农业机械批发	3	142
汽车、摩托车及零配件批发	5	297
家用电器批发	3	50
其他机械设备及电子产品批发	1	3

12-3 续表

指　　标	法人企业数 (个)	年末从业人员数 (人)
二、零售业	**145**	**11525**
按登记注册类型分组		
内资企业	145	11525
国有企业	12	442
集体企业	11	501
有限责任公司	29	1325
国有独资公司	1	38
其他有限责任公司	28	1287
股份有限公司	7	1683
私营企业	86	7574
私营独资企业	15	212
私营合伙企业	2	17
私营有限责任公司	66	7173
私营股份有限公司	3	172
按零售行业小类分组		
综合零售	31	4770
百货零售	14	659
超级市场零售	16	4099
其他综合零售	1	12
食品、饮料及烟草制品专门零售	8	294
粮油零售	2	65
果品、蔬菜零售	2	36
饮料及茶叶零售	1	108
烟草制品零售	1	32
其他食品零售	2	53
纺织、服装及日用品专门零售	5	1018
服装零售	3	806
鞋帽零售	1	6
其他日用品零售	1	206
文化、体育用品及器材专门零售	10	390
图书零售	10	390
医药及医疗器材专门零售	15	812
药品零售	15	812
汽车、摩托车、燃料及零配件专门零售	58	3787
汽车零售	44	2081
机动车燃料零售	14	1706
家用电器及电子产品专门零售	14	321
家用电器零售	10	252
计算机、软件及辅助设备零售	2	26
通信设备零售	2	43
五金、家具及室内装修材料专门零售	2	98
家具零售	1	18
其他室内装修材料零售	1	80
无店铺及其他零售	2	35
其他未列明的零售	2	35

12-4 限额以上连锁零售业经营情况(2011年)

指　　标	单位	合　计	直营店	加盟店
一、门店总数	个	38	38	
二、年末营业面积	平方米	63751	63751	
三、年末从业人员	人	1146	1146	
四、商品购进总额	千元	310373	310373	
统一配送商品购进额	千元	241180	241180	
自有配送中心配送	千元			
非自有配送中心配送	千元	26798	26798	
五、商品销售额	千元	445680	445680	
#零售额	千元	64817	64817	

12-5 限额以上批发和零售业法人企业商品购进、销售、库存表(2011年)

单位：千元

指标	商品购进总额	商品销售总额	批发额	零售额	年末商品库存总额
总计	**54394102**	**56103965**	**45969224**	**10134741**	**3800585**
一、批发业	**43646609**	**44918117**	**43838611**	**1079506**	**3001570**
按登记注册类型分组					
内资企业	43646609	44918117	43838611	1079506	3001570
国有企业	24022844	25074251	24150736	923515	354358
集体企业	619077	640276	630925	9351	13303
股份合作企业	21548	29159	17934	11225	1410
有限责任公司	6618598	7495412	7393810	101602	957370
国有独资公司	3044330	3674551	3674551		781155
其他有限责任公司	3574268	3820861	3719259	101602	176215
私营企业	12364542	11679019	11645206	33813	1675129
私营独资企业	130048	131480	131480		208
私营有限责任公司	12234494	11547539	11513726	33813	1674921
按批发行业小类分组					
食品、饮料及烟草制品批发	2649380	3516623	3516623		319489
盐及调味品批发	26296	48669	48669		7963
烟草制品批发	2623084	3467954	3467954		311526
医药及医疗器材批发	285084	329313	311626	17687	16925
西药批发	41464	52457	41232	11225	4865
中药材及中成药批发	243620	276856	270394	6462	12060
矿产品、建材及化工产品批发	39600407	39967251	38953347	1013904	2480611
煤炭及制品批发	24517489	25472683	25472683		924613
石油及制品批发	2069244	2079508	1065604	1013904	20013
金属及金属矿批发	11652972	11056623	11056623		1506115
建材批发	21109	20145	20145		4014
化肥批发	34135	32234	32234		1901
其他化工产品批发	1305458	1306058	1306058		23955
机械设备、五金交电及电子产品批发	1111738	1104930	1057015	47915	184545
农业机械批发	228216	282262	282262		37551
汽车、摩托车及零配件批发	650617	603713	603713		118610
家用电器批发	200501	186534	138619	47915	26290
其他机械设备及电子产品批发	32404	32421	32421		2094

12-5 续表

单位：千元

指　　标	商品购进总　　额	商品销售总　　额	批发额	零售额	年末商品库存总额
二、零售业	**10747493**	**11185848**	**2130613**	**9055235**	**799015**
按登记注册类型分组					
内资企业	10747493	11185848	2130613	9055235	799015
国有企业	242337	263112	18535	244577	19094
集体企业	407824	411579		411579	27342
有限责任公司	606847	635675	229337	406338	88385
国有独资公司	9887	14009		14009	4933
其他有限责任公司	596960	621666	229337	392329	83452
股份有限公司	5102443	5107151	1793526	3313625	34571
私营企业	4388042	4768331	89215	4679116	629623
私营独资企业	154495	147581	1938	145643	13944
私营合伙企业	14104	14018		14018	185
私营有限责任公司	4188889	4582044	87277	4494767	607968
私营股份有限公司	30554	24688		24688	7526
按零售行业小类分组					
综合零售	675075	780219		780219	217236
百货零售	211873	205933		205933	40260
超级市场零售	456672	567756		567756	176776
其他综合零售	6530	6530		6530	200
食品、饮料及烟草制品专门零售	160337	182940	95497	87443	25767
粮油零售	22863	22244		22244	619
果品、蔬菜零售	16749	18399		18399	12490
饮料及茶叶零售	64575	72603	72603		4638
烟草制品零售	34160	32140		32140	5143
其他食品零售	21990	37554	22894	14660	2877
纺织、服装及日用品专门零售	386333	408492		408492	48125
服装零售	344024	369787		369787	44495
鞋帽零售	6414	6405		6405	35
其他日用品零售	35895	32300		32300	3595
文化、体育用品及器材专门零售	229361	236867	18535	218332	23308
图书零售	229361	236867	18535	218332	23308
医药及医疗器材专门零售	209676	260493	44673	215820	37420
药品零售	209676	260493	44673	215820	37420
汽车、摩托车、燃料及零配件专门零售	8688088	8903063	1836572	7066491	413575
汽车零售	3564716	3649003	20605	3628398	385242
机动车燃料零售	5123372	5254060	1815967	3438093	28333
家用电器及电子产品专门零售	234252	233544	4366	229178	21999
家用电器零售	187985	183668	4366	179302	17748
计算机、软件及辅助设备零售	20933	23330		23330	232
通信设备零售	25334	26546		26546	4019
五金、家具及室内装修材料专门零售	141246	136962	130970	5992	10205
家具零售	4921	5992		5992	4850
其他室内装修材料零售	136325	130970	130970		5355
无店铺及其他零售	23125	43268		43268	1380
其他未列明的零售	23125	43268		43268	1380

12-6 限额以上批发和零售

指标	年末资					
	流动资产合计	#存货	固定资产原价	累计折旧	#本年折旧	资产总计
总计	**17251702**	**3134051**	**2877654**	**933612**	**137951**	**21653384**
一、批发业	**14504795**	**2056619**	**1614371**	**552711**	**61032**	**17523359**
#国有及国有控股	7751263	611065	1227692	431837	41277	9376026
按登记注册类型分组						
内资企业	14504795	2056619	1614371	552711	61032	17523359
国有企业	5004744	445634	1081516	372126	33461	6279374
集体企业	174884	8788	42684	22942	961	198740
股份合作企业	4905	1826	2951	2269	261	7380
有限责任公司	3580977	242270	310885	109006	19948	4158479
国有独资公司	2498018	24781	33938	17858	2673	2540238
其他有限责任公司	1082959	217489	276947	91148	17275	1618241
私营企业	5739285	1358101	176335	46368	6401	6879386
私营独资企业	61717	208	4542	320	85	65939
私营有限责任公司	5677568	1357893	171793	46048	6316	6813447
按国民经济行业分组						
食品、饮料及烟草制品批发	518927	273553	494065	108184	12915	1108494
盐及调味品批发	8473	6680	9522	6515	487	13032
烟草制品批发	510454	266873	484543	101669	12428	1095462
医药及医疗器材批发	89041	13496	61857	17128	1536	135714
西药批发	18629	4733	12157	6141	516	26438
中药材及中成药批发	70412	8763	49700	10987	1020	109276
矿产品、建材及化工产品批发	13537578	1618124	961277	409868	39494	15761580
煤炭及制品批发	8346766	349058	718719	341994	28681	9740077
石油及制品批发	47416	20036	62057	17161	2889	92461
金属及金属矿批发	5028862	1219250	140271	38911	5865	5774093
建材批发	6316	4014	10914	1792	262	16708
化肥批发	4534	1901	1708	141	141	6647
其他化工产品批发	103684	23865	27608	9869	1656	131594
机械设备、五金交电及电子产品批发	359249	151446	97172	17531	7087	517571
农业机械批发	49580	21682	29658	6414	919	73165
汽车、摩托车及零配件批发	248322	111379	66298	10487	5996	382419
家用电器批发	37445	16291	938	519	172	37864
其他机械设备及电子产品批发	23902	2094	278	111		24123

业法人单位主要财务状况(2011年)

单位：千元

产负债							损益及分配		
负债合计	所有者权益合计	#实收资本	国家资本	集体资本	法人资本	个人资本	主营业务收入	主营业务成本	主营业务税金及附加
17499135	**4154249**	**1629197**	**314091**	**59487**	**343720**	**911899**	**53645604**	**49752653**	**249476**
14491584	**3031775**	**988314**	**275067**	**29628**	**201729**	**481890**	**43759135**	**40667817**	**234576**
7300990	2075036	293199	269687		18780	4732	28364453	25840261	218744
14491584	3031775	988314	275067	29628	201729	481890	43759135	40667817	234576
4920430	1358944	167949	144969		22980		24685789	22850123	186904
143111	55629	26028	380	25648			639562	574447	2539
3280	4100	3980		3980			25327	19766	105
3148742	1009737	275619	129718		123749	22152	6712598	5908338	35689
1967534	572704	5000	5000				2867698	2239784	29552
1181208	437033	270619	124718		123749	22152	3844900	3668554	6137
6276021	603365	514738			55000	459738	11695859	11315143	9339
20503	45436	45000			45000		124193	120813	29
6255518	557929	469738			10000	459738	11571666	11194330	9310
215437	893057	19696	16240	3456			3073594	2267525	177667
4643	8389	3836	380	3456			47223	31265	185
210794	884668	15860	15860				3026371	2236260	177482
91451	44263	17330	2680	3980	800	9870	302352	277115	688
20200	6238	9330		3980		5350	45275	38250	151
71251	38025	8000	2680		800	4520	257077	238865	537
13756102	2005478	856429	240668	22192	196569	397000	39332255	37114247	55749
8368244	1371833	299478	208505	21192	36569	33212	24597729	22909761	41713
20270	72191	21580	10000	1000	10000	580	2209750	2108911	1631
5254148	519945	500108			140000	360108	11194964	10824256	11075
5387	11321	10000			10000		20145	17383	18
1798	4849	3100				3100	32234	29957	
106255	25339	22163	22163				1277433	1223979	1312
428594	88977	94859	15479		4360	75020	1050934	1008930	472
52823	20342	9679	4479			5200	274736	256962	25
328348	54071	76000	10000		3180	62820	562071	547490	163
29468	8396	8180			1180	7000	176120	172057	129
17955	6168	1000	1000				38007	32421	155

12-6 续

指标	年末资					
	流动资产合计	#存货	固定资产原价	累计折旧	#本年折旧	资产总计
二、零售业	**2746907**	**1077432**	**1263283**	**380901**	**76919**	**4130025**
#国有及国有控股	280680	208463	508864	152547	28186	771617
按登记注册类型分组						
内资企业	2746907	1077432	1263283	380901	76919	4130025
国有企业	108142	31938	54666	17325	1969	177163
集体企业	155125	36139	33629	11991	1154	204507
有限责任公司	207110	98359	65312	20203	6179	300540
国有独资公司	3634	2848	4102	1672	182	7889
其他有限责任公司	203476	95511	61210	18531	5997	292651
股份有限公司	220740	198915	480212	137491	26426	674863
私营企业	2055790	712081	629464	193891	41191	2772952
私营独资企业	27757	17948	10984	1624	88	49112
私营合伙企业	680	185	1087	262	29	1505
私营有限责任公司	1994944	673683	612639	191026	40979	2686150
私营股份有限公司	32409	20265	4754	979	95	36185
按国民经济行业分组						
综合零售	648524	253570	262380	58714	7924	989910
百货零售	117348	42053	25675	8191	1207	162161
超级市场零售	530610	211480	236072	50523	6717	825469
其他综合零售	566	37	633			2280
食品、饮料及烟草制品专门零售	58547	33484	39897	4676	451	116815
粮油零售	22771	13221	12595	1466		34719
果品、蔬菜零售	8753	7262	19425			28178
饮料及茶叶零售	15649	4638	4882	2553	390	28396
烟草制品零售	4868	4396	99	61	61	4906
其他食品零售	6506	3967	2896	596		20616
纺织、服装及日用品专门零售	138484	47235	126754	47288	9860	257338
服装零售	121713	45159	100906	33420	7450	217002
鞋帽零售	81	35	104	78	10	107
其他日用品零售	16690	2041	25744	13790	2400	40229
文化、体育用品及器材专门零售	81381	21518	44502	17048	2092	141521
图书零售	81381	21518	44502	17048	2092	141521
医药及医疗器材专门零售	96616	36632	34879	13682	3837	146775
药品零售	96616	36632	34879	13682	3837	146775
汽车、摩托车、燃料及零配件专门零售	1674786	660138	733581	236442	52124	2400426
汽车零售	1318177	426590	236967	88682	24281	1582157
机动车燃料零售	356609	233548	496614	147760	27843	818269
家用电器及电子产品专门零售	38139	22970	5021	1709	193	50028
家用电器零售	32803	18919	4026	957	113	42461
计算机、软件及辅助设备零售	1385	284	188	34	18	1539
通信设备零售	3951	3767	807	718	62	6028
五金、家具及室内装修材料专门零售	1782	1782	14588	859	379	17366
家具零售	1782	1782	1200	105	50	2877
其他室内装修材料零售			13388	754	329	14489
无店铺及其他零售	8648	103	1681	483	59	9846
其他未列明零售	8648	103	1681	483	59	9846

表1

单位：千元

产负债							损益及分配		
负债合计	所有者权益合计	#实收资本					主营业务收入	主营业务成本	主营业务税金及附加
			国家资本	集体资本	法人资本	个人资本			
3007551	**1122474**	**640883**	**39024**	**29859**	**141991**	**430009**	**9886469**	**9084836**	**14900**
174400	597217	37459	37284			175	4606946	4311801	4938
3007551	1122474	640883	39024	29859	141991	430009	9886469	9084836	14900
128530	48633	5693	5488		30	175	236814	186763	886
166331	38176	29386	650	27645		1091	432100	397610	783
218769	81771	76935	3886	2214	47453	23382	601326	504540	824
2766	5123	2886	2886				13416	10587	
216003	76648	74049	1000	2214	47453	23382	587910	493953	824
102220	572643	54267	29000		25070	197	4487917	4211844	4435
2391701	381251	474602			69438	405164	4128312	3784079	7972
31762	17350	13509			6311	7198	148929	124910	1244
370	1135	600				600	11634	11250	9
2331134	355016	453833			62327	391506	3946258	3629765	6667
28435	7750	6660			800	5860	21491	18154	52
915786	74124	94473	650	23033	12676	58114	627016	485830	2228
127749	34412	32455	650	22345	2500	6960	211403	178665	679
786145	39324	61705		500	10176	51029	409083	305536	1533
1892	388	313		188		125	6530	1629	16
63567	53248	47538	2496	300	42542	2200	177788	139077	451
26653	8066	2496	2496				21762	21302	259
11032	17146	17000			17000		18399	16556	56
3788	24608	24608			24608		72603	64354	109
4612	294	300		300			27470	24963	16
17482	3134	3134			934	2200	37554	11902	11
236868	20470	34100			200	33900	394525	350437	2313
214636	2366	16000			200	15800	348641	310692	2063
3	104	100				100	5316	5262	1
22229	18000	18000				18000	40568	34483	249
96682	44839	5725	5695		30		210458	164189	527
96682	44839	5725	5695		30		210458	164189	527
109612	37163	33353		1526	10834	20993	236883	188534	574
109612	37163	33353		1526	10834	20993	236883	188534	574
1512383	888043	390575	30000	5000	52598	302977	7852504	7392836	8466
1296543	285614	302643	1000	5000	46698	249945	3243657	3054123	4066
215840	602429	87932	29000		5900	53032	4608847	4338713	4400
49900	128	31161			20511	10650	207947	198023	218
46922	–4461	27361			20511	6850	165823	157736	171
643	896	800				800	19431	19119	6
2335	3693	3000				3000	22693	21168	41
14266	3100	3100			2600	500	136080	129342	23
1777	1100	1100			1100		5110	4921	23
12489	2000	2000			1500	500	130970	124421	
8487	1359	858	183			675	43268	36568	100
8487	1359	858	183			675	43268	36568	100

12-6 续

指　　标	损　益						
	其他业务利　润	销售费用	管理费用	#税　金	财务费用	#利息支出	投资收益
总　　计	**124537**	**955980**	**986642**	**25268**	**221810**	**100193**	**20867**
一、批发业	**57567**	**584565**	**758742**	**18782**	**145281**	**55317**	**21178**
#国有及国有控股	22267	241111	636524	16121	29155	19776	15439
按登记注册类型分组							
内资企业	57567	584565	758742	18782	145281	55317	21178
国有企业	18087	157819	397341	12033	11970	5049	1532
集体企业	563	15786	32214	397	493	-4	
股份合作企业		4172	1477	135	19	19	
有限责任公司	25204	121733	279952	5050	20655	18862	18271
国有独资公司		38240	204380	2719	12293	11847	
其他有限责任公司	25204	83493	75572	2331	8362	7015	18271
私营企业	13713	285055	47758	1167	112144	31391	1375
私营独资企业		1157	282	74	1242	1241	
私营有限责任公司	13713	283898	47476	1093	110902	30150	1375
按国民经济行业分组							
食品、饮料及烟草制品批发	2689	55853	170230	4405	-1639	-1619	
盐及调味品批发	563	5784	6039	375	-24	-4	
烟草制品批发	2126	50069	164191	4030	-1615	-1615	
医药及医疗器材批发	833	12241	14178	707	-151	-150	
西药批发	91	5003	2938	217	319	320	
中药材及中成药批发	742	7238	11240	490	-470	-470	
矿产品、建材及化工产品批发	47924	495662	545931	11709	135220	46775	21178
煤炭及制品批发	38955	137298	470605	8074	50680	39809	19292
石油及制品批发	2708	53603	14460	1801	104	146	
金属及金属矿批发	6116	268803	42633	1034	81105	5703	1789
建材批发		685	650	100	88	88	
化肥批发		1740	520				
其他化工产品批发	145	33533	17063	700	3243	1029	97
机械设备、五金交电及电子产品批发	6121	20809	28403	1961	11851	10311	
农业机械批发	1253	10659	10810	1530	1220	1221	
汽车、摩托车及零配件批发	4842	9110	13955	387	9754	8233	
家用电器批发	26	547	2476	31	883	857	
其他机械设备及电子产品批发		493	1162	13	-6		

表2

单位：千元

及 分 配					工资、增值税	
营业利润	补贴收入	营业外收入	利润总额	应交所得税	本年应付工资总额	本年应交增值税
1585469	**4157**	**256118**	**941580**	**246094**	**561714**	**1381080**
1407571	**1**	**250510**	**858454**	**239739**	**368758**	**1280829**
1410345		22559	864493	223731	288309	1188972
1407571	1	250510	858454	239739	368758	1280829
1073669		22427	559884	145106	254140	211117
14646		1008	15591	4431	22182	11880
-212		170	-45		2438	979
379335		226687	345736	90077	69435	994832
343449		554	332678	84820	16340	973737
35886		226133	13058	5257	53095	21095
-59867	1	218	-62712	125	20563	62021
670			436		382	18
-60537	1	218	-63148	125	20181	62003
406647		7555	413000	106874	129378	135826
4537		8	4487	1133	1294	15
402110		7547	408513	105741	128084	135811
-886		170	-876	30	7391	1526
-1295		170	-1132		3064	1329
409			256	30	4327	197
1015307		239480	456561	131742	222321	1140190
1007248	1	13558	455988	127644	186195	1058076
33749	1	148	33022		4562	14437
-26396		225364	-29792	2204	22990	57765
1321			1321	31	617	109
17			17		1798	300
-632		410	-3995	1863	6159	9503
-13497		3305	-10231	1093	9668	3287
-3687		3118	-594	19	4202	201
-13559		171	-13400	44	4728	1426
54			52	14	665	509
3695		16	3711	1016	73	1151

12-6 续

指　　标	损益						
	其他业务利润	销售费用	管理费用	#税金	财务费用	#利息支出	投资收益
二、零售业	**66970**	**371415**	**227900**	**6486**	**76529**	**44876**	**-311**
#国有及国有控股	3310	174412	48417	1962	4442	4566	
按登记注册类型分组							
内资企业	66970	371415	227900	6486	76529	44876	-311
国有企业	2965	34558	12329	414	298	388	
集体企业	1185	10960	10001	304	1256	225	
有限责任公司	1470	39093	21339	866	2511	2268	194
国有独资公司	428	1891	550	55	-4		
其他有限责任公司	1042	37202	20789	811	2515	2268	194
股份有限公司	738	146870	40803	1516	4332	4361	
私营企业	60612	139934	143428	3386	68132	37634	-505
私营独资企业	1175	3662	3537	47	174		
私营合伙企业		280	52				
私营有限责任公司	59167	133421	139079	3119	67691	37370	-505
私营股份有限公司	270	2571	760	220	267	264	
按国民经济行业分组							
综合零售	38705	68728	23750	1210	18710	16237	
百货零售	1216	7706	5991	163	491	71	
超级市场零售	37489	61009	17686	1047	18099	16166	
其他综合零售		13	73		120		
食品、饮料及烟草制品专门零售	4	5030	9893	228	1794	1681	
粮油零售		1044	1881		327	327	
果品、蔬菜零售		746	763		143	143	
饮料及茶叶零售	4	2452	4356	228	965	965	
烟草制品零售		18	2282		157	154	
其他食品零售		770	611		202	92	
纺织、服装及日用品专门零售	13211	12160	37812	309	3290	2991	
服装零售	9181	8590	34321	99	2488	2199	
鞋帽零售			52				
其他日用品零售	4030	3570	3439	210	802	792	
文化、体育用品及器材专门零售	3393	30639	9824	469	-25	61	
图书零售	3393	30639	9824	469	-25	61	
医药及医疗器材专门零售	491	23228	14966	182	356	169	194
药品零售	491	23228	14966	182	356	169	194
汽车、摩托车、燃料及零配件专门零售	5265	211237	122390	4028	51585	23219	-505
汽车零售	5265	60517	78098	2504	42935	18930	-505
机动车燃料零售		150720	44292	1524	8650	4289	
家用电器及电子产品专门零售	5901	12434	7121	60	827	518	
家用电器零售	5869	12032	5022	51	752	516	
计算机、软件及辅助设备零售			959		3	2	
通信设备零售	32	402	1140		72		
五金、家具及室内装修材料专门零售		2658	970				
家具零售			402				
其他室内装修材料零售		2658	568				
无店铺及其他零售		5301	1174		-8		
其他未列明零售		5301	1174		-8		

表3

单位：千元

及 分 配					工资、增值税	
营业利润	补贴收入	营业外收入	利润总额	应交所得税	本年应付 工资总额	本年应交 增值税
177898	**4156**	**5608**	**83126**	**6355**	**192956**	**100251**
66285	1794	1482	63260	1504	72527	45142
177898	4156	5608	83126	6355	192956	100251
4984	1794	1482	3666	1638	12011	7391
12675		51	4960	1074	11856	6098
34489		293	-2564	662	17952	10920
820			784	196	1800	193
33669		293	-3348	466	16152	10727
80371			60342	77	61749	40163
45379	2362	3782	16722	2904	89388	35679
16577		42	574	109	2616	1101
43			43	10	190	95
28802	2362	3732	16140	2766	84972	32616
-43		8	-35	19	1610	1867
66475		1842	16663	689	33975	17374
19087		197	559	199	7849	5723
42709		1645	16103	490	26111	10998
4679			1		15	653
21547	1700	1348	-2472	47	4143	2051
-3151	1700	1348	-3001		433	153
135			135	33	111	304
371			371		1944	1147
34			23	14	1129	134
24058					526	313
1724		210	1003	100	15057	1062
-332		99	-1164	100	13139	767
1			1		30	53
2055		111	2166		1888	242
8736	94	119	7347	1808	13328	6364
8736	94	119	7347	1808	13328	6364
9716		96	-203	181	11893	4798
9716		96	-203	181	11893	4798
71255	1650	1674	69262	3475	106666	64043
9183	1650	1483	8890	3415	43167	23697
62072		191	60372	60	63499	40346
-4775	712	304	-8356	26	5490	2259
-4021	2	109	-8365	16	4351	1750
-656	710		6	10	544	221
-98		195	3		595	288
3087			-236		1992	1133
-236			-236		360	20
3323					1632	1113
133		15	118	29	412	1167
133		15	118	29	412	1167

12-7 亿元交易市场经营情况(2011年)

市场名称	摊位数(个)	成交额(万元)	营业面积(平方米)
临汾市尧都区百汇市场物业有限公司	1176	29962	22800
临汾市尧都区奶牛场尧丰农副产品批发市场	1030	266946	60000
临汾市尧都区秦署社区神州装饰材料城	290	15200	13000
洪洞县莲花城农副产品营销有限公司	960	62660	47040
侯马市新港服装城	2073	62184	70973
侯马市新田综合批发市场	683	20648	88041
侯马市亚欧桥汽车摩托车市场	13	18960	43000
侯马市副食批发市场	67	10386	3300
侯马市五交化家电家具市场	132	14260	15000
侯马北方轻工城	1632	22165	300000

主要统计指标解释

批发业 指批发商向批发、零售单位及其他企事业、机关单位批量销售生活用品和生产资料的活动,以及从事进出口贸易和贸易经纪与代理的活动。批发商可以对所批发的货物拥有所有权，并以本单位、公司的名义进行交易活动;也可以不拥有货物的所有权,而以中介身份做代理销售商。还包括各类商品批发市场中固定摊位的批发活动。

零售业 指百货商店、超级市场、专门零售商店、品牌专卖店、售货摊等主要面向最终消费者(如居民等)的销售活动。包括以互联网、邮政、电话、售货机等方式的销售活动,还包括在同地点,后面加工生产,前面销售的店铺(如前店后厂的面包房)。不包括:谷物、种子、饲料、牲畜、矿产品、生产用原料、化工原料、农用化工产品、机械设备(用车、计算机及通信设备等除外)等生产资料的销售(批发业);非零售单位附带的零售活动（如汽车修理单位销售汽车零件）；商业零售单位所在商厦的物业管理（物业管理);商业零售单位所在的商品市场、商业大厦的市场管理活动(市场管理)。

批发和零售业商品购进、销售、库存额 指各种登记注册类型的批发和零售业企业(单位)以本企业(单位)为总体的,从国内、国外市场购进的商品总量,销售和出口的商品总量、库存的商品总量等情况。该指标可以反映商品流转过程中商品的购进、销售、库存之间的比例关系和存在的问题。

商品购进额 指从本企业以外的单位和个人购进(包括从国外直接进口)作为转卖或加工后转卖的商品金额(含增值税)。商品包括:(1)从工农业生产者、批发和零售业企业、住宿和餐饮业企业、出版社或报社的出版发行部门和其他服务业企业购进的商品;(2)从机关团体、事业单位购进的商品;(3)从海关、市场管理部门购进的缉私和没收的商品;(4)从居民收购的废旧商品等。不包括:(1)企业为本单位自身经营用,不是作为转卖而购进的商品,如材料物资、包装物、低值易耗品、办公用品等;(2)未通过买卖行为而收入的商品,如接受其他部门移交的商品、借入的商品、收入代其他单位保管的商品、其他单位赠送的样品、加工回收的成品等;(3)经本单位介绍,由买卖双方直接结算,本单位只收取手续费的业务;(4)销售退回和买方拒付货款的商品;(5)商品溢余。

商品销售额 指对本单位以外的单位和个人出售的商品金额(包括售给本单位消费用的商品,含增值税)。商品包括:(1)售给城乡居民和社会集团消费用的商品;(2)售给农业、工业、建筑业、运输邮电业、服务业、公用事业等国民经济各行业用于生产、经营用的商品，包括售予批发和零售业作为转卖或加工后转卖的商品;(3)对国(境)外直接出口的商品。不包括:(1)未通过买卖行为付出的商品,如随机构变动移交给其他企业单位的商品、借出的商品、归还受其他单位委托代保管的商品、付出的加工原料和赠送给其他单位的样品等;(2)经本单位介绍,由买卖双方直接结算，本单位只收取手续费的业务;(3)购货退回的商品;(4)商品损耗和损失;(5)出售本单位自用的废旧物资。

商品库存额 指报告期末各种登记注册类型的批发和零售业企业(单位)已取得所有权的商品。它反映批发和零售业企业(单位)的商品库存情况和对市场商品供应的保证程度。商品库存包括:(1)存放在批发和零售业经营单位(如门市部、批发站、经营处)仓库、货场、货柜和货架中的商品;(2)挑选、整理、包装中的商品;(3)已记入购进而尚未运到本单位的商品,即发货单或银行承兑凭证已到而货未到的商品;(4)寄放他处的商品,如因购货方拒绝承付而暂时存放在购货方的商品和已办完加工成品收回手续而未提回的商品;(5)委托其他单位代销(未作销售或调出)尚未售出的商品;(6)代其他单位购进尚未交付的商品。不包括所有权不属于本单位的商品、委托外单位加工生产尚未收回成品的商品、外贸企业代理其他单位从国外进口尚未付给订货单位的商品、代国家物资储备部门保管的商品等。

连锁总店(总部) 负责连锁企业资源(商号、商誉、经营模式、服务标准、管理模式等等)的开发、配置、控制或使用等功能的企业核心管理机构。连锁经营是指经营同类商品或服务，使用统一商号的若干店铺,在同一总店(总部)的管理下,采取统一采购或特许经营等方式,实现规模效益的组织形式,包括直营连锁、特许连锁和自愿连锁三种形式。其中,直营连锁是指连锁店铺由连锁公司全资或控股开设,在总部的直接控制下,开展统一经营的连锁经营形式;特许连锁是指拥有注册商标、企业标志、专利、专有技术等经营资源的企业(特许人),以合同形式将其拥有的经营资源许可其他经营者(被特许人)使用,被特许人按合同约定在统一的经营模式下开展经营,并向特许人支付特许经营费用的连锁经营形式;自愿连锁是指若干个店铺或企业自愿组合起来,在不改变各自资产所有权关系的情况下，以同一个品牌形象面对消费者，以共同进货为纽带开展的连锁经营形式。

亿元商品交易市场成交额 指年成交额在亿元及以上的商品交易市场。商品交易市场是指经有关部门和组织批准设立,有固定场所、设施,有经营管理部门和监管人员,若干市场经营者入内,常年或实际开业三个月以上,集中、公开、独立地进行生活消费品、生产资料等现货商品交易以及提供相关服务的交易场所，包括各类消费品市场、生产资料市场等。

社会消费品零售总额 指批发和零售业、住宿和餐饮业以及其他行业直接售给城乡居民和社会集团的消费品零售额。其中,对居民的消费品零售额,是指售予城乡居民用于生活消费的商品金额；对社会集团的消费品零售额,是指售给机关、社会团体、部队、学校、企事业单位、居委会或村委会等,公款购买的用作非生产、非经营使用与公共消费的商品金额。社会消费品零售总额包括:售给城乡居民作为生活消费用的商品和修建房屋用的建筑材料的金额,以及售给来华的外国人、华侨、港澳台同胞的消费品金额;售给社会集团用作非生产、非经营使用与公共消费的商品金额。不包括:城市居民间或居民委托信托商店卖出的商品;售给农业、工业、建筑业等行业用于生产的商品。

13

住宿、餐饮和旅游

资料整理人员

武俊峰　靳丽丽　翟晓鹏　李　娟

住宿、餐饮和旅游

住宿、餐饮业营业额	724836	万元
国内旅游人数	1365	万人次
国际旅游人数	119968	人次
旅游总收入	121.43	亿元
旅游外汇收入	2527	万美元

旅游总收入(亿元)

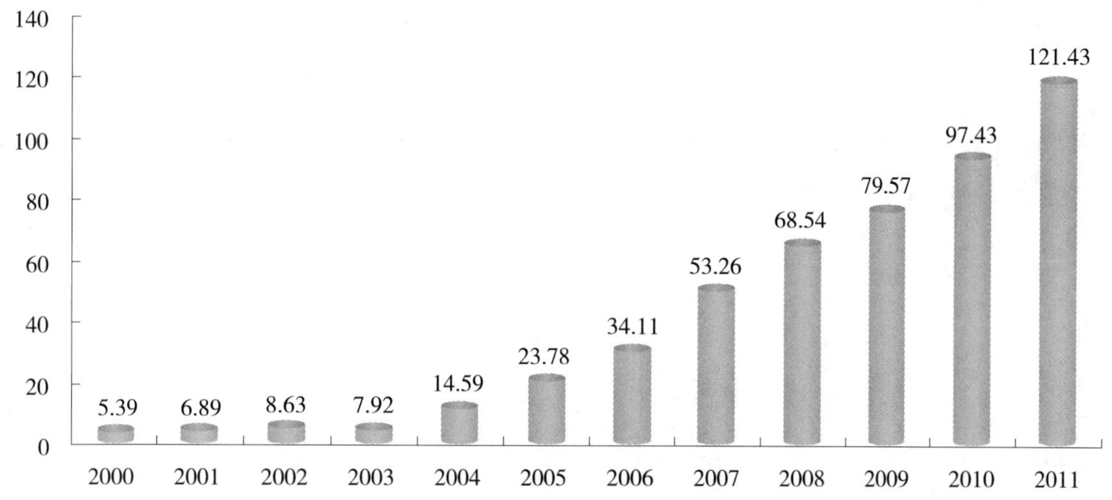

国际旅游人数(人次)

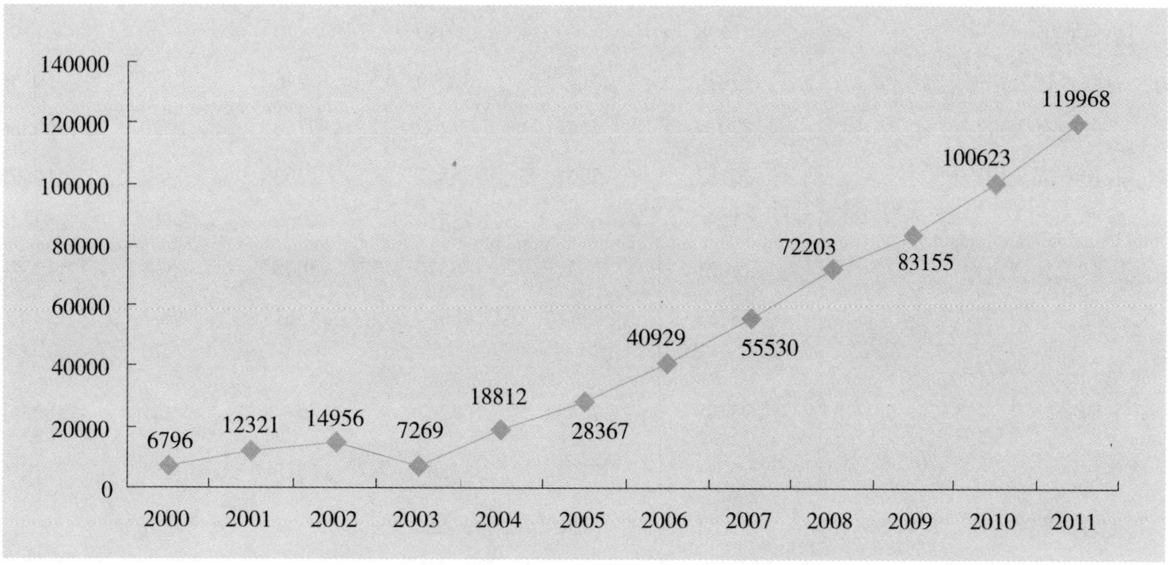

13-1 限额以上住宿和餐

指　　标	年末资					
	流动资产合　　计	#存　货	固定资产原　　价	累计折旧	#本年折旧	资产总计
总　　计	**521132**	**62032**	**1515864**	**374780**	**95131**	**2259385**
一、住宿业	**416932**	**43529**	**1302133**	**317596**	**84350**	**1924578**
按登记注册类型分组						
内资企业	416932	43529	1302133	317596	84350	1924578
国有企业	26950	2815	107621	16573	3212	131237
集体企业	8587	1163	48907	7846	2694	50006
股份合作企业	3940		2103	556	197	5487
有限责任公司	2334		3558	90	2	5802
其他有限责任公司	2334		3558	90	2	5802
股份有限公司	25629	755	50669	26042	4582	69848
私营企业	349492	38796	1089275	266489	73663	1662198
私营独资企业	7319	270	17871	8105	1222	18214
私营有限责任公司	342173	38526	1071404	258384	72441	1643984
按住宿行业小类分组						
旅游饭店	339275	35140	1049347	282689	69979	1572429
一般旅馆	55985	4816	71305	12079	4642	157818
其他住宿服务	21672	3573	181481	22828	9729	194331
二、餐饮业	**104200**	**18503**	**213731**	**57184**	**10781**	**334807**
按登记注册类型分组						
内资企业	104200	18503	213731	57184	10781	334807
国有企业	2027	34	1278	191	1	13542
集体企业	226	59	959	20		1190
有限责任公司	17979	2147	32299	10746	1901	50336
其他有限责任公司	17979	2147	32299	10746	1901	50336
股份有限公司	12183	5561	3885	1263	436	16095
私营企业	71785	10702	175310	44964	8443	253644
私营独资企业	18021	3531	86370	13603	3534	115574
私营有限责任公司	53764	7171	88940	31361	4909	138070
按餐饮行业小类分组						
正餐服务	95698	17645	167262	53674	9923	282347
快餐服务	7451	721	7804	3510	858	11889
其他餐饮服务	1051	137	38665			40571

饮业企业财务状况(2011年)

单位：千元

产　负　债							损　益　及　分　配		
负债合计	所有者权益合计	实收资本					主营业务收　入	主营业务成　本	主营业务税金及附加
			国家资本	集体资本	法人资本	个人资本			
1965104	**294281**	**519518**	**36916**	**47327**	**120724**	**314551**	**734239**	**366228**	**38894**
1786015	**138563**	**408950**	**35318**	**40227**	**103511**	**229894**	**532567**	**246829**	**29236**
1786015	138563	408950	35318	40227	103511	229894	532567	246829	29236
86210	45027	35418	35318		100		62956	38090	2832
11373	38633	40227		40227			25169	21480	839
2635	2852	1000				1000	5597	3023	
5650	152	150				150	4166	2372	228
5650	152	150				150	4166	2372	228
41878	27970	27970			27970		15750	3232	1030
1638269	23929	304185			75441	228744	418929	178632	24307
9295	8919	4070			1636	2434	17479	8756	793
1628974	15010	300115			73805	226310	401450	169876	23514
1489912	82517	310440	23485	37000	103511	146444	396522	174425	22065
138906	18912	35283	11833			23450	93358	51317	5321
157197	37134	63227		3227		60000	42687	21087	1850
179089	**155718**	**110568**	**1598**	**7100**	**17213**	**84657**	**201672**	**119399**	**9658**
179089	155718	110568	1598	7100	17213	84657	201672	119399	9658
2081	11461	7086	1598		5488		8305	3718	20
890	300	300		300			1979	1162	110
11233	39103	39436			2636	36800	24821	19296	1350
11233	39103	39436			2636	36800	24821	19296	1350
7641	8454	8454		6800		1654	14831	6018	868
157244	96400	55292			9089	46203	151736	89205	7310
53003	62571	15212			7419	7793	59587	36852	2540
104241	33829	40080			1670	38410	92149	52353	4770
169033	113314	104499	1598	7100	14144	81657	188053	113696	9077
10056	1833	3000				3000	9403	3258	581
	40571	3069			3069		4216	2445	

13-1　续

指　标	其他业务利　润	销售费用	管理费用	#税　金	财务费用	#利息支出	投资收益	营业利润
总　计	**2495**	**187967**	**158550**	**4742**	**54958**	**41566**	**334**	**-69530**
一、住宿业	**2251**	**139191**	**139255**	**4009**	**53145**	**40849**	**100**	**-72739**
按登记注册类型分组								
内资企业	2251	139191	139255	4009	53145	40849	100	-72739
国有企业	433	9103	19616	474	161	187		-6414
集体企业	1205	52	13		22			3968
股份合作企业		391	1342					841
有限责任公司		1344	276		1			-55
其他有限责任公司		1344	276		1			-55
股份有限公司	14	4854	1759		61			4828
私营企业	599	123447	116249	3535	52900	40662	100	-75907
私营独资企业	-72	578	4263	33	238	2		2779
私营有限责任公司	671	122869	111986	3502	52662	40660	100	-78686
按住宿行业小类分组								
旅游饭店	1046	109642	110440	3898	42839	34449		-61844
一般旅馆		22017	15381	111	3307	22		-3985
其他住宿服务	1205	7532	13434		6999	6378	100	-6910
二、餐饮业	**244**	**48776**	**19295**	**733**	**1813**	**717**	**234**	**3209**
按登记注册类型分组								
内资企业	244	48776	19295	733	1813	717	234	3209
国有企业		4	162	20	1			4400
集体企业			610		91	91		6
有限责任公司		1064	3184	33	178		234	-17
其他有限责任公司		1064	3184	33	178		234	-17
股份有限公司	1	5063	2579	325				304
私营企业	243	42645	12760	355	1543	626		-1484
私营独资企业		13721	3142	118	328	244		3004
私营有限责任公司	243	28924	9618	237	1215	382		-4488
按餐饮行业小类分组								
正餐服务	244	45207	16990	733	1813	717	234	1748
快餐服务		3210	2088					266
其他餐饮服务		359	217					1195

表

单位：千元

及　分　配				本年应付工资总额	本年应交增值税
补贴收入	营业外收入	利润总额	应交所得税		
601	**1879**	**-77410**	**1178**	**124148**	**1958**
601	**1784**	**-73879**	**1053**	**94808**	**1042**
601	1784	-73879	1053	94808	1042
601	1220	-4871	50	12189	609
	4	849		5222	55
		841	59	183	
		-55		1200	
		-55		1200	
		4828		512	
	560	-75471	944	75502	378
	38	2817	21	3212	
	522	-78288	923	72290	378
601	1584	-59822	960	72275	383
	186	-4038	93	14638	604
	14	-10019		7895	55
	95	**-3531**	**125**	**29340**	**916**
	95	-3531	125	29340	916
		146		1888	3
		6	1	595	
	1	-16	48	3678	
	1	-16	48	3678	
		304		1978	
	94	-3971	76	21201	913
		514	48	7666	901
	94	-4485	28	13535	12
	95	-3796	125	26773	916
		265		1607	
				960	

13-2 限额以上住宿和餐饮业经营情况(2011年)

单位：千元

指标	单位数(个)	年末从业人员(人)	营业额	客房收入	餐费收入	商品销售收入	其他收入
总计	**85**	**8567**	**744716**	**239273**	**385688**	**60863**	**58892**
一、住宿业	**49**	**6602**	**541484**	**200671**	**241916**	**41498**	**57399**
按登记注册类型分组							
内资企业	49	6602	541484	200671	241916	41498	57399
国有企业	11	895	70120	32076	30079	6135	1830
集体企业	3	253	25169	16011	8470		688
股份合作企业	1	35	5597	2576	1359		1662
有限责任公司	1	90	4480	945	2888	647	
国有独资公司							
其他有限责任公司	1	90	4480	945	2888	647	
股份有限公司	1	160	15551	8350	7201		
私营企业	32	5169	420567	140713	191919	34716	53219
私营独资企业	4	178	17517	5683	10615	1181	38
私营有限责任公司	28	4991	403050	135030	181304	33535	53181
按住宿行业小类分组							
旅游饭店	37	5117	404885	143511	194045	33591	33738
一般旅馆	9	995	93912	38330	35153	7907	12522
其他住宿服务	3	490	42687	18830	12718		11139
按星级分组							
五星	2	812	91660	29410	38681	2973	20596
四星	5	1030	69859	29433	29351	9413	1662
三星	21	2805	221397	80385	99124	22836	19052
二星	11	1012	81517	26961	47044	4166	3346
其他	18	1383	119686	48276	52741	5756	12913
二、餐饮业	**36**	**1965**	**203232**	**38602**	**143772**	**19365**	**1493**
按登记注册类型分组							
内资企业	36	1965	203232	38602	143772	19365	1493
国有企业	3	103	8305	701	7604		
集体企业	1	42	1979	1232	613	50	84
有限责任公司	5	283	26241	7540	18229	472	
其他有限责任公司	5	283	26241	7540	18229	472	
股份有限公司	2	150	14831	4966	7193	2519	153
私营企业	25	1387	151876	24163	110133	16324	1256
私营独资企业	11	521	59581	18394	38008	2199	980
私营有限责任公司	14	866	92295	5769	72125	14125	276
按餐饮行业小类分组							
正餐服务	34	1808	189613	36878	132039	19222	1474
快餐服务	1	102	9403		9341	62	
其他餐饮服务	1	55	4216	1724	2392	81	19

13-3 主要年份旅游接待人数

年 份	国内旅游接待人次(万人次)	海外旅游者(人次)	外国人	港、澳、台同胞
1985	50			
1986	60			
1987	94			
1988	100			
1989	74			
1990	74	245	186	59
1995	98	2062	1027	1035
1996	108	2924	2023	901
1997	74	5396	2139	3257
1998	128	5119	2263	2856
1999	142	8212	4371	3841
2000	160	6796	4604	2192
2001	234	12321	5378	6943
2002	286	14956	6275	8681
2003	279	7269	2749	4520
2004	509	18812	7007	11805
2005	616	28367	11044	17323
2006	757	40929	15587	25342
2007	836	55530	22177	33353
2008	921	72203	29014	43189
2009	989	83155	30198	46867
2010	1172	100623	36397	64226
2011	1365	119968	41571	78397

13-4　主要年份旅游收入

年　份	旅游总收入(亿元)	国内旅游接待收入(亿元)	旅游外汇收入(万美元)	国内旅游人均花费(元/人次)
1985		0.35		71
1986		0.49		82
1987		0.85		90
1988		1.00		100
1989		0.74		100
1990	0.06	0.96		130
1995	0.06	0.03	42	3
1996	0.33	0.28	65	26
1997	1.73	1.62	135	219
1998	2.69	2.58	128	201
1999	3.54	3.44	119	243
2000	5.39	5.25	171	328
2001	6.89	6.70	235	287
2002	8.63	8.39	289	293
2003	7.92	7.81	138	280
2004	14.59	14.28	378	281
2005	23.78	23.45	605	380
2006	34.11	33.40	859	441
2007	53.26	52.28	1210	625
2008	68.54	67.49	1535	733
2009	79.57	78.41	1703	793
2010	97.43	96.02	2077	819
2011	121.43	119.80	2527	878

主要统计指标解释

住宿业 指有偿为顾客提供临时住宿的服务活动。不包括：提供长期住宿场所的活动（如出租房屋、公寓等），列入 7210（房地产开发经营）。

餐饮业 指在一定场所，对食物进行现场烹饪、调制，并出售给顾客主要供现场消费的服务活动。

营业额 指住宿和餐饮业法人企业（单位）在经营活动中因提供服务或销售商品等取得的收入。包括：客房收入、餐费收入、商品销售额和其他收入。其中，客房收入指住宿和餐饮业法人企业（单位）在经营活动中因提供住宿服务取得的收入。餐费收入指住宿和餐饮业法人企业（单位）因为顾客提供就餐服务取得的收入，包括经烹饪、调制加工后出售的各种食品，如主食、炒菜、凉拌菜等的收入。

旅游人数

（1）入境旅游人数：指报告期内来我国观光、度假、探亲访友、就医疗养、购物、参加会议或从事经济、文化、体育、宗教活动的外国人、港澳台同胞等入境游客。统计时，外国人、港澳台同胞每入境一次统计 1 人次。

（2）出境人数：指中国（大陆）居民因公或因私出境前往其他国家、中国香港特别行政区、澳门特别行政区和台湾省观光、度假、探亲访友、就医疗养、购物、参加会议或从事经济、文化、体育、宗教活动的人数，即出境游客。统计时，按每出境一次统计 1 人次。

（3）国内旅游人数：指在报告期内在中国（大陆）观光游览、度假、探亲访友、就医疗养、购物、参加会议或从事经济、文化、体育、宗教活动的中国（大陆）居民人数，其出游的目的不是通过所从事的活动谋取报酬。统计时，国内游客按每出游一次统计 1 人次。

国际旅游(外汇)收入 指入境游客在中国（大陆）境内旅行、游览过程中用于交通、参观游览、住宿、餐饮、购物、娱乐等全部花费。

国内旅游收入 又称旅游总花费指国内游客在国内旅行、游览过程中用于交通、参观游览、住宿、餐饮、购物、娱乐等全部花费。

国际旅行社 指经营业务范围包括入境旅游业务、出境旅游业务和国内旅游业务的旅行社。

国内旅行社 指经营范围仅限于国内旅游业务的旅行社。

星级饭店 指设备、设施、服务符合《旅游饭店星级的划分与评定》（GB/T14308-2003），通过相关旅游管理部门评定，并取得星级饭店称号的饭店（含预备星级饭店）。

14

财政、金融和保险

资料整理人员

靳蝉瑜　张双玲　贺彦杰

财政、金融和保险

财政总收入	188.4	亿元
财政一般预算收入	89.1	亿元
财政一般预算支出	187.1	亿元
城乡居民储蓄存款余额	941.7	亿元
保费收入	34.1	亿元

城乡居民储蓄存款余额(亿元)

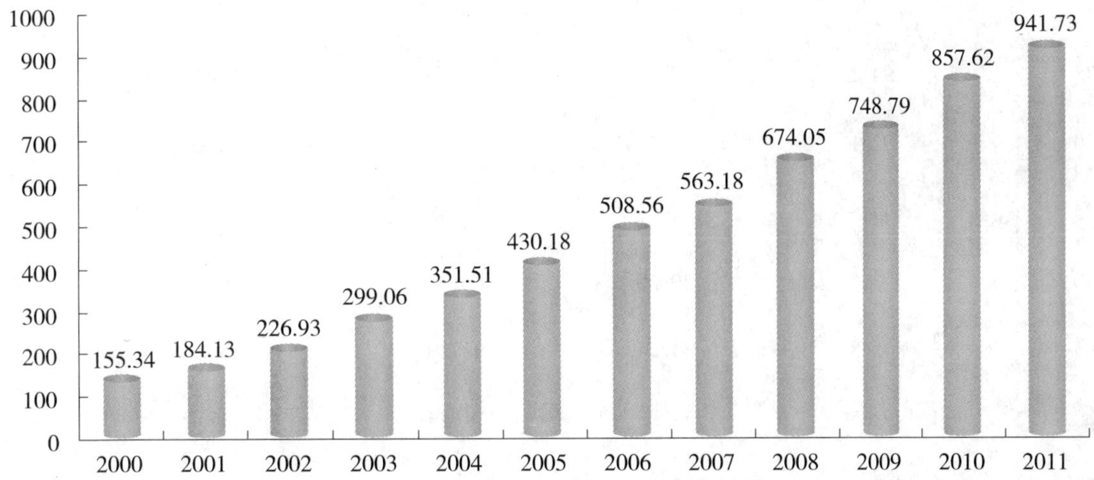

财政一般预算收入(亿元)

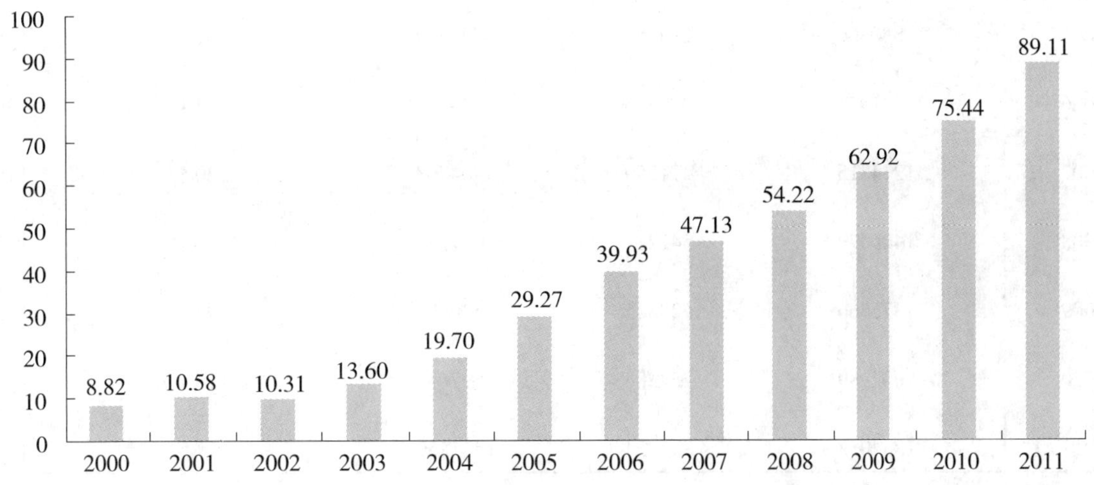

14-1 主要年份地方财政收支总额

单位：万元、%

年 份	财政总收入	一般预算收入	一般预算支出	发展指数(以上年为100)	
				财政总收入	一般预算收入
1952	1679	1679	499		
1957	2488	2488	1673	97.6	
1962	3084	3084	2758	101.2	
1965	4660	4660	3205	132.2	
1970	4172	4172	6827	122.9	
1975	7048	7048	9237	123.6	
1978	9411	9411	14188	114.8	
1980	9251	9251	12823	108.5	
1985	14943	14943	23048	100.6	
1990	30860	30860	43197	108.7	108.7
1995	80578	44224	91729	134.3	136.2
2000	149265	88205	171626	111.4	108.7
2001	187777	105802	227036	125.8	120.0
2002	260168	103145	269096	138.6	97.5
2003	372191	135985	319894	143.1	131.8
2004	588628	197009	439168	158.2	144.9
2005	830466	292650	574467	141.1	148.5
2006	1021975	399313	739646	123.1	136.4
2007	1234815	471259	904763	120.8	118.0
2008	1409072	542211	1094878	114.1	115.1
2009	1376666	629205	1320408	97.7	116.0
2010	1602989	754388	1597644	116.4	119.9
2011	1884053	891054	1871259	117.5	118.1

14-2 预算外财政专户资金收支额(2011年)

单位：万元

指 标	金 额
收入合计	**42728**
#行政事业性收费	42108
#其他收入	620
支出合计	**47111**
#一般公共服务	307
#公共安全	
#教育	45248
#其他支出	415

14-3 主要年份地方财政收支分项目数

单位：万元

年 份	各项税收	#企业所得税	#工商税	基本建设支出	支援农业生产及农业事业费支出	文教科卫支出
1952	1602			16		243
1957	2191			261		770
1962	2683			780		1069
1965	3084			765		1156
1970	3090			3798		1224
1975	6275			3653		2058
1978	8223	1278		3899	3059	2804
1980	8164	1050		372	3054	3928
1985	15213	-527		998	2771	7178
1990	29751	-3225	57386	155	4816	13887
1995	35753	-3715	71763	486	7536	31130
2000	68977	4141	64968	856	6577	49695
2001	68370	8121		688	23884	68184
2002	79071	5953	83834	932	29810	76241
2003	96741	6423	137744	1855	28581	93944
2004	137744	13459	194977	2547	51084	113625
2005	198885	22202	230052	31735	59690	138052
2006	230052	24793	308274	35304	56219	166945
2007	308274	40988		43185	85689	289192
2008	378027	47565	367653	64640	105461	312062
2009	359803	51394	348847		120066	374096
2010	417763	54724	404409		154805	450955
2011	499986	66355	486649		219574	577832

注：2009年起，财政支出中取消“基本建设支出”分类。

14-4 财政一般预算收入(2011年)

单位：万元

指　　标	金　额
收入总计	**891054**
一、增值税	143773
国有企业增值税	15008
集体企业增值税	1822
股份制企业增值税	99428
联营企业增值税	2
港澳台外商投资企业增值税	2991
私营企业增值税	13365
二、营业税	123319
#金融保险业营业税(地方)	8394
一般营业税	114702
三、企业所得税	66355
四、个人所得税	24275
五、资源税	20523
六、固定资产投资方向调节税	
七、城市维护建设税	45856
八、房产税	11062
九、印花税	13325
十、城镇土地使用税	24834
十一、土地增值税	5774
十二、车船使用和牌照税	7552
十三、耕地占用税	3364
十四、契　税	9679
十五、烟叶税	295
十六、国有资产经营收益	
十七、行政性收费收入	120604
十八、罚款收入	
十九、专项收入	143794
二十、其他收入	61377

14-5 财政一般预算支出(2011年)

单位：万元

指标	金额
支出总计	**1871259**
一、一般公共服务	220676
二、公共安全	120067
三、农业支出	66757
行政运行	4273
自然灾害救助	7015
农业生产资料补贴	8287
其他农业支出	5912
四、林业支出	22008
行政运行	1859
森林培育	10357
林业技术推广	190
森林生态效益补偿	2466
森林防火	705
林业工程与项目管理	75
其它林业支出	1954
五、水利气象支出	57125
水利行业管理	1780
水文水质水土水资源管理	2233
水利建设	11853
气象支出	1192
六、流通部门的事业费	17786
七、文化体育与传媒	30866
#文化事业费	12129
出版事业费	121
文物事业费	5947
体育事业费	2683
广播电影电视事业费	8471
八、教育支出	360848
九、科学支出	11554
十、医疗卫生支出	174564
十一、抚恤和社会福利救济费	16427
十二、行政事业单位离退休支出	140095
十三、社会保障和就业支出	288838
十四、环境保护支出	65630
#污染防治	25551
十五、武装警察部队支出	3162
十六、公检法司支出	116869
十七、政策性补贴支出	
最低收购价政策支出	
粮食风险基金	
国家储备粮油利息费用补贴	158
粮食财务挂账利息补贴	563
十八、交通运输支出	48501
十九、城乡社区事务支出	85978
二十、其他支出	30358

14-6 金融机构人民币信贷收支(2011年)

单位：万元

指标	金额
资金来源总计	**13988555**
一、各项存款	14567887
单位存款	4721995
活期存款	3635155
定期存款	712727
个人存款	9421168
储蓄存款	9417276
财政性存款	385930
临时性存款	14196
委托存款	22463
其他存款	2136
二、金融债券	
三、中长期借款	938
四、应付及暂收款	331751
五、同业往来	19001
六、系统内资金往来	
七、外汇买卖	260235
八、各项准备	310009
九、所有者权益	500171
实收资本	313232
十、其他	-2001438
资金运用总计	**13988555**
一、各项贷款	6563027
短期贷款	2950068
个人贷款及透支	984047
单位贷款及透支	1836416
普通并购贷款	
银团贷款	
贸易融资	129605
中长期贷款	2746844
个人贷款	725983
单位贷款	1696412
普通并购贷款	258750
银团贷款	65700
票据融资	864846
各项垫款	1269
二、有价证券	70098
三、股权及其他投资	683212
四、应收及预付款	46981
五、同业往来	98814
六、系统内资金往来	5903851
七、金银占款	
八、外汇买卖	260234
九、固定资产	229711
十、库存现金	132626

14-7 主要年份国家金融机构人民币各项存贷款余额

单位：万元

年 份	存款余额	企业存款	财政存款	居民储蓄存款	贷款余额
1952	813	327	302	64	
1957	3667	570	515	441	
1962	7351	2193	1391	596	
1965	7523	2256	1358	1013	
1970	16906	5484	2963	1961	
1975	20394	7168	4105	3036	
1978	23295	7024	4466	4130	
1980	27190	8979	2716	7018	
1985	75826	24706	2127	49131	
1990	289425	48294	5263	210758	129562
1995	903538	162288	-23866	735671	340485
2000	1924815	264060	8481	1553445	907293
2001	2303733	302444	6948	1841259	1411917
2002	2908553	361288	19002	2269342	1611568
2003	4104298	510730	17757	2990564	1995921
2004	5078031	667135	15102	3515099	2690370
2005	6128903	670356	28510	4301802	2870766
					3010925
2006	7016926	770694	28155	5085619	3374650
2007	7783140	941633	60107	5631833	3610258
2008	9207998	1186823	133037	6740512	3633019
2009	10970652	1586053	55788	7487928	4306471
2010	13239511	2376342	366529	8576152	5335159
2011	14567887	2548284	385930	9417276	6563027

注：从2011年起，金融统计制度改革，财政存款科目变更为财政性存款科目，内容有所扩大；企业存款细化到单位存款科目下。

14-8 保险业务基本情况(2011年)

单位：万元

名　　称	金　额
财产保险业务保费收入合计	**98065.55**
中国人民财产保险股份有限公司临汾市分公司	59235.00
中国太平洋财产保险有限公司临汾中心支公司	7908.09
永安财产保险股份有限公司临汾中心支公司	1586.11
中国平安财产保险股份有限公司临汾中心支公司	8512.59
天安保险股份有限公司临汾中心支公司	871.51
太平财产保险有限公司临汾中心支公司	1965.47
中国大地财产保险股份有限公司临汾中心支公司	3626.88
永诚财产保险股份有限公司山西分公司临汾中心支公司	1636.85
安邦财产保险股份有限公司山西分公司临汾营销服务部	185.58
都邦财产保险股份有限公司临汾中心支公司	744.27
中国人寿财产保险股份有限公司临汾市中心支公司	10129.25
阳光财产保险股份有限公司临汾中心支公司	1663.96
人寿保险业务保费收入合计	**243028.55**
中国人寿保险股份有限公司临汾分公司	111239.08
中国太平洋人寿保险股份有限公司临汾中心支公司	42774.87
中国平安人寿保险股份有限公司临汾中心支公司	17180.61
新华人寿保险股份有限公司临汾中心支公司	24053.15
泰康人寿保险股份有限公司临汾中心支公司	6669.62
中国人民人寿保险股份有限公司临汾市中心支公司	27568.44
太平人寿保险有限公司临汾中心支公司	7055.57
嘉禾人寿保险股份有限公司临汾中心支公司	2911.03
合众人寿保险股份有限公司临汾中心支公司	887.19
民生人寿保险股份有限公司临汾中心支公司	2688.99

主要统计指标解释

财政总收入 指一般预算收入与上划中央收入之和,反映本地区当年组织的财政收入总规模,是计算当年地方可用财力的主要依据。与国内生产总值比较,可反映财政的集中程度。

一般预算收入 指按照财政体制规定列入地方预算,直接缴入地方金库的经常性财政收入。1996年政府性基金纳入预算管理后,为区别于基金预算,将地方预算收入改称一般预算收入。具体包括增值税、企业所得税、个人所得税的地方分享部分,其他工商税收、农业四税、专项收入及行政性收费、罚没收入和其他收入。

上划中央收入 指实行分税制财政体制后,增值税的75%部分和消费税划为中央收入,以及从2002年起实行所得税分享改革后,所得税(包括企业所得税、个人所得税)由中央分享部分,这部分收入直接缴入中央金库。根据《预算法》和财政体制规定,上划中央收入属于列入中央预算范围的收入,地方总预算中不予包括。

一般预算支出 指列入地方预算的经常性财政支出,其项目包括经济建设支出、教科文卫等事业支出、国家管理费用支出、国防支出、各项补贴支出及其他支出等。其资金来源包括用地方可用财力安排的支出、上年结余、调入资金和中央专款补助形成的财政支出等。

基本建设支出 指按照国家有关规定,属于基本建设范围内的基本建设有偿使用、拨款、资本金支出以及经国家批准对专业和政策性基建投资贷款,在部门的基建投资额中统筹支付的贴息支出。

企业挖潜改造资金 指预算内拨给的用于企业挖潜、革新和改造方面的资金。包括各部门企业挖潜改造资金和企业挖潜改造贷款资金,为农业服务的县办"五小"企业技术改造补助,挖潜改造贷款贴息资金。

地质勘探费用 指预算用于地质勘探单位的勘探工作费用,包括地质勘探管理机构及其事业单位经费、地质勘探经费。

科技三项费用 指预算用于科技支出的费用,包括新产品试制费、中间试验费、重要科学研究补助费。

农业支出 指财政用于种植、畜牧、水产、农机、农垦、农场、农业产业化经营组织、乡镇企业等方面的支出。

林业支出 指包括森林救灾、天然林保护、退耕还林、森林生态效益、森工、造林、防沙治沙及林场、苗圃、工作站、推广与培训等行业管理方面的支出。

水利和气象支出 指包括防汛抗旱、水文水质水土水资源管理、水利建设、气象支出及水利行业管理等费用。

流通部门和事业费 指预算支付给流通部门用于事业发展的人员和公用经费支出。

文体广播事业费 指文化部门、出版事业系统、文物系统、体育系统、档案局直属档案馆等机构、地震事业费、海洋事业费、通讯事业费、广播电影电视事业费、计划生育事业费、党政群干部训练事业费和其他文体广播事业费。

抚恤和社会福利救济费 指反映按规定由民政部门管理开支的各项抚恤金、伤残补助费等。

行政事业单位离退休支出 指反映实行归口管理的行政事业单位离退休经费。行政事业单位未实行归口管理的离退休经费仍列入原有关科目。

当年可用财力 指按照现行财政体制规定,在预算年度内可统筹安排使用的预算内资金,其来源包括当年一般预算收入、税收返还收入、下级上解收入、转移支付补助,并从中扣减上解上级及补助下级的资金。当年可用财力不包括上年结余资金及中央专款补助。根据《预算法》的规定,当年支出预算应当小于或等于当年可用财力。

存款 指企业、机关、团体或居民根据可以收回的原则,把货币资金存入银行或其他信用机构保管并取得一定利息的一种信用活动形式。根据存款对象的不同可划分:企业存款、财政存款、机关团体存款、城镇居民储蓄存款、农村存款等项目。

贷款　指银行或其他信用机构根据必须归还的原则，按一定利率，为企业、个人等提供资金的一种信用活动形式。银行贷款，分流动资金贷款、农业贷款、固定资产贷款等科目。

城乡居民储蓄年末余额　指城镇居民储蓄和农民个人储蓄两部分的年末余额。不包括工矿企业、部队、机关团体等集体存款。

15

教育、科技

资料整理人员

师先明　郗跃华

教育、科技

高等学校数	4	所
高等学校在校学生数	41860	人
高等学校专任教师数	2884	人
中等专业学校数	7	所
中等专业学校在校学生数	12730	人
中等专业学校专任教师数	348	人
大中型工业企业 R&D 人员	1118	人

各级各类学校数构成(%)

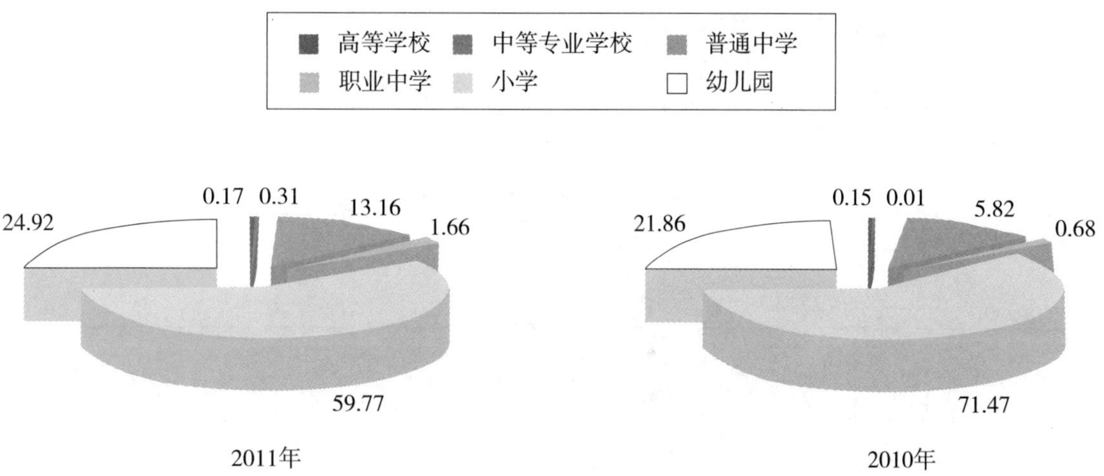

高等学校在校学生数(人)

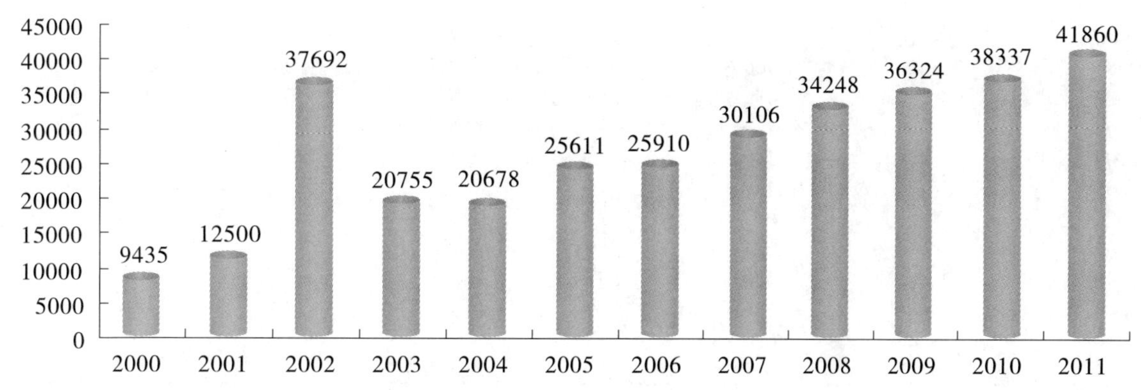

15-1 主要年份高等学校基本情况

单位：所、人

年 份	学校数	教职工数	#专任教师	在校学生	平均每一教师负担学生数	招生数	毕业生数
1962	1	77	38	247	7	123	205
1965	1	179	88	628	7	236	85
1975	1	504	214	1524	7	560	28
1978	2	756	359	2168	6	916	539
1980	3	1334	606	3029	5	814	508
1985	3	1395	583	4341	7	1269	709
1990	3	1707	700	5060	7	1630	1535
1995	2	1705	661	6188	9	1791	1968
2000	1	1483	788	9435	12	3218	1797
2001	1	2214	1124	12500	11	4400	1741
2002	2	3170	1686	37692	22	12975	4664
2003	2	3258	1736	20755	11	5325	3271
2004	3	3249	1843	20678	11	5435	3884
2005	3	3158	1741	25611	14	5468	3986
2006	3	3269	1851	25910	14	7532	4281
2007	4	3586	1882	30106	16	10370	4662
2008	4	3598	2505	34248	14	10670	4870
2009	4	4205	2606	36324	14	11900	5178
2010	4	4310	2674	38337	14	12210	5687
2011	4	4455	2884	41860	15	12267	12444

15-2 主要年份中等专业学校基本情况

单位：所、人

年 份	学校数	教职工数	#专任教师	在校学生	平均每一教师负担学生数	招生数	毕业生数
1952	2	183	110	1664	15	980	558
1957	3	168	101	865	9	492	335
1962	4	243	142	1609	11	404	721
1965	6	316	184	2504	14	940	397
1970	5	354	188	2361	13	1050	623
1975	6	381	199	1983	10	1144	717
1978	6	464	251	1849	7	1015	790
1980	6	577	290	3399	12	1035	827
1985	7	805	351	3053	9	1335	1190
1990	9	962	492	5665	12	1929	1765
1995	9	1093	601	6371	11	2115	1901
2000	10	1490	757	14690	19	5923	2189
2001	8	966	575	16355	28	4583	3069
2002	6	488	289	17441	60	4694	3645
2003	4	473	277	13906	50	2861	6404
2004	4	385	245	12436	50	3675	5147
2005	4	456	273	11857	43	4656	5297
2006	6	613	389	13509	35	4705	3458
2007	6	623	366	13688	37	4477	4991
2008	6	624	332	15118	46	6364	5065
2009	6	636	367	14142	39	4727	5426
2010	6	650	378	13509	36	4122	4701
2011	7	639	348	12730	36	3877	4932

15-3 主要年份普通中学基本情况

单位：所、人

年　份	学校数	教职工数	#专任教师	在校学生	平均每一教师负担学生数	招生数	毕业生数
1952	12	506	369	5883	16	3725	661
1957	35	1360	866	16289	18	6249	3378
1962	87	2230	1411	25427	18	7852	11055
1965	106	2341	1648	25973	16	10308	6953
1970	941	6931	5407	93109	17	42989	29706
1975	1503	11890	8947	160965	18	95602	60760
1978	1695	16093	12774	209749	16	102305	90734
1980	1003	15249	11704	210707	18	58875	25594
1985	542	13558	10368	169035	16	57034	39180
1990	414	15658	12245	161053	13	56977	49285
1995	386	16569	12735	193367	15	71287	52512
2000	393	18248	14955	266338	18	94578	76266
2001	410	19883	16126	286217	18	104294	80980
2002	411	20893	17254	304175	17	106299	86950
2003	420	21955	18411	332120	18	106163	90924
2004	406	23557	19578	333092	17	109751	102695
2005	403	24784	20630	336955	16	113405	104432
2006	404	25507	21445	342404	17	112625	106697
2007	396	25748	21644	331391	16	100334	108068
2008	383	25698	21548	310691	14	93760	111985
2009	345	26284	21692	299782	14	103853	109658
2010	324	26197	21640	296425	14	101391	99190
2011	301	27408	21657	296425	12	90523	92118

15-4 普通中学分班别、分城乡学生数(2011 年)

单位：所、人

指　标	毕业生数	#高　中	招生数	#高　中	在校学生数	#高　中
总　计	**92118**	**28528**	**90523**	**31006**	**285143**	**93845**
教育部门和集体办	69784	20746	68852	24352	216359	71066
民　办	22334	7782	21671	6654	68784	22779
其他部门办						
城　市	19805	8041	21457	8144	66807	25157
县　镇	48166	15024	45888	16283	144178	49767
农　村	24147	5463	23178	6579	74158	18921

15-5 普通中学学校数、班数(2011年)

项目	学校数(所)	初级中学	高级中学	高级中学	九年制学校	十二年一贯制学校	班数(个)	初中	高中
总计	**301**	**193**	**25**	**31**	**45**	**7**	**5452**	**3716**	**1736**
教育部门和集体办	242	166	31	16	28	1	3682	2526	1156
民办	59	15	2	15	21	6	1770	1022	748
其他部门办									
城市	43	16	1	16	7	3	1172	721	451
县镇	140	91	19	9	17	4	2768	1844	924
农村	118	86	5	6	21		1512	1151	361

15-6 普通中学分课程专任教师数(2011年)

学科分类	专任教师	初中	高中
总计	**21657**	**14777**	**6880**
政治	1600	1164	436
语文	3768	2688	1080
数学	3630	2610	1020
外语	3264	2276	988
科学	30	30	
物理	1655	1087	568
信息技术	168	1	167
通用技术	85		85
化学	1166	618	548
生物	1048	616	432
历史与社会	72	72	
地理	951	597	354
历史	1321	927	394
体育与健康	954	632	322
艺术	47	27	20
音乐	490	354	136
美术	451	312	139
结合实践活动	526	504	22
其他	167	122	45
当年不任课	264	140	124

15-7 主要年份职业中学基本情况

单位：所、人

年份	学校数	教职工数	#专任教师	在校学生	平均每一教师负担学生数	招生数	毕业生数
1980	17	78	60	758	13	250	95
1985	61	598	382	7484	20	3482	1085
1990	33	661	429	5580	15	2518	2066
1995	41	1145	826	11054	13	4838	4756
2000	46	1311	1021	13211	13	4978	3633
2001	31	1238	944	11564	12	4020	4854
2002	34	1268	949	12259	13	5322	3669
2003	31	1222	907	11686	13	5654	2594
2004	29	1294	924	12987	14	5404	3316
2005	37	1806	1257	17864	14	7775	4409
2006	38	1689	1211	22112	18	9595	4936
2007	44	2295	1657	29389	18	14561	5934
2008	41	2193	1586	30396	19	13000	7283
2009	38	2135	1640	36152	22	16678	6984
2010	40	2248	1736	29704	17	10201	11757
2011	38	3230	2446	34579	14	10838	14725

15-8 主要年份小学基本情况

单位：所、人

年份	学校数	教职工数	#专任教师	在校学生	平均每一教师负担学生数	招生数	毕业生数
1952	3402	5508	5252	181989	35	41247	19385
1957	3581	7819	7128	223730	31	45108	34228
1962	4477	11068	9921	297842	30	57459	41817
1965	5090	12463	11130	348687	31	68420	44002
1970	5066	14642	14045	407280	29	95425	62410
1975	5502	17633	16328	472020	27	105239	82569
1978	5481	18080	17733	459079	26	116565	72689
1980	6346	20607	19971	469625	24	82661	71386
1985	6640	22776	21153	427728	20	92638	71324
1990	6503	24036	22392	385630	17	71958	67704
1995	6130	24464	22287	408601	18	79108	70801
2000	4350	24761	22418	429797	19	80470	84202
2001	4350	24174	24174	423662	19	85227	87660
2002	4165	24446	22949	447089	19	114115	89995
2003	3903	24529	22994	463600	20	97346	82562
2004	3569	25213	23424	447621	19	74509	82571
2005	3225	25614	23775	429696	18	68677	79947
2006	2948	25585	23787	409053	17	66610	81571
2007	2603	25259	23454	405530	17	65348	70654
2008	2263	25203	23420	396877	17	58338	64744
2009	1843	25223	23426	372178	16	52349	71994
2010	1580	24966	23110	353898	15	56238	69405
2011	1367	23823	23046	322695	15	53172	64993

15-9 幼儿园基本情况(2011年)

单位：人

指　标	园　数(所)	班　数(个)	在园幼儿数	教职工数	#教　师	平均每一教师负担幼儿数
总　计	**570**	**3903**	**77822**	**5519**	**3417**	**22**
教育部门集体办	67	887	21818	2210	859	25
民　办	487	2896	52191	2596	2162	24
其他部门办	16	120	3813	713	396	10
城　市	94	598	16971	1936	1096	16
县　镇	214	1551	36477	2412	1648	22
农　村	262	1754	24374	1171	673	36

15-10 获市级科技进步奖情况(2011年)

单位：项

	2011
总　计	**7**
一等奖	
二等奖	2
三等奖	5

注:科技进步奖每两年进行一次评比。

15-11 县级以上自然科学研究与技术开发机构人员数(2011年)

单位：人

	机构数(个)	职工人数	#从业科技活动人员	#科学家工程师	在职工总数中从事课题活动人员
总　计	7	60	14		

15-12 规模以上工业企业R&D人员、机构及项目情况(2011年)

指　　标	研究与试验发展(R&D)人员(人)	#参加项目人员	企业办科技机构(个)	科技项目数(项)
总　　计	**1118**	**895**	**15**	**73**
一、按登记注册类型分组				
国有企业	180	100	2	7
股份合作企业	8	8	1	1
有限责任公司	563	481	7	34
股份有限公司	158	129	2	14
私营企业	181	151	3	14
其他	28	26		3
二、按工业行业大类分组				
采矿业	165	160	1	2
煤炭开采和洗选业	165	160	1	2
制造业	953	735	14	71
石油加工、炼焦及核燃料加工业	212	171	2	20
化学原料及化学制品制造业	155	119	3	13
医药制造业	59	57	1	7
非金属矿物制品业	13	12	1	1
黑色金属冶炼及压延加工业	237	197	2	17
专用设备制造业	180	100	2	7
交通运输设备制造业	97	79	3	6
三、按企业控股情况分组				
国有控股	782	630	9	52
私人控股	275	220	5	19
其　他	61	45	1	2
四、按地区分组				
尧都区	355	287	4	23
曲沃县	13	12	1	1
翼城县	4	4		1
洪洞县	187	161	2	25
侯马市	336	236	6	20
霍州市	223	195	2	3

15-13 规模以上工业企业技术开发经费情况(2011年)

单位：万元

指 标	R&D经费内部支出	#日常性支出	#资产性支出	R&D经费外部支出	#对境内研究机构支出	#对境内高等学校支出	#对境外支出
总 计	**34383.2**	**31567.0**	**2816.2**	**1256.5**	**1005.7**	**235.8**	**14.6**
一、按登记注册类型分组							
国有企业	5048.6	5034.3	14.3	598.7	598.7		
股份合作企业	275.2	255.6	19.6				
有限责任公司	4559.6	4030.7	528.9	535.8	390.9	144.5	
股份有限公司	23177.7	21250.1	1927.6	63.2		48.6	14.6
私营企业	1135.1	901.1	234.0	58.8	16.1	42.7	
其他	187.0	95.2	91.8				
二、按工业行业大类分组							
采矿业	105.1	105.1		56.0	29.6	29.6	
煤炭开采和洗选业	105.1	105.1		56.0	29.6	29.6	
制造业	34278.1	34224.0	2816.2	1200.5	976.1	1098.0	14.6
石油加工、炼焦及核燃料加工业	4195.6	4141.5	634.8	404.0	303.9	325.8	
化学原料及化学制品制造业	23353.2	23353.2	1978.6	65.2	1.5	101.5	14.6
医药制造业	117.1	117.1	30.0	2.5	2.0	2.0	
非金属矿物制品业	39.4	39.4	0.1				
黑色金属冶炼及压延加工业	844.5	844.5	47.0	130.1	70.0	70.0	
专用设备制造业	5048.6	5048.6	14.3	598.7	598.7	598.7	
交通运输设备制造业	679.7	679.7	111.4				
三、按企业控股情况分组							
国有控股	32175.4	29755.6	2419.8	1195.7	988.1	193.1	14.6
私人控股	1990.3	1593.9	396.4	60.8	17.6	42.7	
其 他	217.5	217.5					
四、按地区分组							
尧都区	1702.5	1451.5	251.0	146.3	84.1	62.2	
曲沃县	39.4	39.3	0.1				
翼城县	160.0	160.0		40.1		40.1	
洪洞县	26137.8	23779.4	2358.4	410.9	289.8	106.6	14.6
侯马市	5845.4	5689.7	155.7	601.2	600.7	0.5	
霍州市	498.1	447.1	51.0	58.0	31.1	26.4	

15-14　规模以上工业企业新产品开发及专利申请情况(2011 年)

单位：万元

指　　标	新产品产值	专利申请数(件)	#发明专利	新产品销售收入	#出　口
总　　计	**447204.5**	**140**	**49**	**454291.8**	**2418.1**
一、按登记注册类型分组					
国有企业	78506.9	17	11	76809.1	
股份合作企业	829.0	12	7	829.0	
有限责任公司	63348.8	80	16	63242.2	
股份有限公司	273668.8	15	7	267145.8	1196.6
私营企业	30851.0	16	8	46265.7	1221.5
二、按工业行业大类分组					
采矿业		9	5		
煤炭开采和洗选业		9	5		
制造业	447204.5	131	44	454291.8	2418.1
农副食品加工业					
石油加工、炼焦及核燃料加工业	21000.0	18	10	40902.8	
化学原料及化学制品制造业	285729.8	19	8	279206.8	1196.6
医药制造业		3	2		
非金属矿物制品业	30287.8			30278.4	
黑色金属冶炼及压延加工业		44			
有色金属冶炼及压延加工业			0		
通用设备制造业	30206.6	3		25621.3	1221.5
专用设备制造业	78506.9	17	11	76809.1	
交通运输设备制造业	1473.4	27	13	1473.4	
电气机械及器材制造业					
三、按企业控股情况分组					
国有控股	415524.5	91	26	329883.8	1401.4
私人控股	31680.0	40	19	2600.0	
其　他		9	4	3344.4	
四、按地区分组					
尧都区	12061.0	49	5	32061.0	
曲沃县	30287.8			30278.4	
翼城县					
洪洞县	324875.4	23	9	313669.9	2418.1
侯马市	79980.3	47	26	78282.5	
霍州市		21	9		

主要统计指标解释

普通高等学校 指按照国家规定的审批程序批准举办，通过全国统一招生考试招收高级中等学校毕业生和具有同等学历者，实施高等教育，培养高等专门人才的学校。包括大学、专门学院、科学院和短期职业大学。

成人高等学校 指按照国家规定的审批程序批准举办，招收在职高中毕业或同等学历者，利用多种形式对成人实施高等教育，培训相当普通高等学校专科或本科毕业水平的专门人才的学校。包括广播电视大学、职工高等学校、农民高等学校、干部管理学院、教育学院、独立函授学院以及普通高等学校举办的函授、夜大学等。

小学适龄儿童入学率 指调查范围内已入小学学习的学龄儿童数占全部小学儿童总数（包括弱智儿童在内，但不包括盲聋哑儿童）的比重。计算公式：

小学学龄儿童入学率 = 已入学的小学学龄儿童数 / 校内外小学学龄儿童总数 × 100%

研究与实验发展（简称 R&D） 指为了增进知识以及利用这些知识去开创新的用途而进行的系统的创造性的工作。它具备四种基本因素：①创造性的因素；②新颖性或创新性的因素；③科学方法的运用；④新知识的产生。它包括三种类型：①基础研究；②应用研究；③实验发展。

基础研究 指不直接考虑用途，以提示客观事物的本质、运动规律，获得新发现、新学说为目的或对有的规律、发现学说作系统性的补充而进行的理论研究或实验。其成果以科学论文、科学著作为主要形式。

应用研究 指利用基础研究所发现的知识，确定特定的目标，为了明确基础研究成果的实用化的可能性，探索新方法（原理性）而进行的独创性研究及对已经实用化的技术探索新的应用方法（原理性）而进行的研究。应用研究实际上并不直接产生新的（或改进）产品或工艺，其成果以科学论文、科学著作、原理性模型和专利等为主要形式。

实验发展 指利用基础研究、应用研究及实际经验所获得的知识，为生产新的材料、产品和装置，建立新的工艺、系统和服务，对已生产和建立的上述各项进行实质性的改进而从事的系统性工作。其成果为一种具有新产品或新技术基本特点的原型、可达到设计定型的新产品或新工艺、实验报告等。

16

文化、体育、卫生、民政和环保

资料整理人员

师先明　郗跃华

文化、体育、卫生、民政和环保

群众艺术馆、文化馆数	18	个
公共图书馆数	17	个
体育场	22	个
医院数	164	个
废水排放总量	13164	万吨

卫生技术人员构成(%)

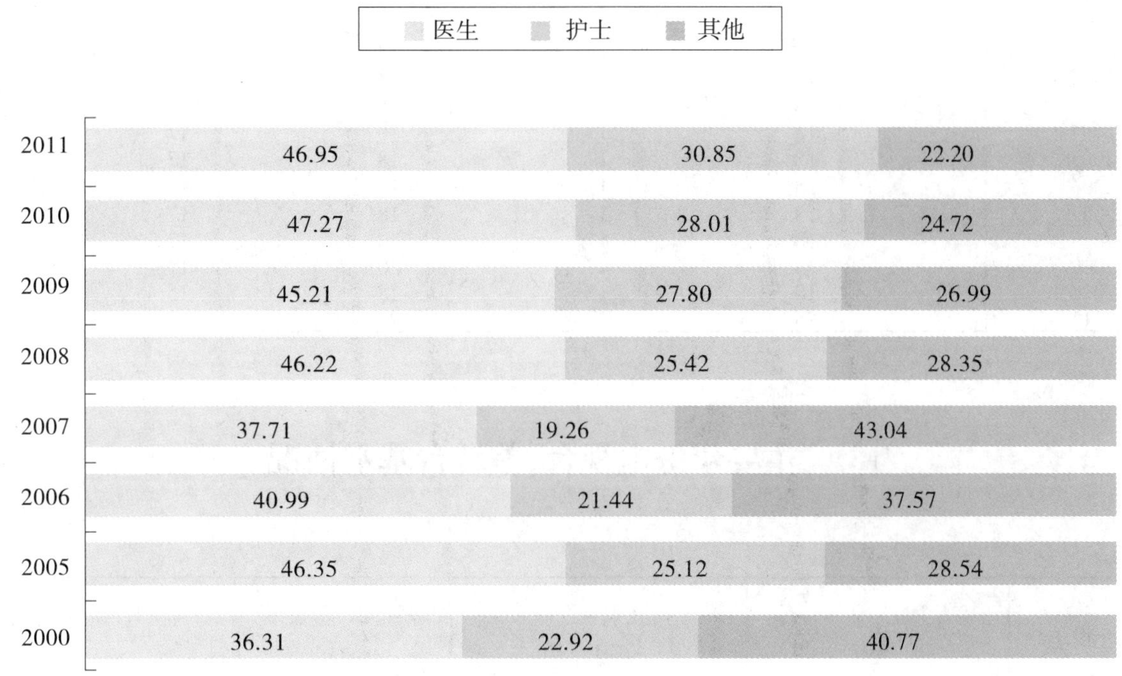

国家预算内抚恤支出(万元)

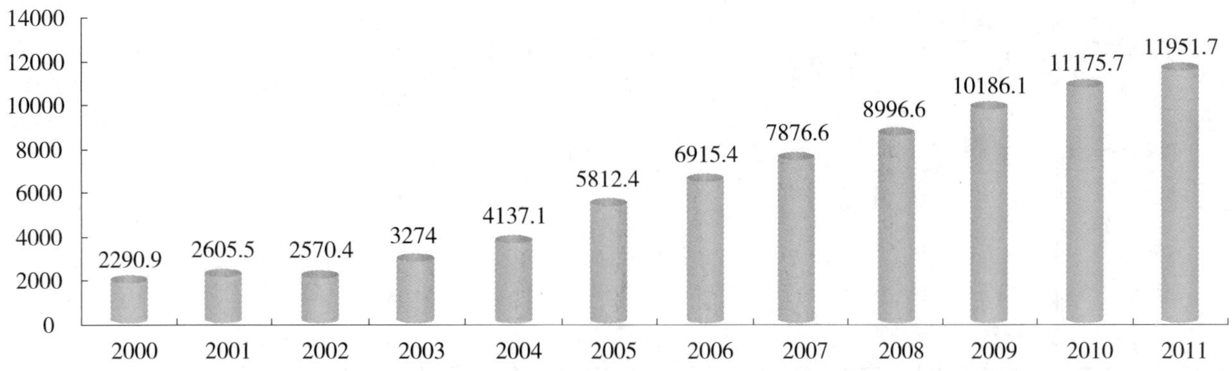

16-1 主要年份文化、广播事业发展情况

单位：所、人

年　份	文化馆(个)	公共图书馆(个)	艺术表演团体(个)	艺术表演场馆(座)	广播站(台)
1952	13	1	26	3	
1957	14	2	39	6	10
1962	15	4	24	11	16
1965	15	4	24	11	16
1970	16	4	21	11	16
1975	17	4	22	15	18
1978	17	12	25	17	18
1980	17	14	27	23	18
1985	17	17	26	26	17
1990	18	17	21	16	17
1995	18	17	21	19	17
2000	18	17	21	19	17
2001	18	17	18	17	17
2002	18	17	18	17	17
2003	18	17	18	17	17
2004	18	17	18	17	17
2005	18	17	18	17	17
2006	18	17	18	17	17
2007	18	17	18	17	17
2008	18	17	20	17	17
2009	18	17	20	17	17
2010	18	17	18	15	17
2011	18	17	26	15	17

16-2 主要年份电视台、差转台基本情况

年　份	主波转播台(座)	有线电视台(座)	电视人口覆盖率(%)	收不到电视的人口(万人)
2000	1	1	93	12
2001	1	1	97	11
2002	1	1	97	10
2003	1	1	97	11
2004	1	1	97	11
2005	1	1	98	10
2006	1	1	98	8
2007	1	1	98	8
2008	1	1	98	8
2009	1	1	98	8
2010	1	1	98	8
2011	1	1	99	8

16-3 文化艺术机构和人员数(2011 年)

单位：个、人

指标	总计		文化部门			
			国有单位		集体单位	
	机构数	人数	机构数	人数	机构数	人数
图书馆业	17	312	17	312		
艺术教育业	1	81	1	81		
文化市场	676	13000			676	13000
其他	11	394	11	394		

16-4 群众艺术馆、文化馆业务活动及经费(2011 年)

指标	总计	群众艺术馆	文化馆
单位数(个)	18	1	17
举办展览(个)	74	12	62
举办训练班(次)	700	520	180
组织文艺活动次数(次)	373	49	324
总支出(千元)	20098	3265	16833
# 公用支出	12680	2975	9705

16-5 公共图书馆业务活动及经费(2011 年)

指　　标	总　　计	县级公共图书馆
总藏量(册、件)	1342634	1342634
书架单层长度(米)	6217	6217
有效借书证数(个)	26434	26434
图书流通人次(人次)	198420	198420
#书刊外借人次(人次)	44719	44719
为读者举办各种活动次数(次)	176	176
参加人数(人次)	36153	36153
电子阅览室终端数(个)	459	459
网站数(个)		
总支出(千元)	10648	10648
#新增藏量购置费	476	476
图书专项经费(千元)	721	721
本年新购图书(册)	47606	47606
公共房屋建筑面积(平方米)	28542	28542
#书　库	6273	6273
阅览室座席(千个)	2140	2140

16-6 出版发行、图书馆、群众文化事业机构和人员数(2011 年)

指　　标	机构数 (个)	人　数 (人)
出版发行事业	335	480
国有书店	17	160
图书馆事业	17	222
群众文化服务业	189	552
群众艺术馆	1	40
文化馆	17	272
文化站	171	240
#乡镇文化站	151	220

16-7 体育系统从业人员数(2011年)

单位：人

指　　标	合　　计	行政机关	业余体校
总　　计	**259**	**118**	**141**
公务员	69	69	
教练员	48		48
文化教师	24		24
管理人员	58	9	49
其他人员	60	40	20

16-8 主要年份体育场发展情况

单位：个

年　份	体育场	运动场	小运动场	游泳池	有看台的灯光球场	篮、排球场	各种训练房	足球场	轮滑场
1952									
1957	1	4	5		1			1	
1962	1							1	
1965	1	5	13		1			1	
1970	1	5	21	2	1		1	1	
1975	1	7	36	2	7		1	1	
1978	1	7	48	3	10		1	1	
1980	1	7	51	4	12		1	1	
1985	1	9	64	4	21	989	3	3	5
1990	1	12	168	8	27	1675	6	4	3
1995	1	12	168	10	27	1675	1	1	3
2000	1	12	168	10	19	1675	1	1	3
2001	7	90	167	21	26	1709	87	2	3
2002	7	90	167	21	26	1709	87	2	3
2003	7	90	167	21	26	726	87	2	3
2004	7	90	167	21	26	785	87	2	3
2005	8	90	167	21	26	802	87	2	3
2006	20	112	175	21	26	824	90	2	3
2007	21	121	179	23	26	1065	113	2	3
2008	22	121	179	23	27	1420	113	2	3
2009	22	121	180	23	27	1696	113	2	3
2010	22	121	180	23	27	1951	113	2	3
2011	22	121	180	23	27	2779	113	2	3

16-9 主要年份体育事业发展情况

单位：个、次、人

年 份	少体校		举办县以上运动会情况		国 家 体育锻炼 达标人数	体育系统职工情况			体育事业费 (万元)
	校数	在校学生数	次 数	参加人数		合计	专职教练	专职教师	
1952			2	2500					
1957			7	4100					
1962	9	960	45	31000		63	36		
1965	8	940	36	23000		74	39		
1970	13	1210	45	23000	9250	73	37		
1975	13	1313	110	31000	10889	127	54		30
1978	19	1410	99	32000	10022	139	62		35
1980	16	1059	84	21857	11858	138	60		39
1985	15	943	104	24105	120827	190	65	13	69
1990	20	1290	178	55900	221900	306	87	17	233
1995	17	1144	183	19154	352187	318	99	27	2207
2000	17	1823	145	35504	465639	535	91	25	220
2001	17	1813	310	45000	475639	427	91	26	345
2002	17	1065	236	216908	472536	389	90	67	507
2003	14	1149	229	114400	603906	714	86	78	671
2004	14	1210	342	1332525	332633	504	63	26	775
2005	15	1665	357	1083977	543444	608	70	54	1262
2006	12	1444	253	402100	556358	317	65	70	2211
2007	12	1511	276	45120	557960	281	74	15	1042
2008	12	665	207	90621	645000	40	36	4	1235
2009	8	922	271	924724	844000	91	52	39	1372
2010	8	810	376	195662	851250	82	48	34	1804
2011	8	865	218	237068	850121	72	48	24	3313

16-10 主要年份体育场地数

单位：个

年 份	体育场	体育馆	有看台的灯光球场	运动场	射击场	游泳池
1957	1		1	4		
1962	1					
1965	1		1	5		
1970	1		1	5		2
1975	1		7	7		2
1978	1		10	7		3
1980	1		12	7		4
1985	1		21	9		4
1990	1	1	27	12		8
1995	1	2	27	12		10
2000	1	3	19	12	1	10
2001	7	3	26	90	1	21
2002	7	4	26	90	1	21
2003	7	4	26	90	1	21
2004	7	4	26	90	1	21
2005	8	6	26	112	1	21
2006	20	8	26	112	1	21
2007	21	9	26	121	1	23
2008	22	9	27	121	1	23
2009	22	9	27	121	1	23
2010	22	9	27	121	1	23
2011	22	9	27	121	1	23

注：2004 年数据为第五次全国体育场地普查数据，普查时点为 2003 年 12 月 31 日。

16-11 主要年份卫生机构数

单位：个

年 份	卫生机构数	医 院	乡镇卫生院	社区卫生服务中心(站)	门诊部、诊所	专科防治所、站	疾控中心	卫生监督所	妇幼保健站、所	其他卫生事业机构
1952	126	27			63					36
1957	310	94			115		1	–	1	99
1962	479	176			161	2	2	–	2	136
1965	483	188			283	1	5	–	3	3
1970	344	234			99	1	4	–	3	3
1975	455	266			167	2	12	–	5	3
1978	591	282			233	3	20	–	20	33
1980	618	293			246	3	20	–	20	36
1985	699	312			302	4	18	–	19	44
1990	705	342			298	1	19	–	18	27
1995	666	327			295	1	19	–	18	6
2000	418	101			273	1	19	–	18	6
2001	403	99			260	1	19	–	18	6
2002	406	114			249	3	17	–	18	5
2003	404	114			245	3	18	–	18	6
2004	402	115			244	3	18	–	18	4
2005	389	108			240	2	18	–	18	3
2006	414	117	151		255	2	18		18	4
2007	445	125	151		274	2	18	18	18	8
2008	503	148	151		309	2	18	18	18	8
2009	810	166	151		597	3	18	18	18	8
2010	824	162	151	62	615	4	18	18	18	7
2011	1166	164	151	62	635	3	18	18	18	97

注：①1995 年以后，“医院”中不包括“卫生院”；②2011 年其他卫生事业机构包括农村卫生服务站。

16-12 主要年份卫生机构床位数

单位：张

年 份	卫生机构床位数	医 院	其他卫生机构	平均每千人拥有医院床位数
1952	167	162	5	0.11
1957	621	527	94	0.36
1962	1746	1364	382	0.88
1965	2553	2022	531	1.19
1970	3151	2774	377	1.28
1975	5588	5020	568	2.02
1978	6444	6010	434	2.23
1980	7593	7033	560	2.55
1985	9464	8872	592	3.01
1990	11097	10695	402	3.20
1995	11129	10767	362	2.98
2000	11622	7591	4031	2.91
2001	11358	7473	3885	2.51
2002	10675	7165	3510	2.65
2003	11641	7886	3755	2.87
2004	12168	8331	3837	2.97
2005	11301	7982	3319	2.74
2006	12502	8556	3946	3.01
2007	13704	9131	4573	3.28
2008	15263	10235	5028	3.65
2009	15954	10852	5102	3.78
2010	17051	11181	5870	3.82
2011	16546	11112	5434	3.81

16-13 卫生机构人员分类

单位：人

指 标	2005	2006	2007	2008	2009	2010	2011
一、各类人员总计	**16818**	**17620**	**19852**	**21319**	**22900**	**23557**	**23457**
卫生技术人员	14119	14639	16656	18066	19266	19760	19500
其他技术人员	957	868	1047	1114	1258	1304	1270
管理人员	670	848	800	843	889	1021	1014
工勤人员	1072	1265	1349	1296	1487	1472	1673
二、卫生技术人员	**14119**	**14639**	**16656**	**18066**	**19266**	**19760**	**19500**
执业医师	5053	5482	5974	6447	6850	6810	6639
#执业助理医师	1491	1491	1787	1904	1861	2530	2517
注册护士	3546	3661	4291	4593	5356	5535	6015
药剂人员	1024	991	1013	1065	1080	1093	1080
检验人员	726	722	711	756	773	781	831
其 他	2279	2292	2656	3003	2971	3011	2418
三、平均每千人拥有							
卫生技术人员	**3.43**	**4.48**	**3.99**	**4.30**	**4.56**	**4.58**	**4.60**
# 医生数	1.59	1.84	2.08	3.92	3.26	3.50	3.27

注：本表不包括村卫生室人员。

16-14 主要年份卫生技术人员数

单位：人

年份	总计	医生	护士	其他	平均每千人拥有卫生技术人员数
1952	642	52	51	320	0.43
1957	1375	71	217	652	1.75
1962	2995	388	516	1157	1.51
1965	4109	694	518	1412	1.91
1970	5845	779	1039	2450	2.38
1975	7671	1123	1476	3065	2.77
1978	8384	1369	813	3728	2.90
1980	9785	1506	947	4376	3.29
1985	12248	2336	1158	5910	4.12
1990	14645	4437	2573	5415	4.22
1995	14915	5281	3250	4576	3.99
2000	15360	5577	3521	4489	3.83
2001	15444	6009	3349	4020	3.86
2002	14994	6441	3177	3551	3.72
2003	14809	6642	3255	3035	3.65
2004	14625	6845	3468	2520	3.57
2005	14119	6544	3546	2279	3.43
2006	14639	7610	3980	2404	4.48
2007	16656	8677	4431	2529	3.99
2008	18066	8351	4593	3003	4.30
2009	19266	8711	5356	2971	4.56
2010	19760	9340	5535	3891	4.58
2011	19500	9156	6015	4329	4.60

注:由于卫生部门报表的变动，2002年及以后年份医生数为执业医师和执业助理医师数之和；护士为注册护士。

16-15 卫生机构、床位、人员数(2011年)

类别	机构数(个)	床位数(张)	人员合计(人)	#卫生技术人员
总计	**1166**	**16546**	**23450**	**19500**
一、医院	164	11112	14045	11615
其中：综合医院	80	7499	9680	8097
中医医院	20	1195	1479	1284
中西医结合医院	3	148	208	176
专科医院	61	2270	2678	2058
其中：口腔医院	8	68	177	126
眼科医院	5	89	77	70
耳鼻喉科医院	1	30	62	49
肿瘤医院	3	149	175	119
心血管病医院	3	60	60	44
妇产(科)医院	6	244	430	322
精神病医院	4	320	237	178
传染病医院	1	350	401	332
骨科医院	9	315	320	245
康复医院	2	87	47	39
其他专科医院	19	558	692	534
二、社区卫生服务中心(站)	62	332	935	835
社区卫生服务中心	18	272	534	485
社区卫生服务站	44	60	419	350
三、卫生院	236	4532	3909	3222
街道卫生院（卫生服务站）	85	898	730	612
乡镇卫生院	151	3634	3179	2610
中心卫生院	56	1559	1348	1117
乡卫生院	95	2075	1831	1493
四、门诊部	15	9	165	124
五、诊所.卫生所.医务室	620		1748	1697
诊所	570		1606	1560
卫生所、医务室	50		142	137
六、采供血机构	5		134	86
七、妇幼保健院(所、站)	18	503	870	704
八、疾病预防控制中心	18		864	630
九、卫生监督所(中心)	18		583	472
十、专科疾病防治院(所、站)	3	58	89	67
十一、其他卫生机构	7		90	48

16-16 主要年份民政主要指标

指标	单位	1990	1995	2000	2005	2006	2007	2008	2009	2010	2011
国家预算内抚恤支出	万元	798.0	1175.6	2290.9	5812.4	6915.4	7876.6	8996.6	10186.1	11175.7	11951.7
优抚对象人数	人	135817	133790	139580	15858	16256	17518	18099	16876	17825	15306
农村低保户人数	人	208863	236796	266668	83613	63737	95358	115320	124573	128667	130003
城镇社会福利院	个	1	1	1	1	1	1	1	1	1	1
收养人数	人	53	50	30	110	106	106	120	120	120	120
结婚数	对	26912	19775	14965	42402	20627	26973	44260	44160	46965	58083
千人结婚率	‰	15.5	10.5	7.6	20.5	14.0	18.2	20.9	20.9	21.8	21.8
离婚数	对	798	748	995	1196	1782	1867	2249	2872	3083	3624
千人离婚率	‰	0.5	0.4	0.5	0.6	1.2	1.1	1.0	1.4	1.4	1.5

16-17　工业企业“三废”排放与治理情况

项　　目	2005	2006	2007	2008	2009	2010	2011
废　水							
废水排放总量 (万吨)	5459	4877	3898	3793	3815	3068	13459
废水排放达标率 (%)	99	96	99	96	98	94	
废水处理排放达标量 (万吨)	5392	4663	3859	3650	3738	2879	
废　气							
废气排放量 (万标立方米)	11019716	12264788	13214804	13294252	13330462	17832701	66548774
二氧化硫排放量 (万吨)	8	8	8	7	7	7	10
烟尘排放量 (万吨)	14	14	11	7	6	6	10.26
粉尘排放量 (万吨)	14	13	11	9	8	8	
固体废物							
固体废物产生量 (万吨)	1525	1402	1283	1737	1114	1466	2408
固体废物综合利用量 (万吨)	1189	1035	1061	1532	1012	1214	1533
固体废物综合利用率 (%)	78	74	83	87	89	81	65
固体废物处置量 (万吨)	80	77	31	39	16	132	317
固体废物贮存量 (万吨)	73	130	43	154	73	139	556
固体废物排放量 (万吨)	183	158	149	73	44		1
污染治理							
当年污染治理施工项目总数 (个)	82	38	118	97	62	52	48
污染治理项目本年完成投资额(万元)	32050	15309	46292	36561	21895	7260	13750
治理废水	4215	2885	16016	5117	4516	2542	1195
治理废气	22667	8941	23949	18670	12483	2528	11491
治理固体废物	957		366	1895	845	888	
治理噪声	5	3	122	21		154	
治理其他	4206	3480	5839	10858	4051	1148	908

备注：国家“十一五”环境统计与“十二五”环境统计制度发生变化，2010 年和 2011 年统计数据不可对比。2011 环保年报不统计废水排放达标率、废水处理排放达标量。烟尘排放量、粉尘排放量合为烟粉尘排放量。

16-18 主要年份“三废”治理情况

年份	废水排放总量(万吨)	#工业废水	废气排放量(万标立方米)	#二氧化硫(万吨)	治理基金(万元)	治理效果		
						新增处理废水能力(万吨/日)	新增处理废气能力(万标M3/时)	新增处理废渣能力(万吨/年)
1980	1215	945		0.9	180	2.8	4.5	
1985	8553	8060	2435518	4.2	494	0.1	3.8	2.0
1986	5042	4541	2828375	4.0	1354	0.5	9.2	4.5
1987	9019	8512	4291092	5.3	1972	2.1	17.3	1.0
1988	8291	7428	4198971	5.3	2377	1.6	28.8	27.7
1989	10372	7807	4242528	6.2	1484	1.4	32.4	26.2
1990	11187	8083	4939234	6.6	2330	1.4	9.2	45.1
1991	6804	6763	3753128	4.8	1328	1.4	65.2	11.3
1992	4077	3662	3737277	4.6	2389	0.6	83.4	0.7
1993	4053	3443	3497104	4.3	3258	0.2	96.8	1.4
1994	5003	4371	3711320	5.1	2056	0.8	69.0	21.3
1995	3892	3430	3945965	4.6	1814	2.2	57.0	8.4
1996	3770	3308	3404152	4.5	1684	3.0	71.1	0.5
1997	5657	3357	4516425	6.7	2622	3.2	8.1	
1998	5823	3423	4443718	8.4	2752	1.3	1.6	0.1
1999	3186	1911	3035308	7.5	3376	0.5	0.6	
2000	2689	1559	3549186	6.5	2520	0.5	130.2	
2001	3216	1929	5941885	7.2	5286	4.0	150.0	273.0
2002	4133	2892	9720532	6.7	3377	0.8	157.3	
2003	4402	2461	19070140	9.0	5212	11.5	166.3	2.6
2004	4354	3047	19074195	8.0	15577	5.6	151.4	1.0
2005	5459	3821	11019716	8.4	32050	114.7	282.2	
2006	4877	3942	12264788	7.9	15309	56.0	154.0	1.1
2007	3898	2018	13214804	7.6	46292	1830.0	20.7	
2008	3752	3650	13294252	7.2	36561	2420.0	310.9	
2009	3815	3738	13330462	6.7	21895	1200.0	177.5	
2010	3068	2732	17832701	6.7	7260	3605.0	63.9	65.0
2011	13459	4382	66548774	10.0	13750	7.1	18.3	

主要统计指标解释

文化及相关产业 指为社会公众提供文化、娱乐产品和服务的活动，以及与这些活动有关联的活动的集合。文化及相关产业的活动主要包括：①文化产品制作和销售活动；②文化传播服务；③文化休闲娱乐服务；④文化用品生产和销售活动；⑤文化设备生产和销售活动；⑥相关文化产品制作和销售活动。

文化及相关产业行业构成 《文化及相关产业分类》将文化及相关产业划分为四层。

第一层分为文化服务和相关文化服务。

第二层分为 9 个大类：新闻服务、出版发行和版权服务、广播、电视、电影服务、文化艺术服务、网络文化服务、文化休闲娱乐服务、其他文化服务、文化用品、设备及相关文化产品的生产和文化用品、设备及相关文化产品的销售。

第三层分为 24 个中类。

第四层分为 80 个小类。

为反映党中央关于文化建设和文化体制改革的要求，《文化及相关产业分类》又组合出文化产业核心层、文化产业外围层和文化产业相关层。

文化产业核心层 新闻服务、出版发行和版权服务、广播、电视、电影服务和文化艺术服务。

文化产业外围层 网络文化服务、文化休闲娱乐服务和其他文化服务。

相关文化产业层 文化用品、设备及相关文化产品的生产和文化用品、设备及相关文化产品的销售。

文化事业机构 指从事专业文化工作和为专业文化工作服务的单独核算、独立建制的单位。不包括文化主管部门直属单位举办的其他行业和各部门的业余文化组织。

艺术表演团体 指从事戏曲、音乐、舞蹈、杂技等专业艺术表演，有独立帐户，实行单独核算的团体。不包括半工半艺、半农半艺的业余团体。

社会救济对象 指报告期末生活在当地规定的最低生活保障线以下的家庭人口数及国家规定由民政部门救济的特殊人员和 60 年代精简退职老职工救济人员等。是城镇户口的统计为城镇救济对象；是农村户口的统计为农村救济对象。

结婚率 指某地区报告期内，符合《婚姻法》要求，在民政部门登记结婚并领取《结婚证》的人数占该地区报告期内平均人口的比值。计算方法为：

结婚率 = 报告期内登记结婚人数 / 该地区报告期内平均人口 × 1000‰

离婚率 指某地区报告期内（通常为一年），男女双方经过法律手段解除婚姻关系的人数占该地区报告期内平均人口的比值。计算方法为：

离婚率 = 报告期内男女双方解除婚姻关系的人数 / 该地区报告期内平均人口 × 1000‰

等级运动员人数 指经考核正式批准授予等级运动员称号的人数。运动员等级分为国际级运动健将、运动健将、一级运动员、二级运动员、三级运动员、少年级运动员。

等级裁判员人数 指经考核正式批准授予等级裁判员称号的人数。裁判员等级分为国际裁判、国家级裁判、一级裁判、二级裁判、三级裁判。

体育场 指有 400 米跑道（中心含足球场），有固定道牙，路道 6 条以上，并有固定看台的田径场。以看台容纳观众人数分：甲级 25000 人以上，乙级 15000–25000 人，丙级 5000–15000 人，丁级 5000 人以下。

体育馆 指有固定看台可供篮球、排球、羽毛球、乒乓球、体操等项目训练比赛活动用的室内场地。以看台容纳观众人数分：甲级 6000 人以上，乙级 4000–6000 人，丙级 2000–4000 人，丁级 2000 以下。

卫生技术人员 指在国民经济各行业从事卫生医务工作的自然科学技术的专业人员。包括正副主任医师、主治医师、医师、医（护）士和未评定职称的技术人员。2002 年以后因为口径改变，调整为执业医师、执业助理医师、注册护士、药剂人员、检验人员。

工业废水排放量 指经过企业厂区所有排放口排到企业外部的工业废水量。包括生产废水、外排的直接冷却水、超标排放的矿井地下水和与工业废水混排的厂区生活污水，不包括外排的间接冷却水(清污不分流的间接冷却水应计算在内)。

工业废水排放达标量 指各项指标都达到国家或地方排放标准的外排工业废水量，包括未经处理外排达标和经过处理后外排达标两部分(国家排放标准见 GB89 78–88)。

工业废水处理量 指报告期内各种水治理设施实际处理的工业废水量，包括处理后外排和处理后回用的工业废水量和虽经处理但未达到国家或地方排放标准的废水量。如车间和厂排放口均有治理设施，并对同一废水分级处理时，不应重复计算工业废水处理量。

工业废气排放量 指企业厂区内燃料燃烧和生产工艺过程中产生的各种排入空气的含有污染物的气体总量，按标准状态［273K，101325Pa］计算。

工业二氧化硫排放量 指企业在燃料燃烧和生产工艺过程中排入大气的二氧化硫数量。

工业粉尘排放量 指企业在生产工艺过程中排放的颗粒物重量， 如钢铁企业的耐火材料粉尘、焦化企业的筛焦系统粉尘、烧结机的粉尘、石灰窑的粉尘、建材企业的水泥粉尘等。不包括电厂排入大气的烟尘。

工业固体废物产生量 指企业在生产过程中产生的固体状、半固体状和高浓度液体状废弃物的总量、包括危险废物、冶炼废渣、粉煤灰、炉渣、煤矸石、尾矿、放射性废物和其他废物等；不包括矿山开采的剥离废石和掘进废石(煤矸石和呈酸性或碱性的废石除外)。酸性或碱性废石指采掘的废石其流经水、雨淋水的 PH 值小于 4 或 PH 值大于 10.5 者。

工业固体废物综合利用量 指通过回收、加工、循环、交换等方式，从固体废物中提取或者使其转化为可以利用的资源、能源和其他原材料的固体废物量(包括当年利用往年的工业固体废物累计贮存量)，如用作农业肥料、生产建筑材料、筑路等。综合利用量由原产生固体废物的单位统计。

工业固体废物贮存量 指以综合利用或处置为目的，将固体废物暂时贮存或堆存在专设的贮存设施或专设的集中堆存场所内的数量。专设的固体废物贮存场所或贮存设施必须有防扩散、防流失、防渗漏、防止污染大气、水体的措施。

工业固体废物处置量 指将固体废物焚烧或者最终置于符合环境保护规定要求的场所，并不再回取的工业固体废物量（包括当年处置往年的工业固体废物累计贮存量)。处置方法有填埋(其中危险废物应安全填埋)、焚烧、专业贮存场(库)封场处理、深层灌注、回填矿井等。

工业固体废物排放量 指将所产生的固体废物排到固体废物污染防治设施、场所以外的数量、不包括矿山开采的剥离废石和掘进废石（煤矸石和呈酸性或碱性的废石除外）。

17

县市篇

资料整理人员

王华峰　王福勤　尤吉义　申淑霞　乔淑芳　刘　炜

刘　燕　刘浥蓉　吉海燕　师先明　何晓华　张　栋

李晓华　李海娟　李　丁　杨晓春　苏志敏　苏彩凤

武俊峰　郗跃华　柴华萍　郭　敏　尉文明　梁　茹

程冬凤　曹睿鹏　靳蝉瑜　翟晓鹏　裴欣丽　薛　耿

17-1 国民经济核算主要指标(2011年)

单位:万元

	总产出	第一产业	第二产业	#工　业	第三产业	#交通运输仓储邮政业	#批发和零售业
全　市	**30430456**	**1385663**	**21398942**	**19237300**	**7645851**	**1818185**	**2301239**
尧都区	7067022	157503	3130468	2487290	3779051	307193	1274695
曲沃县	2125985	177422	1653155	1565825	295408	139493	30764
翼城县	2380073	128623	1794350	1748699	457100	212483	66138
襄汾县	3293654	201634	2571984	2359392	520036	268644	59771
洪洞县	4911637	193002	4002444	3644070	716190	315177	111512
古　县	1359900	37654	1160104	1121308	162142	40551	33764
安泽县	1120171	61206	930171	827203	128794	15451	32376
浮山县	633755	60006	473891	429579	99858	15288	10463
吉　县	321717	65352	192857	149377	63508	5265	19756
乡宁县	1196391	45688	950677	888933	200026	22992	26501
大宁县	78524	20218	8747	5385	49560	2632	15783
隰　县	220438	40454	67028	23082	112956	26902	23570
永和县	105608	45899	16224	7362	43485	2783	12531
蒲　县	823712	27409	673996	633349	122307	23598	16832
汾西县	398824	38190	219819	176431	140815	51694	17029
侯马市	2342347	54905	1480914	1310608	806528	304500	140017
霍州市	1978311	58101	1569510	1385057	350700	144355	40257

	地区生产总　值	第一产业	第二产业	#工　业	第三产业	#交通运输仓储邮政业	#批发和零售业
全　市	**11360573**	**748323**	**7161423**	**6613879**	**3450827**	**832847**	**644435**
尧都区	2298376	84158	947858	774200	1266360	196305	251470
曲沃县	863420	104399	600192	578330	158829	64117	21535
翼城县	786306	68439	481207	464144	236660	84748	43970
襄汾县	1202850	110983	810488	760725	281379	120890	41840
洪洞县	1483607	101579	1065586	962906	316442	86816	68275
古　县	706318	20019	617638	608870	68661	17486	10760
安泽县	488968	33939	403082	386813	51947	6839	9896
浮山县	314311	34450	219610	207823	60251	6821	7450
吉　县	162156	37186	94385	85776	30585	3099	5641
乡宁县	727583	22863	579133	551348	125587	12441	19801
大宁县	37952	11590	5130	2702	21231	808	2844
隰　县	89903	21450	17611	8422	50842	11629	7988
永和县	53506	21954	5240	2650	26312	1046	6515
蒲　县	379743	12755	302489	292963	64499	10130	7486
汾西县	160411	19890	64642	52937	75879	24584	12602
侯马市	838988	29869	389367	344308	419752	109200	99281
霍州市	780555	31482	579259	537549	169814	45350	28121

17-1 续表

单位：万元

	人均地区生产总值(元)	最终消费	资本形成总额	居民消费水平(元/人)	农村居民	城镇居民
全市	**26220**	**4971891**	**6511576**	**8076**	**4997**	**12402**
尧都区	24262	1085960	1216895	9683	4690	12834
曲沃县	36293	221540	578779	6342	3676	12248
翼城县	25146	270370	514380	6525	4009	12486
襄汾县	27067	493497	709518	7949	5965	12241
洪洞县	20154	673012	801407	7841	5791	11889
古县	76690	123975	563762	7472	4998	12544
安泽县	59397	91203	395534	8427	5669	14105
浮山县	24497	130597	183248	6702	4034	12886
吉县	15179	79118	68681	4391	2734	8992
乡宁县	31075	220095	515255	7548	4987	14220
大宁县	5857	33559	4385	4654	1885	9331
隰县	8641	76521	16605	5814	3479	9843
永和县	8373	25110	30110	3499	1631	7156
蒲县	35227	86598	290084	6760	4086	10966
汾西县	11035	96972	73200	5418	2628	10352
侯马市	34827	297032	498356	8864	4648	11927
霍州市	27494	373974	404754	10089	5274	13833

17-2 国民经济核算主要指标发展速度(2011年)

上年=100　　单位：%

	总产出	第一产业	第二产业	#工业	第三产业	#交通运输仓储邮政业	#批发和零售业
全市	**116.4**	**102.4**	**119.5**	**120.1**	**111.6**	**112.0**	**113.9**
尧都区	116.1	101.9	114.5	116.3	118.2	106.4	120.8
曲沃县	117.1	101.0	120.6	123.8	111.7	111.4	116.3
翼城县	116.2	107.2	118.4	118.6	110.7	109.2	113.5
襄汾县	115.5	104.9	117.7	118.4	109.3	108.8	113.5
洪洞县	115.9	103.3	117.1	114.6	112.9	110.9	115.3
古县	117.1	106.2	118.9	119.3	110.4	108.5	113.2
安泽县	118.2	103.8	120.2	121.0	112.2	112.7	111.9
浮山县	116.9	103.4	120.1	120.1	111.2	110.0	114.3
吉县	122.5	127.1	124.2	130.5	113.8	112.1	116.6
乡宁县	117.7	105.0	118.9	119.0	115.0	112.2	117.5
大宁县	72.2	110.4	16.7	11.2	110.4	111.2	112.9
隰县	114.9	116.5	118.8	137.2	112.2	111.6	112.4
永和县	119.9	120.4	142.8	140.2	112.7	111.4	114.6
蒲县	129.0	104.7	135.3	138.0	108.0	107.7	113.8
汾西县	120.4	108.8	127.8	129.4	113.4	112.8	115.4
侯马市	118.1	104.4	122.0	123.3	113.3	113.9	114.3
霍州市	121.2	105.2	123.2	124.4	114.5	114.0	119.1

17-2 续表

上年=100 单位：%

	地区生产总值	第一产业	第二产业	#工 业	第三产业	#交通运输仓储邮政业	#批发和零售业
全 市	**115.3**	**102.8**	**119.5**	**120.0**	**110.7**	**110.8**	**113.8**
尧都区	116.1	103.8	122.7	126.5	112.4	109.3	113.5
曲沃县	116.8	102.6	121.6	123.8	111.7	111.2	116.3
翼城县	116.0	110.4	120.0	120.5	111.3	109.2	113.5
襄汾县	115.1	110.3	117.9	118.4	109.3	108.6	113.5
洪洞县	115.2	105.6	117.2	117.8	111.9	110.0	110.4
古 县	117.0	103.6	118.8	119.0	109.4	108.4	113.2
安泽县	117.9	104.2	120.4	120.9	109.9	108.4	117.1
浮山县	116.3	112.4	118.7	118.8	110.3	108.9	113.4
吉 县	115.3	106.6	122.1	123.9	109.6	121.9	111.9
乡宁县	116.6	105.7	118.8	118.9	111.7	109.4	112.0
大宁县	69.5	115.8	19.5	11.0	109.6	111.0	112.7
隰 县	114.3	116.2	121.5	139.8	111.4	111.9	112.7
永和县	115.2	113.2	141.6	138.6	112.4	111.3	114.5
蒲 县	126.2	114.3	131.4	131.8	110.6	107.8	114.0
汾西县	115.3	100.2	125.4	129.2	111.9	112.4	113.4
侯马市	115.5	95.8	121.4	122.9	112.9	113.4	114.0
霍州市	115.6	104.3	118.4	119.3	110.1	108.6	113.4

上年=100 单位：%

	人均地区生产总值	最终消费	资本形成总 额	居民消费水平	农村居民	城镇居民
全 市	**113.6**	**114.9**	**117.5**	**117.3**	**123.3**	**110.5**
尧都区	105.0	119.9	113.1	112.5	114.1	110.1
曲沃县	115.8	116.3	117.7	111.1	111.2	106.1
翼城县	117.7	109.5	119.1	111.7	112.6	105.7
襄汾县	121.6	112.5	117.0	120.0	125.2	112.3
洪洞县	116.1	119.8	111.3	119.1	117.2	119.5
古 县	115.3	120.0	119.4	122.4	113.1	111.3
安泽县	116.9	117.6	118.0	121.3	125.0	115.0
浮山县	116.9	114.9	117.2	112.0	108.8	106.4
吉 县	114.6	110.1	110.0	108.8	108.0	104.7
乡宁县	115.8	113.9	117.3	114.8	107.6	114.9
大宁县	68.4	114.8	16.8	115.1	108.1	111.8
隰 县	113.6	117.4	101.4	120.8	124.2	106.8
永和县	116.2	108.1	121.5	109.6	110.8	104.1
蒲 县	123.7	118.1	129.4	119.4	130.7	108.9
汾西县	114.2	112.0	118.5	112.7	105.3	112.9
侯马市	115.1	113.0	118.0	112.3	124.4	107.4
霍州市	117.2	113.2	118.1	112.8	115.7	110.8

17-3 主要年份地

按当年价格计算

年 份	尧都区	曲沃县	翼城县	襄汾县	洪洞县	古 县	安泽县	浮山县
1949	1677	722	590	1550	1239	302	226	414
1952	3328	1234	1024	2983	2213	564	397	808
1957	5484	2271	1290	4715	3658	537	501	983
1962	4330	1985	1626	2572	3213	593	603	1103
1965	6217	2821	1889	4973	5274	711	694	1209
1970	9027	2733	1472	5038	4002	667	826	1581
1975	17270	3737	3268	8452	8502	1223	1478	1555
1978	22904	4842	4454	10361	9080	1301	1693	1639
1980	24625	6098	5587	11073	10833	1372	2073	1761
1985	46516	8335	11692	20233	24712	3366	2870	4919
1990	98827	19212	32027	38183	54779	6166	6189	8284
1995	244664	63142	69868	101083	153545	23559	17887	22099
2000	516411	129085	130999	185729	258357	50470	31945	33997
2001	596129	144575	152368	223174	294514	60863	34798	43441
2002	671681	176382	193330	278990	347042	72388	41899	55305
2003	836222	229296	284155	379461	473364	131671	54287	71080
2004	1037571	292917	356898	519375	588743	192752	69231	114904
2005	1139576	333883	378204	629363	699354	226788	93639	139720
2006	1318471	374179	415895	750682	775858	262481	117406	178768
2007	1505816	463655	477364	861455	845184	346193	158955	214684
2008	1699166	514851	502525	838399	1016847	475717	256120	186070
2009	1733438	521590	483612	840360	1137809	428040	301394	179248
2010	1908712	664748	590020	1015446	1222327	490626	406785	259425
2011	2298376	863420	786306	1202850	1483607	706318	488968	314311

区生产总值

单位：万元

吉县	乡宁县	大宁县	隰县	永和县	蒲县	汾西县	侯马市	霍州市
265	615	159	179	208	224	299	446	334
398	952	305	192	105	253	379	1055	511
607	1044	407	320	146	315	441	1718	1227
719	967	383	379	192	333	485	1812	3495
665	1229	695	487	314	455	481	3336	4870
867	1659	748	793	386	600	808	6931	5532
1367	2026	995	1011	686	1187	1137	9592	12009
1800	3242	897	1757	818	1537	1369	10409	16329
1860	3773	1196	1766	992	1547	1739	13465	20675
3566	10405	2523	3017	1889	4209	4073	22085	30131
6154	16436	4737	7106	2806	8598	7266	32879	45212
14750	60422	10223	15478	7830	37561	24642	78151	81792
22259	96299	12498	26133	10556	73287	41004	149672	143890
24115	109949	13107	30720	10721	86417	46999	171332	159410
26748	128017	15544	35571	12963	108366	58621	197673	188346
30423	177984	16905	48738	13825	155061	75912	244966	219525
38118	254263	19261	46861	16794	225975	106507	314086	289509
53961	317494	20665	46472	19293	268970	125804	377019	370889
59385	358040	24084	50401	21396	300276	139764	434785	439837
73076	433822	27095	57205	24377	209340	149099	512374	475231
94852	535898	26117	57431	25648	253482	141613	547050	565195
96146	400283	38711	63726	36628	156941	100594	595085	564259
123085	472664	50218	75485	44455	262334	135245	652739	602808
162156	727583	37952	89903	53506	379743	160411	838988	780555

17-4 主要年份第一

按当年价格计算

年 份	尧都区	曲沃县	翼城县	襄汾县	洪洞县	古 县	安泽县	浮山县
1949	962	532	466	1518	956	286	210	343
1952	2212	905	818	2837	1321	534	370	665
1957	2144	1535	867	4145	2094	487	448	771
1962	1364	1370	1155	2054	1614	522	470	847
1965	1828	2129	1232	3917	3076	629	450	911
1970	2182	1858	881	4016	1987	513	444	1248
1975	4974	2425	2089	5150	4727	853	957	1072
1978	3839	2128	2234	5759	4501	733	973	1035
1980	4638	2345	2802	5333	4855	715	1268	1019
1985	8538	4090	5292	12715	11668	1752	1810	3234
1990	15251	8356	11897	18173	18683	2506	3838	5146
1995	31660	17919	25706	41731	46145	7528	10632	9539
2000	24592	21602	17031	27844	39576	6292	12383	9579
2001	28483	22751	13626	34721	41693	6575	12927	10492
2002	30462	25683	14334	37569	44552	7873	13755	10393
2003	35918	27814	16359	41352	47530	8990	14511	12983
2004	39069	35532	21119	50643	54747	10448	16171	17174
2005	34108	34618	19080	51943	45778	8612	15841	12917
2006	38153	37263	24338	55218	56517	7424	17134	15268
2007	41754	42834	33502	65449	62274	8832	18100	18309
2008	43701	46373	33134	55681	63625	10977	18849	20442
2009	58806	74610	42933	66120	71626	14077	25138	22392
2010	75574	96344	55530	92246	89339	18227	31221	28530
2011	84158	104399	68439	110983	101579	20019	33939	34450

产业增加值

单位：万元

吉　县	乡宁县	大宁县	隰　县	永和县	蒲　县	汾西县	侯马市	霍州市
239	497	144	160	179	200	234	234	264
359	788	281	151	60	217	279	704	335
533	666	335	240	88	217	295	1088	511
630	572	292	250	114	188	273	890	598
565	688	539	337	194	278	274	1588	987
739	644	569	499	232	302	432	1613	1067
954	1018	644	573	412	594	596	1727	1151
962	1243	414	786	507	753	542	1303	1285
947	1469	672	878	671	621	729	1825	1526
2204	2988	1507	1642	1438	1939	1951	3136	2622
3577	5533	2733	3830	1805	3082	2982	4994	5168
8653	15412	5724	8808	4785	8830	6430	10502	9931
6592	9341	3415	8522	3533	5146	2688	13826	12155
6678	9813	2542	8442	2847	4051	5526	16901	11234
8263	8478	4323	9881	4876	4790	5653	12344	11895
9316	8837	4485	10481	4456	5520	6783	12986	13139
11427	11530	4392	12792	6475	7341	7399	17799	15403
10850	7653	3300	11205	8163	5341	5196	16413	13616
11190	10887	3396	12261	8179	4080	6958	17735	13654
15099	11945	3961	12729	7108	5214	8322	19513	13926
11809	10324	3071	8524	5942	4941	10723	20991	17099
20834	15856	6917	14303	14691	8660	13650	27575	20865
32139	19642	9290	17217	17754	10419	18539	32672	27000
37186	22863	11590	21450	21954	12755	19890	29869	31482

17-5 主要年份第二

按当年价格计算

年 份	尧都区	曲沃县	翼城县	襄汾县	洪洞县	古 县	安泽县	浮山县
1949	64	76	18	6	41		2	21
1952	187	163	47	107	529	3	4	70
1957	1612	416	176	490	968	10	10	81
1962	943	290	189	428	974	27	21	111
1965	1757	354	260	869	1247	31	22	129
1970	4122	358	304	712	1108	84	44	149
1975	8874	616	591	2267	2330	142	129	260
1978	13093	1812	1151	3204	2784	310	236	289
1980	12448	2524	1556	3353	3805	277	289	336
1985	20436	2704	3594	4371	8949	805	386	771
1990	43803	5887	12550	11759	24653	2119	807	1602
1995	104213	32142	23483	38531	76872	10709	3655	6694
2000	253237	79535	63033	109694	142958	28932	10676	10801
2001	294619	89032	76837	133428	168401	36974	11917	16863
2002	312843	112831	108906	171390	208888	44533	16063	26750
2003	407750	156148	172914	248892	311634	98299	24242	37742
2004	508600	202635	220178	358673	392984	153949	34285	70826
2005	543812	239393	250114	444895	483065	186356	55482	95951
2006	623440	263012	249142	546793	519647	216683	74346	130111
2007	703257	316894	290296	624592	559439	291238	112161	158357
2008	724222	350950	292058	586561	704508	415870	203826	124674
2009	651491	314606	242102	555014	815379	358771	235147	109385
2010	740536	426366	322956	670657	856968	410726	329469	177070
2011	947858	600192	481207	810488	1065586	617638	403082	219610

产业增加值

单位：万元

吉　县	乡宁县	大宁县	隰　县	永和县	蒲　县	汾西县	侯马市	霍州市
17	85	1	5	5	16	16	7	31
24	111	1	20	8	23	25	32	126
35	290	11	39	14	59	31	99	518
39	243	21	58	16	75	38	221	1956
45	371	50	74	26	88	54	545	2945
83	780	52	167	33	183	145	4215	3192
260	698	163	200	55	384	262	5444	8916
415	1625	235	447	67	509	380	6168	12698
462	1812	228	479	88	628	484	7968	15819
418	5940	405	571	113	1602	805	11767	21961
1036	8627	983	1301	294	3704	2050	15219	31308
2280	31795	1671	2465	707	22880	10554	37297	44242
6072	61029	2766	5292	1631	53970	21048	71153	87001
6487	70166	3141	7174	1657	64054	22907	80666	98654
6610	85199	3537	8935	1413	82776	30292	97718	122020
8072	127685	3881	19157	1520	124348	43717	131980	144737
11828	190062	5616	12228	1605	187129	68811	177450	197059
26551	248671	7781	11261	1602	228170	82336	211441	270950
27275	278929	9177	10975	1958	255660	89953	240653	333722
36250	344958	10371	15369	2764	160979	93432	287908	363592
59575	438380	8898	14333	2266	200770	78236	269932	434725
48267	286661	16639	10619	2731	94774	29244	269849	414132
63733	342496	23741	13629	3763	194377	50509	262373	425010
94385	579133	5130	17611	5240	302489	64641	389367	579259

17-6 主要年份第三

按当年价格计算

年 份	尧都区	曲沃县	翼城县	襄汾县	洪洞县	古 县	安泽县	浮山县
1949	651	114	106	26	242	16	14	50
1952	929	166	159	39	363	27	23	73
1957	1728	320	247	80	596	40	43	131
1962	2023	325	282	90	625	44	112	145
1965	2632	338	397	187	951	51	222	169
1970	2723	517	287	310	907	70	338	184
1975	3422	696	588	1035	1445	228	392	223
1978	5972	902	1069	1398	1795	258	484	315
1980	7539	1229	1229	2387	2173	380	516	406
1985	17542	1541	2806	3147	4095	809	674	914
1990	39773	4969	7580	8251	11443	1541	1544	1536
1995	108791	13081	20679	20821	30528	5322	3600	5866
2000	238582	27948	50935	48191	75823	15246	8886	13617
2001	273027	32792	61905	55025	84420	17314	9954	16086
2002	328376	37868	70090	70031	93602	19982	12081	18162
2003	392554	45334	94882	89217	114200	24382	15534	20355
2004	489902	54750	115601	110059	141012	28355	18775	26904
2005	561656	59872	109010	132525	170511	31820	22316	30852
2006	656878	73904	142415	148671	199694	38374	25926	33389
2007	760805	103927	153566	171414	223471	46123	28694	38018
2008	931243	117528	177333	196157	248714	48870	33445	40954
2009	1023141	132374	198577	219226	250804	55192	41109	47471
2010	1092602	142038	211534	252543	276020	61673	46095	53825
2011	1266360	158829	236660	281379	316442	68661	51947	60251

产业增加值

单位：万元

吉　县	乡宁县	大宁县	隰　县	永和县	蒲　县	汾西县	侯马市	霍州市
9	33	14	14	24	8	49	205	39
15	53	23	21	37	13	75	319	50
39	88	61	41	44	39	115	531	198
50	152	70	71	62	70	174	701	941
55	170	106	76	94	89	153	1203	938
45	235	127	127	121	115	231	1103	1273
153	310	188	238	219	209	279	2421	1942
423	374	248	524	244	275	447	2938	2346
451	492	296	409	233	298	526	3672	3330
944	1477	611	804	338	668	1317	7182	5548
1541	2276	1021	1975	707	1812	2234	12666	8736
3817	13215	2828	4205	2338	5851	7658	30352	27619
9595	25929	6317	12319	5392	14171	17268	64693	44734
10950	29970	7424	15104	6217	18312	18566	73765	49522
11875	34340	7684	16755	6674	20800	22676	87611	54431
13035	41462	8539	19100	7849	25193	25412	100000	61649
14863	52671	9253	21841	8714	31505	30297	118837	77047
16560	61170	9584	24006	9528	35459	38272	149165	86323
20920	68224	11511	27165	11259	40536	42853	176397	92461
21727	76919	12763	29107	14505	43147	47345	204953	97713
23468	87194	14148	34574	17440	47771	52654	256127	113371
27045	97766	15155	38804	19206	53507	57701	297661	129262
27213	110526	17187	44639	22938	57538	66197	357694	150798
30585	125587	21231	50842	26312	64499	75879	419752	169814

17-7 主要年份第一产业增加值

年 份	尧都区	曲沃县	翼城县	襄汾县	洪洞县	古 县	安泽县	浮山县
1949	57.4	73.7	79.0	97.9	77.2	94.7	92.9	82.8
1952	66.5	73.3	79.9	95.1	59.7	94.7	93.2	82.3
1957	39.1	67.6	67.2	87.9	57.2	90.7	89.4	78.4
1962	31.5	69.0	71.0	79.9	50.2	88.0	77.9	76.8
1965	29.4	75.5	65.2	78.8	58.3	88.5	64.8	75.3
1970	24.2	68.0	59.8	79.7	49.6	76.9	53.8	78.9
1975	28.8	64.9	63.9	60.9	55.6	69.8	64.8	68.9
1978	16.7	44.0	50.2	55.6	49.6	56.4	57.5	63.2
1980	18.8	38.5	50.2	48.2	44.8	52.1	61.2	57.9
1985	18.4	49.1	45.3	62.8	47.2	52.1	63.1	65.7
1990	15.4	43.5	37.1	47.6	34.1	40.6	62.0	62.1
1995	12.9	34.0	36.8	41.3	30.0	32.0	59.5	43.2
2000	4.8	16.7	13.0	15.0	15.3	12.5	38.8	28.2
2001	4.8	15.7	9.0	15.6	14.1	10.8	37.2	24.2
2002	4.5	14.6	7.4	13.5	12.8	10.9	32.8	18.8
2003	4.3	12.1	5.8	10.9	10.1	6.8	26.7	18.3
2004	3.8	12.1	5.9	9.7	9.3	5.4	23.4	15.0
2005	3.0	10.4	5.0	8.3	6.5	3.8	16.9	9.2
2006	2.9	10.0	5.9	7.4	7.3	2.8	14.6	8.5
2007	2.8	9.2	7.0	7.6	7.4	2.6	11.4	8.5
2008	2.6	9.0	6.6	6.6	6.3	2.3	7.4	11.0
2009	3.4	14.3	8.9	7.9	6.3	3.3	8.3	12.5
2010	4.0	14.5	9.4	9.1	7.3	3.7	7.7	11.0
2011	3.7	12.1	8.7	9.2	6.8	2.8	6.9	11.0

占地区生产总值比重

单位：%

吉　县	乡宁县	大宁县	隰　县	永和县	蒲　县	汾西县	侯马市	霍州市
90.2	80.8	90.6	89.4	86.1	89.3	78.3	52.5	79.0
90.2	82.8	92.1	78.7	57.2	85.8	73.6	66.7	65.6
87.8	63.8	82.3	75.0	60.3	68.9	66.9	63.3	41.7
87.6	59.2	76.2	66.0	59.4	56.5	56.3	49.1	17.1
84.9	56.0	77.6	69.2	61.8	61.1	57.0	47.6	20.3
85.2	38.8	76.1	62.9	60.1	50.3	53.5	23.3	19.3
69.8	50.2	64.7	56.7	60.1	50.0	52.4	18.0	9.6
53.4	38.4	46.2	44.7	62.0	49.0	39.6	12.5	7.9
50.9	38.9	56.2	49.7	67.6	40.1	41.9	13.5	7.4
61.8	28.7	59.7	54.4	76.1	46.1	47.9	14.2	8.7
58.1	33.7	57.7	53.9	64.3	35.8	41.0	15.2	11.4
58.7	25.5	56.0	56.9	61.1	23.5	26.1	13.4	12.1
29.6	9.7	27.3	32.6	33.5	7.0	6.6	9.2	8.4
27.7	8.9	19.4	27.5	26.5	4.7	11.8	9.9	7.0
30.9	6.6	27.8	27.8	37.6	4.4	9.6	6.3	6.3
30.6	5.0	26.5	21.5	32.2	3.6	8.9	5.3	6.0
30.0	4.5	22.8	27.3	38.5	3.3	6.9	5.7	5.3
20.1	2.4	16.0	24.1	42.3	2.0	4.1	4.4	3.7
18.8	3.0	14.1	24.3	38.2	1.4	5.0	4.1	3.1
20.7	2.8	14.6	22.3	29.2	2.5	5.6	3.8	2.9
12.4	1.9	11.8	14.8	23.2	1.9	7.6	3.8	3.0
21.7	4.0	17.9	22.4	40.1	5.5	13.6	4.6	3.7
26.1	4.2	18.5	22.8	39.9	4.0	13.7	5.0	4.5
22.9	3.1	30.5	23.9	41.0	3.4	12.4	3.6	4.0

17-8 主要年份第二产业增加值

年 份	尧都区	曲沃县	翼城县	襄汾县	洪洞县	古 县	安泽县	浮山县
1949	3.8	10.5	3.0	0.4	3.3		0.9	5.1
1952	5.6	13.2	4.6	3.6	23.9	0.5	1.0	8.7
1957	29.4	18.3	13.6	10.4	26.5	1.9	2.0	8.3
1962	21.8	14.6	11.6	16.6	30.3	4.6	3.5	10.1
1965	28.3	12.5	13.8	17.5	23.7	4.3	3.2	10.7
1970	45.6	13.1	20.7	14.1	27.7	12.6	5.3	9.4
1975	51.4	16.5	18.1	26.8	27.4	11.6	8.7	16.7
1978	57.2	37.4	25.8	30.9	30.6	23.8	13.9	17.6
1980	50.6	41.4	27.8	30.3	35.1	20.2	13.9	19.1
1985	43.9	32.4	30.7	21.6	36.2	23.9	13.4	15.7
1990	44.3	30.6	39.2	30.8	45.0	34.4	13.0	19.3
1995	42.6	50.9	33.6	38.1	50.1	45.4	20.4	30.3
2000	49.0	61.6	48.1	59.1	55.3	57.3	33.4	31.8
2001	49.4	61.6	50.4	59.8	57.2	60.8	34.2	38.8
2002	46.6	64.0	56.3	61.4	60.2	61.5	38.4	48.4
2003	48.8	68.1	60.8	65.6	65.8	74.7	44.7	53.1
2004	49.0	69.2	61.7	69.1	66.7	79.9	49.5	61.6
2005	47.7	71.7	66.1	70.7	69.1	82.2	59.3	68.7
2006	47.3	70.3	59.9	72.8	67.0	82.6	63.3	72.8
2007	46.7	68.3	60.8	72.5	66.2	84.1	70.6	73.8
2008	42.6	68.2	58.1	70.0	69.3	87.4	79.6	67.0
2009	37.6	60.3	50.1	66.0	71.7	83.8	78.0	61.0
2010	38.8	64.1	54.7	66.0	70.1	83.7	81.0	68.3
2011	41.2	69.5	61.2	67.4	71.8	87.4	82.4	69.9

占地区生产总值比重

单位：%

吉　县	乡宁县	大宁县	隰　县	永和县	蒲　县	汾西县	侯马市	霍州市
6.4	13.8	0.6	2.8	2.4	7.1	5.3	1.6	9.3
6.0	11.7	0.3	10.4	7.6	9.1	6.6	3.0	24.6
5.8	27.8	2.7	12.2	9.6	18.7	7.0	5.8	42.2
5.4	25.1	5.5	15.3	8.3	22.5	7.8	12.2	56.0
6.8	30.2	7.2	15.2	8.3	19.3	11.2	16.3	60.5
9.6	47.0	6.9	21.1	8.6	30.5	17.9	60.8	57.7
19.0	34.5	16.4	19.8	8.0	32.4	23.1	56.8	74.2
23.1	50.1	26.2	25.5	8.2	33.1	27.8	59.3	77.7
24.8	48.0	19.1	27.1	8.9	40.6	27.8	59.2	76.5
11.7	57.1	16.1	18.9	6.0	38.0	19.8	53.3	72.9
16.8	52.5	20.7	18.3	10.5	43.1	28.2	46.3	69.3
15.5	52.6	16.3	15.9	9.0	60.9	42.8	47.7	54.1
27.3	63.4	22.1	20.3	15.4	73.7	51.3	47.6	60.5
26.9	63.8	24.0	23.3	15.5	74.1	48.7	47.1	61.9
24.7	66.6	22.8	25.1	10.9	76.4	51.7	49.4	64.8
26.5	71.7	23.0	39.3	11.0	80.2	57.6	53.9	65.9
31.0	74.8	29.2	26.1	9.6	82.8	64.6	56.5	68.1
49.2	78.3	37.7	24.2	8.3	84.8	65.4	56.1	73.1
45.9	77.9	38.1	21.8	9.2	85.1	64.4	55.3	75.9
49.6	79.5	38.3	26.9	11.3	76.9	62.7	56.2	76.5
62.8	81.8	34.1	25.0	8.8	79.2	55.2	49.3	76.9
50.2	71.6	43.0	16.7	7.5	60.4	29.1	45.3	73.4
51.8	72.5	47.3	18.1	8.5	74.1	37.4	40.2	70.5
58.2	79.6	13.5	19.6	9.8	79.7	40.3	46.4	74.2

17-9 主要年份第三产业增加值

年 份	尧都区	曲沃县	翼城县	襄汾县	洪洞县	古 县	安泽县	浮山县
1949	38.8	15.8	18.0	1.7	19.5	5.3	6.2	12.1
1952	27.9	13.5	15.5	1.3	16.4	4.8	5.8	9.0
1957	31.5	14.1	19.2	1.7	16.3	7.4	8.6	13.3
1962	46.7	16.4	17.4	3.5	19.5	7.4	18.6	13.1
1965	42.3	12.0	21.0	3.7	18.0	7.2	32.0	14.0
1970	30.2	18.9	19.5	6.2	22.7	10.5	40.9	11.7
1975	19.8	18.6	18.0	12.3	17.0	18.6	26.5	14.4
1978	26.1	18.6	24.0	13.5	19.8	19.8	28.6	19.2
1980	30.6	20.1	22.0	21.5	20.1	27.7	24.9	23.1
1985	37.7	18.5	24.0	15.6	16.6	24.0	23.5	18.6
1990	40.3	25.9	23.7	21.6	20.9	25.0	25.0	18.5
1995	44.5	24.8	29.6	20.6	19.9	22.6	20.1	26.5
2000	46.2	21.7	38.9	25.9	29.4	30.2	27.8	40.0
2001	45.8	22.7	40.6	24.6	28.7	28.4	28.6	37.0
2002	48.9	21.5	36.3	25.1	27.0	27.6	28.8	32.8
2003	46.9	19.8	33.4	23.5	24.1	18.5	28.6	28.6
2004	47.2	18.7	32.4	21.2	24.0	14.7	27.1	23.4
2005	49.3	17.9	28.8	21.1	24.4	14.0	23.8	22.1
2006	49.8	19.8	34.2	19.8	25.7	14.6	22.1	18.7
2007	50.5	22.4	32.2	19.9	26.4	13.3	18.1	17.7
2008	54.8	22.8	35.3	23.4	24.5	10.3	13.1	22.0
2009	59.0	25.4	41.1	26.1	22.0	12.9	13.6	26.5
2010	57.2	21.4	35.9	24.9	22.6	12.6	11.3	20.7
2011	55.1	18.4	30.1	23.4	21.3	9.7	10.6	19.2

占地区生产总值比重

单位：%

吉　县	乡宁县	大宁县	隰　县	永和县	蒲　县	汾西县	侯马市	霍州市
3.4	5.4	8.8	7.8	11.5	3.6	16.4	45.9	11.7
3.8	5.6	7.6	10.9	35.2	5.1	19.8	30.3	9.8
6.4	8.4	15.0	12.8	30.1	12.4	26.1	30.9	16.
1 7.0	15.7	18.3	18.7	32.3	21.0	35.9	38.7	26.9
8.3	13.8	15.2	15.6	29.9	19.6	31.8	36.1	19.2
5.2	14.2	17.0	16.0	31.3	19.2	28.6	15.9	23.0
11.2	15.3	18.9	23.5	31.9	17.6	24.5	25.2	16.2
23.5	11.5	27.6	29.8	29.8	17.9	32.6	28.2	14.4
24.3	13.1	24.7	23.2	23.5	19.3	30.3	27.3	16.1
26.5	14.2	24.2	26.7	17.9	15.9	32.3	32.5	18.4
25.1	13.8	21.6	27.8	25.2	21.1	30.8	38.5	19.3
25.9	21.9	27.7	27.2	29.9	15.6	31.1	38.9	33.8
43.1	26.9	50.6	47.1	51.1	19.3	42.1	43.2	31.1
45.4	27.3	56.6	49.2	58.0	21.2	39.5	43.0	31.1
44.4	26.8	49.4	47.1	51.5	19.2	38.7	44.3	28.9
42.9	23.3	50.5	39.2	56.8	16.2	33.5	40.8	28.1
39.0	20.7	48.0	46.6	51.9	13.9	28.5	37.8	26.6
30.7	19.3	46.4	51.7	49.4	13.2	30.4	39.6	23.3
35.2	19.1	47.8	53.9	52.6	13.5	30.7	40.6	21.0
29.7	17.7	47.1	50.9	59.5	20.6	31.8	40.0	20.6
24.7	16.3	54.2	60.2	68.0	18.8	37.2	46.8	20.1
28.1	24.4	39.1	60.9	52.4	34.1	57.4	50.0	22.9
22.1	23.4	34.2	59.1	51.6	21.9	48.9	54.8	25.0
18.9	17.3	55.9	56.6	49.2	17.0	47.3	50.0	21.8

17-10 主要年份地区

上年 =100

年 份	尧都区	曲沃县	翼城县	襄汾县	洪洞县	古 县	安泽县	浮山县
1952	153.1	114.8	115.0	152.5	121.1	166.3	134.3	162.0
1957	92.7	100.9	99.2	88.6	94.6	96.9	102.6	100.1
1962	75.6	97.6	120.1	111.5	97.8	108.6	103.9	105.4
1965	116.5	98.7	113.3	117.9	117.2	117.3	107.2	104.6
1970	124.2	101.7	74.5	78.2	92.7	99.7	101.7	112.1
1975	110.5	106.2	115.1	109.5	108.9	112.0	106.3	94.5
1978	112.9	105.4	108.9	95.6	104.5	104.5	107.3	89.2
1980	97.6	102.0	108.0	104.3	97.1	93.4	104.8	91.4
1985	107.9	89.3	101.6	103.0	115.6	105.8	88.9	103.6
1990	105.2	109.3	110.9	105.5	117.9	106.8	111.9	109.9
1995	104.3	122.0	116.0	112.3	107.2	127.1	120.9	109.5
2000	113.2	111.0	107.2	112.3	106.4	112.8	108.0	111.5
2001	114.0	111.1	114.4	116.7	113.2	120.5	108.4	126.8
2002	114.0	118.6	118.2	118.4	116.9	118.1	117.9	119.9
2003	110.8	122.1	119.5	116.9	119.2	123.2	111.5	115.2
2004	115.6	122.0	117.4	119.6	115.7	122.6	120.8	115.4
2005	110.5	114.7	109.4	121.1	109.4	121.0	115.4	113.8
2006	113.3	120.4	110.4	118.2	113.9	115.7	118.4	116.2
2007	111.5	119.9	110.6	116.8	106.8	116.1	125.9	118.2
2008	105.5	106.7	100.7	102.8	107.2	103.6	107.1	81.3
2009	101.8	108.8	96.2	109.5	105.8	103.6	123.2	104.9
2010	114.0	120.0	125.1	117.0	116.8	121.0	117.7	116.9
2011	116.1	116.8	116.0	115.1	115.2	117.0	117.9	116.3

生产总值指数

单位：%

吉　县	乡宁县	大宁县	隰　县	永和县	蒲　县	汾西县	侯马市	霍州市
101.6	112.0	150.7	95.5	29.5	94.1	100.1	160.7	136.5
108.8	79.8	105.3	104.2	75.1	100.3	90.9	98.1	107.2
108.3	98.5	90.9	97.6	103.3	91.7	82.3	86.5	93.4
100.9	114.5	121.2	117.5	100.7	111.5	106.8	104.0	104.2
99.7	92.6	110.0	141.1	82.0	110.3	110.3	147.5	107.9
117.4	104.1	114.9	121.6	117.3	104.5	103.6	102.8	109.9
125.5	110.1	90.7	142.8	100.3	107.6	109.2	102.0	123.8
84.4	88.3	105.4	131.5	112.0	103.7	93.1	102.6	104.9
97.8	98.5	125.1	84.8	103.4	109.4	109.2	101.0	101.3
114.3	113.3	146.6	105.6	124.3	125.5	104.0	103.8	107.4
104.3	131.6	101.0	103.9	128.7	122.1	111.6	111.4	115.1
112.2	110.0	106.1	111.3	122.5	111.4	107.0	110.7	103.1
111.0	114.6	112.8	115.5	102.5	114.6	118.6	113.5	110.1
114.1	115.8	113.9	116.9	117.4	118.1	116.6	115.7	114.9
109.9	100.2	109.0	120.0	106.9	120.7	119.5	119.7	115.9
115.3	114.3	108.3	95.1	115.4	121.2	121.3	121.2	118.9
129.6	117.0	108.6	97.4	111.1	116.9	116.0	120.9	118.3
114.3	118.2	118.1	110.4	106.8	117.4	114.1	114.4	116.9
116.7	117.8	107.0	110.6	110.6	63.0	111.0	116.0	113.3
105.4	100.7	98.5	98.4	104.9	116.8	102.0	104.9	111.7
112.0	87.6	114.1	103.8	113.8	72.0	73.2	114.1	107.6
117.6	115.8	115.9	114.4	113.4	148.7	118.6	108.1	118.6
115.3	116.6	69.5	114.3	115.2	126.2	115.3	115.5	115.6

17-11　主要年份第一

上年 =100

年 份	尧都区	曲沃县	翼城县	襄汾县	洪洞县	古　县	安泽县	浮山县
1952	184.9	115.1	110.5	152.3	92.3	171.0	133.6	173.0
1957	81.1	101.7	102.4	84.6	84.4	96.3	101.6	100.4
1962	106.5	98.9	150.6	114.2	116.3	109.9	104.9	114.3
1965	162.2	95.6	110.1	106.4	128.8	119.0	103.7	108.9
1970	76.4	93.8	63.1	74.1	78.4	94.4	99.0	126.4
1975	117.5	112.2	123.6	113.4	110.8	115.8	101.9	93.5
1978	102.0	85.5	96.8	84.2	106.5	98.4	105.7	84.4
1980	99.4	98.5	102.0	87.1	94.6	79.4	105.0	83.6
1985	82.8	81.0	89.5	98.5	97.1	99.9	81.0	87.2
1990	109.2	108.4	104.1	103.9	119.5	116.7	118.7	118.5
1995	116.7	124.3	129.8	109.4	109.4	121.6	125.1	111.3
2000	83.5	91.4	91.9	90.6	89.5	99.4	101.7	95.0
2001	112.2	104.3	79.0	123.5	104.2	100.5	103.5	108.4
2002	109.3	113.4	104.4	108.4	111.7	121.9	106.1	101.1
2003	110.6	104.0	111.7	104.2	103.5	104.9	104.8	109.5
2004	95.7	116.1	105.3	103.4	107.8	105.5	108.2	120.3
2005	89.4	103.8	92.9	104.0	77.4	85.6	95.6	72.7
2006	109.9	104.0	123.2	102.5	117.0	85.0	102.4	116.6
2007	98.7	100.6	114.9	106.6	101.3	97.5	105.5	111.7
2008	102.6	107.1	102.1	91.2	104.9	107.3	93.8	101.1
2009	105.2	119.4	100.5	92.2	98.8	97.9	111.3	93.3
2010	114.2	114.9	122.1	125.6	109.2	109.6	115.9	114.5
2011	103.8	102.6	110.4	110.3	105.6	103.6	104.2	112.4

产业增加值指数

单位：%

吉　县	乡宁县	大宁县	隰　县	永和县	蒲　县	汾西县	侯马市	霍州市
96.6	110.3	155.1	84.8	18.9	90.8	93.2	192.9	116.9
107.1	67.6	103.1	104.5	65.4	93.5	87.2	95.4	111.9
108.9	101.2	88.7	103.2	102.6	100.4	95.1	89.1	90.7
99.9	114.8	117.6	119.8	100.4	114.6	107.3	103.2	115.2
127.3	82.3	102.1	138.1	79.5	96.5	101.0	88.7	93.0
113.2	100.5	124.4	118.1	117.3	104.9	103.2	109.8	110.3
125.6	101.0	74.8	114.7	100.6	117.7	107.3	82.5	119.4
76.7	89.3	105.1	115.4	115.8	98.5	84.1	102.9	99.8
96.1	86.3	121.5	69.1	103.3	96.8	102.9	85.7	84.4
139.7	113.2	186.2	131.6	143.4	130.2	115.5	101.1	132.2
107.3	123.7	97.5	95.1	109.2	113.8	106.9	106.7	108.6
98.8	89.9	113.1	110.6	107.7	118.4	52.8	105.1	105.1
100.9	109.8	83.7	95.2	80.2	76.1	191.2	86.2	91.5
105.2	91.8	149.4	117.4	139.4	120.7	104.4	104.5	105.9
111.8	104.1	108.5	107.9	89.3	105.1	115.6	103.5	107.7
112.2	102.2	97.3	97.9	125.2	112.1	110.4	105.9	107.3
124.1	75.9	75.5	86.4	118.1	70.1	72.3	94.5	87.5
109.8	138.0	102.5	108.0	98.4	73.8	111.0	106.2	100.6
111.1	96.7	106.3	102.2	87.8	112.7	103.9	105.7	103.2
96.8	93.7	82.8	82.5	91.7	86.3	116.5	104.9	105.5
131.7	106.0	102.6	117.2	124.7	103.1	101.8	93.7	107.6
136.2	116.7	119.4	105.5	105.4	103.7	118.3	115.9	106.9
106.6	105.7	115.8	116.2	113.2	114.3	100.2	95.8	104.3

17-12 主要年份第二

上年 =100

年 份	尧都区	曲沃县	翼城县	襄汾县	洪洞县	古 县	安泽县	浮山县
1952	179.8	114.7	261.1	222.9	488.3		133.3	134.6
1957	106.8	108.2	96.9	110.2	103.7	108.7	141.6	95.5
1962	50.0	85.7	71.6	92.2	76.5	97.1	68.9	95.7
1965	133.4	131.2	121.2	175.4	114.5	108.2	83.3	103.6
1970	196.2	94.5	125.2	138.4	129.6	126.8	102.0	99.2
1975	114.4	104.5	111.8	119.4	110.3	96.3	115.7	100.6
1978	119.7	138.1	113.0	113.2	101.9	123.1	111.5	104.8
1980	93.0	104.5	130.8	106.6	107.4	111.8	103.2	101.7
1985	110.4	97.1	115.9	107.7	122.1	109.1	106.2	125.9
1990	102.9	106.2	127.4	103.7	115.5	99.4	109.7	97.6
1995	78.4	119.7	110.2	118.0	104.5	134.3	122.1	106.9
2000	125.2	118.4	111.8	117.5	108.7	115.7	110.2	124.5
2001	117.5	111.3	120.5	120.9	116.1	124.6	111.1	154.6
2002	106.2	121.6	126.0	120.6	121.1	119.5	125.2	135.7
2003	111.3	128.2	123.8	118.9	122.6	129.9	115.3	122.0
2004	124.9	130.6	121.7	122.5	116.9	125.8	129.2	111.8
2005	109.0	121.2	110.9	126.2	119.4	129.6	132.3	133.6
2006	117.4	125.5	106.7	122.4	110.3	117.7	125.0	119.4
2007	108.6	122.7	110.3	119.4	105.5	116.0	136.5	120.9
2008	94.8	105.1	93.9	101.6	106.3	102.8	107.1	72.0
2009	90.2	107.0	86.5	111.1	105.6	102.6	128.3	103.2
2010	118.2	122.8	140.6	117.4	120.8	122.9	119.3	119.0
2011	122.7	121.6	120.0	117.9	117.2	118.8	120.4	118.7

产业增加值指数

单位：%

吉　县	乡宁县	大宁县	隰　县	永和县	蒲　县	汾西县	侯马市	霍州市
126.3	113.3	100.0	250.0	114.3	115.0	119.0	320.0	300.0
137.5	146.8	153.3	91.5	88.3	125.9	83.3	89.1	91.5
84.7	95.0	71.3	78.0	99.0	76.6	92.4	95.3	96.8
119.1	120.7	120.6	121.7	107.9	107.6	120.1	105.1	105.2
128.3	105.2	168.3	193.2	130.0	129.1	197.1	206.8	110.5
128.9	110.8	117.8	102.9	103.2	101.2	107.1	100.1	111.3
126.7	120.6	105.5	118.1	81.5	92.4	102.3	101.0	129.4
86.7	84.3	94.7	175.8	110.8	114.3	100.9	102.0	105.1
89.9	106.3	149.8	119.3	103.6	118.7	96.0	103.8	103.7
99.1	115.7	132.6	76.2	117.9	126.9	91.4	108.1	106.2
103.2	139.0	102.8	108.6	116.8	127.1	117.6	113.7	124.8
115.0	112.4	98.7	112.5	103.0	110.6	114.2	109.6	101.2
105.7	114.2	111.9	130.2	98.3	116.1	106.6	118.3	112.1
110.2	118.9	106.3	118.2	87.4	118.9	122.9	113.8	117.9
113.4	93.0	105.0	145.7	107.0	122.6	122.6	129.8	119.7
135.4	113.6	112.0	63.9	105.4	123.8	126.8	129.0	116.3
184.1	123.1	138.9	89.8	107.4	120.3	122.7	125.0	124.2
122.6	119.7	114.6	101.8	114.0	119.4	112.1	112.8	120.2
121.3	119.7	109.9	129.7	127.7	55.8	110.8	117.6	114.3
104.8	98.6	86.4	79.7	81.6	119.6	97.1	94.3	111.5
106.7	81.3	130.6	78.1	114.4	60.8	50.9	119.6	107.1
117.2	117.1	117.8	136.3	133.6	171.4	127.0	97.9	120.5
122.1	118.8	19.5	121.5	141.6	131.4	125.4	121.4	118.4

17-13 主要年份第三

上年 =100

年 份	尧都区	曲沃县	翼城县	襄汾县	洪洞县	古 县	安泽县	浮山县
1952	115.6	114.7	116.3	116.8	117.7	116.0	119.7	118.3
1957	101.3	99.7	98.6	114.2	92.6	104.2	112.8	103.3
1962	79.0	91.3	84.6	94.2	103.5	103.7	105.1	87.6
1965	112.1	100.5	121.4	108.3	116.2	102.2	119.0	100.2
1970	117.6	124.4	86.8	135.2	107.5	117.9	106.0	103.2
1975	99.3	106.1	111.8	93.9	101.8	110.4	104.9	104.8
1978	106.0	102.9	116.8	107.2	110.2	101.5	108.5	109.7
1980	106.1	105.2	101.9	101.7	112.6	121.0	102.3	105.5
1985	118.2	97.3	112.6	108.1	115.7	116.9	106.2	109.8
1990	106.2	115.2	106.7	110.9	121.6	106.3	98.7	102.5
1995	114.8	107.7	105.5	107.3	110.9	120.2	106.0	109.4
2000	114.6	109.9	106.5	112.9	111.0	112.9	114.2	113.7
2001	113.3	115.5	114.7	118.9	111.9	119.5	111.4	110.6
2002	121.5	115.2	108.9	122.3	109.9	113.5	121.7	108.7
2003	119.5	119.3	113.0	121.5	116.7	119.2	111.9	108.1
2004	115.3	115.8	111.5	120.4	115.4	118.4	116.8	121.9
2005	113.7	103.6	109.5	109.9	100.1	110.4	110.2	112.1
2006	109.7	109.5	116.6	110.0	116.8	111.9	113.1	106.1
2007	115.2	116.4	110.4	110.8	112.0	120.7	109.0	111.6
2008	116.1	114.2	114.6	112.0	109.9	107.6	116.1	107.7
2009	110.8	112.0	112.3	109.9	108.2	109.9	112.9	114.2
2010	111.3	110.5	104.9	113.3	109.4	112.5	112.6	112.8
2011	112.4	111.7	111.3	109.3	111.9	109.4	109.9	110.3

产业增加值指数

单位：%

吉　县	乡宁县	大宁县	隰　县	永和县	蒲　县	汾西县	侯马市	霍州市
123.6	121.9	119.7	138.9	118.0	126.9	115.8	120.8	102.8
109.3	98.6	111.4	109.3	108.0	111.9	112.2	105.6	117.2
116.7	90.7	112.2	93.1	105.7	89.9	66.4	85.1	90.5
100.0	102.5	113.2	105.4	99.4	107.2	102.1	103.1	95.7
81.3	104.4	110.6	111.8	78.1	120.7	125.5	116.2	110.6
128.7	106.3	113.4	161.6	123.1	108.5	102.8	104.3	109.5
130.0	105.2	116.7	191.2	100.1	115.7	118.5	115.8	102.2
104.4	103.8	110.4	131.9	92.7	95.3	97.1	102.1	107.2
107.3	108.0	111.1	120.7	103.3	125.2	126.5	104.6	101.2
82.1	103.1	106.7	95.1	93.5	113.9	100.2	99.3	101.2
104.2	122.9	114.6	106.8	172.5	114.8	107.4	113.7	115.2
124.3	111.6	103.4	111.3	138.2	113.1	106.7	107.3	106.7
125.3	117.1	114.8	115.9	113.8	123.4	111.7	114.0	111.6
122.4	114.2	103.1	111.5	107.8	114.5	111.3	118.8	111.0
108.8	117.4	111.2	113.5	116.0	115.7	115.3	114.1	109.5
107.3	119.6	109.3	114.7	109.8	113.5	111.5	118.8	119.5
109.2	117.5	105.7	107.4	106.3	109.0	112.1	118.6	110.4
108.7	109.2	125.2	115.6	112.8	111.7	119.1	117.6	108.8
111.7	112.3	105.0	106.4	124.7	105.9	112.5	114.7	111.4
111.8	112.2	112.5	114.5	124.7	110.1	110.1	119.8	113.0
111.3	111.5	106.7	108.8	109.2	111.9	108.9	109.7	109.0
107.1	111.4	113.7	111.8	114.6	105.2	111.8	119.6	113.5
109.6	111.7	109.6	111.4	112.4	110.6	111.9	112.9	110.1

17-14 主要年份人均地区

上年 =100

年份	尧都区	曲沃县	翼城县	襄汾县	洪洞县	古县	安泽县	浮山县
1952	139.2	106.3	112.0	134.5	115.7	151.2	121.9	139.4
1957	89.9	97.3	97.4	84.1	94.0	97.5	104.3	99.7
1962	76.6	96.0	115.1	108.1	92.9	103.0	97.9	98.8
1965	113.5	96.4	110.5	114.2	114.4	116.4	106.2	103.6
1970	120.7	98.2	72.6	76.0	90.5	98.4	99.4	110.2
1975	108.1	104.2	113.2	107.5	106.7	110.4	105.6	93.9
1978	110.7	104.2	107.8	94.2	103.5	103.8	106.4	88.3
1980	95.1	101.1	107.1	102.6	96.2	93.0	104.0	90.0
1985	105.5	87.3	100.8	102.4	114.6	105.4	89.5	103.3
1990	103.0	108.4	109.2	104.7	117.8	104.6	110.3	107.7
1995	103.5	121.0	115.2	111.6	105.8	123.1	120.0	108.7
2000	112.7	104.9	106.2	111.9	104.5	109.2	107.8	111.2
2001	113.5	110.6	113.3	116.1	111.4	119.4	108.1	126.5
2002	113.2	118.6	117.6	117.5	115.8	117.4	117.8	119.8
2003	110.0	121.3	118.5	116.2	118.3	123.2	110.8	114.4
2004	114.8	121.2	116.6	119.1	114.8	121.4	120.0	114.5
2005	109.8	114.1	108.5	120.3	111.6	120.6	115.8	113.0
2006	112.6	119.7	109.7	117.4	109.3	115.0	117.5	115.4
2007	110.8	119.2	109.9	116.0	105.8	115.4	124.9	117.5
2008	104.9	106.1	100.1	102.2	105.8	103.0	106.6	80.9
2009	101.2	108.1	95.7	108.9	105.2	103.0	122.6	104.3
2010	102.1	119.1	127.0	123.3	117.8	119.1	116.5	117.6
2011	105.0	115.8	117.7	121.6	116.1	115.3	116.9	116.9

生产总值指数

单位：%

吉　县	乡宁县	大宁县	隰　县	永和县	蒲　县	汾西县	侯马市	霍州市
101.4	109.2	134.2	96.2	28.4	93.9	104.5	143.8	123.9
108.2	79.3	101.7	103.6	74.1	98.9	89.6	94.8	102.9
104.5	96.5	82.9	92.3	97.5	87.3	78.4	84.0	90.9
98.8	112.3	117.6	115.2	97.3	111.1	104.0	98.9	101.9
98.7	90.1	107.4	136.5	79.8	107.5	106.9	139.2	103.0
114.8	102.0	114.6	118.5	114.2	101.6	101.7	100.6	107.1
124.5	109.2	89.2	141.2	98.2	106.3	107.6	101.0	122.0
83.7	87.0	105.0	130.1	110.3	102.1	86.2	99.7	102.9
96.6	96.7	123.8	84.5	103.0	108.9	106.8	99.7	97.3
112.0	113.3	135.0	104.1	123.4	123.8	102.1	100.6	105.4
103.1	130.5	101.0	102.6	126.9	119.7	111.2	110.7	114.9
112.0	108.7	105.3	110.5	121.3	111.0	106.5	109.8	103.0
110.8	113.6	106.7	114.7	101.6	114.2	118.4	112.7	109.5
113.2	114.6	113.2	116.3	115.9	117.5	116.0	114.9	114.3
109.0	99.1	108.1	119.0	104.8	120.0	118.5	118.8	115.3
114.6	113.4	107.3	94.2	114.7	120.4	120.3	120.2	118.2
129.1	117.7	107.8	96.7	109.9	118.9	115.3	120.0	117.4
114.1	117.3	115.1	109.6	106.1	113.1	113.4	113.7	116.1
115.4	116.9	106.3	109.9	109.9	62.6	110.4	115.3	112.6
105.7	100.1	97.9	97.8	104.2	116.1	101.5	104.2	111.0
111.2	87.0	113.4	103.2	113.0	71.5	72.7	113.4	106.8
116.7	115.1	114.6	113.8	114.4	145.9	117.5	107.7	120.2
114.6	115.8	68.4	113.6	116.2	123.7	114.2	115.1	117.2

17-15 主要年份人均

年份	尧都区	曲沃县	翼城县	襄汾县	洪洞县	古县	安泽县	浮山县
1949	85	118	43	87	49	64	47	62
1952	156	155	72	153	83	113	80	110
1957	209	241	85	204	118	105	104	128
1962	149	166	89	103	91	105	114	122
1965	200	214	97	179	138	118	123	127
1970	250	182	69	160	92	103	136	153
1975	405	227	137	239	176	173	223	138
1978	505	288	181	280	180	180	248	142
1980	517	356	224	291	210	188	298	149
1985	885	459	455	513	451	455	408	397
1990	1704	969	1179	885	918	790	859	673
1995	3673	2490	2458	2173	2382	2847	2330	1843
2000	5918	4953	4334	3898	3720	5961	4190	2754
2001	8191	5461	5004	4714	4175	7154	4533	3511
2002	9163	6707	6289	5907	4874	8457	5407	4467
2003	11325	8818	9171	7975	6599	15288	6964	5698
2004	13953	12881	11430	10838	8145	22232	8824	9137
2005	15217	14596	12027	13040	9605	25987	11857	11024
2006	17488	16263	13140	15448	10582	29895	14770	14008
2007	19850	20041	14990	17611	11452	39200	19875	16727
2008	22267	22135	15689	17041	13691	53572	31856	14424
2009	22591	22290	15014	16977	15226	47933	37301	13820
2010	22269	28173	18588	21615	16478	54078	49858	20109
2011	24262	36293	25146	27067	20154	76690	59397	24497

地区生产总值

单位：元

吉　县	乡宁县	大宁县	隰　县	永和县	蒲　县	汾西县	侯马市	霍州市
68	84	71	49	90	55	58	110	61
95	122	128	51	42	62	70	213	83
127	118	162	77	57	75	78	293	144
136	100	111	76	64	62	76	253	300
116	118	185	89	93	80	69	365	387
132	140	178	126	101	96	100	604	375
186	150	216	138	156	167	124	722	701
236	231	186	229	176	208	141	747	902
240	260	247	225	209	202	172	936	1103
435	665	519	373	392	548	373	1393	1430
689	932	850	603	530	1052	603	1833	1916
1315	3083	1676	1663	1340	4055	1883	3951	3147
2243	4551	1986	2672	1719	7483	2982	6712	5261
2486	5055	2163	3153	1748	8792	3443	7568	5769
2813	5827	2598	3652	2096	10973	4309	8670	6767
3067	8035	2804	4959	2218	15612	5535	10665	7829
3515	11391	3171	4726	2672	22547	7704	13567	10246
5241	14116	3378	4649	3047	26615	9034	16169	13032
5731	15806	3910	5006	3358	29511	9974	18529	15352
7009	19027	4370	5645	3801	20448	10575	21710	16485
9042	23351	4185	5625	3971	24610	9994	23024	17115
9105	17328	6164	6205	5632	15149	7056	24884	19350
11589	20328	7874	7303	6896	24824	9394	27198	20943
15179	31075	5857	8641	8373	35227	11035	34827	27494

17-16 国民经济核算主要指标构成(2011年)

单位：%

	地区生产总值	第一产业	第二产业	#工业	第三产业	#交通运输仓储邮政业	#批发和零售业
全市	**100.0**	**6.6**	**63.0**	**58.2**	**30.4**	**7.3**	**5.7**
尧都区	100.0	3.7	41.2	33.7	55.1	8.5	10.9
曲沃县	100.0	12.1	69.5	67.0	18.4	7.4	2.5
翼城县	100.0	8.7	61.2	59.0	30.1	10.8	5.6
襄汾县	100.0	9.2	67.4	63.2	23.4	10.1	3.5
洪洞县	100.0	6.9	71.8	64.9	21.3	5.9	4.6
古县	100.0	2.8	87.5	86.2	9.7	2.5	1.5
安泽县	100.0	7.0	82.4	79.1	10.6	1.4	2.0
浮山县	100.0	10.9	69.9	66.1	19.2	2.2	2.4
吉县	100.0	22.9	58.2	52.9	18.9	1.9	3.5
乡宁县	100.0	3.1	79.6	75.8	17.3	1.7	2.7
大宁县	100.0	30.5	13.5	7.1	56.0	2.1	7.5
隰县	100.0	23.9	19.6	9.4	56.5	12.9	8.9
永和县	100.0	41.0	9.8	5.0	49.2	2.0	12.2
蒲县	100.0	3.4	79.6	77.1	17.0	2.7	2.0
汾西县	100.0	12.4	40.3	33.0	47.3	15.3	7.9
侯马市	100.0	3.6	46.4	41.0	50.0	13.0	11.8
霍州市	100.0	4.0	74.2	68.9	21.8	5.8	3.6

	资本形成总额	最终消费	政府消费	居民消费	农村居民	城镇居民
全市	**57.3**	**43.8**	**13.0**	**30.8**	**11.1**	**19.7**
尧都区	52.9	47.2	7.3	39.9	7.5	32.4
曲沃县	67.0	25.7	8.2	17.5	7.0	10.5
翼城县	65.4	34.4	8.4	25.9	11.2	14.7
襄汾县	59.0	41.0	11.7	29.4	15.1	14.3
洪洞县	54.0	45.4	6.5	38.9	19.1	19.8
古县	79.8	17.6	7.8	9.7	4.4	5.3
安泽县	80.9	18.7	4.5	14.2	6.4	7.8
浮山县	58.3	41.6	14.2	27.4	11.5	15.9
吉县	42.4	48.8	19.9	28.9	13.2	15.7
乡宁县	70.8	30.3	6.0	24.3	11.6	12.7
大宁县	11.6	88.4	9.0	79.5	20.2	59.3
隰县	18.5	85.1	17.8	67.3	25.5	41.8
永和县	56.3	46.9	5.1	41.8	12.9	28.9
蒲县	76.4	22.8	3.6	19.2	7.1	12.1
汾西县	45.6	60.5	11.4	49.1	15.2	33.9
侯马市	59.4	35.4	10.0	25.4	5.6	19.8
霍州市	51.9	47.9	11.2	36.7	8.4	28.3

17-17 按行业划分的法人单位及产业活动单位数(2011年)

单位：个

	法人单位				产业活动单位	
	单位数	单产业法人	多产业法人	规模、资质或限额以上单位	单位数	# 多产业法人所属的产业活动单位
全　市	**24612**	**20933**	**3679**	**966**	**35986**	**15053**
尧都区	7050	6442	608	319	8599	2157
曲沃县	1307	1089	218	56	2043	954
翼城县	1608	1381	227	51	2462	1081
襄汾县	1538	1192	346	57	2601	1409
洪洞县	2607	2132	475	113	4004	1872
古　县	907	763	144	44	1334	571
安泽县	752	614	138	23	1052	438
浮山县	1051	821	230	35	1576	755
吉　县	489	385	104	9	893	508
乡宁县	1119	883	236	44	1707	824
大宁县	552	456	96	6	835	379
隰　县	621	515	106	6	1120	605
永和县	465	349	116	2	722	373
蒲　县	859	736	123	36	1312	576
汾西县	583	431	152	12	1020	589
侯马市	1948	1810	138	103	2745	935
霍州市	1156	934	222	50	1961	1027

17-18 总人口(2011年)

单位：人

	总人口	按性别分	
		男性	女性
全　市	**4344986**	**2218016**	**2126970**
尧都区	949642	475044	474598
曲沃县	238480	121057	117423
翼城县	313689	158655	155034
襄汾县	445818	230787	215031
洪洞县	738116	374247	363869
古　县	92409	48404	44005
安泽县	82553	43932	38621
浮山县	128663	66930	61733
吉　县	107141	54951	52190
乡宁县	234889	123098	111791
大宁县	64955	33567	31388
隰　县	104360	54252	50108
永和县	64097	32855	31242
蒲　县	108129	56844	51285
汾西县	145799	75870	69929
侯马市	241566	121526	120040
霍州市	284680	145997	138683

17-19 人口自然变动(2011年)

单位：人

	出生		死亡		自然增长	
	人数	出生率(‰)	人数	死亡率(‰)	人数	增长率(‰)
全市	**46081**	**10.64**	**23630**	**5.45**	**22451**	**5.19**
尧都区	9572	10.11	5227	5.52	4345	4.59
曲沃县	2300	9.67	1179	4.96	1121	4.71
翼城县	3432	10.98	1648	5.27	1784	5.71
襄汾县	5106	11.49	2498	5.62	2608	5.87
洪洞县	7780	10.57	4117	5.59	3663	4.98
古县	1052	11.42	567	6.15	485	5.26
安泽县	910	11.06	480	5.83	430	5.22
浮山县	1515	11.81	883	6.88	632	4.93
吉县	1103	10.33	521	4.88	582	5.45
乡宁县	2611	11.15	1208	5.16	1403	5.99
大宁县	745	11.51	381	5.88	364	5.62
隰县	1220	11.73	622	5.98	598	5.75
永和县	715	11.19	355	5.56	360	5.63
蒲县	1246	11.56	602	5.59	644	5.98
汾西县	1671	11.50	869	5.98	802	5.52
侯马市	2367	9.83	1120	4.65	1247	5.18
霍州市	2736	9.64	1353	4.77	1383	4.87

17-20 城镇非私营单位从业人员(2011年)

单位：人

	总计	#女性	在岗职工	劳务派遣人员	其他从业人员
全市	**345405**	**130669**	**331507**	**6879**	**7019**
尧都区	94036	39631	87824	5513	699
曲沃县	10985	4758	10704	65	216
翼城县	16310	6874	15604	63	643
襄汾县	16440	6998	15408	99	933
洪洞县	43184	16426	42550	106	528
古县	8489	3386	8276	119	94
安泽县	8551	3006	8128	120	303
浮山县	7562	3105	7211	39	312
吉县	7182	2654	7135	34	13
乡宁县	20154	6221	19839	100	215
大宁县	5571	2267	5286	2	283
隰县	7581	3434	6915	34	632
永和县	3858	1652	3811		47
蒲县	12043	4475	12043		
汾西县	7776	3195	7733	43	
侯马市	32869	12985	31117	503	1249
霍州市	42814	9602	41923	39	852

17-21 城镇非私营单位从业人员劳动报酬(2011年)

	从业人员平均人数(人)	在岗职工	其他从业人员	从业人员劳动报酬(千元)	在岗职工工资总额	其他从业人员劳动报酬	在岗职工平均工资(元)
全　市	**344853**	**330838**	**6956**	**10249975**	**10005787**	**97868**	**30244**
尧都区	94974	88459	700	3219412	3087878	11652	34907
曲沃县	10957	10678	216	300323	293939	4763	27528
翼城县	16696	15965	700	426579	416614	8522	26095
襄汾县	16233	15187	947	494736	471307	21258	31034
洪洞县	42717	42081	532	1339431	1330297	7301	31613
古　县	8428	8254	85	258640	254898	1397	30882
安泽县	8414	8013	281	255974	250370	3207	31245
浮山县	6900	6590	273	204189	199991	3326	30348
吉　县	7182	7134	14	229893	229196	144	32127
乡宁县	19615	19329	217	583194	580784	915	30047
大宁县	5571	5269	300	131466	129404	2015	24559
隰　县	7604	7059	518	180199	171664	8019	24318
永和县	3800	3753	47	108444	107949	495	28763
蒲　县	12069	12069		318470	318470		26387
汾西县	7849	7804		180009	179540		23006
侯马市	33043	31285	1273	837950	808443	19533	25841
霍州市	42801	41909	853	1181066	1175043	5321	28038

17-22 国有单位从业人员(2011年)

单位：人

	总　计	#女　性	在岗职工	劳务派遣人员	其他从业人员
全　市	**234323**	**97858**	**229039**	**1009**	**4275**
尧都区	67322	28413	66542	577	203
曲沃县	9291	4337	9274	8	9
翼城县	12821	5741	12566		255
襄汾县	12443	5975	11612	4	827
洪洞县	29189	10489	28618	57	514
古　县	5894	2791	5754	78	62
安泽县	6742	2494	6331	108	303
浮山县	6257	2741	5979	4	274
吉　县	5041	2212	5001	27	13
乡宁县	16731	5240	16523	5	203
大宁县	5270	2156	5009	2	259
隰　县	6823	3035	6345	17	461
永和县	3534	1570	3487		47
蒲　县	9292	3762	9292		
汾西县	6987	2955	6987		
侯马市	19848	9266	19290	83	475
霍州市	10838	4681	10429	39	370

17-23 国有单位从业人员劳动报酬(2011年)

	从业人员平均人数(人)	在岗职工	其他从业人员	从业人员劳动报酬(千元)	在岗职工工资总额	其他从业人员劳动报酬	在岗职工平均工资(元)
全　市	**232104**	**226948**	**4176**	**6919323**	**6842516**	**57492**	**30150**
尧都区	67025	66256	193	2389147	2374806	3477	35843
曲沃县	9273	9258	9	252148	251770	148	27195
翼城县	12710	12462	248	305827	302663	3164	24287
襄汾县	12416	11571	841	381107	362507	18520	31329
洪洞县	28510	27936	518	888105	879473	7193	31482
古　县	5840	5737	55	172548	170547	804	29728
安泽县	6625	6236	281	202321	196913	3207	31577
浮山县	5776	5534	240	169860	167167	2637	30207
吉　县	5090	5049	14	134674	134172	144	26574
乡宁县	16285	16075	205	481131	480344	735	29881
大宁县	5270	4992	276	123337	121475	1815	24334
隰　县	6891	6468	404	164408	157203	6903	24305
永和县	3477	3430	47	102056	101561	495	29610
蒲　县	9333	9333		244967	244967		26247
汾西县	6931	6931		164691	164691		23762
侯马市	19817	19254	475	482580	475984	4809	24721
霍州市	10835	10426	370	260416	256273	3441	24580

17-24 城镇集体单位从业人员(2011年)

单位：人

	总　计	#女　性	在岗职工	劳务派遣人员	其他从业人员
全　市	**16864**	**7377**	**15209**	**700**	**955**
尧都区	4854	2000	4264	318	272
曲沃县	783	277	519	57	207
翼城县	802	231	658	63	81
襄汾县	753	265	552	95	106
洪洞县	1598	763	1535	49	14
古　县	448	222	393	23	32
安泽县	260	115	248	12	
浮山县	546	204	473	35	38
吉　县	520	100	517	3	
乡宁县	801	418	773	28	
大宁县	192	73	168		24
隰　县	398	184	285	17	96
永和县	128	46	128		
蒲　县	553	331	553		
汾西县	155	59	155		
侯马市	278	111	235		43
霍州市	3795	1978	3753		42

17-25 城镇集体单位从业人员劳动报酬(2011年)

	从业人员平均人数(人)	在岗职工	其他从业人员	从业人员劳动报酬(千元)	在岗职工工资总额	其他从业人员劳动报酬	在岗职工平均工资(元)
全　市	**17357**	**15755**	**994**	**619642**	**585004**	**19425**	**37131**
尧都区	4962	4421	273	241561	228842	5567	51762
曲沃县	783	519	207	28219	22213	4615	42800
翼城县	1254	1112	111	43953	40911	1599	36790
襄汾县	735	534	106	36876	32047	2738	60013
洪洞县	1606	1544	14	45009	44507	108	28826
古　县	443	390	30	16358	14905	593	38218
安泽县	251	239		16049	15853		66331
浮山县	504	436	33	14800	13295	689	30493
吉　县	520	517		17318	17183		33236
乡宁县	788	760		34465	33944		44663
大宁县	192	168	24	6142	5942	200	35369
隰　县	382	300	74	11921	11023	684	36743
永和县	125	125		4354	4354		34832
蒲　县	542	542		14076	14076		25970
汾西县	152	152		1141	1141		7507
侯马市	327	247	80	5219	3967	1252	16061
霍州市	3791	3749	42	82181	80801	1380	21553

17-26 其他单位从业人员(2011年)

单位：人

	总　计	#女　性	在岗职工	劳务派遣人员	其他从业人员
全　市	**94218**	**25434**	**87259**	**5170**	**1789**
尧都区	21860	9218	17018	4618	224
曲沃县	911	144	911		
翼城县	2687	902	2380		307
襄汾县	3244	758	3244		
洪洞县	12397	5174	12397		
古　县	2147	373	2129	18	
安泽县	1549	397	1549		
浮山县	759	160	759		
吉　县	1621	342	1617	4	
乡宁县	2622	563	2543	67	12
大宁县	109	38	109		
隰　县	360	215	285		75
永和县	196	36	196		
蒲　县	2198	382	2198		
汾西县	634	181	591	43	
侯马市	12743	3608	11592	420	731
霍州市	28181	2943	27741		440

17-27 其他单位从业人员劳动报酬(2011年)

	从业人员平均人数(人)	在岗职工	其他从业人员	从业人员劳动报酬(千元)	在岗职工工资总额	其他从业人员劳动报酬	在岗职工平均工资(元)
全 市	**95392**	**88135**	**1786**	**2711010**	**2578267**	**20951**	**29254**
尧都区	22987	17782	234	588704	484230	2608	27231
曲沃县	901	901		19956	19956		22149
翼城县	2732	2391	341	76799	73040	3759	30548
襄汾县	3082	3082		76753	76753		24904
洪洞县	12601	12601		406317	406317		32245
古 县	2145	2127		69734	69446		32650
安泽县	1538	1538		37604	37604		24450
浮山县	620	620		19529	19529		31498
吉 县	1572	1568		77901	77841		49643
乡宁县	2542	2494	12	67598	66496	180	26662
大宁县	109	109		1987	1987		18229
隰 县	331	291	40	3870	3438	432	11814
永和县	198	198		2034	2034		10273
蒲 县	2194	2194		59427	59427		27086
汾西县	766	721		14177	13708		19012
侯马市	12899	11784	718	350151	328492	13472	27876
霍州市	28175	27734	441	838469	837969	500	30215

17-28 城镇非私营企业从业人员与劳动报酬(2011年)

	从业人员(人)	在岗职工	其他从业人员	从业人员劳动报酬(千元)	在岗职工工资总额	其他从业人员劳动报酬	在岗职工平均工资(元)
全 市	**169608**	**158596**	**4133**	**5480531**	**5275761**	**58450**	**33134**
尧都区	50258	44203	542	1899021	1770071	9068	38905
曲沃县	2549	2306	178	61603	55790	4192	24278
翼城县	5429	4761	605	163080	153584	8053	29332
襄汾县	4866	4520	247	137478	130017	5290	29855
洪洞县	22348	21850	392	872654	865940	4881	40385
古 县	3084	2933	32	97892	94954	593	32408
安泽县	3208	3038	50	88334	85115	822	28765
浮山县	1677	1553	85	43408	40525	2011	30678
吉 县	2361	2321	6	102227	101587	87	44713
乡宁县	10634	10518	16	324936	323157	284	32200
大宁县	1448	1357	89	25693	24983	663	18410
隰 县	1110	819	257	21339	18900	1923	22581
永和县	555	554	1	10639	10619	20	19237
蒲 县	4250	4250		115261	115261		27242
汾西县	1223	1180		22857	22388		17248
侯马市	20276	18919	854	515654	489650	16030	25635
霍州市	34332	33514	779	978455	973220	4533	29050

17-29 事业单位从业人员与劳动报酬(2011年)

	从业人员(人)	在岗职工	其他从业人员	从业人员劳动报酬(千元)	在岗职工工资总额	其他从业人员劳动报酬	在岗职工平均工资(元)
全市	**111566**	**109456**	**2110**	**3010022**	**2981145**	**28877**	**27421**
尧都区	31342	31241	101	941420	939614	1806	30607
曲沃县	4518	4480	38	126929	126358	571	28218
翼城县	7070	7051	19	168266	167977	289	23888
襄汾县	7729	7131	598	238928	224248	14680	31620
洪洞县	14681	14555	126	324596	322236	2360	22179
古县	3323	3270	53	93716	92970	746	28536
安泽县	3213	2960	253	98917	96532	2385	32678
浮山县	3207	3009	198	87134	86155	979	30530
吉县	3257	3251	6	83502	83457	45	25168
乡宁县	6079	5880	199	163785	163154	631	27743
大宁县	2147	1977	170	52270	51163	1107	26104
隰县	3574	3509	65	90034	89246	788	24626
永和县	1698	1652	46	50192	49717	475	30614
蒲县	3744	3744		97160	97160		25882
汾西县	4157	4157		99724	99724		24170
侯马市	6346	6181	165	167638	166411	1227	27006
霍州市	5481	5408	73	125811	125023	788	23131

17-30 机关单位从业人员与劳动报酬(2011年)

	从业人员(人)	在岗职工	其他从业人员	从业人员劳动报酬(千元)	在岗职工工资总额	其他从业人员劳动报酬	在岗职工平均工资(元)
全市	**63946**	**63175**	**771**	**1752332**	**1742020**	**10312**	**27821**
尧都区	12151	12100	51	371881	371332	549	30993
曲沃县	3918	3918		111791	111791		28650
翼城县	3811	3792	19	95233	95053	180	25711
襄汾县	3845	3757	88	118330	117042	1288	31295
洪洞县	6155	6145	10	142181	142121	60	23260
古县	2082	2073	9	67032	66974	58	32417
安泽县	2130	2130		68723	68723		32725
浮山县	2678	2649	29	73647	73311	336	29960
吉县	1564	1563	1	44164	44152	12	28559
乡宁县	3441	3441		94473	94473		27688
大宁县	1976	1952	24	53503	53258	245	27284
隰县	2897	2587	310	68826	63518	5308	24449
永和县	1605	1605		47613	47613		30192
蒲县	4049	4049		106049	106049		25967
汾西县	2396	2396		57428	57428		24129
侯马市	6247	6017	230	154658	152382	2276	25304
霍州市	3001	3001		76800	76800		25583

17-31 城镇非私营单位农林牧渔业从业人员与劳动报酬(2011年)

	从业人员(人)	在岗职工	其他从业人员	从业人员劳动报酬(千元)	在岗职工工资总额	其他从业人员劳动报酬	在岗职工平均工资(元)
全　市	**4163**	**4139**	**24**	**88675**	**88335**	**340**	**21529**
尧都区	827	826	1	17059	17043	16	20784
曲沃县							
翼城县	87	77	10	1898	1840	58	23590
襄汾县	207	201	6	5196	5136	60	25809
洪洞县	141	141		2754	2754		19532
古　县	12	12		264	264		22000
安泽县	530	530		7625	7625		14749
浮山县	43	43		456	456		18240
吉　县	132	132		2971	2971		23394
乡宁县	206	206		3820	3820		18544
大宁县							
隰　县	742	735	7	11293	11087	206	15084
永和县	26	26		229	229		8808
蒲　县	210	210		2751	2751		13038
汾西县	42	42		794	794		16542
侯马市	958	958		31565	31565		32949
霍州市							

17-32 城镇非私营单位采矿业从业人员与劳动报酬(2011年)

	从业人员(人)	在岗职工	其他从业人员	从业人员劳动报酬(千元)	在岗职工工资总额	其他从业人员劳动报酬	在岗职工平均工资(元)
全　市	**42835**	**42817**	**18**	**1600725**	**1600209**	**516**	**38372**
尧都区	108	108		1793	1793		17408
曲沃县							
翼城县	968	968		33056	33056		33559
襄汾县							
洪洞县	8013	8013		402510	402510		54276
古　县	423	423		37002	37002		87682
安泽县							
浮山县	318	304	14	15891	15474	417	60445
吉　县	1317	1317		73788	73788		58423
乡宁县	7596	7592	4	241282	241183	99	33638
大宁县							
隰　县							
永和县							
蒲　县	1776	1776		51445	51445		28999
汾西县							
侯马市							
霍州市	22316	22316		743958	743958		33342

17-33 城镇非私营单位制造业从业人员与劳动报酬(2011年)

	从业人员(人)	在岗职工	其他从业人员	从业人员劳动报酬(千元)	在岗职工工资总额	其他从业人员劳动报酬	在岗职工平均工资(元)
全　市	**54620**	**53867**	**333**	**1515769**	**1504131**	**3451**	**27754**
尧都区	16065	15890	175	509596	507818	1778	31540
曲沃县	513	513		5981	5981		11591
翼城县	2118	2082	36	52755	51975	780	24904
襄汾县	3231	3231		76809	76809		25036
洪洞县	11219	11175	44	384842	384622	220	33795
古　县	1213	1213		23849	23849		19841
安泽县	2145	2145		49591	49591		23239
浮山县	225	219	6	3761	3753	8	20735
吉　县	60	60		286	286		4767
乡宁县	132	132		2144	2144		15650
大宁县	40	40		555	555		13875
隰　县	238	236	2	2713	2702	11	11305
永和县	51	51		448	448		8960
蒲　县	12	12		245	245		20417
汾西县	550	550		11531	11531		19218
侯马市	11666	11186	60	290386	281773	426	25022
霍州市	5142	5132	10	100277	100049	228	19518

17-34 城镇非私营单位电力、燃气及水的生产和供应业从业人员与劳动报酬(2011年)

	从业人员(人)	在岗职工	其他从业人员	从业人员劳动报酬(千元)	在岗职工工资总额	其他从业人员劳动报酬	在岗职工平均工资(元)
全　市	**9369**	**8434**	**935**	**481264**	**471243**	**10021**	**56845**
尧都区	4584	4539	45	372776	372103	673	82690
曲沃县	92	92		2207	2207		23989
翼城县	52	52		801	801		15404
襄汾县	119	113	6	1655	1617	38	14310
洪洞县	127	127		1092	1092		8598
古　县	44	44		455	455		10341
安泽县	260	246	14	8781	8281	500	45005
浮山县	40	40		434	434		11128
吉　县	48	48		775	775		16146
乡宁县	360	360		4643	4643		13737
大宁县	85	40	45	821	565	256	14125
隰　县	45	45		631	631		15024
永和县	31	31		255	255		8226
蒲　县	602	602		13054	13054		21757
汾西县	117	117		773	773		7888
侯马市	969	584	385	27141	19087	8054	32461
霍州市	1794	1354	440	44970	44470	500	32843

17-35 城镇非私营单位建筑业从业人员与劳动报酬(2011年)

	从业人员(人)	在岗职工	其他从业人员	从业人员劳动报酬(千元)	在岗职工工资总额	其他从业人员劳动报酬	在岗职工平均工资(元)
全　市	**16999**	**14659**	**103**	**424058**	**368692**	**2643**	**22185**
尧都区	7133	4911		193463	140998	12	22038
曲沃县	700	700		15098	15098		21913
翼城县	250	200	50	21691	20612	1079	31230
襄汾县							
洪洞县	299	299		5150	5150		19808
古　县	350	335		6210	5940		17217
安泽县							
浮山县	80	80		1420	1420		28400
吉　县	245	245		6762	6762		27600
乡宁县							
大宁县	800	800		13413	13413		16766
隰　县							
永和县	128	128		1410	1410		10846
蒲　县	256	256		5120	5120		20000
汾西县	10	10		1844	1844		20955
侯马市	3604	3551	53	95055	93503	1552	26317
霍州市	3144	3144		57422	57422		18258

17-36 城镇非私营单位交通运输、仓储和邮政业从业人员与劳动报酬(2011年)

	从业人员(人)	在岗职工	其他从业人员	从业人员劳动报酬(千元)	在岗职工工资总额	其他从业人员劳动报酬	在岗职工平均工资(元)
全　市	**10610**	**10577**	**33**	**223074**	**222777**	**297**	**20995**
尧都区	5445	5445		131508	131508		24563
曲沃县	237	237		3773	3773		15920
翼城县	181	181		2711	2711		14734
襄汾县	195	195		4029	4029		20662
洪洞县	616	616		9291	9291		15157
古　县	100	100		2738	2738		27380
安泽县	225	225		4464	4464		19840
浮山县	246	233	13	3708	3618	90	19663
吉　县	133	133		4285	4285		22202
乡宁县	374	374		7228	7228		19326
大宁县	202	182	20	3008	2801	207	15390
隰　县	146	146		1943	1943		13683
永和县	86	86		1981	1981		23035
蒲　县	161	161		2103	2103		12823
汾西县	185	185		2862	2862		16169
侯马市	1819	1819		34867	34867		17954
霍州市	259	259		2575	2575		9942

17-37 城镇非私营单位信息传输、计算机服务和软件业从业人员与劳动报酬(2011年)

	从业人员(人)	在岗职工	其他从业人员	从业人员劳动报酬(千元)	在岗职工工资总额	其他从业人员劳动报酬	在岗职工平均工资(元)
全市	**4244**	**2161**	**88**	**134628**	**96329**	**1115**	**44617**
尧都区	3731	1745		123949	86932		50047
曲沃县							
翼城县	139	51	88	2249	1134	1115	22235
襄汾县							
洪洞县							
古县							
安泽县	61	61		1658	1658		27180
浮山县							
吉县	58	58		1789	1789		30845
乡宁县							
大宁县							
隰县	148	139		2860	2693		18572
永和县	48	48		1170	1170		24375
蒲县							
汾西县							
侯马市							
霍州市	59	59		953	953		16153

17-38 城镇非私营单位批发和零售贸易业从业人员与劳动报酬(2011年)

	从业人员(人)	在岗职工	其他从业人员	从业人员劳动报酬(千元)	在岗职工工资总额	其他从业人员劳动报酬	在岗职工平均工资(元)
全市	**14663**	**13277**	**414**	**332338**	**310749**	**4599**	**23825**
尧都区	6012	5342	15	162103	149576	629	28976
曲沃县	249	249		4821	4821		19361
翼城县	625	518	107	11283	9871	1412	19821
襄汾县	367	352	15	8447	8210	237	22869
洪洞县	874	874		16543	16543		18714
古县	639	562		13611	12451		21393
安泽县	356	257		9703	7546		31706
浮山县	310	310		2956	2956		10788
吉县	342	310	6	7624	7194	87	23206
乡宁县	1523	1456	2	37045	36160	41	25146
大宁县	115	115		712	712		6191
隰县	289	136	146	3488	2230	1139	15594
永和县	127	126	1	1719	1699	20	13813
蒲县	1154	1154		27670	27670		24166
汾西县	377	334		4867	4398		12748
侯马市	366	364	2	10658	10632	26	29209
霍州市	938	818	120	9088	8080	1008	9926

17-39 城镇非私营单位住宿和餐饮业从业人员与劳动报酬(2011年)

	从业人员(人)	在岗职工	其他从业人员	从业人员劳动报酬(千元)	在岗职工工资总额	其他从业人员劳动报酬	在岗职工平均工资(元)
全　市	**2488**	**2469**	**19**	**34295**	**34200**	**95**	**13774**
尧都区	1321	1321		19450	19450		14547
曲沃县	160	160		2134	2134		13338
翼城县							
襄汾县	90	90		1296	1296		14400
洪洞县	47	47		438	438		9319
古　县	116	116		2426	2426		24020
安泽县	42	42		1190	1190		16528
浮山县	57	57		488	488		9760
吉　县	31	31		223	223		6194
乡宁县	288	288		3401	3401		12322
大宁县	85	85		734	734		8635
隰　县	80	61	19	689	594	95	9738
永和县	38	38		605	605		14756
蒲　县	70	70		767	767		11800
汾西县	21	21		64	64		3200
侯马市							
霍州市	42	42		390	390		9286

17-40 城镇非私营单位金融业从业人员与劳动报酬(2011年)

	从业人员(人)	在岗职工	其他从业人员	从业人员劳动报酬(千元)	在岗职工工资总额	其他从业人员劳动报酬	在岗职工平均工资(元)
全　市	**15138**	**11779**	**2104**	**772604**	**706088**	**35280**	**60760**
尧都区	6299	5356	293	404188	379794	5880	72383
曲沃县	694	451	178	29958	24145	4192	53537
翼城县	1012	625	324	37644	32534	3667	51641
襄汾县	958	633	226	46561	39375	5015	63101
洪洞县	1329	875	348	54907	48413	4661	54458
古　县	326	267	32	15578	14070	593	53702
安泽县	324	267	36	18724	18162	322	71224
浮山县	388	284	65	15669	13211	1586	47693
吉　县	218	210		10665	10455		49786
乡宁县	495	450	10	31814	31019	144	70982
大宁县	185	159	24	7516	7269	200	45717
隰　县	342	258	66	12501	11656	615	45178
永和县	147	147		5816	5816		40389
蒲　县	380	380		16960	16960		44749
汾西县	82	82		3256	3256		39707
侯马市	1212	836	293	42812	35417	5608	43297
霍州市	747	499	209	18035	14536	2797	29130

17-41 城镇非私营单位房地产业从业人员与劳动报酬(2011年)

	从业人员(人)	在岗职工	其他从业人员	从业人员劳动报酬(千元)	在岗职工工资总额	其他从业人员劳动报酬	在岗职工平均工资(元)
全　市	**1005**	**969**	**36**	**18980**	**18845**	**135**	**19671**
尧都区	252	240	12	4758	4686	72	19525
曲沃县							
翼城县							
襄汾县	22	22		499	499		22682
洪洞县							
古　县	16	16		619	619		38688
安泽县	6	6		134	134		22333
浮山县	60	60		1154	1154		26837
吉　县	51	51		708	708		13882
乡宁县	84	84		1095	1095		13036
大宁县	63	63		366	366		5810
隰　县	31	7	24	127	64	63	3048
永和县	19	19		354	354		18632
蒲　县	28	28		408	408		14571
汾西县	6	6		143	143		23833
侯马市	298	298		6288	6288		21683
霍州市	69	69		2327	2327		33725

17-42 城镇非私营单位租赁和商务服务业从业人员与劳动报酬(2011年)

	从业人员(人)	在岗职工	其他从业人员	从业人员劳动报酬(千元)	在岗职工工资总额	其他从业人员劳动报酬	在岗职工平均工资(元)
全　市	**3017**	**2724**	**293**	**59356**	**54249**	**5107**	**20356**
尧都区	729	728	1	14741	14723	18	20308
曲沃县	18	18		393	393		21833
翼城县	77	76	1	1050	1040	10	13684
襄汾县	116	111	5	2636	2600	36	23853
洪洞县	240	240		2357	2357		9821
古　县	34	34		1086	1086		31941
安泽县	151	151		4557	4557		31646
浮山县	29	29		124	124		4769
吉　县	41	41		921	921		22463
乡宁县	173	172	1	5462	5434	28	31593
大宁县							
隰　县	721	436	285	11126	6111	5015	14725
永和县	31	31		764	764		24645
蒲　县	100	100		2267	2267		22899
汾西县	335	335		5054	5054		16251
侯马市	209	209		6651	6651		31521
霍州市	13	13		167	167		12846

17-43 城镇非私营单位科学研究、技术服务和地质勘探业从业人员与劳动报酬(2011年)

	从业人员(人)	在岗职工	其他从业人员	从业人员劳动报酬(千元)	在岗职工工资总额	其他从业人员劳动报酬	在岗职工平均工资(元)
全　市	**3411**	**3284**	**127**	**109625**	**107236**	**2389**	**33006**
尧都区	1578	1574	4	43815	43749	66	28280
曲沃县	63	63		1841	1841		29222
翼城县	24	24		596	596		24833
襄汾县	23	23		741	741		32217
洪洞县	698	577	121	33197	30897	2300	53548
古　县	6	6		179	179		29833
安泽县	147	146	1	6306	6287	19	44589
浮山县	91	91		1717	1717		20939
吉　县	12	12		367	367		30583
乡宁县	97	97		2815	2815		28724
大宁县	6	6		105	105		17500
隰　县	46	46		1310	1310		26735
永和县	7	7		176	176		25143
蒲　县	22	22		374	374		17000
汾西县	27	27		962	962		35630
侯马市	550	549	1	14886	14882	4	27009
霍州市	14	14		238	238		17000

17-44 城镇非私营单位水利、环境和公共设施管理业从业人员与劳动报酬(2011年)

	从业人员(人)	在岗职工	其他从业人员	从业人员劳动报酬(千元)	在岗职工工资总额	其他从业人员劳动报酬	在岗职工平均工资(元)
全　市	**8490**	**8370**	**120**	**129412**	**128588**	**824**	**15301**
尧都区	2938	2936	2	51337	51301	36	17285
曲沃县	551	551		8592	8592		15593
翼城县	157	157		1371	1371		8623
襄汾县	298	291	7	6280	6226	54	21618
洪洞县	1496	1496		19170	19170		12806
古　县	153	153		1910	1910		12484
安泽县	15	15		362	362		24133
浮山县							
吉　县	336	336		3751	3751		11098
乡宁县	304	304		4962	4962		16322
大宁县	43	43		640	640		14884
隰　县	40	23	17	479	217	262	8680
永和县	8	8		129	129		16125
蒲　县	296	296		3877	3877		13054
汾西县	142	142		1092	1092		7690
侯马市	1013	919	94	14493	14021	472	15273
霍州市	700	700		10967	10967		15712

17-45 城镇非私营单位居民服务和其他服务业从业人员与劳动报酬(2011年)

	从业人员(人)	在岗职工	其他从业人员	从业人员劳动报酬(千元)	在岗职工工资总额	其他从业人员劳动报酬	在岗职工平均工资(元)
全　市	**119**	**117**	**2**	**2419**	**2395**	**24**	**20470**
尧都区	98	98		1976	1976		20163
曲沃县							
翼城县							
襄汾县							
洪洞县	10	10		123	123		12300
古　县							
安泽县							
浮山县							
吉　县							
乡宁县							
大宁县							
隰　县							
永和县							
蒲　县							
汾西县							
侯马市	11	9	2	320	296	24	32889
霍州市							

17-46 城镇非私营单位教育业从业人员与劳动报酬(2011年)

	从业人员(人)	在岗职工	其他从业人员	从业人员劳动报酬(千元)	在岗职工工资总额	其他从业人员劳动报酬	在岗职工平均工资(元)
全　市	**56140**	**54985**	**1155**	**1780417**	**1761745**	**18672**	**32183**
尧都区	13955	13885	70	525349	524459	890	38447
曲沃县	2647	2647		82840	82840		31296
翼城县	3438	3438		93593	93593		27350
襄汾县	5165	4712	453	177260	164154	13106	34823
洪洞县	7292	7292		193161	193161		26577
古　县	2107	2107		61559	61559		29216
安泽县	1445	1193	252	53096	50730	2366	41480
浮山县	1824	1666	158	49974	49371	603	31090
吉　县	1734	1728	6	50000	49955	45	28710
乡宁县	3161	3161		98253	98253		30985
大宁县	1198	1114	84	31743	31150	593	28396
隰　县	1473	1473		50925	50925		31928
永和县	962	916	46	28945	28470	475	32206
蒲　县	1754	1754		60916	60916		34769
汾西县	2287	2287		60381	60381		26264
侯马市	2677	2591	86	76867	76273	594	29655
霍州市	3021	3021		85555	85555		28320

17-47 城镇非私营单位卫生、社会保障和社会福利业从业人员与劳动报酬(2011年)

	从业人员(人)	在岗职工	其他从业人员	从业人员劳动报酬(千元)	在岗职工工资总额	其他从业人员劳动报酬	在岗职工平均工资(元)
全　市	**18277**	**17623**	**654**	**450818**	**444712**	**6106**	**25783**
尧都区	6373	6350	23	163179	162332	847	26739
曲沃县	685	647	38	17692	17121	571	26503
翼城县	1359	1351	8	35408	35187	221	26318
襄汾县	1023	896	127	27862	26438	1424	30459
洪洞县	1954	1949	5	31908	31848	60	16383
古　县	394	341	53	12124	11378	746	33663
安泽县	347	347		10807	10807		31416
浮山县	401	390	11	11868	11776	92	32530
吉　县	453	453		14046	14046		30735
乡宁县	1130	932	198	23346	22743	603	24667
大宁县	366	282	84	7884	7407	477	26266
隰　县	533	499	34	14364	14087	277	27730
永和县	199	199		7424	7424		36935
蒲　县	529	529		12852	12852		24341
汾西县	633	633		16198	16198		26338
侯马市	1091	1091		32315	32315		29620
霍州市	807	734	73	11541	10753	788	14650

17-48 城镇非私营单位文化、体育和娱乐业从业人员与劳动报酬(2011年)

	从业人员(人)	在岗职工	其他从业人员	从业人员劳动报酬(千元)	在岗职工工资总额	其他从业人员劳动报酬	在岗职工平均工资(元)
全　市	**3989**	**3943**	**46**	**73819**	**73262**	**557**	**18618**
尧都区	1128	1126	2	22457	22425	32	20022
曲沃县	77	77		1460	1460		18961
翼城县	221	221		2970	2970		12427
襄汾县	145	145		2748	2748		18952
洪洞县	917	917		12854	12854		14002
古　县	114	114		2156	2156		20533
安泽县	17	17		629	629		37000
浮山县	102	102		1948	1948		22391
吉　县	116	116		2482	2482		21772
乡宁县	172	172		4975	4975		28924
大宁县	62	62		864	864		13935
隰　县	72	70	2	1176	1146	30	16609
永和县							
蒲　县	262	262		5115	5115		18944
汾西县	109	109		2071	2071		19355
侯马市	364	322	42	7790	7295	495	22655
霍州市	111	111		2124	2124		19135

17-49 城镇非私营单位公共管理和社会组织从业人员与劳动报酬(2011年)

	从业人员(人)	在岗职工	其他从业人员	从业人员劳动报酬(千元)	在岗职工工资总额	其他从业人员劳动报酬	在岗职工平均工资(元)
全　市	**75828**	**75313**	**515**	**2017699**	**2012002**	**5697**	**26936**
尧都区	15460	15404	56	455915	455212	703	29772
曲沃县	4299	4299		123533	123533		28849
翼城县	5602	5583	19	127503	127323	180	23221
襄汾县	4481	4393	88	132717	131429	1288	30075
洪洞县	7912	7902	10	169134	169074	60	21486
古　县	2442	2433	9	76874	76816	58	31677
安泽县	2480	2480		78347	78347		32149
浮山县	3348	3303	45	92621	92091	530	30036
吉　县	1855	1854	1	48450	48438	12	26454
乡宁县	4059	4059		110909	110909		27521
大宁县	2321	2295	26	63105	62823	282	27374
隰　县	2635	2605	30	64574	64268	306	24605
永和县	1950	1950		57019	57019		29636
蒲　县	4431	4431		112546	112546		25195
汾西县	2853	2853		68117	68117		23993
侯马市	6062	5831	231	145856	143578	2278	24598
霍州市	3638	3638		90479	90479		24871

17-50 固定资产投资主要指标(2011年)

单位：万元、平方米

	本年完成投　资	本年新增固定资产	本年施工房屋面积	本年竣工房屋面积	#住　宅	施工项目（个）
全　市	**6075703**	**3740143**	**5297387**	**2831536**	**1132858**	**1047**
尧都区	1028915	596730	1834828	471687	97385	167
曲沃县	307169	93813	97184	54000	25300	59
翼城县	282174	230859	565437	332815	35772	73
襄汾县	421925	458574	25640			99
洪洞县	741329	494339	182161	181528	99535	93
古　县	218473	202208	155092	74225	21310	59
安泽县	224507	134564	64188	32893	24216	44
浮山县	164535	114906	97659	45443	30408	80
吉　县	118017	107696	227530	218530	186000	33
乡宁县	276041	299281	377682	295191	156151	70
大宁县	42585	50111	81385	71620	58496	31
隰　县	77305	65735	49400	31400	20000	23
永和县	42225	12691	28600	24600		19
蒲　县	160647	30383	2400	1300		35
汾西县	107768	76799	78711	38711	8500	42
侯马市	291579	286579	487785	487785	6263	37
霍州市	622529	484875	941705	469808	363522	77

17-51 城镇固定资产投资(2011年)

单位：万元、平方米

	本年完成投资	本年新增固定资产	本年施工房屋面积	本年竣工房屋面积	#住宅	施工项目（个）
全市	**5708176**	**3416367**	**5211017**	**2760716**	**1131878**	**927**
尧都区	912409	489729	1833788	470647	96545	147
曲沃县	303970	74139	97184	54000	25300	56
翼城县	248794	197479	514957	282335	35772	59
襄汾县	403275	421500	25640			89
洪洞县	660285	463481	182161	181528	99535	83
古县	217973	201708	155092	74225	21310	58
安泽县	223097	133154	64188	32893	24216	42
浮山县	94183	59932	78909	42243	30268	43
吉县	118017	107696	227530	218530	186000	33
乡宁县	271809	273439	377682	295191	156151	67
大宁县	42455	50111	81385	71620	58496	30
隰县	77305	65735	49400	31400	20000	23
永和县	42225	12691	28600	24600		19
蒲县	137176	30383	2400	1300		31
汾西县	105275	74306	78711	38711	8500	40
侯马市	291579	286579	487785	487785	6263	37
霍州市	610369	474305	925605	453708	363522	64

注：本表不含房地产开发投资。

17-52 农村非农户固定资产投资(2011年)

单位：万元、平方米

	本年完成投资	本年新增固定资产	本年施工房屋面积	本年竣工房屋面积	#住宅	施工项目（个）
全市	**367527**	**323776**	**86370**	**70820**	**980**	**120**
尧都区	116506	107001	1040	1040	840	20
曲沃县	3199	19674				3
翼城县	33380	33380	50480	50480		14
襄汾县	18650	37074				10
洪洞县	81044	30858				10
古县	500	500				1
安泽县	1410	1410				2
浮山县	70352	54974	18750	3200	140	37
吉县						
乡宁县	4232	25842				3
大宁县	130					1
隰县						
永和县						
蒲县	23471					4
汾西县	2493	2493				2
侯马市						
霍州市	12160	10570	16100	16100		13

17-53 第三产业固定资产投资(2011年)

单位：万元、平方米

	计划总投资	本年完成投资	本年新增固定资产	本年施工房屋面积	本年竣工房屋面积	#住宅	施工项目（个）
全 市	**5992719**	**2848707**	**1641654**	**4517156**	**2308605**	**1131478**	**490**
尧都区	1525571	590608	370035	1782195	458254	96145	86
曲沃县	68975	32922	30639	74134	31500	25300	27
翼城县	138580	112638	85339	267404	221782	35772	37
襄汾县	257297	82029	106684	25640			24
洪洞县	452455	320375	322788	182161	181528	99535	52
古 县	67633	41419	29748	121187	40320	21310	17
安泽县	44409	28751	24180	59488	28193	24216	15
浮山县	79815	38715	40983	78859	42193	30268	27
吉 县	99512	95112	97876	218530	218530	186000	25
乡宁县	161475	86372	110990	360562	278071	156151	30
大宁县	24672	21852	23008	74721	64956	58496	19
隰 县	45644	30540	40770	39400	27400	20000	14
永和县	22433	15935	7091	28600	24600		13
蒲 县	55414	27230	20533	2400	1300		13
汾西县	85946	49224	30789	78711	38711	8500	21
侯马市	176761	121188	121188	191011	191011	6263	18
霍州市	265540	205817	179013	932153	460256	363522	46

注：本表不含房地产开发投资。

17-54 城镇第三产业固定资产投资(2011年)

单位：万元、平方米

	计划总投资	本年完成投资	本年新增固定资产	本年施工房屋面积	本年竣工房屋面积	#住宅	施工项目（个）
全 市	**5839445**	**2709132**	**1499200**	**4472226**	**2263675**	**1131478**	**449**
尧都区	1453409	519446	301023	1782195	458254	96145	81
曲沃县	59175	31732	20839	74134	31500	25300	26
翼城县	106281	80339	53040	234924	189302	35772	24
襄汾县	249713	76025	104800	25640			21
洪洞县	441257	309177	311590	182161	181528	99535	48
古 县	67633	41419	29748	121187	40320	21310	17
安泽县	43559	27901	23330	59488	28193	24216	14
浮山县	70334	31293	31432	76909	40243	30268	22
吉 县	99512	95112	97876	218530	218530	186000	25
乡宁县	161475	86372	110990	360562	278071	156151	30
大宁县	24672	21852	23008	74721	64956	58496	19
隰 县	45644	30540	40770	39400	27400	20000	14
永和县	22433	15935	7091	28600	24600		13
蒲 县	55414	27230	20533	2400	1300		13
汾西县	85946	49224	30789	78711	38711	8500	21
侯马市	176761	121188	121188	191011	191011	6263	18
霍州市	255640	196367	171153	921653	449756	363522	37

注：本表不含房地产开发投资。

17-55 农村非农户第三产业固定资产投资(2011年)

单位：万元、平方米

	计划总投资	本年完成投资	本年新增固定资产	本年施工房屋面积	本年竣工房屋面积	#住宅	施工项目(个)
全　市	**153274**	**139575**	**142454**	**44930**	**44930**		**41**
尧都区	72162	71162	69012				5
曲沃县	9800	1190	9800				1
翼城县	32299	32299	32299	32480	32480		13
襄汾县	7584	6004	1884				3
洪洞县	11198	11198	11198				4
古　县							
安泽县	850	850	850				1
浮山县	9481	7422	9551	1950	1950		5
吉　县							
乡宁县							
大宁县							
隰　县							
永和县							
蒲　县							
汾西县							
侯马市							
霍州市	9900	9450	7860	10500	10500		9

17-56 工业固定资产投资(2011年)

单位：万元、平方米

	计划总投资	本年完成投资	本年新增固定资产	本年施工房屋面积	本年竣工房屋面积	#住宅	施工项目(个)
全　市	**6954899**	**3016272**	**1934590**	**592814**	**336614**	**1240**	**455**
尧都区	1057310	415463	208967	52433	13233	1240	66
曲沃县	403771	264380	51600	22500	22500		24
翼城县	194052	168455	144439	280033	93033		35
襄汾县	598691	296810	338703				66
洪洞县	929584	377302	127899				33
古　县	221390	166707	164913	26625	26625		36
安泽县	363974	187220	101848	4700	4700		25
浮山县	265054	108570	68543	17950	2950		41
吉　县	27223	18085	5000	9000			6
乡宁县	681043	181768	173087	17120	17120		34
大宁县	22428	15928	22428	4800	4800		6
隰　县	70094	43474	21674	10000	4000		5
永和县	24500	24500	5450				3
蒲　县	669807	133417	9850				22
汾西县	74516	34850	26716				10
侯马市	515469	166391	161391	144633	144633		18
霍州市	835993	412952	302082	3020	3020		25

17-57 城镇工业固定资产投资(2011年)

单位：万元、平方米

	计划总投资	本年完成投资	本年新增固定资产	本年施工房屋面积	本年竣工房屋面积	#住宅	施工项目（个）
全　市	**6471817**	**2838348**	**1815166**	**576024**	**334824**	**400**	**406**
尧都区	993065	379529	179588	51593	12393	400	59
曲沃县	403171	264145	51000	22500	22500		23
翼城县	194052	168455	144439	280033	93033		35
襄汾县	568691	289354	308703				62
洪洞县	757018	327116	127899				29
古　县	220890	166207	164413	26625	26625		35
安泽县	363974	187220	101848	4700	4700		25
浮山县	187400	52540	27120	2000	2000		16
吉　县	27223	18085	5000	9000			6
乡宁县	639884	178336	156245	17120	17120		32
大宁县	22428	15928	22428	4800	4800		6
隰　县	70094	43474	21674	10000	4000		5
永和县	24500	24500	5450				3
蒲　县	574099	109946	9850				18
汾西县	74516	34850	26716				10
侯马市	515469	166391	161391	144633	144633		18
霍州市	835343	412272	301402	3020	3020		24

17-58 房地产开发投资按构成分(2011年)

单位：万元

	本年完成投资	#住宅	建筑工程	安装工程	设备工器具购置	其他费用
全　市	**373874**	**301763**	**266185**	**52693**	**1555**	**53441**
尧都区	233976	200282	154944	42009	1009	36014
曲沃县	8457	8457	4005	372		4080
翼城县	475	430	450	25		
襄汾县	25171	19905	23455	1716		
洪洞县	39287	30766	30668	3018	16	5585
古　县						
安泽县						
浮山县	1115	340	555			560
吉　县						
乡宁县						
大宁县						
隰　县						
永和县						
蒲　县						
汾西县						
侯马市	43299	21229	31433	5061	400	6405
霍州市	22094	20354	20675	492	130	797

17-59 房地产开发施工、竣工面积及价值(2011年)

单位：平方米、万元

	本年施工房屋面积	#住 宅	本年竣工房屋面积	#住 宅	本年竣工房屋价值	#住 宅
全 市	**5651274**	**4537008**	**1098294**	**915331**	**219883**	**172199**
尧都区	3197462	2611519	631514	521216	152880	123504
曲沃县	75864	75864	28906	28906	3158	3158
翼城县	9600	8300				
襄汾县	517328	457758	197890	180915	22872	16282
洪洞县	450681	363777	70760	54800	8538	5000
古 县						
安泽县						
浮山县	48149	40249				
吉 县						
乡宁县						
大宁县						
隰 县						
永和县						
蒲 县						
汾西县						
侯马市	1092694	761360	129761	95951	24678	17224
霍州市	259496	218181	39463	33543	7757	7031

17-60 房地产开发房屋销售额(2011年)

单位：万元

	商品房销售额	住 宅	#90平方米以下住房	#144平米以上住房	#别墅、高档公寓	办公楼	商业营业用房	其 他
全 市	**320357**	**272608**	**53894**	**54892**	**220**		**38142**	**9607**
尧都区	201633	166123	39865	40884	220		26181	9329
曲沃县	7388	6788	638	620			600	
翼城县								
襄汾县	24754	19943		230			4811	
洪洞县	17330	15706	3840	3136			1624	
古 县	815	815	22					
安泽县								
浮山县	1225	1181						44
吉 县								
乡宁县								
大宁县								
隰 县								
永和县								
蒲 县								
汾西县								
侯马市	42180	40756	1779	9607			1190	234
霍州市	25032	21296	7750	415			3736	

17-61 房地产开发房屋销售面积(2011年)

单位：平方米

	商品房销售面积	住　宅	#90平方米以下住房	#144平米以上住房	#别　墅、高档公寓	办公楼	商业营业用　房	其　他
全　市	**1107902**	**1006578**	**181096**	**172285**	**440**		**65738**	**35586**
尧都区	563700	491755	119421	113222	440		37365	34580
曲沃县	42829	41358	3531	3083			1471	
翼城县								
襄汾县	102952	93308		1283			9644	
洪洞县	91034	84794	15601	12448			6240	
古　县	3028	3028	83					
安泽县								
浮山县	8073	7673						400
吉　县								
乡宁县								
大宁县								
隰　县								
永和县								
蒲　县								
汾西县								
侯马市	196804	193224	9213	40480			2974	606
霍州市	99482	91438	33247	1769			8044	

17-62 原煤产品产销存(2011年)

单位：万吨

	年初库存量	生产量	销售量			年末库存
			合计	省内地销	销售外省	
全　市	**175.14**	**4813.08**	**3563.47**	**3479.91**	**83.56**	**176.82**
尧都区	56.73	565.47	478.14	478.14		44.35
曲沃县						
翼城县		225.78	219.16	219.16		6.62
襄汾县						
洪洞县	22.02	1066.60	580.54	580.54		53.36
古　县	4.85	484.35	487.57	487.57		
安泽县	10.82	361.20	310.51	310.51		13.00
浮山县		20.76	20.76	20.76		
吉　县	36.75	173.88	207.67	207.67		2.86
乡宁县	5.70	618.77	614.47	614.47		10.00
大宁县						
隰　县						
永和县						
蒲　县	0.42	542.87	543.09	543.09		0.20
汾西县		15.00	15.00	15.00		
侯马市						
霍州市	37.85	738.40	86.56	3.00	83.56	46.43

17-63 焦炭产品产销存(2011年)

单位：万吨

	年初库存	生产量	销售量			年末库存
			合计	省内地销	销售外省	
全　市	**62.57**	**1920.07**	**1815.69**	**867.48**	**948.21**	**60.44**
尧都区	11.09	198.15	145.71	36.34	109.37	8.83
曲沃县	3.95	117.59	116.56	66.36	50.2	4.98
翼城县	2.24	77.19	28.80	28.80		4.39
襄汾县	7.46	444.04	436.21	436.21		15.29
洪洞县	23.90	467.03	474.33	72.58	401.75	11.23
古　县	0.06	237.99	237.99	54.33	183.66	0.06
安泽县	1.15	135.39	135.59	23.88	111.71	0.95
浮山县						
吉　县						
乡宁县	8.76	122.43	121.00	121.00		10.19
大宁县						
隰　县						
永和县						
蒲　县	0.20	8.63	8.63	8.63		0.20
汾西县		35.24	34.89	15.06	19.83	0.35
侯马市	2.35	43.59	43.12	4.29	38.83	2.62
霍州市	1.41	32.80	32.86		32.86	1.35

17-64 城镇居民家庭生活基本情况(2011年)

	调查户数(户)	平均每户家庭人口(人)	平均每户就业人口数(人)	平均每一就业者负担人数(人)	平均每人可支配收入(元)	平均每人消费支出(元)
全　市	**790**	**3.05**	**1.79**	**1.70**	**15950**	**11025**
尧都区	100	2.96	1.47	2.01	18924	12164
曲沃县	50	3.43	1.90	1.81	17527	12207
翼城县	50	3.34	1.90	1.76	17395	11578
襄汾县	50	3.28	1.86	1.76	17398	11143
洪洞县	50	2.97	1.82	1.63	16693	11076
古　县	50	3.42	1.88	1.82	18052	11544
安泽县	50	3.36	1.83	1.84	16078	12972
浮山县	50	3.44	1.82	1.89	17046	11530
吉　县	50	3.16	1.55	2.04	11320	8634
乡宁县	50	3.32	1.40	2.37	16845	13225
大宁县	50	2.66	1.44	1.85	11567	9013
隰　县	50	3.06	1.68	1.82	13494	9252
永和县	50	3.32	1.84	1.80	12525	7794
蒲　县	50	3.20	1.68	1.90	16087	10498
汾西县	50	3.70	1.88	1.97	14749	9641
侯马市	50	2.96	1.93	1.53	16858	10047
霍州市	50	3.20	1.80	1.78	17630	12284

17-65　调查县市居民消费价格指数(2011年)

上年价格 =100　　　　单位：%

	居民消费价格总指数	食品	烟酒	衣着	家庭设备用品及维修服务	医疗保健和个人用品	交通和通信	娱乐教育文化用品及服务	居住
全　市	**104.6**	**109.2**	**101.0**	**101.7**	**103.7**	**104.4**	**100.9**	**102.3**	**104.9**
尧都区	104.7	111.9	101.8	98.5	103.2	104.4	100.9	99.5	105.0
曲沃县	104.3	110.4	103.8	101.4	99.4	101.9	102.4	100.5	102.6
翼城县	104.4	112.6	98.6	95.8	96.7	100.3	103.5	99.6	108.0
襄汾县	103.4	110.6	100.1	100.0	99.8	101.8	99.4	100.1	101.3
洪洞县	104.8	109.5	101.1	102.4	105.7	104.3	100.2	101.6	103.4
古　县	104.1	106.3	102.6	102.1	101.4	100.0	108.7	105.1	103.3
安泽县	104.0	106.2	104.1	102.8	103.9	103.7	102.9	102.7	102.7
浮山县	103.9	110.3	100.5	92.7	109.7	106.7	93.5	101.4	105.2
吉　县	104.2	109.1	103.2	101.4	101.4	103.1	101.1	102.0	102.5
乡宁县	104.1	110.0	102.2	104.8	105.6	103.6	100.2	99.9	101.2
大宁县	103.0	109.9	99.4	100.3	100.0	100.0	100.1	100.0	100.0
隰　县	103.7	107.7	101.2	102.5	101.4	102.9	99.2	101.0	103.5
永和县	104.6	123.3	100.1	95.1	102.1	104.0	100.8	95.8	95.0
蒲　县	104.0	109.3	102.0	101.0	102.3	100.6	101.7	102.0	101.7
汾西县	103.2	109.7	100.8	100.2	99.4	102.0	99.7	99.4	100.3
侯马市	104.8	111.1	105.5	101.2	100.0	102.8	101.1	99.5	103.7
霍州市	103.7	102.9	100.0	108.6	100.8	103.6	105.0	101.0	106.7

17-66　乡村基本情况(2011年)

单位：个、户、人

	乡	镇	村民委员会	社区居委会	乡村户数	乡村人口	乡村从业人员	# 农林牧渔业
全　市	**76**	**75**	**2960**	**156**	**910235**	**3307046**	**1563821**	**870934**
尧都区	6	10	372	54	123805	466870	245253	112756
曲沃县	2	5	158	6	47917	196488	109305	64600
翼城县	4	6	211	6	72429	264746	110042	56879
襄汾县	6	7	348	6	120868	439815	225886	128085
洪洞县	7	9	463	6	181060	665563	339396	163098
古　县	3	4	111	4	23054	73620	23322	14789
安泽县	3	4	103	2	20245	65899	23541	16053
浮山县	7	2	185	2	31737	111252	39439	22770
吉　县	5	3	79	6	27852	93877	35623	25384
乡宁县	5	5	182	1	56376	209251	87365	61843
大宁县	4	2	84	5	16457	55723	24778	17356
隰　县	5	3	97	3	28987	86990	36497	27292
永和县	5	2	79	4	12300	49353	17209	13436
蒲　县	5	4	93	2	20182	83756	39734	24163
汾西县	3	5	120	6	36558	130802	60604	41239
侯马市	3		76	28	29925	111449	54435	28656
霍州市	3	4	199	15	60483	201592	91392	52535

17-67 农业机械拥有量(2011年)

	农业机械总动力（千瓦）	大中型农用拖拉机（台）	小型农用拖拉机（台）	农用排灌动力机械（台）	农用运输车（辆）
全　市	**4230733**	**11266**	**37068**	**19722**	**173913**
尧都区	612387	1374	4406	3892	23754
曲沃县	328417	1219	849	2080	10689
翼城县	323558	1014	4175	1249	10789
襄汾县	511014	1817	1600	4322	23077
洪洞县	1034240	1557	7670	2367	50090
古　县	100855	659	1439	447	5036
安泽县	133200	228	2545	428	6512
浮山县	162671	357	1390	2434	8370
吉　县	79748	204	2823	30	3071
乡宁县	276712	579	1688	442	11142
大宁县	45421	123	738	233	1683
隰　县	91831	182	2676	409	3245
永和县	28991	82	267	39	988
蒲　县	41644	241	923	116	1167
汾西县	91802	490	807	117	2448
侯马市	173492	681	615	809	5257
霍州市	194750	459	2457	308	6595

17-68 农业现代化情况(2011年)

单位：万千瓦时、吨

	农村用电量	农用化肥施用量(实物量)	农用化肥施用量(折纯量)	农用塑料薄膜使用量	农用柴油使用量	农药使用量
全　市	**67724**	**572019**	**167043**	**5815**	**60175**	**4822**
尧都区	9126	67977	21326	742	13299	973
曲沃县	10411	38865	12844	1302	6669	495
翼城县	3807	44731	12492	317	3509	284
襄汾县	15843	89051	26586	626	9371	645
洪洞县	9618	107755	31129	596	9741	1265
古　县	821	19781	4843	95	1077	49
安泽县	476	29039	7027	255	1271	43
浮山县	2968	23624	6625	149	2737	109
吉　县	340	18661	5891	316	1013	240
乡宁县	2526	31908	8850	157	3312	168
大宁县	205	11025	3262	93	302	50
隰　县	616	20369	5684	333	1221	95
永和县	286	9004	2338	120	1009	53
蒲　县	2003	13942	3986	321	1175	84
汾西县	1471	3794	1107	44	268	33
侯马市	4124	25032	7979	263	3460	105
霍州市	3082	17461	5074	86	741	131

17-69 农村居民人均纯收入

单位：元

	1985	1990	1995	2000	2004	2005	2006	2007	2008	2009	2010	2011
全　市	**335**	**501**	**1130**	**2195**	**2976**	**3326**	**3598**	**4065**	**4394**	**4749**	**5287**	**6084**
尧都区	348	497	1432	2664	3570	3950	4368	4913	5430	5915	6686	7707
曲沃县	344	525	1215	2638	3538	3933	4336	4890	5290	5840	6484	7600
翼城县	357	544	1204	2146	2883	3180	3558	4116	4463	4598	5264	6175
襄汾县	364	605	1072	2300	3516	4006	4381	5064	5296	5381	6125	7115
洪洞县	348	482	1290	2381	3239	3680	4031	4505	4953	5240	5922	6757
古　县	300	453	923	1861	2585	2926	3230	3663	4051	4380	4962	5715
安泽县	321	494	923	1869	2390	2730	2921	3290	3636	4018	4508	5252
浮山县	308	450	872	1760	2586	2959	3259	3696	4020	4102	4345	4995
吉　县	277	441	851	1109	1496	1546	1598	1689	1805	1913	2106	2428
乡宁县	313	474	1106	1898	2578	2916	3163	3563	3763	4125	4645	5524
大宁县	319	469	881	843	1126	1130	1154	1190	1189	1191	1368	1666
隰　县	250	502	832	1555	1882	1996	1916	2158	2288	2496	2496	2874
永和县	241	325	819	808	1196	1260	1308	1258	1350	1455	1617	1909
蒲　县	294	438	964	1875	2649	2804	2936	3188	3460	3740	4228	4875
汾西县	268	377	873	857	1250	1402	1503	1615	1668	1721	1893	2101
侯马市	392	583	1582	3113	4820	5330	5650	6136	6452	6821	7251	8360
霍州市	324	470	1352	2642	3553	3940	4316	4850	5345	5895	6527	7617

17-70 农林牧渔业总产值(2011年)

按当年价格计算　　　　单位：万元

	农林牧渔业总产值	农业产值	林业产值	牧业产值	渔业产值	农林牧渔服务业产值
全　市	**1385663**	**931853**	**83811**	**336530**	**9836**	**23633**
尧都区	157503	112896	5980	33411	3623	1594
曲沃县	177422	130083	6011	37880	2063	1386
翼城县	128623	74636	4714	47138	722	1413
襄汾县	201634	153820	4638	37462	1588	4127
洪洞县	193002	116952	5802	67092	1376	1781
古　县	37654	26905	3903	6378	2	466
安泽县	61206	42862	4891	12153	8	1291
浮山县	60006	43057	5316	10492	9	1132
吉　县	65352	49698	5776	7120	6	2753
乡宁县	45688	24877	4513	15578	17	704
大宁县	20218	13182	2327	3797	2	911
隰　县	40454	26886	5949	6099	10	1510
永和县	45899	30156	7440	7462	2	838
蒲　县	27409	17022	3890	5419	7	1071
汾西县	38190	18810	3596	14925	2	858
侯马市	54905	40583	4679	7448	796	1400
霍州市	58101	32014	4008	21627	54	398

17-71 农林牧渔业中间消耗(2011年)

按当年价格计算　　　　单位：万元

	农林牧渔业中间消耗	农业消耗	林业消耗	牧业消耗	渔业消耗	农林牧渔服务业消耗
全　市	**637340**	**422581**	**41759**	**156652**	**4663**	**11684**
尧都区	73346	53143	3225	14436	1766	776
曲沃县	73024	51138	2930	17295	972	689
翼城县	60185	33653	2125	23371	361	675
襄汾县	90651	66239	2384	19261	694	2074
洪洞县	91424	58437	2660	28859	589	880
古　县	17635	12880	1937	2600	1	217
安泽县	27267	19212	2469	4912	4	670
浮山县	25556	17427	2530	5008	4	588
吉　县	28166	21291	2481	2971	3	1420
乡宁县	22825	13656	2202	6628	9	329
大宁县	8628	5413	1152	1611	1	452
隰　县	19004	12866	2830	2567	5	736
永和县	23945	16241	3885	3413	1	405
蒲　县	14654	9197	2127	2808	4	519
汾西县	18300	9060	1611	7205	1	423
侯马市	25037	18104	2261	3668	363	642
霍州市	26619	13621	2212	10571	27	189

17-72 牲畜存栏情况(2011年)

单位：头、只

	大牲畜	牛	猪	羊	家禽	养兔
全　市	**165205**	**140576**	**1115671**	**885398**	**13157250**	**1286000**
尧都区	10708	9028	112452	67020	1710092	62200
曲沃县	7935	7447	99178	71568	2541000	341600
翼城县	12856	9775	140562	72505	944994	29700
襄汾县	9378	8912	236759	103979	2042424	531700
洪洞县	11663	10403	206976	109725	2497350	70800
古　县	6382	5108	8833	18509	215710	19600
安泽县	12644	12139	10782	37566	246558	4000
浮山县	12472	11250	31950	87115	433100	28800
吉　县	10106	7787	31402	3885	231680	5500
乡宁县	28756	26086	58710	90570	423668	58300
大宁县	4341	2659	4789	22689	67325	100
隰　县	2741	2088	13605	26006	128898	
永和县	15835	9830	27478	74382	172309	6600
蒲　县	7085	6848	20002	5330	67610	
汾西县	6058	6058	33007	57091	673097	16700
侯马市	1735	1702	24860	11628	128635	85000
霍州市	4510	3456	54326	25830	632800	25400

17-73 畜禽产品产量(2011年)

单位：吨

	肉类	禽蛋	奶类	羊绒	蜂蜜
全　市	**112061**	**84145**	**36950**	**45**	**462**
尧都区	8944	16832	4061	2	38
曲沃县	12384	19432	5369	1	129
翼城县	17610	2821	4966	1	56
襄汾县	18106	8155	964	1	30
洪洞县	18652	17994	16379	3	10
古　县	1341	1413	258	2	10
安泽县	5040	1231	428	10	49
浮山县	5550	2793	661	5	50
吉　县	1956	1169	96		6
乡宁县	5018	2339	850	4	14
大宁县	955	355	62		1
隰　县	1317	825	265	3	3
永和县	1999	1219	60	5	13
蒲　县	2343	226	44		1
汾西县	3883	3367	287	2	30
侯马市	2604	1336	1115		13
霍州市	4359	2638	1085	4	8

17-74 主要农作物播种面积(2011年)

单位：千公顷

	总播种面积	粮食作物			油　料	棉　花	蔬　菜
			夏　粮	秋　粮			
全　市	**562.97**	**511.53**	**242.38**	**269.15**	**12.78**	**3.84**	**21.36**
尧都区	58.11	55.18	32.55	22.63	0.32	0.06	2.11
曲沃县	40.45	31.47	16.82	14.65	1.45	1.70	5.21
翼城县	44.36	43.01	24.80	18.21	0.40	0.07	0.59
襄汾县	87.34	79.15	43.05	36.10	1.07	0.59	5.63
洪洞县	76.96	73.58	43.52	30.05	0.47	0.04	2.03
古　县	15.96	14.61	6.70	7.90	0.28		0.31
安泽县	25.72	23.83	2.05	21.78	0.21		0.64
浮山县	27.92	25.41	15.34	10.07	0.40	0.03	0.95
吉　县	17.73	15.63	6.53	9.11	1.31		0.31
乡宁县	30.90	29.23	15.38	13.85	0.95		0.41
大宁县	11.32	10.03	2.41	7.62	0.49	0.20	0.16
隰　县	21.94	20.94	0.10	20.83	0.37		0.27
永和县	29.17	20.70	1.93	18.77	3.34	0.36	0.38
蒲　县	13.22	12.25	0.10	12.15	0.53		0.21
汾西县	25.26	23.66	11.35	12.31	0.58	0.02	0.41
侯马市	16.96	14.42	7.30	7.12	0.48	0.73	0.83
霍州市	19.65	18.43	12.44	5.99	0.14	0.04	0.92

17–75 主要农作物产量(2011年)

单位：吨

	粮食作物	夏 粮	秋 粮	油 料	棉 花	蔬 菜
全 市	**2146040**	**911982**	**1234058**	**18872**	**4395**	**972176**
尧都区	252860	132744	120116	669	52	149953
曲沃县	176917	74452	102465	2093	2026	293269
翼城县	181980	99175	82806	990	99	29340
襄汾县	386627	189434	197193	2033	859	195047
洪洞县	377617	200841	176776	1102	127	75745
古 县	54697	18047	36650	400		8633
安泽县	105802	4999	100803	532		20993
浮山县	97271	47314	49957	973	46	29750
吉 县	48180	10619	37561	1976		9142
乡宁县	74860	34153	40707	1834		1735
大宁县	30911	2284	28627	450	333	2644
隰 县	60088	109	59979	454		3683
永和县	44185	1220	42965	3604	173	8809
蒲 县	52200	47	52153	463		8195
汾西县	53569	17115	36454	305	10	9335
侯马市	78415	34183	44233	824	654	61760
霍州市	69862	45247	24614	171	16	64146

17–76 主要农作物单位面积产量(2011年)

单位：千克/公顷

	粮食作物	夏 粮	秋 粮	油 料	棉 花	蔬 菜
全 市	**4196**	**3762**	**4586**	**1476**	**1143**	**45521**
尧都区	4583	4079	5309	2082	821	71196
曲沃县	5622	4428	6993	1442	1193	56268
翼城县	4232	3999	4547	2450	1343	49907
襄汾县	4884	4400	5463	1905	1457	34628
洪洞县	5133	4614	5882	2364	2898	37251
古 县	3746	2693	4638	1446		28137
安泽县	4440	2438	4629	2529		32972
浮山县	3828	3084	4961	2445	1704	31482
吉 县	3081	1628	4125	1508		29396
乡宁县	2561	2222	2939	1929		4250
大宁县	3083	947	3759	920	1631	16035
隰 县	2870	1040	2880	1223		13844
永和县	2135	633	2289	1077	480	23342
蒲 县	4260	450	4293	881		39510
汾西县	2264	1508	2961	528	617	22586
侯马市	5438	4683	6212	1718	899	74861
霍州市	3791	3639	4106	1248	437	69498

17-77 果园面积(2011年)

单位：公顷

	年末果园面积	苹果园	梨 园	葡萄园	桃 园	其他园
全 市	**46502**	**27686**	**3201**	**2062**	**1232**	**12321**
尧都区	3011	1367	37	701	323	583
曲沃县	2101	1062	19	803	50	167
翼城县	4407	4056	43	49	111	148
襄汾县	2699	1814	40	32	156	657
洪洞县	1024	324	21	10	55	614
古 县	279	190	31	6	2	50
安泽县	194	87	34	4	8	61
浮山县	537	428	10	12	57	30
吉 县	9371	9258	23	7	27	56
乡宁县	1187	968	9	190	12	8
大宁县	2218	1763	59	7	263	126
隰 县	7573	4006	2719	47	11	790
永和县	9269	343	36	122	7	8761
蒲 县	504	452	41		2	9
汾西县	718	434	60	11	5	208
侯马市	485	272	8	57	121	27
霍州市	925	866	12	5	24	18

17-78 水果产量(2011年)

单位：吨

	水果产量	苹 果	梨	葡 萄	红 枣	桃
全 市	**434725**	**319673**	**18394**	**22759**	**41990**	**19483**
尧都区	50124	31350	459	4735	8471	3483
曲沃县	43408	27428	558	12440	970	945
翼城县	65747	59225	367	1000	899	2922
襄汾县	70874	50284	975	568	10370	5773
洪洞县	9987	4343	329	205	3513	1203
古 县	1348	774	119	5	175	87
安泽县	1714	828	403	39	35	60
浮山县	10918	8421	376	354	359	762
吉 县	89048	88045	224	53	111	251
乡宁县	6736	4172	152	1183	54	261
大宁县	2972	1955	223	28	113	512
隰 县	35959	22074	12597	132	6	40
永和县	19816	1557	645	624	16840	52
蒲 县	1553	1196	265	1	1	8
汾西县	4037	2717	465	31	9	56
侯马市	8454	3960	148	1320	37	2640
霍州市	12033	11345	91	41	29	430

17-79 建筑业企业总产值和竣工产值(2011年)

单位：千元

	总产值	#建筑工程	#安装工程	竣工产值
全　市	**14242160**	**13415563**	**712551**	**114046**
尧都区	9755384	9321435	387508	46441
曲沃县	21200	14200	7000	
翼城县	134059	130099	3960	
襄汾县	16954	16954		
洪洞县	225199	188832	5444	30923
古　县	43000	32000	11000	
安泽县	38678	38678		
浮山县	23737	14718	9019	
吉　县	58520	58520		
乡宁县	20780	13207	7573	
大宁县	97460	68470	28990	
隰　县	302238	279929	17092	5217
永和县	3450	3450		
蒲　县	73000	8000	65000	
汾西县	18000	18000		
侯马市	2325660	2310964	11650	3046
霍州市	1084841	898107	158315	28419

17-80 建筑业企业房屋建筑面积(2011年)

单位：平方米

	房屋建筑施工面积	#本年新开工面积	#投标承包的面积
全　市	**5300605**	**2446351**	**4737918**
尧都区	251786	203043	221092
曲沃县	29800	13400	29800
翼城县	94064	54684	52729
襄汾县			
洪洞县	166959	120369	52990
古　县	28500	24000	24000
安泽县	22751	22751	
浮山县	31461	27660	31461
吉　县	38350	21744	38350
乡宁县	28633	5698	
大宁县	61623	61623	61623
隰　县	216829	168545	216829
永和县	2292	2292	1650
蒲　县	26200	26200	
汾西县	22500	22500	22500
侯马市	3783641	1251066	3543234
霍州市	495216	420776	441660

17-81 按用途分房屋建筑竣工面积(2011年)

单位：平方米

	总 计	住宅房屋	商业及服务用房屋	# 办公用房	科研、教育、医疗用房屋	文化、体育、娱乐用房屋	厂房及建筑物	仓库	其他未列明的房屋建筑物
全 市	**1900429**	**1076016**	**148444**	**147665**	**286271**	**27873**	**153440**	**13244**	**47476**
尧都区	26736	17488	1452	950	6496				350
曲沃县	11500	10200			1300				
翼城县	17335				17335				
襄汾县									
洪洞县	74699	23878	2000	80	1968		30815	13244	2714
古 县	28500			28500					
安泽县	22751	17063					5688		
浮山县	10140				1093				9047
吉 县	38350	20686			17664				
乡宁县	10988	10988							
大宁县	61623	61623							
隰 县	188367	80475	29093	26885	16682	7813	20701		6718
永和县	2292	2292							
蒲 县	26200	5400							20800
汾西县	22500	22500							
侯马市	1110315	627686	102685	78933	207420	20060	69292		4239
霍州市	248133	175737	13214	12317	16313		26944		3608

17-82 按用途分房屋建筑竣工价值(2011年)

单位：千元

	总 计	住宅房屋	商业及服务用房屋	# 办公用房	科研、教育、医疗用房屋	文化、体育、娱乐用房屋	厂房及建筑物	仓库	其他未列明的房屋建筑物
全 市	**2031545**	**993776**	**99940**	**237282**	**369772**	**54889**	**225901**	**2852**	**47133**
尧都区	44061	24562	1220	3850	14009				420
曲沃县	13800	12240			1560				
翼城县	20646				20646				
襄汾县									
洪洞县	59382	29392	2400	28	2360		19825	2852	2525
古 县	38900			38900					
安泽县	38678	29009					9669		
浮山县	9024				827				8197
吉 县	46020	24823			21197				
乡宁县	13207	13207							
大宁县	68470	68470							
隰 县	171837	74004	26613	21707	16152	7381	20434		5546
永和县	3450	3450							
蒲 县	27000	2000							25000
汾西县	18000	18000							
侯马市	1176489	496567	52020	158483	277200	47508	143956		755
霍州市	282581	198052	17687	14314	15821		32017		4690

17-83 建筑业企业机械设备情况(2011年)

	年末自有机械设备总台数(台)	年末自有机械设备总功率(千瓦)	年末自有机械设备净值(千元)
全 市	**20389**	**438808**	**931447**
尧都区	9368	286431	688276
曲沃县	1321	7150	6804
翼城县	699	9738	28504
襄汾县	56	6523	14938
洪洞县	1916	18399	56536
古 县	11	110	457
安泽县	235	3358	3590
浮山县	85	849	947
吉 县	117	885	591
乡宁县	184	4918	10144
大宁县	16	180	4800
隰 县	802	20140	16040
永和县	30	2500	2180
蒲 县	216	6592	8430
汾西县	215	3800	4120
侯马市	4155	44203	43993
霍州市	963	23032	41097

17-84 建筑业企业劳动生产率(2011年)

	企业数(个)	计算劳动生产率的平均人数(人)	按总产值计算的劳动生产率(元/人)	人均竣工产值(元/人)
全 市	**139**	**51688**	**275541**	**214790**
尧都区	82	34110	285998	228249
曲沃县	2	244	86885	56557
翼城县	4	1459	91884	16865
襄汾县	1	86	197140	197140
洪洞县	9	1356	166076	94753
古 县	1	360	119444	108056
安泽县	1	410	94337	94337
浮山县	1	107	221841	84336
吉 县	2	371	157736	157736
乡宁县	3	117	177607	177607
大宁县	2	780	124949	122241
隰 县	4	3241	93255	117912
永和县	1	130	26538	26538
蒲 县	4	322	226708	226708
汾西县	1	150	120000	120000
侯马市	16	5690	408728	295210
霍州市	5	2755	393772	259541

17-85 建筑业企业资本金及资产(2011年)

单位：千元

	实收资本	资产总计	#流动资产合计	#固定资产合计	固定资产原价合计	固定资产折旧	#本年折旧
全　市	**2351808**	**13684478**	**11475188**	**1894776**	**2700439**	**1075248**	**182843**
尧都区	1630043	10043863	8621048	1201770	1907544	825902	131479
曲沃县	13250	81994	46609	35385	19543	8245	1267
翼城县	31753	86887	41096	38332	44291	9332	1292
襄汾县	15100	25005	10066	14939	22531	7593	223
洪洞县	111524	227358	124958	91400	117583	28224	8707
古　县	15500	17200	7900	9300	9728	428	40
安泽县	21000	37128	18135	18993	21484	3529	3529
浮山县	6060	13374	2218	9786	11926	2140	40
吉　县	12380	25155	14638	7381	9678	2297	1424
乡宁县	19500	32127	17688	14438	16908	2474	958
大宁县	26000	33252	15151	18100	30197	12097	2648
隰　县	51306	110482	71117	39365	25687	7717	1395
永和县	7826	9926	6240	3686	4300	614	14
蒲　县	40347	50300	27555	22745	24619	3374	32
汾西县	4120	21840	17720	4120	4120	731	153
侯马市	210995	2099152	1876843	172464	253251	83979	14405
霍州市	135104	769435	556206	192572	177049	76572	15237

17-86 建筑业企业工程结算收入(2011年)

单位：千元

指　　标	营业收入	主营业务收入	营业成本	主营业务成本	营业税金及附加	主营业务税金及附加	营业外收入
全　市	**15012917**	**14787996**	**13649420**	**13407244**	**467321**	**463440**	**7112**
尧都区	10199961	10108692	9382526	9296850	310154	308535	6196
曲沃县	17918	17918	13596	13596	587	587	25
翼城县	116324	116324	85321	85321	4496	4496	5
襄汾县	11674	11674	9215	9215	504	504	
洪洞县	234120	233993	199811	199594	7164	7157	8
古　县	43000	43000	33390	33390	1440	1440	
安泽县	38678	38678	28713	28713	1353	1353	
浮山县	23737	23737	22496	22496	780	780	
吉　县	58520	58520	43890	43890	2049	2049	
乡宁县	20273	20273	16568	16568	685	685	
大宁县	97460	97460	89585	89585	3260	3260	
隰　县	431527	424887	357332	338460	14882	14882	
永和县	2650	2650	2440	2440	86	86	
蒲　县	73000	73000	57687	57687	2617	2617	
汾西县	18000	18000	14400	14400	630	630	
侯马市	2358632	2330713	2152295	2127649	77971	77101	120
霍州市	1267443	1168477	1140155	1027390	38663	37278	758

17-87 建筑业企业费用情况(2011年)

单位：千元

	管理费用	#差旅费	#工会经费	财务费用	应付职工薪酬
全 市	**595993**	**33478**	**8130**	**46140**	**1245220**
尧都区	387062	17662	4773	34137	863016
曲沃县	1034	57	32	5	4526
翼城县	17496	1529	325	1746	38261
襄汾县	253	63	55	133	1948
洪洞县	10871	382	130	874	31224
古 县	4918	2000	10	60	6210
安泽县	3605	70	0	148	4450
浮山县	288	20	0	1	2056
吉 县	82	28	16	16	9930
乡宁县	1723	84	0	0	2771
大宁县	2846	257	11	1	13413
隰 县	2344	311	0	1483	75754
永和县	63	10	0	30	1410
蒲 县	4929	56	0	59	3856
汾西县	286	42	9	35	1844
侯马市	89025	10335	1133	6815	136798
霍州市	69168	572	1636	597	47753

17-88 建筑业企业利润及税金情况(2011年)

单位：千元

	利润总额	税金总额	#工程结算税金及附加	#管理费用中的税金	营业利润	其他业务利润
全 市	**192158**	**479602**	**463440**	**16162**	**195277**	**-5859**
尧都区	76807	315269	308535	6734	72840	-18323
曲沃县	2707	1208	587	621	2691	30
翼城县	7493	5288	4496	792	7575	
襄汾县	579	639	504	135	579	
洪洞县	14321	9626	7157	2469	14969	-97
古 县	178	1460	1440	20	288	
安泽县	399	1461	1353	108	399	
浮山县	131	781	780	1	131	
吉 县	12451	2086	2049	37	12451	
乡宁县	1066	746	685	61	1066	
大宁县	1768	3321	3260	61	1768	
隰 县	39896	15090	14882	208	39896	
永和县	30	108	86	22	30	100
蒲 县	4730	2676	2617	59	4730	
汾西县	2434	645	630	15	2434	
侯马市	14565	79741	77101	2640	15032	2487
霍州市	12603	39457	37278	2179	18398	9944

17-89 土地和固定资产支出

单位：千元

	土地和固定资产支出	土地购置	房屋和建筑物	机器设备	运输工具	其他费用
全　市	**240155**	**1071**	**24486**	**147758**	**45245**	**21595**
尧都区	174531	1071	8841	123460	34514	6645
曲沃县						
翼城县	21677		3345	3304	2412	12616
襄汾县						
洪洞县	1536			1454		82
古　县						
安泽县						
浮山县	90			90		
吉　县						
乡宁县	3295			3026	266	3
大宁县						
隰　县	9814			5314	3540	960
永和县	2020			1400	620	
蒲　县						
汾西县	121			29	92	
侯马市	27071		12300	9681	3801	1289
霍州市						

17-90 邮电情况(2011年)

单位：千元

	邮政电信业务总量(万元)	#邮　政	固定电话用户(部)	移动电话用户(部)
全　市	**323004**	**21507**	**665008**	**3386902**
尧都区	140148	6121	200083	1065612
曲沃县	13269	912	37052	161965
翼城县	16978	1755	53975	210491
襄汾县	21942	1562	54407	306226
洪洞县	30895	1521	87677	418138
古　县	6286	667	11010	68027
安泽县	4715	638	13494	55239
浮山县	6410	762	9185	91621
吉　县	4704	348	8970	64323
乡宁县	13271	1473	20515	169998
大宁县	2520	275	4774	32491
隰　县	5589	520	10315	72311
永和县	2688	332	4316	32464
蒲　县	7298	692	13398	90238
汾西县	6282	786	10661	82022
侯马市	21020	1960	71591	224901
霍州市	18987	1181	53585	240836

17-91 公路通车里程(2011年)

单位：公里

	公路通车里程(公里)	等级公路						等外公路
			高速公路	一级公路	二级公路	三级公路	四级公路	
全　市	**17390**	**16641**	**342**	**332**	**1824**	**2823**	**11319**	**748**
尧都区	1583	1569	23	115	146	565	720	15
曲沃县	600	597	18	21	145	224	188	3
翼城县	1238	1153	38	6	109	255	746	85
襄汾县	1311	1311	56	26	183	165	881	0
洪洞县	2023	1997	75	75	100	392	1356	26
古　县	907	899	0	0	128	78	693	9
安泽县	890	729	0	0	109	140	480	161
浮山县	846	837	0	0	92	67	678	9
吉　县	1431	1318	33	0	116	118	1051	114
乡宁县	1182	1158	55	0	192	183	728	24
大宁县	807	806	0	0	49	67	689	1
隰　县	764	739	0	0	89	39	610	25
永和县	837	762	0	0	92	23	648	74
蒲　县	898	777	0	34	126	108	508	121
汾西县	679	628	0	1	33	114	479	51
侯马市	398	398	16	31	55	195	101	0
霍州市	997	966	29	24	60	92	761	31

17-92 社会消费品零售总额(2011年)

单位：万元

	社会消费品零售总额	城　镇		乡　村
			其中：城区	
全　市	**3606900**	**3013221**	**1720459**	**593679**
尧都区	1411249	1222045	1148601	189204
曲沃县	125292	96890		28402
翼城县	242355	172955		69400
襄汾县	247500	225047		22454
洪洞县	334551	237662		96889
古　县	57077	40200		16877
安泽县	52176	37652		14524
浮山县	51411	35585		15826
吉　县	40996	31344		9652
乡宁县	114760	99504		15256
大宁县	18866	16456		2411
隰　县	56604	49280		7324
永和县	28014	24107		3907
蒲　县	45033	40192		4842
汾西县	66856	54516		12341
侯马市	517070	484126	480540	32944
霍州市	197091	145661	91319	51430

17-93 财政收支总额(2011年)

单位：万元

	财政总收入	一般预算收入总额	#企业所得税	#增值税	一般预算支出总额	#一般公共服务	#教育	#农林水事务
全市	**1884053**	**891054**	**66355**	**143773**	**1871259**	**220676**	**360848**	**219574**
尧都区	306511	107037	5715	11274	193521	17114	51197	17011
曲沃县	63998	22764	665	4894	85606	11524	18768	12871
翼城县	104158	46007	3174	6814	110048	11798	22621	9978
襄汾县	148395	61590	1507	11983	146538	12810	39405	20909
洪洞县	237657	86662	7944	17048	205819	16052	42779	23934
古县	118387	46157	6343	6720	71221	10160	10939	9328
安泽县	100189	34259	2853	8264	67259	6005	18182	9625
浮山县	40236	14619	392	3336	56906	7182	10228	9716
吉县	15605	7944	644	574	59532	8662	10604	12671
乡宁县	247907	103281	13650	12367	140492	17269	30456	16718
大宁县	4136	2400	93	115	41058	6072	6231	9559
隰县	7036	4270	93	238	59295	8084	8112	12845
永和县	3423	1663	39	162	48300	10639	6999	10651
蒲县	142418	62702	3107	8927	94275	11843	13463	8303
汾西县	13094	8874	88	345	58238	8376	11486	8913
侯马市	70929	34060	835	3695	85070	10264	17842	6321
霍州市	157832	72908	1554	10090	111078	12466	19701	7975

注：一般预算支出总额采用决算数据。

17-94 海关进出口情况

单位：万美元

	2008			2009			2010			2011		
	进出口总额	进口	出口	进出口总额	进口	出口	进出口总额	进口	出口	进出口总额	进口	出口
全市	**55876**	**23820**	**32056**	**35519**	**26832**	**8687**	**65100**	**50550**	**14550**	**79596**	**58593**	**21003**
尧都区	12043	102	11941	3828	3	3825	6010	127	5883	5501	86	5415
曲沃县	7619	7117	502	610		610	1817	911	906	759	73	686
翼城县	893	3	890	613		613	618		618	804		804
襄汾县	1554		1554	245		245	190		190	279		279
洪洞县	9793	791	9002	1413	222	1191	4198	413	3785	12857	1793	11064
古县	3160		3160	476		476	866		866	976		976
安泽县												
浮山县										1		1
吉县												
乡宁县												
大宁县												
隰县	866		866	93		93	13		13	43		43
永和县												
蒲县												
汾西县												
侯马市	19378	15634	3744	28010	26605	1405	50446	48675	1771	56627	55363	1264
霍州市												

17–95 利用外商直接投资额

单位：万美元

	2008		2009		2010		2011	
	合同金额	实际使用金额	合同金额	实际使用金额	合同金额	实际使用金额	合同金额	实际使用金额
全　市	**7179**	**28601**	**3132**	**11650**	**2220**	**7757**		**9033**
尧都区	1410	865	371	1118		1636		1959
曲沃县					1200	1200		2820
翼城县			1103					
襄汾县	2641	899		1743		757		1938
洪洞县	138	529	932	225	396	390	116	621
古　县		603	200			155	228	294
安泽县								
浮山县								
吉　县								
乡宁县		2347				1029		
大宁县								
隰　县							315	128
永和县								
蒲　县					500	1970		926
汾西县							455	
侯马市	2990	572		54		89	141	95
霍州市		22786	526	8510		388		

17–96 普通中小学基本情况(2011年)

单位：所、人

	普通中学				小　学			
	学校数	专任教师数	毕业生数	在校学生数	学校数	专任教师数	毕业生数	在校学生数
全　市	**301**	**21657**	**92118**	**296425**	**1367**	**23046**	**64993**	**322695**
尧都区	59	5286	22745	74045	197	4265	12437	68773
曲沃县	17	1124	5754	16732	54	1017	3179	12322
翼城县	25	1663	7566	24066	111	1546	4234	21235
襄汾县	29	2256	10796	32350	140	2125	6313	30566
洪洞县	43	3263	13225	46691	280	3384	11741	57366
古　县	9	527	1961	5611	52	731	1729	7031
安泽县	5	344	1708	5250	31	556	1186	6336
浮山县	6	466	1823	6975	27	683	1733	8266
吉　县	9	557	2087	6401	36	757	2134	10091
乡宁县	17	543	4636	15241	111	1650	4185	20647
大宁县	4	247	1168	3518	22	530	983	5502
隰　县	7	580	1956	6307	68	772	1994	11029
永和县	3	262	1071	3059	14	349	738	3969
蒲　县	12	539	1823	5330	62	791	1684	9038
汾西县	14	842	2955	9532	39	948	2219	10974
侯马市	14	1431	4408	14127	44	1204	3119	15961
霍州市	28	1727	6436	21190	79	1738	5385	23589

17-97 医院及床位数

单位：个、张

	医院数						医院床位数					
	2006	2007	2008	2009	2010	2011	2006	2007	2008	2009	2010	2011
全　市	**117**	**125**	**148**	**166**	**162**	**164**	**11944**	**13704**	**10235**	**10852**	**11181**	**11112**
尧都区	39	46	53	61	61	61	3650	4125	4063	4406	4381	4295
曲沃县	3	3	3	5	3	3	430	918	440	473	440	430
翼城县	2	2	7	8	8	7	749	769	500	530	564	544
襄汾县	7	7	9	9	9	10	1007	931	453	499	550	564
洪洞县	8	8	11	12	11	15	1268	1255	787	788	973	1022
古　县	1	1	2	2	3	3	220	234	125	100	110	110
安泽县	2	2	2	2	2	2	269	278	151	161	161	161
浮山县	2	2	2	3	3	3	279	261	140	186	186	206
吉　县	2	2	2	2	2	2	330	330	140	160	160	160
乡宁县	6	6	6	7	7	7	532	962	372	402	402	395
大宁县	3	3	3	3	2	2	242	242	145	130	130	143
隰　县	2	2	2	2	2	2	294	300	160	195	195	195
永和县	2	2	2	2	2	2	210	194	120	128	148	160
蒲　县	2	2	3	3	3	3	331	336	157	160	240	240
汾西县	1	1	3	4	4	4	274	290	175	205	205	205
侯马市	16	16	16	19	19	18	645	1240	1220	1288	1297	1308
霍州市	19	20	22	22	21	20	1214	1039	1087	1041	1039	974

17-98 规模以上工业主要

	企业单位数(个)	#亏损企业	工业总产值(当年价格)	工业销售产值(当年价格)	#出口交货值	资产总计	流动资产合计	固定资产合计
临汾市	**380**	**103**	**1842.46**	**1819.44**	**8.28**	**1717.37**	**866.85**	**640.05**
尧都区	45	21	229.44	225.38	3.02	212.78	83.02	109.44
曲沃县	34	4	207.04	197.62	0.82	158.89	90.32	64.60
翼城县	22	14	182.87	179.25	0.43	68.62	37.03	21.84
襄汾县	37	9	228.50	229.55	0.00	154.03	84.27	60.49
洪洞县	67	18	326.70	324.43	3.88	308.66	133.62	134.23
古　县	33	3	118.97	117.72		82.73	55.02	20.04
安泽县	11		77.15	77.05		59.43	25.91	32.68
浮山县	22	1	41.69	41.67		18.70	6.34	9.41
吉　县	3	1	12.58	13.02		12.89	4.95	5.81
乡宁县	27	3	82.33	79.72		122.19	63.01	40.52
大宁县	1		0.38	0.37		0.83	0.12	0.62
隰　县								
永和县								
蒲　县	22	5	57.80	53.37		135.82	74.57	21.93
汾西县	6	2	16.20	15.49		11.76	6.36	4.66
侯马市	30	17	129.51	127.26	0.14	107.33	73.15	27.51
霍州市	20	5	131.29	137.54		262.72	129.15	86.28

17-98 续

	主营业务成本	主营业务税金及附加	销售费用	管理费用	财务费用	#利息支出	营业利润	利润总额	亏损企业亏损总额
临汾市	**1627.61**	**14.34**	**31.40**	**73.27**	**33.69**	**29.81**	**128.23**	**90.24**	**24.42**
尧都区	207.25	1.90	4.84	10.38	4.56	4.03	4.46	2.95	7.63
曲沃县	178.08	0.37	1.49	2.32	1.63	1.06	2.25	1.13	1.71
翼城县	165.81	0.41	2.95	5.09	1.11	1.17	9.03	8.54	0.72
襄汾县	219.30	0.80	3.20	3.56	3.60	3.44	4.72	2.44	0.48
洪洞县	328.68	4.59	7.56	11.47	5.83	5.75	14.97	14.55	1.88
古　县	98.75	1.12	4.08	5.97	2.95	1.87	11.25	10.61	1.11
安泽县	54.20	0.87	1.99	4.67	0.87	0.80	12.04	12.02	
浮山县	21.17	0.15	0.05	0.79	0.35	0.35	6.80	6.79	0.01
吉　县	4.32	0.45	0.04	1.53	0.16	0.12	6.25	6.24	
乡宁县	57.75	1.09	1.73	6.25	0.93	0.86	15.41	14.73	0.38
大宁县	0.26	0.00	0.02	0.04			0.04	0.04	
隰　县									
永和县									
蒲　县	33.19	0.89	1.89	5.72	2.61	1.02	19.29	17.07	2.11
汾西县	14.81	0.15	0.57	0.50	0.17	0.17	0.03	0.03	0.01
侯马市	103.31	0.20	1.45	3.37	1.64	1.73	26.96		2.41
霍州市	140.74	1.36		11.61	7.28	7.44			5.96

要经济效益指标(2011年)

单位：亿元

固定资产原价	累计折旧	固定资产净值	流动负债合计	非流动负债合计	负债合计	所有者权益合计	#实收资本	主营业务收入
923.63	**361.94**	**561.69**	**960.95**	**226.76**	**1221.86**	**489.68**	**232.34**	**1883.72**
238.12	133.16	104.97	113.58	30.38	158.09	49.23	31.82	228.72
63.40	16.42	46.98	148.72	4.44	157.57	1.31	6.92	202.70
41.53	20.41	21.12	36.88	1.67	40.81	27.81	16.15	184.38
75.31	20.28	55.03	93.98	3.89	98.23	55.81	36.06	234.84
170.35	58.32	112.03	166.24	35.45	201.80	106.80	34.53	372.01
25.59	8.49	17.10	58.50	6.19	66.75	15.97	11.69	124.16
29.33	6.12	23.21	22.11	3.54	31.31	28.08	7.22	74.14
11.23	1.96	9.27	10.13	0.00	10.41	8.28	3.14	36.75
7.55	1.75	5.80	5.37	0.88	6.25	6.64	1.34	12.84
41.84	9.54	32.30	44.13	7.23	54.86	67.26	9.47	81.59
0.55	0.03	0.52	0.11		0.11	0.73	0.69	0.37
27.13	6.65	20.48	73.84	15.47	89.83	45.99	9.02	57.45
4.68	0.57	4.11	8.88	0.62	9.50	2.15	2.35	16.02
40.15	15.22	24.93	77.18	12.30	90.02	17.22	17.41	107.99
146.86	63.01	83.85	101.30	104.70	206.31	56.40	44.52	149.76

表

单位：亿元、人

利税总额	本年应付职工薪酬	本年应交增值税	全部从业人员年平均人数	总资产贡献率(%)	资产负债率(%)	流动资产周转率(次/年)	成本费用利润率(%)	产品销售率(%)
193.25	**82.22**	**88.21**	**185289**	**12.96**	**71.15**	**2.26**	**4.90**	**98.75**
15.21	11.13	10.37	27245	9.19	74.30	3.03	1.19	98.23
10.84	4.66	8.89	12361	7.49	99.17	2.25	0.60	95.45
13.17	3.82	4.22	13366	20.86	59.47	5.81	4.05	98.02
10.68	3.75	7.43	16448	9.13	63.77	2.79	1.06	100.46
39.05	13.34	19.91	29622	14.42	65.38	2.81	4.09	99.30
17.92	5.19	6.19	10394	23.93	80.69	2.27	9.33	98.94
18.46	2.93	5.57	6049	32.39	52.68	2.86	19.47	99.86
8.22	0.65	1.27	3004	45.82	55.69	5.79	30.39	99.96
8.74	1.29	2.04	1213	68.68	48.47	2.59	103.02	103.47
22.38	4.25	6.56	12530	18.98	44.90	1.32	22.09	96.82
0.06	0.02	0.01	170	7.05	13.00	3.13	13.38	98.22
23.49	2.48	5.53	5546	18.01	66.14	0.77	39.31	92.33
1.63	0.46	1.45	1796	15.28	80.79	2.52	0.19	95.64
0.55	3.41	1.55	13298	2.04	83.88	1.50	−1.09	98.26
2.89	24.85	7.22	32247	3.85	78.53	1.26	−3.38	104.77

18

企业篇

资料整理人员

张灵龙　王福勤　申淑霞

刘　炜　李　丁　李晓华

张　栋　梁　茹　曹睿鹏

18-1 企业家信心指数(2011年)

分组	2011年			
	1季度	2季度	3季度	4季度
企业家信心指数	**117.79**	**116.08**	**118.42**	**101.58**
按行业门类分				
工　业	109.68	110.03	117.89	88.20
采掘业	138.46	146.15	144.99	146.15
制造业	104.10	103.20	112.27	76.34
电力、燃气及水的生产和供应业	80.00	80.00	100.00	40.00
建筑业	146.00	125.00	91.50	100.00
交通运输、仓储和邮政业	108.33	91.67	100.00	133.33
批发和零售业	143.29	154.40	134.19	143.29
房地产业	120.00	140.00	80.00	100.00
社会服务业	160.00	150.00	160.00	110.00
信息传输、计算机服务和软件业	166.78	166.78	186.78	160.00
住宿和餐饮业	133.33	133.33	166.67	150.00
按登记注册类型分				
国有企业	126.95	131.30	112.55	113.91
集体企业				
有限责任公司	123.43	115.70	123.19	103.58
股份有限公司	95.03	136.95	136.95	82.82
私营企业	114.29	128.57	142.86	142.86
港澳台投资企业	100.00	100.00	100.00	100.00
外商投资企业	200.00	200.00	200.00	100.00
按企业规模分				
大　型	155.55	124.82	149.80	121.97
中　型	106.25	157.74	104.26	93.62
小　型	121.31	113.33	127.12	106.78
特殊分组				
上市公司(国家重点企业)	29.11	129.11	129.11	0.0
出口企业	77.74	90.60	123.15	52.74
国有控股企业	125.18	128.56	115.12	93.52

18-2 企业景气指数(2011年)

分组	2011年			
	1季度	2季度	3季度	4季度
企业景气指数	**114.49**	**111.94**	**125.31**	**111.21**
按行业门类分				
工　业	111.67	110.45	124.01	101.90
采掘业	142.53	157.91	164.44	138.46
制造业	106.29	104.99	115.91	96.60
电力、燃气及水的生产和供应业	80.00	40.00	100.00	40.00
建筑业	121.00	100.00	79.00	112.50
交通运输、仓储和邮政业	108.33	100.00	116.67	125.00
批发和零售业	116.30	116.30	156.41	165.51
房地产业	100.00	100.00	100.00	80.00
社会服务业	130.00	170.00	150.00	90.00
信息传输、计算机服务和软件业	186.78	146.78	186.78	166.78
住宿和餐饮业	133.33	133.33	166.67	150.00
按登记注册类型分				
国有企业	123.17	112.56	119.80	116.34
集体企业			100.00	
有限责任公司	117.14	118.14	130.03	107.42
股份有限公司	83.33	112.20	126.29	112.54
私营企业	142.86	100.00	157.14	142.86
港澳台投资企业	100.00	66.67	66.67	133.33
外商投资企业	200.00	200.00	150.00	150.00
按企业规模分				
大　型	151.62	141.16	146.10	115.73
中　型	102.08	106.25	110.64	119.15
小　型	118.03	113.33	133.90	101.69
特殊分组				
上市公司(国家重点企业)	100.00	129.11	129.11	70.89
出口企业	130.77	98.29	134.22	85.19
国有控股企业	126.20	120.13	117.70	105.59

18-3 计划总投资5000万元以上项目投资一览表(2011年)

单位：万元

单位及项目名称	开工时间	投产时间	计划总投资	累计完成投资	2011年完成投资
山西省临汾至吉县高速公路	200908		943283	832483	374553
山西省霍州至永和高速公路东段	201101		745659	332720	332720
山西省霍州发电厂2*60万千瓦发电“以大代小”项目	200910		472231	448124	90940
山西临汾热电有限公司2*30万千瓦机组工程	200709		330000	311894	50671
山西省隰延高速公路投资有限公司霍州至永和高速公路西段	201105		329288	111991	111991
山西漳泽电力股份有限公司侯马热力分公司2*300MW热电联产工程	201010		286853	123106	1000
山西省临汾市尧都区御景水城御丰苑项目	201001		270000	89626	30039
山西省临汾市汾河生态建设工程有限公司汾河生态建设工程	200906		188000	139830	30010
山西张台地方铁路投资建设有限公司新建张礼至台头地方铁路	201104		186400	103000	49692
山西立恒钢铁有限公司年产145万吨焦化项目	201106		180000	111994	111994
山西飞虹微纳米光电科技有限公司大功率白光LED用外延片及其芯片产业化建设项目	201102		165000	98000	98000
山西省临汾市交通局京昆与青兰高速临汾联络线	201001		126479	123469	54509
山西省安泽县太岳焦化有限公司年产12万吨焦炉气制乙二醇项目	201005		125000	24500	20000
山西省安泽县永鑫焦化有限公司年产100万吨焦化项目	200905		122600	101032	60000
山西省襄汾县鼎临农业生态科技开发有限责任公司双龙湖生态旅游园区建设工程	201001		100000	44306	22456
山西华翔投资有限公司华翔美的精密铸造循环利用工程项目	200908		95846	77917	10063
山西省临汾市交通局祁临高速临汾北环段	200910		89478	89330	24515
山西省山西建滔万鑫达化工有限责任公司20万吨甲醇建设项目	200608		87000	75704	12478
山西省洪洞县交通局临汾环城高速北环段建设工程	201002	201112	85000	85000	77800
山西省临汾尧王台现代农业示范区有限公司现代农业示范区建设	201008		75698	50260	46600
山西省襄汾县兴民林业开发有限公司丁村白莲种植加工及观光农业项目	201104		75000	19085	19085
山西三维集团股份有限公司3万吨聚四亚甲基醚二醇项目	200911	201112	72836	45983	22468
山西通才工贸有限公司年产24万吨锰铁合金项目	201012		68000	62713	59413
山西潞安集团蒲县黑龙煤业有限公司矿井改造项目	201102		67176	6689	6689
山西通才工贸有限公司年产160万吨双高线项目	201101		66000	41709	41709
山煤集团蒲县万家庄煤业有限公司筹备处基建矿井	201101		61870	6134	6134
山西省公路局临汾分局省道桃临线木瓜沟至马务桥建设工程	200907		61700	11485	0
山西潞安集团蒲县黑龙关煤业商贸有限公司矿井改造项目	201101		61329	5266	5266
山西省汾河焦煤股份有限公司矿井建设项目	201005	201107	60671	60671	1555
山西省中强煤化有限公司春山煤矿	200507		60000	49308	0
山西省洪洞县交通局洪洞县广胜寺旅游开发区拆迁改造工程	201006	201112	57000	57000	24343
山西煤炭进出口集团蒲县豹子沟煤业有限公司筹备处基建矿井	201101		55906	6019	6019
山西省临汾市公共事业发展投资公司新医院项目部新医院1500张床位建设	201006		55000	53432	20868
山西省乡宁县申南凹焦煤有限公司扩建120万吨矿井项目	200912		54000	19760	9660
山西蒲县华胜煤业有限公司筹建处矿井改造项目	201012		53997	15308	12977
山西省襄汾县城乡建设局滨河公园	201001	201112	52600	52600	18100
山西省中强福山煤业有限公司煤矿改造升级	201003		52310	45013	25845
山西省临汾市建设局古城遗址公园还迁及西关社区改造工程	201004		50000	12000	5500
山西光宇电源有限公司年产100万千瓦大功率LED光源及应用项目	200610		50000	26261	6000

18-3 续表 1

单位：万元

单位及项目名称	开工时间	投产时间	计划总投资	累计完成投资	2011年完成投资
山西兴业钢铁炉料有限责任公司年产30万吨废钢铁加工配送循环利用项目	201012		50000	28000	24000
山西省乡宁县毛则渠煤炭有限公司90万吨扩建项目	201108		48992	16235	16235
山西省霍州煤电集团有限责任公司多经公司技改项目	201104	201112	48750	48750	48750
山西煤炭运销集团金山煤业有限公司60万吨扩建	201109		48103	11330	11330
山西潞安集团蒲县常兴煤业有限公司常兴煤业基建	201105		48020	11599	11599
山西省霍州煤电集团张端煤业有限公司煤矿矿井改造	201103		47806	8896	8896
山西保利裕丰煤业有限公司90万吨矿井扩建	201109		47355	6330	6330
山西省霍州煤电集团有限责任公司霍州矿区采煤沉陷区治理	201001	201112	47265	50766	32257
山西省汾西县交通运输局汾西高速引线	201111		47177	13800	13800
山西陆合集团恒泰南庄煤业有限公司煤矿矿井改造	201111		47000	10375	10375
山西天润煤化集团德通煤业有限公司90万吨改建项目	201101		46573	23000	23000
山西乡宁焦煤集团通和煤业有限公司90万吨扩建项目	201109		46553	7427	7427
山西省临汾市和盛煤业有限公司60万吨矿井建设兼并重组整合项目	201104		46213	19460	19460
山西省临汾市中德农牧科技发展有限公司养殖屠宰一体化	200810		46200	18500	10100
山西煤炭进出口集团洪洞县恒兴煤业有限公司煤矿矿井改造	201105		46081	9943	9943
山西省临汾开发区科海科技研发中心新建科研楼	201005		46000	19249	6500
山西焦化集团有限公司20万吨/年甲醇改扩建项目	201106		45590	15020	15020
山西省涧河煤业有限公司力拓煤业综采技改项目	201107		45222	12800	12800
山西省乡宁县台头胡村煤矿接替井接替井	200303	201103	45000	45000	70
山西陆合集团基安达煤业有限公司煤矿矿井改造	201104		44000	15572	15572
山西汾西正佳煤业有限责任公司90万吨矿井建设项目	201103		44000	26000	26000
山西省霍州煤电集团有限责任公司李雅庄矿更新改造	201103	201112	43144	43144	43144
山西临汾民航机场机场公路	201003		42570	18965	12562
山西省霍州煤电集团有限责任公司什林煤矿技改项目	201101	201112	41657	41657	41657
山西省临汾市尧都区东城开发建设指挥部东城还迁工程东关项目一区	201102		41100	37800	37800
山西省临汾市尧都区农村公路建设领导组农村街巷硬化工程	201103	201108	41000	41000	41000
山西省临汾天煜能源发展有限公司120万吨煤矿扩建工程	201101		41000	38000	38000
山西省霍州煤电集团公司有限责任公司辛置矿更新改造	201103	201112	40739	40739	40739
山西省临汾市建设局滨河西路北延项目	200908	201111	40389	39589	6837
山西省霍州煤电集团有限责任公司棚户区工程	201103		39780	32328	32328
山西省蒲县宏源煤业集团有限公司富家凹矿建	201009		39386	8526	8368
山西省乡宁县尉乡焦化有限公司60万吨机焦生产线	200303	201104	39299	36242	2612
山西省洪洞县交通局煤化工园区环区路	201007	201107	38500	38500	17530
山西省临汾市建设局漪汾花园经济适用房建设工程	200911		37820	18310	8433
山西乡宁焦煤集团燕家河煤业有限公司60万吨改造	201111		37015	6019	6019
山西省临汾市尧都区东城开发建设指挥部东城还迁工程东关项目二区	201102		36500	29700	29700
山西煤炭进出口集团洪洞陆成煤业有限公司煤矿矿井改造	201104		35485	14296	14296
山西煤销集团金辛达煤业公司煤矿建设项目	201110		35271	8360	8360
山西省电力公司临汾供电分公司农网升级改造工程	201105	201112	35000	35000	35000
山西海达投资发展有限公司高新技术孵化中心项目	200912		35000	25000	4000
山西省临汾市公共事业发展投资公司新高中项目部新高中36轨教学楼建设	201010	201109	34924	37982	14165

18-3 续表 2

单位：万元

单位及项目名称	开工时间	投产时间	计划总投资	累计完成投资	2011年完成投资
山西潞安集团蒲县开拓煤业商贸有限公司整合矿井技术改造	201103		34462	3200	3200
山西省蒲县宏源煤业集团有限公司凤凰台扩建项目	201009		34156	4093	4055
山西省霍州煤电集团悦昌煤业有限公司煤矿矿井改造	201104		33482	11575	11575
山西省襄汾县张礼货物集运站基建处发运站	200607		33000	31700	
山西省襄汾县林业局双龙湖湿地保护项目	201103		32757	10630	10630
山西安泽安鑫煤业有限公司矿井改造项目	201103	201111	32078	32078	32078
山西方略保税物流中心有限公司方略二期	201101	201105	32000	32000	32000
山西省霍州煤电集团有限责任公司宝鑫煤业技改	201106	201112	31500	31500	31500
山西大唐国际临汾热电有限责任公司 2*300MW 热电联产项目附属设施建造	201101	201112	31364	31360	31360
山西省蒲县宏源煤业集团有限公司官庄河矿建	201009		31308	6819	6533
山西煤销集团同富新煤业有限公司60万吨扩建	201109		30783	6709	6709
山西省红番茄食品有限公司年产10万吨番茄制品产业化示范工程	201005	201107	30780	30780	7139
山西省霍州煤电集团乡宁保鑫煤业有限公司60万吨改建	201106		30163	6447	6447
山西省临汾市天鹅大酒店有限公司酒店建设	200706		30000	27720	1704
山西舜达锻造股份有限公司165MN第五条热模锻压生产线及机加工项目	201105		30000	28494	28494
山西乡宁隆博煤业有限公司90万吨基建矿井	200703	201112	30000	30100	13650
山西华强钢铁有限公司铸造加工项目	201009	201109	30000	30000	28836
山西省侯马物流中心侯马公路枢纽货运中心			30000	900	
山西中升钢铁有限公司450立方米高炉项目	201001	201112	30000	30161	8563
山西省中石油煤层气有限责任公司临汾分公司煤层气勘探	201103	201112	30000	30000	30000
山西乡宁焦煤集团东沟煤业有限公司60万吨原煤	201110		29963	3000	3000
山西省霍州煤电集团有限责任公司曹村矿更新改造	201103	201112	29870	29870	29870
山西省霍州煤电集团蒲县新乐煤业有限公司新乐煤业技术改造	201009		29853	9332	8332
山西陆合集团万安煤业有限公司煤矿矿井改造	201111		29597	5000	5000
山西省临汾市瑞亿商贸城有限公司锦悦城一期工程	201101		29454	23402	23402
山西省临汾市建设局滴汾花园经济适用房二期	201108		28777	11070	11070
山西古县东瑞煤业有限公司矿井兼并重组扩建项目	201104		28742	11542	11542
山西省霍州煤电集团公司有限责任公司昶元煤业技改项目	201105	201112	28700	28700	28700
山西省襄汾县星源钢铁集团2500t/d熟料新型干法水泥生产线及年产150万吨水泥项目	201109		28319	7510	7510
山西省银源开煤炭地下气化科技有限公司临汾分公司煤层气开发	201109		28000	9600	9600
山西琪尔康翅果生物制品有限公司翅果油综合开发产业化	200406	201112	27110	28551	1563
山西省霍州煤电集团乡宁昶元煤业有限公司60万吨扩建	201104		27042	11161	11161
山西省洪洞县恒富美尔美陶瓷有限公司新建仿古砖项目	201106	201109	26942	26942	26942
山西潞安集团蒲县新良友煤业有限公司新良友煤矿改造	201009		26065	17545	14445
山西旺龙药业集团有限公司医药产业园项目	201109		26000	2000	2000
山西晋韵钢铁有限公司年产20万吨铸造项目	201107	201111	26000	26000	26000
山西省临汾市尧都区城中村改造工作领导组郭村改造一期工程	201102		26000	21000	21000
山西省乡宁县煤焦实业有限公司10万亩翅果油树木基地	200608		25860	18816	1947
山西省襄汾县新兴冶炼有限公司20万吨/年铸件技改项目	201101		25000	17942	17942
山西蒲县兰花焦煤有限公司矿井扩建	201103		24388	5522	5522
山西省蒲县伊田肥煤业有限公司伊田煤矿改造	201010		24242	15200	11600

18-3 续表 3

单位：万元

单位及项目名称	开工时间	投产时间	计划总投资	累计完成投资	2011 年完成投资
山西省侯马市汇丰建材有限责任公司2500t/d熟料资源综合利用节能技改工程	201103	201111	23700	23700	23700
山西恒泰制动器股份有限公司年产90万件商用制动毂技改项目	201104		23500	10020	10020
山西省襄汾县强盛铁合金厂年产20万吨精密铸件	201104		23360	9462	9462
山西省电力公司临汾供电分公司110KV及以上电网工程	201105	201112	23000	23000	23000
山西省临汾市尧都区水利局尧都区农村饮水安全工程	201105	201109	23000	23000	23000
山西省洪洞供电支公司电网建设工程	201104		22484	7685	7685
山西省襄汾县万盛源天然气有限公司天然气开发一期	201101		22000	15556	15556
山西省移动通信集团有限公司临汾分公司 GSM 网络无线扩容工程	201105	201112	21798	21302	21302
山西省乡宁县葡萄酒厂葡萄酒厂	200807	201112	21686	21750	3250
山西省霍州煤电集团有限责任公司团柏矿更新改造	201103	201112	21606	21606	21606
山西戎子酒庄有限公司职工住宅楼	201109		21128	6100	6100
山西潞安集团蒲县后堡煤业商贸有限公司矿井技术改造	201101		21000	8704	8704
山西天地衡建设工程项目管理有限公司还迁安置住房	200903		21000	14813	5249
山西省洪洞县玉峰高中筹建领导组玉峰中学项目	200907	201107	20552	20552	3362
山西晋煤集团临汾晋牛煤矿投资有限责任公司 90 万吨改建一期工程	201110		20550	8100	8100
山西焦化集团有限公司 5#、6# 焦炉配套干熄焦项目	201106		20323	15135	15135
山西省浮山县天山凤凰生态园林开发有限公司千亩园林治理	200905		20006	11630	4410
山西省古县利达焦化有限公司年产 10 万吨甲醇项目	201101	201111	20000	22000	22000
北京中海沃邦能源投资公司永和分公司永和 2011 煤层气开发	201104	201112	20000	20000	20000
山西馨阳农产品开发有限公司农产品批发市场	201101	201112	20000	20000	20000
山西省乡宁云邱山旅游开发有限公司云邱山旅游开发	200508	201112	19800	28784	10954
山西省汾西县隆盛水泥厂熟料水泥生产线一期工程	200903		19800	13609	
山西省临汾志强钢铁有限公司 25 万吨精密铸件项目	201105		18500	5490	5490
山西省大同煤电集团同地龙驭煤业有限公司 60 万吨煤矿改造	201104	201112	18350	18350	18350
山西临汾海姿供气供热有限公司东城集中供热	200904		18114	18782	1195
山西省霍州煤电集团有限责任公司兴盛园煤业技改项目	201103	201112	18000	18000	18000
山西省襄汾县鸿达镁合金厂 2 万吨镁合金、5 万吨金属镁、800 万块空心砖	200901	201112	18000	19060	1600
山西省乡宁县教育科技局新高中	201005	201106	18000	18000	5139
山西省山焦临汾洗煤厂改扩建项目指挥部入洗原煤 200 万吨 / 年项目	201106		18000	12312	12312
山西省襄汾县河西集中供热站河西供热	200905	201103	18000	18000	500
山西省霍州煤电集团有限责任公司水电中心更新改造	201103	201112	17638	17638	17638
山西省中国联通临汾分公司移动网配套工程	201106	201112	17278	17278	17278
山西省天煜能源发展有限公司恒晋煤矿 60 万吨煤矿扩建一期	201110		17000	10000	10000
山西省乡宁县碾塔至罗毕沟公路改线工程项目部碾塔至罗毕沟改线	201005	201112	16930	16930	6600
山西烟草公司临汾市分公司物流配送中心	200911	201112	16425	16425	5075
山西省霍州煤电集团亿隆煤业有限公司煤矿矿井改造	201108		16307	13670	13670
山西省翼城县城乡建设局汇丰路工程	201103		16000	15667	15667
山西省翼城县城乡建设局金源商贸城建设	201102	201112	16000	16000	16000
山西中强煤化有限公司 300 万吨洗煤项目	201003		16000	6481	
山西煤炭运销集团蒲县昊兴塬煤业有限公司项目建设筹备组矿井改造	201106		16000	900	900
山西省襄汾县河西新院河西新院	200905	201112	16000	16000	1606

18-3　续表 4

单位：万元

单位及项目名称	开工时间	投产时间	计划总投资	累计完成投资	2011 年完成投资
山西省临汾市交通局一级客运西站	201010		15575	8060	3700
山西省临汾市建设局西关桥西延道路一期工程	201010	201107	15553	12384	6250
山西省临汾市引沁入汾五马水库工程建设项目部引沁入汾五马水库工程	200804		15269	13719	4289
山西励鑫钢铁有限责任公司年产 5 万吨铸管及金加工项目	201102	201110	15000	15000	15000
山西省临汾市尧都区尧都公园工程建设指挥部尧都公园项目	201105		15000	8000	8000
山西省翼城县创新冶炼有限责任公司年产 10 万吨汽车零部件铸造生产线技改项目	201103		15000	8930	8930
山西太钢集团临汾钢铁有限公司高层住宅楼	200907	201105	14800	14799	6110
山西正和机械制造有限公司年产 500 万柱真空超导暖气片项目			14535	14535	2025
山西省百恒粮油有限公司建厂	200611		14000	10230	930
山西华德冶铸有限公司年产15万吨树脂砂铸造生产线	201104		14000	780	780
山西省临汾银光实业有限公司年产6000吨新型纳米陶瓷涂料	201105		13800	2300	2300
山西省临汾市建设局五一路立交桥工程	201003		13704	12385	5715
山西省襄汾县宏峰林纸业有限公司年产10万吨杨木制浆生产线	201105	201112	13675	13975	13975
山西省霍州市建设局白龙商贸城	201001		13600	8020	2500
山西省临汾市尧都区东城学校工程建设筹建处东城学校建设工程			13500	4500	
山西省洪洞县峰兴建设有限公司还迁小区	201103	201112	13445	13445	13445
山西省蒲县城建局滨河大道	201107		13400	4800	4800
山西省洪洞县住房保障和城乡建设管理局滨河东路还迁小区	201106		13193	3950	3950
山西方略保税物流中心有限公司方略二期扩建	201107	201108	13000	13000	13000
山西省临汾宇腾开发建设有限公司南环路项目	201111		12417	2785	2785
山西省襄汾县水利局农村安全饮水工程	201102	201112	12301	12301	12301
山西立恒钢铁股份有限公司年产80万吨矿渣微粉	201107		12000	9345	9345
山西中强煤化有限公司年产3万吨活性炭	201102		12000	11409	11409
山西省襄汾县恒泰制动器有限公司年产40万件汽车制动器	201003	201105	12000	12000	9136
山西建邦集团铸造有限公司年产50万吨高纯铁技术改造	201107	201110	12000	12000	12000
山西省临汾市建设局临汾市集中供热一网八期工程	201108		11600	5650	5650
山西省霍州煤电集团有限责任公司总医院	201103	201112	11551	11551	11551
山西地中源煤炭运销有限公司扩建120万吨/年洗煤项目	201109		11000	5984	5984
山西三维瀚森化工有限公司三维集团VV-10项目	201105		11000	7500	7500
山西午城酿酒有限责任公司3000吨优质白酒技改项目	201103	201110	10750	10750	10750
山西金达丰天然气开发有限公司东城区天然气输配工程	201103		10395	5984	5984
山西省曲沃县民政福利企业有限公司年产20万吨球墨铸铁型材生产线	201007		10370	5351	3151
山西省吉县住房保障和城乡建设管理局新城综合服务中心建设项目	201109	201112	10360	10360	10360
山西省临汾双山新农村供热有限公司尧都区城市南部新农村集中供热	201001		10305	5985	605
山西省翼城县城乡建设局汇丰路立交桥建设项目	201010		10300	10120	7120
山西潞安集团蒲县隰东煤业商贸有限公司技术改造	201101		10299	4404	4404
山西省临汾市尧都区教育局校安办校舍安全工程	201006	201112	10083	10083	7283
山西顶吉食品开发有限公司年产2万吨果醋深加工	201109		10000	3760	3760
山西省浮山县尧山水泥有限公司120万吨特种水泥建设项目	200807		10000	4381	
山西省翼城县教育局汇丰学校建设	200905		9999	6710	3110
山西省洪洞县大槐树镇人民政府街巷硬化工程	201107	201111	9985	9985	9985

18-3 续表 5

单位：万元

单位及项目名称	开工时间	投产时间	计 划总投资	累计完成投资	2011 年完成投资
山西省洪洞县第六中学教学综合楼、宿舍、餐厅扩建项目	201103	201107	9952	9952	9952
山西省洪洞县建设局洪洞县垃圾处理厂项目	201104	201112	9930	9930	9930
山西省临汾华翔纬泰精工机械有限公司年产2400万件压缩零部件	200810		9901	7996	2050
山西省洪洞县亿明半导体照明有限公司年产5万KW小功率LED光源及72万盏LED节能灯具配套项目	201105		9890	6100	6100
山西省汾西县交通运输局农村街巷硬化	201108	201111	9890	9890	9890
山西省霍州市交通运输局农村街巷硬化全覆盖工程	201108	201111	9880	9880	9880
山西省洪洞县曹家庄康民蔬菜专业合作社曹家庄日光温室大棚项目	201104	201109	9860	9860	9860
山西省霍州市水利局南涧河高速桥至贾村段河道治理工程	201106		9852	3000	3000
山西省蒲县供气工程指挥部供气工程	200804	201103	9850	9850	140
山西省襄汾县永祥选煤厂年产120万吨洗选精煤项目	201105		9850	6654	6654
山西省古县教育局古县城镇寄宿制学校建设工程项目	201101		9811	8957	8957
山西省蒲县新建高中工程指挥部新建高中	201109		9801	2080	2080
山西省浮山县众祥集中供热有限公司集中供热(管网改造)	201111		9800	480	480
山西省曲沃县乐昌镇人民政府太子湖综合旅游休闲区项目	200908	201108	9800	9800	1190
山西省洪洞县晋丰种植有限公司秦壁日光温室大棚项目	201104	201109	9800	9800	9800
山西虹翔科技开发有限公司高纯金属有机源(MO 源)新材料项目	201103		9800	8935	8935
山西省临汾鹏泰伟业有限公司年产 5 万吨特种厚壁不锈钢管生产线	201101	201109	9800	9800	9800
山西省襄汾县污水处理及回用工程污水处理及回用工程	200803	201103	9784	9784	304
山西省襄汾县龍翔选煤厂年产 120 万吨精煤项目	201104		9780	5310	5310
山西省曲沃县文物旅游管理中心晋国博物馆	200904		9712	9496	2724
山西省乡宁县宏盛选煤有限公司 400 万吨洗煤厂扩建项目	201009		9668	8826	5265
山西兆光发电有限责任公司热电联产供热技改项目	201103		9660	5108	5108
山西省侯马市职业中专学校侯马职中易地扩建项目	201011	201111	9640	9640	7940
山西隰县正佳煤业有限公司职工培训中心龙泉广场	201007	201106	9600	9600	3600
山西省洪洞县水利局大槐树农业生态园	201105	201107	9600	9600	9600
山西临汾染化(集团)有限责任公司年产 3500 吨硫化染料改扩建	201001	201112	9600	9600	3414
山西涧河煤业有限公司矿井扩建	201103	201111	9522	9522	9522
山西省侯马市通盛集团益通天燃气有限公司乡镇天然气供暖项目	201105		9513	5000	5000
山西省曲沃县金冕铁矿有限公司铁矿巷道掘进工程	201001	201103	9500	9500	2670
山西省襄汾县塔山通用机械铸造有限公司年产 9 万吨精密铸件项目	201101	201112	9500	9500	9500
山西省侯马市中小学校舍安全工程领导组中小学校舍安全工程	201008	201108	9476	9476	8399
山西登福康煤业有限公司煤矿改造	201104		9460	4550	4550
山西省翼城县水利水保局禹门口提水东扩工程 -- 管道工程	201009	201110	9400	9400	4180
山西古县店上煤业有限公司改造工程	201106		9395	2220	2220
山西煤销集团临汾尧都有限公司四通煤业单纯购置			9313	9313	9313
山西古县安吉欣源煤业有限公司 90 万吨改造工程	201103	201112	9300	9300	9300
山西省襄汾县东方红金矿年产 2 万吨金矿	201004	201105	9300	9300	3760
山西省曲沃县菜业中心新五代蔬菜大棚建设工程	201002	201106	9274	9274	1774
山西省浮山县交通运输局农村街巷硬化工程	201108	201111	9260	9260	9260
山西省洪洞县忆隆煤业有限公司煤矿矿井改造项目	201103	201111	9200	9200	9200

18–3 续表 6

单位：万元

单位及项目名称	开工时间	投产时间	计划总投资	累计完成投资	2011年完成投资
山西省襄汾县龙云飞石膏综合利用有限公司年产20万吨硫酸及其废渣综合利用项目	201101	201109	9146	9446	9446
山西省临汾市城然天然气有限公司天然气利用工程	201003		9100	8299	810
山西省翼城县天利铁合金有限公司年产5万吨汽车底盘及机加工项目	201103	201112	9100	9100	9100
山西省乡宁县峰岭旅游开发有限责任公司峰岭景区建设项目	201007		9096	5650	4800
山西牢寨煤业有限责任公司120万吨矿井型选煤厂	201004	201107	9045	9045	125
山西省洪洞恒美公司建筑陶瓷生产线项目	201008	201105	9000	9000	2688
山西省临汾市顺正金属制品有限公司特种钢铸件	201003	201107	9000	9000	4130
山西省吉县住房保障和城乡建设管理局恒安新区建设项目	201105	201112	9000	9000	9000
山西省襄汾县燕窝铁矿年产5万吨铁矿	201005	201105	9000	9000	4460
山西省翼城晋源实业有限公司年产7万吨合金铸造项目	201101	201108	9000	9000	9000
山西省襄汾县窝子里铁矿年产5万吨铁矿	201002	201105	9000	9000	3610
山西双凤祥农业开发有限公司新建百万株核桃园基地	201004	201106	9000	9000	800
山西省隰县交通局巷道硬化工程	201108	201112	9000	9000	9000
山西省临汾市绿环木业有限公司10万立方米中密度纤维板	200905		9000	1841	
山西省洪洞县晋圣荣康煤业有限公司煤矿矿井改造	201103	201111	8900	8900	8900
山西省安泽县文体广电新闻出版局奥体中心建设	201107		8860	1371	1371
山西省临汾市生活垃圾处理有限公司生活垃圾处理厂一期工程	200803		8832	3033	117
山西省洪洞县建设局集中供热二期工程	201105	201112	8800	8800	8800
山西省洪洞县教育局县职中南迁工程	201007	201107	8760	8760	2840
山西玉和泰煤业的限公司通风系统改造项目	201103	201107	8700	8700	8700
山西省襄汾县同力铁矿年产4万吨铁矿	201003	201104	8700	8700	2572
山西省晋煤集团翼城晟泰青洼煤业60万吨扩建一期项目	201109	201112	8700	8700	8700
山西省襄汾县富利铁矿年产4万吨铁矿	201005	201103	8700	8700	1500
山西省洪洞县人民医院人民医院迁建项目	201006	201107	8640	8640	230
山西省洪洞县恒兴煤业有限公司煤矿矿井改造	201103	201111	8600	8600	8600
山西省翼城县亿通铸业有限公司年产10万吨汽车零部件铸造及机加工项目	201101	201111	8600	8600	8600
山西省洪洞县曲亭镇人民政府街巷硬化工程	201107	201111	8509	8509	8509
山西省洪洞县交通局亚鑫达林北铁路专用线项目	201105	201106	8500	8500	8500
山西安吉欣源煤业有限公司井下巷道开拓	201107	201112	8500	8500	8500
山西省临汾市河西热电有限公司50万m^3粉煤灰混凝土切块1.4亿块/年粉煤灰蒸压砖	201102		8500	3500	3500
山西省襄汾县陶寺乡小龙铁矿尾矿改造	201006	201105	8500	8500	2582
山西省临汾市富尧仓储有限公司富尧仓储中心	201108		8453	4000	4000
山西省古县牡丹旅游景区管理委员会牡丹景区续建工程	201003	201112	8450	8450	6429
山西省乡宁县教育局新高中附属工程	201106	201108	8400	8433	8433
山西富洁源生物科技有限公司大型沼气发电示范工程	201003	201109	8296	8296	5748
山西省浮山县金岩矿业有限公司矿山建设	201104	201112	8200	8200	8200
山西省霍州市城乡建设局一中住宅新区	201003	201111	8200	8200	8100
山西省临汾市尧都区农村公路建设领导组县乡村三级联网改造工程	201105	201111	8160	8160	8160

18-3 续表 7

单位：万元

单位及项目名称	开工时间	投产时间	计划总投资	累计完成投资	2011年完成投资
山西省襄汾县东方冶金有限公司年产 4 万吨铁矿	201001	201104	8120	8120	2810
山西安泽玉华煤业有限公司矿井升极改造	201102	201105	8100	8100	8100
山西省临汾市建设局漪汾花园廉租住房建设工程	200901	201108	8100	8100	1980
山西永鑫煤焦化有限责任公司新建办公区项目	201103	201112	8100	8100	8100
山西省大宁县集中供热管理中心集中供热二期工程	200808	201111	8059	8059	1559
山西省阳泉煤业集团翼城堡子煤业有限公司技术改造	201108	201112	8053	8053	8053
山西华尔动力机械有限公司年产 30 万件发动机缸体消失模铸造及加工项目	201101	201110	8003	8003	8003
山西省洪洞县大槐树寻根祭祖园有限公司寻根祭祖园二期工程	201001	201107	8000	8000	1440
山西省临汾志诚丽柏实业有限公司丽柏银泰购物中心	201101	201110	8000	8000	8000
山西省浮山县文体广电新闻出版局文体活动中心	201101		8000	4735	4735
山西省翼城县晋能然气有限公司集中供气工程	201107	201112	8000	8000	8000
山西省翼城县大众饲料有限公司饲料加工	201105	201112	8000	8000	8000
山西三盛合酿造有限公司二期醋厂建设	201109		8000	6420	6420
山西省洪洞县科技局林下经济产业化工项目	201002	201104	8000	8000	440
山西省襄汾县陶寺乡姜家沟铁矿改造	201008	201104	8000	8000	1950
山西省临汾市尧都区蓝宝煤业有限公司 60 万吨 / 煤矿改造项目	201110		8000	5700	5700
山西汇丰源绿色农业发展有限公司生态园建设	200901		8000	4270	760
山西威顿新型建材有限公司60万吨水渣微粉生产线	201006	201106	8000	8000	3620
山西省大宁县住房保障和城乡建设管理局天然气利用工程一期工程	201106	201109	8000	8000	8000
山西安鑫煤业有限公司煤矿基械矿升级改造项目	201101	201105	8000	8000	8000
山西省临汾市拥军报废汽车回收有限公司废弃电器电石产品回收处理	201105	201110	7980	7980	7980
山西省汾西县扶贫局养鸡厂建设	201106		7958	4400	4400
山西省平阳重工机械制造有限责任公司电液控换向阀项目	201012	201103	7907	7907	2907
山西普泰发泡铝制造有限公司年产40万平方米发泡铝项目	201103	201107	7887	7887	7887
山西省蒲县体育运动委员会蒲县奥林匹克体育中心	201102		7880	2400	2400
山西省浮山县扶贫局片区扶贫开发蔬菜产业项目	201104		7830	1910	1910
山西省古县玉生煤业有限公司井巷扩建	201108	201112	7800	7800	7800
山西省乡宁县宏泽商贸有限公司龙辉佳苑商住综合楼	201006	201109	7800	8100	4400
山西省侯马市彭真故居扩建建设工程指挥部彭真故居扩建工程	201110		7746	1500	1500
山西古县玉生煤业有限公司井下改造	201103	201112	7731	7731	7731
山西省隰县住房保障和城乡建设保障局污水处理厂	201005	201106	7724	7724	2024
山西省安泽县水利水保局和川移民工程	200907	201111	7700	7700	5500
山西晋辽矿业有限公司下辛佛煤矿井下扩建工程	201006	201104	7689	7689	1051
山西省古县人民医院新建医院	201008		7545	4212	2950
山西晋辽矿业有限公司柳沟煤矿地面改建工程	201005	201105	7521	7521	3455
山西新百佳电子科技有限公司数码电子产品生产项目	201101	201107	7500	7500	7500
山西省襄汾县土地殿乡裕兴铁矿改造	201008	201103	7500	7500	1504
山西永鑫煤焦化有限责任公司年产120万吨洗煤项目	201101	201109	7500	7500	7500
山西奥坤量子农业科技有限公司食用菌基地及冻干加工生产线二期	201102		7500	6300	6300
山西省襄汾县半山里联营铁矿改造项目	201008	201104	7500	7500	2420

18-3 续表 8

单位：万元

单位及项目名称	开工时间	投产时间	计划总投资	累计完成投资	2011年完成投资
山西省洪洞县人民医院三期建设门诊	201111	201112	7400	7400	7400
山西省临汾市尧都区职业技术学校建设指挥部新建校舍	201106		7318	1000	1000
山西省蒲县宏源煤业集团有限公司北峪改建	201012		7300	5570	5450
山西省洪洞县水利局洪洞汾河流域生态环境洪安涧河治理工程	200905	201105	7181	7181	3771
山西省蒲县城乡建设局河道治理	201103	201112	7147	7147	7147
山西省吉县住房保障城乡建设管理局吉县新城商贸中心及配套设施工程	201103	201111	7100	7100	7100
山西省煤炭运销集团金裕达煤业90万吨生产矿井改造	201101	201112	7000	7000	7000
山西立恒钢铁有限公司福瑞星污水处理厂	201012	201112	7000	7000	4000
山西省翼城县城乡建设局垃圾处理工程	201009		7000	5800	3800
山西晋辽矿业有限公司洗煤厂扩建工程	201009	201110	6996	6996	6114
山西古县老母坡煤业有限公司地面建设	201107	201112	6900	6900	6900
山西省洪洞县淹底乡人民政府街巷硬化工程	201107	201111	6836	6836	6836
山西玉和泰煤业有限公司回风大行轨道（运输轨道）	201108	201112	6790	6790	6790
山西长胜公路有限公司长胜驾校	201109		6680	2650	2650
山西省侯马市环境保护局城市绿化建设	201103	201112	6620	6620	6620
山西省临汾解放汽车销售服务有限公司解放销售4S店	201102	201110	6550	6550	6550
中国电信股份有限公司山西临汾分公司通信建设	201105	201112	6519	6519	6519
山西弘沃农业技术开发有限公司万亩果蔬基地建设一期	201102		6500	4200	4200
山西省汾西县煤气化有限责任公司自备电厂	201106	201109	6500	6500	6500
山西省侯马市住房保障和城乡建设管理局新三中公共设施建设	201103	201112	6500	6500	6500
山西省临汾市污水处理厂污水回用工程	200504		6489	3821	
山西省临汾市尧都生胜宇祥煤矿有限公司90万吨煤矿生产矿井改造	201101	201112	6381	6381	6381
山西省襄汾县利国一号铁矿年产4万吨铁矿	201005	201104	6380	6380	2900
山西晋辽矿业有限公司柳沟煤矿改造工程	201105	201112	6338	6338	6338
山西省安泽县水利水保局西里水电站	200705		6326	5920	1500
山西省翼城县双峰建材有限公司年产60万吨矿渣微粉项目	201005	201105	6300	6300	300
山西省侯马市环境保护局侯北工业园区环境治理项目	201103	201112	6300	6300	6300
山西省洪洞县教育局县职中南迁项目二期工程	201106	201112	6240	6240	6240
山西省临汾市城燃天燃气有限公司安泽分公司城市集中供热供气	201104		6200	4060	4060
山西省翼城县世家庄村民委员会农贸市场一期工程	201102	201110	6200	6200	6200
山西省乡宁县谭坪提黄灌溉工程建设指挥部沿黄提水灌溉工程	201102		6199	3003	3003
山西泓翔煤业有限公司煤矿改造	201101	201112	6179	6179	6179
山西省乡宁县台头煤焦有限责任公司设备购置			6071	6071	6071
山西省霍州煤电集团有限责任公司通讯公司	201103	201112	6017	6017	6017
山西省滨伸置业有限公司清化园住宅小区建设	201104	201111	6000	6000	6000
山西省襄汾县土地殿乡宏峰铁矿扩建	201008	201103	6000	6000	1420
山西嘉阳煤业有限公司巨开元煤业扩建	201106	201109	6000	6000	6000
山西省侯马北铜铜业有限公司成品标准库房	201102	201112	6000	6000	6000
山西蔺润煤业有限公司改建工程	201101	201112	6000	6000	6000
山西海达投资发展有限公司标准性厂房	201012	201106	6000	6000	5000
山西省临汾同盛高级学校新校区建设	201001	201112	6000	6000	
山西省襄汾县义襄煤业有限公司资源整合扩建	201001	201105	6000	6000	3000

18-3 续表 9

单位：万元

单位及项目名称	开工时间	投产时间	计划总投资	累计完成投资	2011年完成投资
山西省襄汾县新金山特钢有限公司改造	201101	201110	6000	6800	6800
山西省隰县弘圣凯商贸有限公司隰州酒店	201104	201110	6000	6000	6000
山西省古县麦沟河农业生态园区有限公司综合开发园区项目	201105		6000	2800	2800
山西省乡宁县城区污水处理厂污水处理	200909	201112	6000	6000	1500
山西省古县飞龙煤化有限公司150万吨洗煤扩建项目	201101	201105	6000	6000	6000
山西省安泽县农业委员会现代农业10万亩蔬菜基地建设	201104	201111	6000	6000	6000
山西省翼城钢铁有限责任公司年产25万吨活性石灰回转窑项目	201101	201106	6000	6000	6000
山西煤炭运销集团金塬达煤业有限公司90万吨矿井改造工程	201109	201112	6000	6000	6000
山西省霍州市退沙街道办事处文笔塔绿色庄园	200906		6000	3700	1200
山西省临汾市煤炭气化公司城市输配工程	200805		5977	3096	250
山西省洪洞县万安镇人民政府街巷硬化工程	201107	201111	5960	5960	5960
山西省乡宁县住房保障和城乡建设局迎旭街续建工程	200907		5952	4850	2600
山西省曲沃县乐昌镇初级中学新建乐昌中学	200911		5950	5662	1542
山西省洪洞县广电中心广电大楼项目	200908	201107	5939	5939	339
山西省霍州市城市建设工程项目开发中心霍东大道市政配套工程	201105		5933	1100	1100
山西省襄汾县豪盛洗煤有限公司年产150万吨洗煤一期	201001	201104	5900	5900	2000
山西省临汾市尧都区建设局惠民小区廉租房建设工程	200912		5863	4760	1200
山西格瑞蔚蓝节能科技有限公司锅炉节能水处理器	201106		5800	1230	1230
山西省临汾市尧都区尧陵文物管理所中国尧帝祭祀大殿	201103		5800	3700	3700
山西省霍州煤电集团有限责任公司紫晟煤业技改项目	201103	201111	5800	5831	5831
山西省襄汾县新金山特钢有限公司6000KW发电机组项目	201101	201110	5755	6300	6300
山西省襄汾县住房保障和城乡建设管理局农贸批发市场	201104		5700	4120	4120
山西省襄汾县东峰顶金矿年产1.65万吨金矿	201003	201104	5600	5600	2020
山西省临汾市鑫港农副产品物流有限公司农副产品物流	201101	201112	5600	5600	5600
山西省洪洞县中宇玻璃钢化有限公司节能安全型玻璃深加工项目	201105	201107	5582	5582	5582
山西省吉县水利局东城提黄灌溉工程	201102	201112	5580	5580	5580
中国电信集团公司山西临汾分公司通信基建	201005	201112	5579	5579	227
山西霍州煤电集团乡宁沙坪煤业有限公司井巷工程改造	201101		5530	3638	3638
山西省侯马市住房保障和城乡建设管理局天然气输配工程	201103	201112	5500	5500	5500
山西立恒钢铁有限公司1.2万立方制氧机项目	201007	201103	5500	5500	1300
山西省临汾市尧都区百业交通综合市场有限公司新建综合市场项目	201101	201112	5500	5500	5500
山西省电力公司曲沃供电支公司新一轮农网改造升级工程	201105		5481	4957	4957
山西省洪洞县人民医院二期扩建	201106	201109	5460	5460	5460
山西省侯马市环境保护局浍南防尘网建设项目	201103	201112	5430	5430	5430
山西省古县东方洗煤厂年入洗原煤180万吨洗煤扩建改造项目	201108		5413	1825	1825
山西省洪洞县交通局百村主干街道硬化工程	201105	201106	5400	5400	5400
山西省霍州市住房保障和城市建设管理局南街旧房改造	201103	201112	5400	5510	5510
山西省洪洞县赵城镇人民政府街巷硬化工程	201108	201111	5400	5400	5400
山西省浮山县住建局怡馨花园	201007		5380	5051	2481
山西晋辽矿业有限公司柳沟煤矿井下扩建工程	201006	201104	5370	5370	192

18-3　续表 10

单位：万元

单位及项目名称	开工时间	投产时间	计 划总投资	累计完成投资	2011 年完成投资
山西省乡宁县城区热源厂热力供应	200906		5368	8200	4627
山西省襄汾县荣世达机械制造有限公司年产2万吨铸件机加工技改项目	201101	201112	5350	5350	5350
山西晋辽矿业有限公司输变电工程	201006	201112	5332	5332	4556
山西省浮山县中宝农业开发有限责任公司脱水果蔬及辣椒深加工	200903		5300	3200	0
山西省蒲县超腾供热有限公司供暖工程	201108		5300	1230	1230
山西省霍州煤电集团有限责任公司白龙矿技改	201101	201112	5287	5287	5287
山西省襄汾县龙腾达化工有限公司5.5万吨/年粗苯萃取精馏项目	201101	201105	5265	6000	6000
山西省洪洞县水利局饮水及灌溉改造工程	201104	201108	5200	5200	5200
山西省阳煤集团安泽登茂通煤业有限公司煤矿基改项目	201101	201105	5200	5200	5200
山西省临汾市建设局集中供热节能改造和分户计量工程	201007		5200	1800	0
山西省临汾市鼎饰豪环保建材有限公司年产1.2亿块粉煤灰蒸压砖及年产15万平方米粉煤灰加气砼砌块	201001		5170	2600	300
山西省浮山县金贝汽车服务中心金贝汽车园	201007		5163	1392	702
山西省翼城县菁铧农林牧综合开发有限责任公司120万吨有机肥加工	201106	201112	5150	5150	5150
山西省临汾市建设局安全饮水深度处理工程	201007		5148	4305	1042
山西移动通信公司临汾分公司临汾移动生产指挥楼	200903	201112	5145	5057	516
山西省蒲县赢晟园铸造有限公司赢晟园铸造项目	201103		5100	900	900
山西省浮山县广播电视服务中心广电大楼	200405	201112	5100	5100	2128
山西省临汾建军钢材水暖交易市场有限公司建军钢材水暖器材交易市场	201106	201109	5100	5100	5100
山西省浮山县住建局污水处理厂	201002	201112	5100	5130	30
山西省临汾市建设局五一路改造工程	201105	201107	5082	5082	5082
山西省襄汾县卫生局医疗卫生机构改扩建项目	201103	201110	5040	5040	5040
山西省汾西县玉匣铸业有限公司年产3万吨机床配件和机械配套	201105	201108	5000	5000	5000
山西临汾市龙奎牧业有限公司龙奎牧业养殖项目	201104		5000	300	300
山西省侯马市经济开发区电子信息产业园区基础建设	201107	201112	5000	5000	5000
山西省曲沃县住房保障和城乡建设管理局城东区开发工程一期	201103		5000	3684	3684
山西省曲沃县乐昌镇三星公司机电建材市场项目	201007	201105	5000	5000	1200
山西省浮山县强民乳业有限公司农副产品交易市场	200910	201112	5000	5000	3370
山西古县老母坡煤业有限公司60万吨技改项目	201103	201110	5000	5000	5000
山西立恒钢铁有限公司7.5MW余热发电机组	201012	201109	5000	5000	3000
山西省国营山西锻造厂8000吨压力机生产线建设	201101	201109	5000	5000	5000
山西省临汾经济技术开发区光荣汽车运输有限公司光荣物流配送扩建项目	201101	201112	5000	4920	4920
山西省浮山县住建局垃圾处理厂	201009		5000	2000	1760
山西虎工机械制造有限公司装载机生产项目	201101	201106	5000	5000	5000
山西省同世达煤化工集团有限公司更新改造	200807		5000	2241	6
山西省永和县教育科技局永和县药家湾中学	200912	201109	5000	5000	2000
山西省吉县住房保障和城乡建设管理局吉州商苑建设项目	201105	201112	5000	5000	5000
山西省浮山县盛达能源开发中心瑞丰酒店	200906	201112	5000	5450	450

18-4 具有资质等级的房地产开发企业一览表

单位：万元

企业名称	当年完成投资	
	2011	2010
临汾市鸿安世纪房地产开发有限公司	9860	7550
临汾康桥房地产开发有限公司	9833	6972
侯马市宏诚房地产开发有限公司	944	4089
临汾亚太房地产开发有限公司	9232	1270
襄汾县龙和房地产有限责任公司	9223	7329
侯马市通盛集团惠泽房地产开发有限公司	9057	8093
霍州市天悦房地产开发有限责任公司	880	1300
临汾华融房地产开发有限公司	839	
临汾宇宁房地产开发有限公司	7895	2310
侯马市昊星房地产开发有限公司	783	4720
临汾市金海湾房地产开发有限公司	7444	10098
襄汾县浩琨房地产开发有限责任公司	6716	
临汾市敏业房地产开发有限公司	67	1133
临汾市岐东房地产开发有限公司	6176	460
侯马市新世界房地产开发有限责任公司	6130	
山西宝泓房地产开发有限公司	600	700
洪洞县业成房地产开发有限公司	600	
临汾市尧隆房地产开发有限公司	5649	110
霍州煤电集团云厦房地产开发有限公司	5619	5296
临汾同世达房地产开发有限公司	5200	5357
临汾市惠信振业房地产开发有限公司	5090	4500
临汾市富安房地产开发有限公司	5060	1927
临汾市金润房地产开发有限公司	5000	
临汾茂杰房地产开发有限公司	4759	3800
山西省翼城县北关村农工贸总公司房地产开发中心	475	455
临汾市金洋州房地产开发有限公司	4671	2660
山西正基房地产开发有限公司	4651	1700
临汾市朝暾房地产开发有限公司	465	950
山西万瑞房地产开发有限公司	4470	1400
侯马市勇杰房地产开发有限公司	4400	2155
临汾市尧都区创亿房地产开发有限公司	4364	10714
曲沃县贵苑房地产开发有限公司	42	1710
临汾平阳房地产开发有限公司	38832	1628
侯马经济技术开发区中大房地产开发有限公司	3744	6271
霍州市华怡房地产开发有限责任公司	3660	3090
侯马市房地产开发总公司	342	2140
临汾众合兴房地产开发有限公司	3371	1518
侯马经济技术开发区艺轩房地产开发有限公司	3200	
山西康泰房地产开发有限公司	315	
山西新盛房地产开发有限公司	3027	800
临汾市融和置地房地产开发有限公司	3000	
临汾市洋洲房地产开发有限公司	2879	1723
临汾力基房地产开发有限公司	2750	3238
临汾市博恒房地产开发有限公司	2670	3010
山西多力多房地产开发有限公司	2599	31343
侯马普天众恒房地产开发有限公司	256	
山西远洋房地产开发有限公司	24200	
侯马经济技术开发区仁和房地产开发有限公司	212	7499

18-4 续表

单位：万元

企业名称	当年完成投资	
	2011	2010
霍州市大地华城房地产开发有限公司	210	2100
临汾五洲城建开发有限公司	20697	10808
临汾市恒安房地产开发有限公司	20183	31561
临汾市派德森房地产开发有限公司	20026	12757
山西陆尔发房地产开发有限公司	2000	3400
洪洞县弘淦房地产开发有限公司	1943	1069
临汾市宏洲房地产开发有限公司	1859	1250
临汾通力房地产开发有限公司	180	1500
山西通涛房地产开发有限公司	17280	
洪洞县连三房地产开发有限公司	1550	1491
侯马市华翔房地产开发有限公司	1550	5470
山西庆丰房地产开发有限公司	153	1323
临汾拓美房地产开发有限公司	1430	1523
侯马市康城房地产开发有限公司	142	1590
洪洞县晋亨荟严开发有限公司	1415	
曲沃县馥裕房地产开发有限公司	1368	590
山西信诺房地产开发有限公司	1245	2050
洪洞县同鑫城市建设项目管理有限公司	1220	2465
临汾市绿岛房地产开发有限公司	12095	5150
山西源宏房地产开发有限公司	12011	5184
浮山县房地产开发公司	1115	305
临汾市紫旌房地产开发有限公司	10865	
侯马市阳光置业房地产开发有限公司	1050	5200
侯马经济技术开发区泽宇房地产开发有限公司	1036	
山西省侯马市新田房地产开发有限公司		104
侯马市凯强房地产开发有限公司		3100
临汾市日月升房地产开发有限公司		40
侯马经济技术开发区飞云房地产开发有限公司		1484
临汾市煜昌房地产开发有限公司		2150
临汾市海强房地产开发有限公司		1100
临汾市春辉房地产开发有限公司		1480
临汾鑫厦房地产开发有限公司		50
山西宏大宇房地产开发有限公司		930
临汾京华房地产开发有限公司		2018
曲沃县鑫晟房地产开发有限公司		9
临汾市恒瑞业房地产开发有限公司		5000
古县龙腾房地产开发有限公司		3370
临汾吉宇房地产开发有限公司		820
临汾市春秋房地产开发有限公司		1800
临汾尧成房地产开发有限公司		4230
山西三合房地产开发有限公司		5000
临汾博浩源房地产开发有限公司		1730
山西旺龙房地产开发有限公司		600

18-5 规模以上工业企业

单位名称	企业规模	隶属关系	企业控股情况
霍州煤电集团有限责任公司	大型	省属	国有控股
山西焦化集团有限公司	大型	省属	国有控股
酒钢集团翼城钢铁有限责任公司	大型	省属	国有控股
山西立恒钢铁股份有限公司	大型	其他	私人控股
山西新临钢钢铁有限公司	大型	省属	国有控股
太钢集团临汾钢铁有限公司	大型	省属	国有控股
山西三维集团股份有限公司	大型	省属	国有控股
山西通才工贸有限公司	大型	其他	私人控股
襄汾县新金山特钢有限公司	大型	其他	私人控股
襄汾县星原钢铁集团有限公司	大型	其他	私人控股
临汾万鑫达焦化有限责任公司	大型	其他	私人控股
山西汾河焦煤股份有限公司	大型	省属	国有控股
侯马北铜铜业有限公司	中型	省属	国有控股
山西兆光有限责任公司	中型	省属	国有控股
山西光大焦化气源有限公司	大型	其他	私人控股
蒲县宏源煤业集团有限公司	中型	其他	私人控股
山西建邦集团铸造有限公司	中型	县属	私人控股
山西春雷铜材有限责任公司	中型	中央	国有控股
山西省翼城城东钢铁有限责任公司	中型	乡属	私人控股
古县利达焦化有限公司	中型	其他	私人控股
曲沃县闽光焦化有限责任公司	中型	省属	国有控股
临汾志强钢铁有限公司	大型	其他	私人控股
山西永鑫焦化有限责任公司	大型	县属	私人控股
山西平阳重工机械有限责任公司	大型	中央	国有控股
山西霍宝干河煤矿有限公司	大型	省属	国有控股
山西玉和泰煤业有限公司	中型	县属	私人控股
山西同世达煤化工集团有限公司	大型	其他	私人控股
襄汾县晋华焦铁有限公司	中型	其他	私人控股
山西太岳焦化有限公司	中型	县属	私人控股
山西大唐国际临汾热电有限责任公司	小型	中央	国有控股
山西华强钢铁有限公司	中型	其他	私人控股
临汾顺泰实业有限公司	中型	其他	私人控股
古县正泰煤气化有限公司	中型	其他	私人控股
山西翼城首旺煤业有限责任公司	中型	省属	国有控股
山西恒富煤化集团有限公司	中型	其他	私人控股
山西中升钢铁有限公司	中型	其他	私人控股
山西寰达实业有限责任公司	中型	县属	私人控股
山西安泽玉华煤业有限公司	中型	县属	私人控股

注:1、本表按年主营业务收入从大到小排序； 2、霍州煤电集团为集团数据,包括汾河焦煤等二级法人。

主要经济指标（2011年）

单位：万元

工业总产值	主营业务收入	利税总额	资产总计	全部从业人员年平均人数（人）
1492293	1408358	237285	2773903	44383
731596	1003238	25578	928976	7233
944475	959313	56804	239284	4725
875781	855628	52146	445737	3800
637739	646563	20043	273150	3021
598043	598648	10252	338188	6820
444808	591049	16030	718682	3748
521811	519537	34927	412466	2350
449369	447484	8493	154070	1811
344789	339954	9941	160609	1680
277067	312809	14271	427519	2002
299526	295386	80893	449590	7416
352666	282654	4659	71985	955
264233	264820	-31356	735863	484
235005	263355	21162	149728	1400
232243	230806	97566	681005	628
252212	206265	4101	244452	826
182364	180368	1252	94877	986
178524	178524	-286	34530	700
89727	163685	4982	98352	610
147845	157584	9523	93697	796
156450	155488	5904	73460	1205
157943	155424	13843	240898	1500
184111	143925	6789	391965	3503
118182	134784	69882	229522	1265
128472	125994	48250	66474	800
117612	121465	-11044	190412	1427
108938	108938	2427	13580	642
102694	106193	6062	71774	625
104466	104612	-16209	310426	296
123148	99547	4492	23701	460
92848	97705	2801	86939	579
94452	93365	5012	43172	580
88202	90565	64490	103877	939
80597	90347	-4505	188236	769
96574	90316	2550	51206	580
111716	89643	-1111	32251	430
108768	87080	54387	101378	470

18-5 续

单位名称	企业规模	隶属关系	企业控股情况
古县晋豫焦化有限公司	中型	其他	私人控股
山西晋韵钢铁有限公司	中型	其他	私人控股
山西煤炭运销集团吉县盛平煤业有限公司	中型	省属	私人控股
山西安泽安鑫煤业有限公司	大型	县属	私人控股
安徽省皖北煤电集团临汾天煜能源发展有限公司	中型	省属	国有控股
山西华宁焦煤有限责任公司	中型	中央	国有控股
襄汾县新兴冶炼有限公司	中型	其他	私人控股
隆水实业集团有限公司	中型	乡属	私人控股
襄汾县万鑫原焦化有限公司	中型	其他	私人控股
山西远中焦化有限公司	中型	其他	私人控股
山西中宇钢铁有限公司	大型	其他	私人控股
山西省乡宁县地方国营台头煤矿	大型	县属	国有控股
山西省霍州市化学工业有限责任公司	中型	县属	私人控股
临汾晋能焦化有限公司	中型	其他	私人控股
翼城县飞翔铸管有限公司	中型	其他	私人控股
襄汾县众泰冶炼实业有限公司	中型	其他	私人控股
古县锦华焦化有限公司	中型	其他	私人控股
山西华翔投资有限公司	大型	其他	私人控股
安泽县风山选煤厂	小型	县属	私人控股
翼城县创新冶炼有限责任公司	中型	其他	私人控股
古县东方洗煤厂	小型	其他	私人控股
安泽县东宝洗煤厂	小型	县属	私人控股
山西永昌源煤气焦化集团有限公司	中型	其他	私人控股
山西宏强焦煤有限公司	中型	乡属	私人控股
临汾四通焦化有限公司	大型	省属	国有控股
山西森润煤化有限公司	中型	其他	私人控股
汾西县煤气化有限责任公司	中型	市属	国有控股
洪洞县赵城镇明达洗煤厂	小型	其他	私人控股
霍州中冶焦化有限责任公司	中型	省属	国有控股
晋源实业有限公司	中型	其他	私人控股
洪洞县舜风煤业有限责任公司	小型	其他	私人控股
洪洞县赵城浩瀚洗煤厂	小型	其他	私人控股
洪洞县赵城康福洗煤厂	小型	其他	私人控股
山西洪洞恒昌南庄煤业有限公司	中型	其他	私人控股
洪洞县赵城孙堡振兴煤化厂	小型	其他	私人控股
霍州煤电集团辛置多种经营公司	中型	省属	集体控股
曲沃县三星焦化实业有限公司	中型	其他	私人控股
洪洞县鼎鑫洗煤有限责任公司	小型	其他	私人控股

表 1

单位：万元

工业总产值	主营业务收入	利税总额	资产总计	全部从业人员年平均人数（人）
82600	86470	2934	67665	496
96245	86442	2785	11243	502
81923	84418	63470	62343	725
88238	83333	48427	74751	2000
101872	82698	44816	138679	525
84774	82420	61505	82588	906
78864	80233	2225	21844	425
80819	78914	1766	65973	872
64336	78564	5623	53341	780
77119	77886	-2789	36226	595
83200	77068	-14446	442135	2523
86227	75073	42674	187616	1958
72906	72840	-591	79797	830
62876	72066	3510	51943	420
68919	71141	1266	19216	660
78769	71140	2815	22952	463
69221	70022	3010	24941	370
73525	68667	-166	93214	1010
68114	67114	5025	2617	65
57376	66962	1480	10775	750
67427	66457	4729	32962	75
65323	65323	7153	3998	60
52066	64264	9418	40641	678
67255	62503	1717	52755	800
58942	61528	35117	129591	2015
33278	61229	3163	65479	476
60999	60999	10416	93349	595
58807	58807	10991	2867	160
58258	58355	-10118	48012	693
64840	58191	1465	28815	360
57943	57943	11095	7328	158
57431	57431	9582	2296	180
57349	57349	9523	3595	150
57318	57318	36777	65126	1088
56420	56420	10445	2021	208
37293	55120	2440	17720	654
59474	54768	1275	15069	320
54619	54619	8503	3399	233

18-5 续

单位名称	企业规模	隶属关系	企业控股情况
洪洞县永丰洗煤厂	小型	村委会	集体控股
洪洞县鸿淇煤化有限责任公司	小型	其他	私人控股
古县宇安煤业有限责任公司	小型	其他	私人控股
洪洞华清煤焦化学有限公司	中型	其他	私人控股
洪洞县双益选煤厂	小型	其他	私人控股
洪洞县富晟园洗煤有限公司	小型	其他	私人控股
山西省泓翔煤业有限公司	中型	其他	私人控股
古县华东煤化有限公司	小型	其他	私人控股
洪洞县鸿立选煤厂	小型	其他	私人控股
襄汾县鸿达钢铁集团有限公司	中型	其他	私人控股
洪洞县赵城冶焦厂	小型	村委会	集体控股
霍州市泓源煤业有限公司	中型	县属	国有控股
大同煤矿集团临汾宏大矿业有限责任公司	大型	省属	私人控股
古县金翔龙煤业有限公司	小型	其他	私人控股
临汾乾升源洗煤有限公司	小型	其他	私人控股
山西古县老母坡煤业有限公司	中型	省属	私人控股
洪洞县远华洗煤厂	小型	村委会	集体控股
曲沃县民政福利企业有限公司	小型	其他	私人控股
洪洞县蕾盛精煤厂	小型	其他	私人控股
洪洞县赵城孙堡复兴煤焦厂	小型	其他	私人控股
山西华翔同创铸造有限公司	中型	其他	其他
洪洞县海兴选煤厂	小型	其他	私人控股
古县玉生煤业有限公司	中型	市属	私人控股
霍州市锦兴煤业有限公司	小型	其他	私人控股
襄汾县腾达焦化厂	中型	其他	私人控股
山西华晋明珠煤业有限责任公司	中型	县属	国有控股
襄汾县强盛铁合金厂	中型	其他	私人控股
山西蒲县北峪煤业有限公司	中型	其他	私人控股
山西安吉欣源煤业有限公司	中型	其他	私人控股
霍州市宝峰煤业有限公司	小型	其他	私人控股
霍州市昶隆选煤有限公司	小型	县属	私人控股
山西省襄汾县宏源煤焦化工有限公司	中型	其他	私人控股
洪洞县泽宇洗煤厂	小型	其他	私人控股
乡宁县台头煤焦有限责任公司	中型	县属	国有控股
洪洞县诚信洗煤厂	小型	其他	私人控股
山西中条山新型建材有限公司	中型	省属	国有控股
翼城县亿通铸业有限公司	中型	其他	私人控股
山西省蒲县开拓煤焦有限责任公司	小型	其他	私人控股

表 2

单位：万元

工业总产值	主营业务收入	利税总额	资产总计	全部从业人员年平均人数（人）
54529	54524	9884	3173	172
54055	54055	5031	2751	160
55660	52991	2326	20912	38
48104	52647	-839	82210	582
51915	51915	9252	2918	156
51894	51894	7435	6392	95
54791	51320	27896	96542	530
51112	51112	1840	12820	102
49550	49550	5064	2998	101
57359	49329	1761	45262	642
48944	48944	4826	1043	93
48692	48692	269	3788	300
63705	48461	27272	67519	1608
51613	47758	2195	19244	75
34164	47707	2029	21597	86
58824	46688	29208	46983	422
46362	46362	4990	2644	160
57392	46059	2210	15921	228
45729	45729	5845	2308	80
45471	45471	9058	6122	219
39489	45094	5496	36107	551
43525	43525	9505	1879	105
47772	42878	27325	4564	518
42697	42697	131	1369	286
33008	42599	3882	27514	470
41744	41950	23782	65421	460
44760	41540	1311	19543	335
37606	41345	27679	63980	285
41226	40949	29105	54050	641
40130	40130	77	695	284
39817	39817	37	3295	265
39377	39489	5178	28492	333
39047	39047	1532	1609	90
38909	38900	19262	40100	1715
38690	38690	6030	6827	195
40424	38652	5479	47454	401
47017	37829	515	11808	500
34921	37718	6589	9481	65

18-5 续

单位名称	企业规模	隶属关系	企业控股情况
山西蒲县乔家湾井上建安煤业有限公司	小型	其他	私人控股
霍州市万达洗煤厂	小型	乡属	私人控股
山西乡宁焦煤集团毛则渠煤炭有限公司	中型	县属	国有控股
霍州市汇银煤化厂	小型	县属	私人控股
汾西县鑫鑫洗煤厂	小型	其他	私人控股
洪洞县三兴煤焦有限公司	小型	其他	私人控股
国营山西锻造厂	中型	中央	国有控股
翼城县永欣铸造有限公司	小型	县属	私人控股
山西乡宁焦煤集团申南凹焦煤有限公司	中型	县属	国有控股
古县安安煤化有限公司	小型	其他	私人控股
汾西县玉匣铸业有限公司	中型	其他	私人控股
山西乡宁隆博煤业有限公司	中型	乡属	私人控股
山西潞安集团蒲县开拓煤业有限公司	小型	省属	国有控股
山西盛格特太阳能科技有限公司	小型	其他	私人控股
山西海姿焦化有限公司	中型	其他	其他
曲沃县福瑞达商贸有限公司	小型	其他	私人控股
古县宝丰焦化有限公司	中型	其他	私人控股
山西同世达煤化工集团隆顺焦铁有限公司	中型	其他	私人控股
安泽县通祥洗煤厂	小型	县属	私人控股
山西风雷钻具有限公司	中型	中央	国有控股
洪洞县昕海煤化有限公司	小型	其他	私人控股
霍州市春源煤化厂	小型	其他	私人控股
洪洞县瑞峰选煤有限公司	小型	其他	私人控股
乡宁县光华福利洗煤厂	小型	村委会	集体控股
襄汾县鑫盛冶炼有限公司	中型	其他	私人控股
山西蒲县蛤蟆沟煤业有限公司	中型	其他	私人控股
翼城县钰烨铸造有限公司	中型	其他	私人控股
洪洞县浩泰选煤有限公司	小型	其他	私人控股
翼城县大众饲料有限公司	中型	其他	私人控股
山西蔺润煤业有限公司	中型	其他	私人控股
浮山县三利选矿厂	小型	其他	私人控股
乡宁县台头镇万盛源洗煤有限公司	小型	县属	私人控股
山西励鑫钢铁有限责任公司	中型	其他	私人控股
山西贾罕世纪洗煤有限公司	小型	其他	私人控股
临汾威顿水泥有限责任公司	小型	其他	私人控股
古县正大洗煤厂	小型	其他	私人控股
山西建滔万鑫达化工有限责任公司	中型	其他	港澳台商控股
山西汤荣机械制造股份有限公司	中型	市属	外商控股

表 3

单位：万元

工业总产值	主营业务收入	利税总额	资产总计	全部从业人员年平均人数（人）
27220	37511	30420	54577	105
37218	37218	157	1465	260
36383	36242	26360	228487	818
36014	36014	92	1912	257
32215	35351	556	8184	68
31946	35111	3014	12862	62
33390	34827	2009	30844	1095
37859	34542	2134	5963	180
35442	34024	11203	121020	1348
36953	34013	1017	5913	92
37082	33519	4235	10235	300
32813	33293	7352	34873	310
32260	32613	12571	32444	121
32258	32258	6000	12399	86
32667	31706	−7696	64295	598
31536	31536	267	1450	45
33387	31443	2026	14060	325
26831	30845	−2266	50369	509
30894	30395	812	4678	29
33049	30383	−16262	83511	1057
25338	29901	625	5963	65
29785	29785	88	1370	198
32563	28943	1772	11857	88
29231	28920	1593	5611	71
28451	28458	1471	27879	298
34192	28069	16849	32189	390
33115	27384	973	20441	360
27346	27346	−427	16517	50
11007	26994	2307	26531	150
33790	26988	9384	52639	418
29021	26974	6972	10849	62
27619	26041	429	8292	51
27692	26012	780	24288	405
26416	25818	508	5131	85
20832	25617	3523	17916	75
25587	25587	841	4292	60
27526	25285	9737	62369	391
24977	25257	519	36517	960

18-5 续

单位名称	企业规模	隶属关系	企业控股情况
山西森润铸造焦有限公司	小型	其他	私人控股
山西临汾染化(集团)有限责任公司	中型	市属	国有控股
古县飞龙煤化有限公司	中型	省属	私人控股
山西省乡宁县宏鑫洗煤厂	小型	其他	私人控股
曲沃县三星铸造有限公司	小型	其他	私人控股
山西蒲县油房南煤业有限公司	小型	其他	私人控股
霍州市陈文军洗煤厂	小型	县属	私人控股
浮山县北峰选矿有限责任公司	小型	其他	私人控股
洪洞县佳盛煤焦化有限公司	小型	其他	私人控股
山西乡宁神角煤业有限公司	中型	乡属	私人控股
洪洞县龙泽选煤厂	小型	其他	私人控股
浮山县地方国营北峰铁矿	小型	县属	国有控股
临汾市尧都区泰华冶炼厂	小型	其他	私人控股
浮山县圣鑫选矿厂	小型	其他	私人控股
山西临汾尧都一平垣什一林煤矿有限公司	中型	省属	国有控股
襄汾县成功焦化有限公司	小型	其他	私人控股
山西忆林煤业有限公司	中型	省属	私人控股
山西登福康煤业有限公司	中型	省属	私人控股
乡宁呈祥洗煤有限责任公司	小型	县属	私人控股
山西金尧焦化有限公司	中型	县属	国有控股
浮山县新华选矿厂	小型	其他	私人控股
洪洞县鑫基福利焦化厂	小型	村委会	集体控股
山西古县飞龙腾达煤业有限公司	中型	省属	私人控股
山西省浮山县尧浮选矿厂	小型	其他	私人控股
古县古阳镇金堆村鑫鑫选煤厂	小型	其他	私人控股
乡宁县鑫源福利洗煤厂	小型	乡属	集体控股
洪洞县豪信化工有限公司	小型	其他	私人控股
山西华德冶铸有限公司	中型	其他	其　　他
浮山县国明选矿厂	小型	其他	私人控股
翼城县华煜离心球墨铸管有限责任公司	小型	其他	私人控股
霍州煤电集团煤化多种经营公司	中型	省属	集体控股
山西蒲县红发煤业有限责任公司	小型	其他	私人控股
浮山县盛鑫选矿厂	小型	其他	私人控股
曲沃县隆盛达选矿厂	小型	其他	私人控股
曲沃县富家选矿厂	微型	其他	私人控股
洪洞县远泰福利洗煤厂	小型	村委会	集体控股
曲沃县麦斗选矿厂	小型	其他	私人控股
曲沃县成桂选矿厂	小型	其他	私人控股

表 4

单位：万元

工业总产值	主营业务收入	利税总额	资产总计	全部从业人员年平均人数(人)
27822	24452	1397	13773	278
27666	24330	1294	31678	1086
29728	24266	-9262	23377	228
24199	24199	1104	990	36
24815	24063	119	5606	95
20314	23642	17441	24248	30
23488	23488	72	556	74
24032	23458	5568	3044	70
21081	23457	-4025	15902	275
28120	23431	14953	43888	405
23362	23362	1817	3021	160
26010	23346	7648	9503	212
19124	22876	-2969	18114	280
27709	22719	5339	7438	93
24453	22628	9150	19082	511
18947	22552	2306	8785	285
22420	22420	2606	1834	971
23204	22073	6508	17924	552
22477	21757	277	3079	45
17645	21481	552	29576	506
22946	21342	4849	4518	66
20351	20351	4403	4721	90
20170	20107	1895	2011	725
21890	19972	5326	2308	58
19546	19856	1846	5488	58
21039	19842	732	6624	32
21667	19828	-621	16752	158
18765	19827	438	10132	410
21448	19367	4468	2825	48
25286	19363	165	11718	248
19307	19350	1056	12596	430
13260	18948	11354	16893	30
20093	18943	3617	4868	60
19117	18850	520	3638	40
18652	18652	2181	1652	15
18619	18619	1718	1767	85
18239	18181	833	1062	20
18020	18004	744	1072	26

18-5 续

单位名称	企业规模	隶属关系	企业控股情况
山西锦城铁业有限公司	小型	其他	私人控股
洪洞县陆合煜明洗煤有限责任公司	小型	其他	私人控股
山西古县店上煤业有限公司	中型	省属	私人控股
山西光宇半导体照明有限公司	小型	其他	私人控股
浮山县康达冶炼有限公司	小型	其他	私人控股
浮山县烜通选矿有限公司	小型	其他	私人控股
山西晋煤集团洪洞晋圣荣康煤业有限公司	小型	其他	其　他
乡宁县城关营里福利洗煤厂	小型	乡属	集体控股
山西临汾尧都后庄煤矿有限公司	小型	省属	国有控股
襄汾县龙腾达化工有限公司	小型	其他	私人控股
山西临汾尧都鑫沟煤业有限公司	小型	省属	国有控股
霍州煤电集团李雅庄多种经营公司	中型	省属	集体控股
山西卓锋钛业有限公司	小型	市属	私人控股
浮山县南畔东沟铁矿有限公司	小型	其他	私人控股
山西巨龙焦化有限公司	中型	其他	私人控股
浮山县天顺地宝铁矿有限公司	小型	其他	私人控股
霍州煤电集团白龙多种经营公司	中型	省属	集体控股
浮山县金利选矿厂	小型	其他	私人控股
山西乡宁县惠源焦煤有限公司	中型	县属	私人控股
洪洞县虎头山洗煤厂	小型	其他	私人控股
曲沃县天泉淀粉加工有限公司	小型	其他	私人控股
山西同世达煤化工集团欧环焦化有限公司	小型	其他	私人控股
蒲县安泰煤焦有限责任公司	小型	市属	国有控股
山西乡宁李子坪煤业有限公司	小型	乡属	私人控股
山西蒲县宏源集团郭家山煤业商贸有限公司	小型	县属	私人控股
洪洞县广瑞洗煤厂	微型	其他	私人控股
浮山县怀明选矿厂	小型	其他	私人控股
古县鹏锐煤化有限公司	小型	其他	私人控股
山西长林环保机械设备有限公司	小型	其他	私人控股
山西潞安集团蒲县常兴煤业有限公司	小型	省属	国有控股
山西省临汾市永荣实业有限公司	中型	其他	私人控股
山西同世达煤化工集团双山焦铝有限公司	小型	其他	私人控股
山西云鹏制药有限公司	中型	其他	私人控股
浮山县晋盛选矿有限责任公司	小型	其他	私人控股
洪洞县万森源煤化有限公司	小型	其他	私人控股
浮山县集成行选矿总厂	小型	县属	集体控股
古县鑫源选煤有限公司	小型	其他	私人控股
浮山县贯里东沟铁矿	小型	其他	私人控股

表 5

单位：万元

工业总产值	主营业务收入	利税总额	资产总计	全部从业人员年平均人数（人）
21192	17982	4454	1964	125
17871	17871	3085	5511	298
20898	17715	4671	17181	504
17553	17641	5621	22979	170
21925	17343	4121	29559	130
20468	17283	3322	9273	70
16248	17263	6380	51295	264
19224	17161	140	3030	45
15911	17025	8844	10048	167
16536	17008	153	10089	160
19409	16904	8695	12783	295
17169	16871	1436	11692	550
13909	16844	478	19740	182
18143	16784	3645	3036	150
15621	16535	-925	14003	430
19023	16321	3526	3918	81
16159	16167	846	9525	756
17657	16141	2992	1422	70
16124	16132	7035	24808	481
16077	16077	1277	2464	35
17073	15960	88	9582	208
14225	15478	-2351	14692	201
21062	15462	9124	87233	295
14661	14870	4538	10624	257
14925	14834	2817	21041	156
14760	14760	1494	2891	8
17703	14703	2570	2735	60
14398	14398	1184	6649	40
15051	14328	1645	13722	200
16929	14310	4436	13452	266
13190	14229	1710	24220	420
14241	14183	-723	21957	240
12519	14123	1213	9587	562
15294	14103	2103	3002	42
13889	13889	1694	2904	178
16016	13426	2859	473	21
14070	13230	714	5212	30
15448	13169	3445	604	65

18-5　续

单位名称	企业规模	隶属关系	企业控股情况
汾西县朝阳食品有限责任公司	中型	其他	私人控股
侯马市特种机械厂	中型	中央	国有控股
山西鸿兴煤业有限公司	中型	省属	私人控股
山西乡宁乌泥沟煤业有限公司	小型	村委会	私人控股
山西古县东瑞煤业有限公司	小型	省属	集体控股
汾西县朝阳农牧有限责任公司	小型	其他	私人控股
临汾市巨腾洗煤有限公司	小型	其他	私人控股
古县严鑫煤化有限公司	小型	其他	私人控股
蒲县众鑫煤焦铁有限公司	小型	县属	私人控股
襄汾县陶寺祺祥选矿厂	小型	其他	私人控股
霍州煤电集团团柏多种经营公司	中型	省属	集体控股
山西华晋吉宁煤业有限责任公司	中型	省属	国有控股
浮山县地方国营圪塔岭金矿	小型	县属	国有控股
山西中强福山煤业有限公司	中型	其他	私人控股
古县赢通煤业有限公司	小型	其他	私人控股
洪洞县好义福利煤焦厂	小型	村委会	集体控股
山西古县金威镁业有限公司	小型	其他	港澳台商控股
曲沃县成英铁矿	小型	其他	私人控股
临汾市华昌特钢轧钢有限公司	小型	其他	私人控股
蒲县金浩轩洗煤有限责任公司	小型	乡属	私人控股
山西潞安集团蒲县隰东煤业有限公司	中型	省属	国有控股
曲沃县石岩沟铁矿	小型	其他	私人控股
襄汾县福康铸造有限责任公司	小型	其他	私人控股
洪洞县广胜选煤实业公司	小型	村委会	集体控股
临汾市康顺源实业有限公司	小型	其他	私人控股
临汾市和盛煤业有限公司	中型	市属	国有控股
蒲县长益晟发电有限公司	小型	其他	私人控股
曲沃县恒通铸造有限公司	小型	其他	私人控股
临汾市隆强焦铁有限公司苍上煤矿	小型	省属	国有控股
山西东诚钢铁有限公司	中型	其他	私人控股
临汾市集中供热有限公司	小型	其他	私人控股
山西潞安集团蒲县黑龙关煤业有限公司	中型	省属	国有控股
洪洞县康老焦化实业有限公司	小型	其他	私人控股
阳泉煤业集团安泽登茂通煤业有限公司	中型	县属	私人控股
洪洞县卫程选煤有限公司	小型	其他	私人控股
古县永航选煤有限公司	小型	其他	私人控股
山西蒲县顺贸煤矿有限公司	小型	其他	私人控股
侯马普天通信电缆有限公司	中型	中央	国有控股

表 6

单位：万元

工业总产值	主营业务收入	利税总额	资产总计	全部从业人员年平均人数（人）
14300	13143	213	1168	505
16044	13002	552	31927	962
13398	12957	563	13538	548
13494	12314	3817	9695	133
12223	12092	7137	23297	280
11995	11824	-81	1626	83
10023	11824	-118	3409	38
11234	11257	1035	2319	30
10515	11012	754	3942	50
10907	10907	1283	1089	32
10841	10841	868	5801	471
8173	10606	4668	30987	474
12984	10453	667	848	75
10843	10346	3627	55752	792
9927	10308	905	5283	36
10260	10260	1709	8793	250
10000	10206	856	9601	180
9737	9732	1154	1593	30
10905	9695	-347	7320	160
9394	9465	730	1395	45
6890	9437	-6773	21151	312
9351	9356	1144	2983	52
10669	9267	298	2530	135
7395	8945	600	2417	33
650	8826	123	8239	28
13296	8795	4008	17020	500
8536	8745	2075	25983	289
8292	8678	12	3243	115
10658	8654	-625	24799	291
12164	8523	1079	23172	359
8508	8509	-703	31652	130
9013	8411	-406	40312	498
8741	8367	541	2214	26
8190	8190	299	24333	410
8086	8086	521	3542	70
7942	8032	-343	4317	52
7983	7994	5853	12781	30
9147	7978	-1686	18622	331

18-5 续

单位名称	企业规模	隶属关系	企业控股情况
侯马市东鑫机械铸造有限公司	中型	其他	私人控股
侯马旺旺食品有限公司	中型	其他	外商控股
临汾市伟业建材有限公司	小型	其他	私人控股
襄汾县鸿达集团水泥建材有限公司	小型	其他	私人控股
襄汾县陶临铁矿	微型	其他	私人控股
山西恒泰制动器股份有限公司	中型	省属	私人控股
襄汾县腾达建材水泥厂	小型	其他	私人控股
安泽县伦虎焦油加工厂	小型	县属	私人控股
山西亿佳美食品有限公司	小型	其他	私人控股
临汾市电力电缆有限责任公司	小型	其他	私人控股
山西太子湖食品有限公司	小型	其他	私人控股
襄汾县荣世达机械制造有限公司	小型	其他	私人控股
山西新兴鸿达镁业有限公司	小型	中央	国有控股
山西德玺化学工业有限责任公司	小型	乡属	私人控股
山西潞安集团蒲县伊田煤业有限公司	中型	省属	国有控股
翼城县福旺铸造实业有限公司	小型	其他	私人控股
洪洞县佳源洗煤有限公司	小型	其他	私人控股
洪洞县段家山洗煤厂	小型	其他	私人控股
洪洞县腾跃煤化有限公司	小型	其他	私人控股
山西九成焦化有限责任公司	小型	县属	私人控股
洪洞县兴泰选煤有限公司	小型	其他	私人控股
洪洞县泓宇煤业有限责任公司	小型	其他	私人控股
山西威顿新型建材有限公司	小型	其他	私人控股
山西鼎强铸造有限公司	小型	其他	私人控股
山西潞安集团蒲县黑龙煤业有限公司	中型	市属	私人控股
山西省曲沃县海达润滑油有限公司	小型	其他	私人控股
临汾拥军再生资源利用有限公司	小型	其他	私人控股
侯马市汇丰建材有限责任公司	小型	县属	私人控股
山西兴业钢铁炉料有限责任公司	小型	县属	私人控股
洪洞县赵城镇常鑫洗煤厂	小型	其他	私人控股
襄汾县金峰铁矿	小型	其他	私人控股
洪洞县昌兴煤业有限公司	小型	其他	私人控股
襄汾县大邓永吉选矿厂	小型	其他	私人控股
山西天美食品有限公司	小型	其他	私人控股
曲沃县盛源建材有限公司	小型	其他	私人控股
山西嘉阳煤业有限公司	小型	省属	国有控股
山西众大纺织有限公司	中型	县属	私人控股
古县鸿金煤业有限责任公司	小型	市属	国有控股

表 7

单位：万元

工业总产值	主营业务收入	利税总额	资产总计	全部从业人员年平均人数(人)
7961	7796	230	3847	249
7585	7709	522	7447	521
7601	7561	152	15767	198
8178	7533	687	17136	170
7524	7524	554	216	18
10629	7496	-243	24117	459
8027	7444	272	3293	100
7252	7426	137	2325	70
6048	7220	1638	8106	180
7603	7187	76	9423	80
7021	7160	1426	10477	170
7500	7149	653	11041	260
10242	7053	153	8652	260
7001	7020	-356	8042	80
8986	6990	4218	7228	661
3180	6934	201	3928	227
6763	6763	741	3211	43
6661	6661	433	1403	50
6424	6424	285	3040	46
5402	6413	-3156	34916	210
6394	6394	278	698	28
6391	6391	486	1011	42
7686	6279	-201	8755	57
6065	6067	-1200	806	229
3976	6004	-10280	160048	380
6010	5943	63	1554	20
5863	5863	-116	3909	38
4236	5754	-786	6501	125
5631	5631	1030	4842	50
5618	5595	-77	3215	23
5570	5570	503	1007	40
5556	5556	39	1127	29
5524	5524	810	1323	32
5772	5436	359	6108	82
5182	5432	148	4174	105
5375	5370	912	2999	245
5682	5340	15	4587	540
5336	5307	449	10899	54

18-5 续

单位名称	企业规模	隶属关系	企业控股情况
蒲县祥瑞煤焦化有限公司	小型	其他	私人控股
洪洞华润恒富燃气有限公司	小型	其他	港澳台商控股
山西九磐管桩有限公司	小型	其他	私人控股
安泽县腾元洗煤有限公司	微型	县属	私人控股
翼城县振丰机械制造有限公司	小型	县属	其　他
山西省临汾市自来水公司	中型	市属	国有控股
山西鸿丰达铸业有限公司	中型	其他	私人控股
山西乡宁瑞政煤业有限公司	中型	乡属	私人控股
山西光宇电源有限公司	小型	其他	私人控股
山西方圆塑业有限公司	小型	其他	私人控股
侯马市模范机械制造有限公司	中型	县属	私人控股
洪洞县赵城昭阳洗煤厂	微型	其他	私人控股
洪洞县锦洋弘煤业有限公司	小型	其他	私人控股
山西鑫旺工贸有限公司	小型	其他	私人控股
山西丰谷农业科技有限公司	小型	其他	私人控股
山西保利裕丰煤业有限公司木凹沟煤矿	小型	县属	私人控股
山西正杰电气工程有限公司	小型	其他	私人控股
霍州市万通建材有限公司	小型	其他	私人控股
山西五江工贸有限公司	中型	其他	私人控股
侯马市益昌钢锭模铸件有限公司	小型	其他	私人控股
山西亚华制盖有限公司	小型	其他	私人控股
大宁县同德化工有限公司	小型	县属	私人控股
洪洞县尧业煤化有限公司	小型	其他	私人控股
侯马市众合特种钢有限公司	小型	县属	私人控股
山西银康铸业有限公司	小型	县属	私人控股
翼城县鸿晨纺织有限公司	小型	其他	私人控股
曲沃三江丰源米业有限公司	小型	其他	私人控股
山西乡宁井子滩煤业有限公司	小型	其他	私人控股
临汾宝珠制药有限公司	小型	县属	私人控股
山西蒲县曹村煤矿有限公司	中型	乡属	私人控股
山西恒源高岭土有限公司	小型	其他	私人控股
临汾市晋杭水泥建材有限公司	小型	其他	私人控股
临汾华翔纬泰精工机械有限公司	中型	其他	私人控股
山西中条山建筑有限公司侯马水泥厂	小型	省属	国有控股
曲沃县长兴洗煤有限责任公司	小型	其他	私人控股
曲沃县苏村建材有限公司	小型	其他	私人控股
翼城县明亮铸造有限公司	小型	县属	私人控股
山西旺龙药业集团有限公司	中型	市属	私人控股

表 8

单位：万元

工业总产值	主营业务收入	利税总额	资产总计	全部从业人员年平均人数(人)
13225	5298	468	15374	258
5257	5257	535	5850	106
5981	5060	63	6664	101
5624	4955	158	1107	20
4949	4949	-65	3280	257
5524	4787	-115	18700	514
4852	4777	-38	5865	295
5772	4671	2022	40344	319
5428	4573	419	13579	163
4594	4496	14	2718	35
4235	4445	356	5664	379
4205	4205	381	1261	12
4204	4204	428	1101	37
4511	4143	16	4237	80
4144	4104	-21	1669	20
5350	4092	286	85479	210
4024	4024	366	4105	109
3953	3953	45	2694	51
4590	3923	433	3962	350
3623	3724	19	3071	66
5509	3723	-143	7034	180
3788	3668	593	8335	170
3659	3665	151	5486	30
3664	3664	-521	3817	38
4525	3656	-383	4501	100
3754	3639	-771	3768	100
3641	3608	64	2224	38
3610	3541	717	9847	20
3069	3473	113	4184	120
11644	3452	-331	17792	494
3014	3413	22	7684	120
3464	3386	168	3160	70
3536	3363	922	15469	571
3100	3349	254	1631	70
4132	3309	91	5117	50
3150	3073	105	920	30
3192	3047	-754	6876	105
2185	3045	-120	13452	331

18-5 续

单位名称	企业规模	隶属关系	企业控股情况
曲沃兴业建材有限公司	小型	其他	私人控股
山西临汾华盛有限责任公司	小型	其他	私人控股
洪洞县堤村乡飞跃煤焦厂	小型	其他	私人控股
洪洞县宏裕建材有限公司	小型	其他	私人控股
侯马市雅峰纺织制衣有限公司	小型	县属	私人控股
临汾市环源建材有限公司	小型	其他	私人控股
霍州煤电集团劳保服装厂	小型	省属	集体控股
山西高远裕丰煤业有限公司	小型	县属	私人控股
侯马市新光机械制造厂	小型	县属	私人控股
曲沃县华泰美包装制品有限公司	小型	其他	私人控股
洪洞县慧鹏煤化有限公司	小型	其他	私人控股
翼城县兰鑫纺织有限责任公司	小型	乡属	私人控股
曲沃县昌达塑料包装有限公司	小型	其他	私人控股
洪洞县光荣福利煤焦厂	小型	村委会	集体控股
侯马市风雷管模制造有限公司	小型	其他	私人控股
山西三友铸造有限公司	小型	其他	私人控股
山西省侯马市鑫丰康风机有限公司	小型	县属	私人控股
山西华维包装制品有限公司	小型	其他	私人控股
山西易恒天酒业有限公司	小型	其他	私人控股
曲沃县旭东建材有限公司	小型	其他	私人控股
临汾市三泰高新建材有限公司	小型	其他	私人控股
临汾市同力达水泥建材有限公司	小型	其他	私人控股
洪洞县润升煤业有限责任公司	小型	其他	私人控股
侯马市中晋机械有限公司	小型	县属	私人控股
洪洞县运旺煤化有限公司	小型	其他	私人控股
山西天极磁材有限责任公司	小型	其他	私人控股
洪洞县洪升煤化有限公司	小型	其他	私人控股
洪洞黎明煤化厂	小型	省属	集体控股
曲沃康宝生物单采血浆有限公司	小型	其他	私人控股
临汾顺正金属制品有限公司	小型	其他	私人控股
翼城昶元纺织有限责任公司	小型	其他	私人控股
侯马市新利焦化煤气有限公司	小型	其他	私人控股
吉县鑫源洗煤厂	小型	县属	集体控股
山西康威制药有限责任公司	小型	县属	私人控股
洪洞县海原煤化有限责任公司	小型	其他	私人控股
山西新源华康化工股份有限公司	小型	其他	私人控股
临汾市尧都区兴山混凝土有限公司	小型	其他	私人控股
霍州市海燕农化实业有限公司	小型	县属	私人控股

表 9

单位：万元

工业总产值	主营业务收入	利税总额	资产总计	全部从业人员年平均人数(人)
3082	3017	101	914	19
2320	2964	-115	2621	62
2857	2857	343	1868	31
3403	2832	95	4891	162
2658	2826	24	1377	38
2816	2809	6	4441	103
2805	2805	219	1562	87
3574	2750	802	22943	165
2468	2708	-148	2861	120
2883	2694	108	269	28
2917	2652	231	2771	41
2551	2612	-190	2017	120
2694	2604	28	1634	80
3492	2526	31	2227	32
2582	2499	276	1547	52
2495	2498	-361	1062	120
2421	2496	51	3746	51
3134	2475	95	1328	107
2958	2419	1725	15665	158
2326	2346	68	2690	43
2289	2289	491	8132	118
2296	2260	110	3005	73
2259	2259	-105	2632	30
5744	2241	24	3503	88
2200	2200	446	1570	20
2604	2189	140	2298	38
2158	2158	352	3294	47
2141	2141	95	1968	30
2145	2123	183	1848	38
2032	2100	172	10724	142
2419	2073	-547	1502	150
184	2061	-236	20193	95
2157	2038	105	1098	28
2396	2006	-112	6718	137
2006	2006	50	3065	32
2722	2003	-280	4143	130
2000	2000	-153	6896	100
2145	1540	-124	1042	20

18-6 具有资质等级的建筑业企业一览表(2011年)

单位:千元、人

单位名称	建筑业总产值	主营业务收入	从业人员期末人数
中铁十二局集团第一工程有限公司	6055200	6501043	17501
山西省第一建筑工程公司	1890394	1955058	1920
山西路桥第二工程有限公司	1366696	1366696	2997
霍州煤电集团云厦建筑工程有限公司	727121	796468	965
山西平阳路桥有限公司	598651	522496	598
山西奥威路桥实业有限公司	298388	263689	1210
临汾市城建工程有限责任公司	174084	182905	690
霍州煤电集团建筑工程多种经营公司	162450	178489	680
临汾市市政工程有限责任公司	162259	167314	566
临汾送变电工程公司	135369	134993	760
山西省隰县耀泽公路工程有限公司	114705	269147	1366
临汾市水利机械工程局	100500	100029	102
大宁县建筑设备安装总公司	97460	97460	800
霍州市市政工程有限公司	87523	86724	540
山西凯吉建筑工程有限公司	87227	64710	890
山西省隰县建安工程有限公司	85613	72310	1031
临汾市建筑工程总公司	85034	82883	1100
霍州市建筑安装有限公司	82340	79662	350
翼城县北关建筑安装有限责任公司	80623	62888	243
临汾市渝飞矿山工程有限公司	80230	84746	1457
临汾临能送变电工程有限公司	74425	67077	389
山西省侯马市建筑安装总公司	73910	51696	800
山西省隰县古建筑有限公司	70445	63930	927
侯马市新城建筑安装有限公司	69270	30968	560
侯马市华翔建安有限公司	66265	66265	505
临汾市第二建筑工程总公司	61679	67000	370
山西焦化集团临汾建筑安装有限公司	56127	54136	306
临汾市尧电电力有限责任公司	54170	55066	204
翼城县建筑安装工程总公司	49476	49476	586
山西天丰钢结构有限公司	48850	54882	48
侯马市勇杰建筑安装有限责任公司	46060	46060	273
吉县壶口建筑发展有限公司	46020	46020	245
蒲县博源电力承装有限公司	46000	46000	73
山西省古县建筑安装工程有限责任公司	43000	43000	350
洪洞县鑫顺建筑机械设备运输有限公司	39699	39698	11
安泽县建安工程有限责任公司	38678	38678	450
洪洞县三利建筑有限公司	38560	21442	260
临汾市鑫明预拌有限公司	37560	37560	138
洪洞县市政工程有限责任公司	36457	64361	352
侯马市市政工程公司	36060	35759	156
山西省隰县建筑工程有限公司	31475	19500	510

18-6　续表 1

单位:千元、人

单位名称	建筑业总产值	主营业务收入	从业人员期末人数
洪洞县恒泰建筑安装有限公司	31260	31260	360
山西长胜公路工程有限公司	30185	32640	140
霍州市工程建设有限公司	25407	27134	300
山西名流建筑装饰设计工程有限公司	25161	25161	159
山西省蒲县兴达建筑安装有限责任公司	25000	25000	50
临汾铸诚建筑工程有限公司	24675	21641	295
临汾市第三建筑安装工程公司	24160	24160	167
浮山县振兴建筑安装工程有限公司	23737	23737	65
临汾万佳基础有限公司	20960	20960	108
山西华地基础工程有限公司	19980	18980	158
山西金雨电力工程有限公司	19811	19811	40
临汾市科海自动化给水消防工程有限公司	18746	20937	120
临汾汾能电力科技试验有限公司	18462	18462	187
汾西县鼎新建筑行有限责任公司	18000	18000	10
襄汾县晋阳路桥工程有限公司	16954	11674	86
山西恒富集团金属结构有限公司	16238	16238	120
临汾新尧兴电力科技有限公司	15837	15837	58
临汾市市政建设养护有限公司	15325	21732	100
临汾市第一建筑安装总公司	15292	12534	117
侯马市广丰建安有限责任公司	15000	15000	238
临汾市安泰消防工程器材有限公司	14900	12156	91
曲沃县宏远建筑工程有限公司	14200	7100	225
山西骏通路桥有限公司	13491	8703	66
山西省乡宁县建筑总公司	13207	12700	93
临汾枫叶装饰工程有限公司	12560	12560	85
吉县吉宁市政建筑工程有限公司	12500	12500	132
山西临汾晋洪工程有限公司	9704	9857	32
临汾市阳光佳美装饰有限公司	9289	7785	68
侯马经济技术开发区汉飞钢构彩板工程有限公司	8404	10691	48
临汾市金展旭装饰工程有限公司	7780	7782	10
乡宁县纵横装饰有限公司	7573	7573	49
临汾市泉通管道工程有限公司	7437	7437	54
山西省临汾市永泰建筑有限公司	7230	7230	120
山西长林环保工程有限公司	7000	10818	25
山西千瑞电力工程有限公司	7000	7019	107
临汾市鑫光建材有限公司	6516	13409	16
洪洞县博大钢结构有限公司	6358	6358	50
山西万腾峰路桥有限公司	6300	6300	25
临汾市中安交通工程有限责任公司	6126	6126	45
山西省临汾市乡镇建筑安装公司	5968	5968	35
山西尧通电信工程有限公司	5814	5814	80

18-6　续表 2

单位:千元、人

单位名称	建筑业总产值	主营业务收入	从业人员期末人数
山西嘉宏铁路建设有限公司	5581	5633	78
山西天舒空调净化设备有限公司	5123	5038	16
山西华通耐特路桥有限责任公司	5030	5030	9
山西弘昌路桥工程有限责任公司	4860	960	25
临汾市永康消防工程有限公司	4784	5331	49
山西康辉路桥有限公司	4486	4486	32
山西东方星装饰设计工程有限公司	4040	4040	16
翼城县电力实业有限公司	3960	3960	178
临汾世纪欣电子科技有限公司	3875	4791	12
临汾市燎原城市照明有限公司	3840	3840	29
临汾市融成装饰设计工程有限公司	3722	3722	17
山西安信钢结构有限责任公司	3713	1872	37
山西地盛建设工程有限公司	3590	3590	58
侯马市恒裕建筑安装有限责任公司	3491	3491	30
永和县通用建筑有限公司	3450	2650	128
临汾市金方鑫正塑铝门窗有限公司	3252	3252	20
山西恒业基础工程有限责任公司	3178	3178	65
山西建工防水工程有限公司	3046	3046	23
临汾艺勇装饰有限公司	2902	2902	24
临汾市万路通实业有限公司	2755	1846	42
蒲县晋通路桥建设有限公司	2000	2000	5
山西利诚铁建工程有限公司	1985	1985	70
临汾市卓尔亚装潢设计工程有限公司	1391	1391	13
山西金衡建筑起重设备安装工程有限责任公司	1390	1390	59
临汾市渝鄂矿山工程有限公司	1358	1358	27
山西通泰路桥有限公司	1322	1322	3
山西通惠空调机电工程有限公司	1213	1213	31
临汾市尚唐建筑装饰工程有限公司	1030	1030	7
山西吉鑫彩钢结构有限公司	1016	1016	18
临汾祥龙消防设备开发有限公司	977	862	35
山西临汾圆方装饰有限公司	854	854	4
山西犇成装饰安装有限公司	761	761	4
山西孚亨装饰有限公司	500	500	56
临汾市天韵装饰设计工程有限公司	419	419	8
山西霸业科贸有限公司	404	404	5
临汾市尧都区大自然装饰工程有限公司	358	358	8
山西东方泰格建筑装饰工程有限公司	355	355	8
临汾市方达地暖工程有限公司	274	274	8
临汾市宝鹏建设工程有限公司	161	161	3
临汾市晋升装饰工程有限公司	105	105	5
临汾市华创美业装潢设计工程有限公司	9	9	4

说明:另有16个单位是停产或注销破产企业,没有填写。